2021年度保险诉讼典型案例报告

中国保险行业协会 编

中国金融出版社

责任编辑：王雪珂
责任校对：刘　明
责任印制：程　颖

图书在版编目（CIP）数据

2021年度保险诉讼典型案例报告/中国保险行业协会编．—北京：中国金融出版社，2021.9
ISBN 978-7-5220-1354-1

Ⅰ.①2… Ⅱ.①中… Ⅲ.①保险法—民事诉讼—案例—研究报告—中国—2021 Ⅳ.①D925.105

中国版本图书馆CIP数据核字（2021）第207170号

2021年度保险诉讼典型案例报告
2021 NIANDU BAOXIAN SUSONG DIANXING ANLI BAOGAO

出版
发行　中国金融出版社
社址　北京市丰台区益泽路2号
市场开发部　（010）66024766，63805472，63439533（传真）
网上书店　www.cfph.cn
　　　　　（010）66024766，63372837（传真）
读者服务部　（010）66070833，62568380
邮编　100071
经销　新华书店
印刷　保利达印务有限公司
尺寸　169毫米×239毫米
印张　28.75
字数　466千
版次　2022年1月第1版
印次　2022年1月第1次印刷
定价　86.00元
ISBN 978-7-5220-1354-1
如出现印装错误本社负责调换　联系电话（010）63263947

《2021年度保险诉讼典型案例报告》编委会

主　编：马晓伟

副主编：都星羽

编　委（以姓氏笔画为序）：

丁子琴	王　佳	王　晖	王　嵘
王西刚	卞树涛	付　弘	付永进
白　梅	吕媛媛	朱　辉	刘　静
李　岩	杨　争	杨媛媛	吴成林
吴城龙	何潇洁	宋　凯	张　曼
张建超	陈　兵	陈　蓉	范　煜
罗碧仙	宗　晓	段　浩	袁建华
钱　珺	郭　莹	凌秋莲	黄晓蕾
曹江宁	常　征	崔小青	蔡叶群
戴相钧			

前　言

保险业的快速、健康、可持续发展，离不开法治的保障。社会主义法治是我们党治国理政的一贯主张和根本追求，也是中国特色社会主义的内在要求。深入贯彻党的十九届五中全会精神，将"十四五"时期经济社会发展和法治建设同步谋划、同步部署、同步推进。同时要坚持以全面依法治国新理念新思想新战略为指导，坚定不移走中国特色社会主义法治道路。邓小平同志对法治曾有过深刻阐述，他指出："为了保障人民民主必须健全法制，必须使民主制度化、法律化。""既要发展社会主义民主，也要健全社会主义法制，把二者统一起来，不仅要使社会主义民主制度化、法律化，而且要使社会主义法制民主化。"习近平总书记对法治也十分重视，党的十九大以来，他围绕着建设法治中国的目标，发表了一系列关于法治的重要论述。他指出，坚持顶层设计和法治实践相结合，提升法治促进国家治理体系和治理能力现代化的效能。要总结好、运用好党关于新时代加强法治建设的思想理论成果，更好地指导全面依法治国各项工作。他要求，坚定不移走中国特色社会主义法治道路，为全面建设社会主义现代化国家提供有力法治保障。因此，运用法治手段促进和保障保险行业的发展，是法治中国的重要内容，是落实依法治国方略的应有之义。

完善的法律规范制度能确保保险业始终沿着既定的目标稳步前行而不偏离方向；顺畅的定纷止争机制能维护正常的保险经济秩序，化解保险业发展中的诸多矛盾纠纷，保障各保险法律关系主体的正当权益。为提高现代保险业的法治化水平，必须在加强保险业科学立法的同时，确保保险法律、法规的运用和实施。法律的遵从和实施，离不开人们对法律的认知和掌握。相较于抽象地研习保险法律条文和法律教材，通过研究分析司法机关对保险案例的裁判意见，发现和挖掘司法裁判者合理运用法律的经验智慧，理解司法裁判者的思维模式，是活化对法律条文理解，深化对法律精神把握、增强依法能力的一条捷径，应引起所有保险从业者及所有保险当事人的重视。

为加强保险诉讼案例研究，总结经验，加强交流，指导实践，提高投保人、被保险人、受益人与保险人诉讼实务能力和水平，并为监管人员、从业人员、司法人员、大专院校师生以及有关人士工作和学习提供参考，中国保险行业协会组织各保险公司、业内资深学者参与，精心筹划，认真筛选，撷取2020年行业保险诉讼典型案例编辑出版了《2021年度保险诉讼典型案例报告》。本书共收录最新保险诉讼典型案例40个，其中人身保险诉讼典型案例18个，财产保险诉讼典型案例22个。这些案例具有以下特点：

一是客观性。每个案例都由案情、裁决和评析三部分组成。这些案例都是现实生活中实际发生的，每个案例都叙述完整，内容丰富，且语言精练，逻辑缜密，分析透彻，客观地展现了投保人、被保险人和受益人与保险人之间的业务过程和法律关系。法院在审理中通过诉讼当事人的陈述、举证、质证和辩论以及法院调查取证等程序，还原了整个事件的本来面目，呈现了有关行为的前因后果。其裁决是真实的，具有法律效力。

二是代表性。在人身保险诉讼案例中，既有与人民生活密切相关的疾病保险、医疗保险和意外伤害保险，还有两全保险等。在财产保险诉讼案例中，既有社会普遍关注的交强险、商业车险和校方责任险，又有财产综合保险、诉讼保全责任保险、货物运输保险、沿海内河船舶保险及国内贸易信用保险等险种。可以说，本书案例几乎涵括现今保险市场主要产品，论及保险纠纷和保险诉讼的方方面面。本书案例来自全国各地，具有广泛的代表性。

三是指导性。本书案例对保险销售、投保、核保、承保、售后服务和理赔等诸环节均有介绍和论述。在客户与保险人发生纠纷的情况下，双方对同一规定、同一行为和同一事实认识不同，观点迥异，分歧较大，以致争执不下，互不相让，诉诸法律。法院通过裁决，认定

前言

事实，适用法律，明辨是非。无论是被保险人，还是保险人，败诉一方都应引以为戒，吸取教训，纠正错误，规范行为。这无疑对被保险人和保险人都有现实指导意义。

四是理论性。本书案例评析对所涉法律问题进行重点解读，对相关理论进行有益探讨，对保险实务以及审判和立法提出参考性建议，有助于读者更好地理解保险原理和法律精神。保险是无形产品，保险合同是射幸合同，保险合同当事人应恪守最大诚信原则。当事人之间的纷争往往源于对保险和法律知识缺乏了解。努力提高全民保险意识和法律意识仍是一项长期而艰巨的任务。基于此，本书不仅对被保险人和人民群众，而且对理论研究工作者来说都是有益的。

我们真诚地希望本书的出版能为保险监管工作任务顺利完成和保险业持续健康发展尽绵薄之力。

《2021年度保险诉讼典型案例报告》编委会
二〇二一年四月

目 录

第一部分　人身保险诉讼案例

003 意外伤害保险中酒驾摔倒后再遇交通事故致死保险公司能否免责
山东省新泰市人民法院（2020）鲁0982民初3873号民事判决书
（2020年7月22日）

014 重大疾病保险中附生效条件合同约定的"等待期"是否应尽明确说明义务
江苏省南京市中级人民法院（2020）苏01民终1896号民事判决书
（2020年8月27日）

023 投保人未履行如实告知义务获得理赔款构成不当得利的认定
河南省濮阳市中级人民法院（2019）豫09民终2911号民事判决书
（2020年2月27日）

030 分红型保险中代签保险合同是否会导致合同无效
山东省乳山市人民法院（2019）鲁1083民初4113号民事判决书
（2020年1月26日）

036 重大疾病保险中复效后等待期是否承担保险责任有效的认定
江苏省连云港市中级人民法院（2019）苏07民终4524号民事判决书
（2020年3月11日）

048 **投保人未签字但已交保费视为合同成立生效的认定**
广东省深圳市罗湖区人民法院（2020）粤 0303 民初 25743 号、25744 号民事判决书
（2020 年 9 月 20 日）

055 **重大疾病保险中被保险人隐瞒基础病症保险人是否可解除合同的认定**
山东省烟台市中级人民法院（2019）鲁 06 民终 3553 号民事判决书
（2019 年 11 月 20 日）

067 **电子投保中不能体现投保流程的健康告知不视为履行询问义务的认定**
四川省成都市中级人民法院（2020）川 01 民终 8416 号民事判决书
（2020 年 7 月 23 日）

077 **疾病险中被保险人未如实告知应返还保险金的认定**
辽宁省抚顺市中级人民法院（2020）辽 04 民终 927 号民事判决书
（2020 年 7 月 21 日）

085 **两全险中约定一般性条款适用不同场景不属于免责条款的认定**
河北省邯郸市中级人民法院（2020）冀 04 民终 4370 号民事判决书
（2020 年 10 月 27 日）

097 **短期健康险中保险产品停售，投保人要求续保能否获得支持**
四川省青神县人民法院（2020）川 1425 民初 614 号民事判决书
（2020 年 7 月 2 日）

104 **意外伤害险中未如实告知多家投保后合同可解除的认定**
吉林省四平市中级人民法院（2020）吉 03 民终 1014 号民事判决书
（2020 年 9 月 29 日）

目　录

112 意外伤害保险中按伤残等级对应比例赔付不属于免责条款
北京市第一中级人民法院（2020）京01民终8525号民事判决书
（2020年12月22日）

123 意外伤害保险中因意外摔倒致心肌梗死谁为近因的认定
陕西省西安市中级人民法院（2020）陕01民终2997号民事判决书
（2020年5月27日）

130 建工意外险中不能证明劳动关系保险人不承担赔偿责任的认定
河南省郑州市中级人民法院（2020）豫01民终15443号民事判决书
（2020年11月26日）

139 意外伤害险中被保险人家属签署《放弃索赔确认书》的效力认定
四川省资阳市中级人民法院（2020）川20民终462号民事判决书
（2020年7月23日）

147 因保险代理人过错导致合同无效造成保险人损失可被追偿的认定
山东省青岛市中级人民法院（2020）鲁02民终4920号民事判决书
（2020年7月30日）

156 违法代理退保构成侵犯公民个人信息罪的认定
广东省开平市人民法院（2020）粤0783刑初475号民事判决书
（2020年10月21日）

第二部分　财产保险诉讼案例

165 财产综合险中人为改变房屋承重结构致房屋倒塌是否属于保险事故
江苏省苏州市中级人民法院（2019）苏05民终7113号民事判决书
（2020年4月3日）

175　财产一切险中未续保标的能否作为统保协议约定中的投保财产
北京市高级人民法院（2020）京民终190号民事判决书
（2020年7月15日）

195　建工险中企业未尽责导致标的物损失是否属于保险责任中的"意外事故"
重庆市高级人民法院（2019）渝民终213号民事判决书
（2019年12月30日）

223　财产综合险中投保人未提供财产清单缴费保险合同是否成立的认定
广东省东莞市第三人民法院（2020）粤1973民初11257号民事判决书
（2020年10月13日）

229　沿海内河船东保障责任险中投保人未交纳保费保险人是否承担保险责任
浙江省高级人民法院（2020）浙民终614号民事判决书
（2020年9月8日）

247　建工险中被保险人未履行出险后及时通知义务导致损失程度无法确定的责任界定
广东省深圳市中级人民法院（2019）粤03民终11254号民事判决书
（2020年10月28日）

270　机动车保险中拆除车辆座椅是否属于危险程度显著增加
江苏省无锡市中级人民法院（2020）苏02民终1183号民事判决书
（2020年6月17日）

280　船舶险中船方违规作业导致船舶危险程度显著增加的认定
最高人民法院（2020）最高法民再169号民事判决书
（2020年9月28日）

目　录

296 财产一切险代位求偿权中违约和侵权如何选择
　　　天津市第三中级人民法院（2019）津03民终1067号民事判决书
　　　（2019年9月29日）

304 货运险代位求偿权中"第三者"身份的界定
　　　山东省威海市中级人民法院（2020）鲁10民终1485号民事判决书
　　　（2020年8月21日）

317 财产综合险代位求偿中因被保险人过错导致损失发生的部分能否追偿
　　　广东省中山市中级人民法院（2019）粤20民终4210号民事判决书
　　　（2020年8月14日）

339 雇主责任险中雇员已获赔保险人是否仍应承担保险金赔偿责任
　　　黑龙江省哈尔滨市中级人民法院（2020）黑01民终6218号民事判决书
　　　（2020年11月13日）

345 交通事故中的乘客能否转化为"第三者"的认定
　　　四川省高级人民法院（2020）川民再295号民事判决书
　　　（2020年11月2日）

354 交通事故中被保险人能否作为第三者获得第三者责任险保险金赔偿
　　　山东省青岛市中级人民法院（2020）鲁02民终9485号民事判决书
　　　（2020年10月26日）

363 缴纳保费追认代签的投保单是否视为保险人对免责条款已尽提示义务
　　　四川省宜宾市中级人民法院（2020）川15民终1373号民事判决书
　　　（2020年7月21日）

2021 年度保险诉讼典型案例报告

370 诉讼保全责任险中保全行为的合理性及适当性的认定
四川省成都市中级人民法院（2020）川 01 民终 16507 号民事判决书
（2020 年 12 月 8 日）

380 诉讼保全责任险中保全行为与损失之间因果关系的认定
天津市高级人民法院（2020）津民终 1242 号民事判决书
（2020 年 12 月 16 日）

389 诉讼保全责任险中诉讼请求与裁判结果之间存在差异是否构成保全错误
辽宁省大连市中级人民法院（2020）辽 02 民终 2940 号民事判决书
（2020 年 7 月 6 日）

400 诉讼保全责任险中主观过错的认定
中华人民共和国最高人民法院（2020）最高法民申 4899 号民事判决书
（2020 年 9 月 27 日）

407 诉讼保全责任险中保全行为错误的认定
海南省高级人民法院（2020）琼民终 149 号民事判决书
（2020 年 9 月 21 日）

424 交强险中赔偿是否以交通事故责任认定书中认定的事故责任为前提的认定
福建省厦门市思明区人民法院（2020）闽 0203 民初 1751 号民事判决书
（2020 年 6 月 24 日）

434 交通事故中保险公司是否对车辆贬值损失承担赔偿责任
湖北省荆门市中级人民法院（2020）鄂 08 民终 905 号民事判决书
（2020 年 10 月 27 日）

446 后记

第一部分

人身保险诉讼案例

意外伤害保险中酒驾摔倒后再遇交通事故致死保险公司能否免责

山东省新泰市人民法院

(2020) 鲁0982民初3873号民事判决书

(2020年7月22日)

案·情

2018年8月29日，投保人刘某以曹甲为被保险人，曹乙、曹丙为受益人向某保险公司投保重大疾病保险一份，基本保险金额100000元，附加意外伤害保险一份，基本保险金额50000元，附加两全保险，基本保险金额100000元。2018年9月28日21时10分左右，曹甲醉酒驾驶普通二轮摩托车与行人李甲发生交通事故，曹甲倒地，21时21分左右，单某驾驶中型普通货车与已倒地的曹甲发生交通事故，曹甲死亡。曹乙、曹丙作为受益人向某保险公司申请理赔，因曹甲酒后驾驶机动车而导致身故属于保险合同责任免除条款约定的情形，遂某保险公司做出"拒绝赔付保险金、退还保单现金价值、合同终止"的理赔决定，曹乙、曹丙不服，诉至法院。

判决书正文

原告：曹乙，男，2007年4月6日出生，汉族，住某矿业集团张庄煤矿。

原告：曹丙，男，2015年10月20日出生，汉族，住某矿业集团张庄煤矿。

被告：某保险公司泰安中心支公司，住所地：泰安市财源大街

2021年度保险诉讼典型案例报告

原告曹乙、曹丙与被告某保险公司泰安中心支公司人身保险合同纠纷一案，本院受理后，依法适用简易程序，公开开庭进行了审理，本案现已审理终结。

曹乙、曹丙向本院提出诉讼请求：1.依法判令被告给付原告重大疾病保险身故保险金100000元、附加意外伤害保险身故保险金50000元、附加两全保险身故保险金100000元，以上共计250000元。2.诉讼费由被告承担。事实和理由：2018年9月28日21时10分许，曹甲驾驶鲁JUL号普通二轮摩托车沿新枣路由南向北行驶到新枣路岳家庄乡岳家庄村路段，与顺行的行人李甲发生道路交通事故，曹甲倒地后，又与对行的李乙驾驶的鲁D55号货车发生道路交通事故，造成车辆受损，致李甲受伤；2018年9月28日21时21分许，单某驾驶鲁J38号普通货车沿新枣路由南向北行驶至事故地点，与已倒地的曹甲发生道路交通事故，事故发生后，单某驾车逃逸，曹甲死亡。2018年8月29日，刘某以曹甲为被保险人向被告投保了重大疾病保险（身故保险金额为100000元）、附加意外伤害保险（身故保险金额为50000元）、附加两全保险（身故保险金额为100000元），约定身故受益人为曹乙、曹丙（收益份额各为50%），被告为原告出具了保险合同。上述事故发生在保险期间内，为维护原告的合法权益，现依法向贵院提出诉讼，请依法处理。

某保险公司泰安中心支公司辩称。（一）原告诉求金额超过保险责任约定的金额。原告购买答辩人公司重大疾病保险1份，保额10万元，附加两全保险（保至66周岁）1份，保额10万元，附加意外伤害保险1份，保额5万元，如若因意外伤害导致身故（符合保险条款约定，且无责任免除情况），按照保险责任，应赔付154353元，其中重大疾病保险身故保险金10万元，附加意外伤害保险保险金5万元，两全保险身故保险金4353元（合同保险责任约定为保险实际缴纳的保险费与主险合同实际缴纳的保险费二者之和），保险合同终止，如客户因责任免除项目致身故，则答辩人公司不承担身故保险金赔付，根据合同约定应退还保单现金价值，保单终止。

（二）根据交通事故认定书记载，案涉保单被保险人死亡系醉酒驾驶，系保险合同责任免除事项，答辩人公司不应赔付。

本案被保险人涉嫌醉酒驾驶，根据新泰市公安局交通警察大队道路交通事故认定书,新公交认字〔2018〕第213＊＊＊＊号关于曹甲交通事故一案,道路交通事故发生过程中,明确载明"曹甲醉酒驾驶"鲁JUL号普通二轮摩托车,而"醉酒驾驶"属于《重大疾病保险》《附加意外伤害保险保险人身故保险金》《附加两全保险》条款2.4"责任免除"条款第5项,此条款约定"被保险人因此情形身故的,本公司不承担保险责任"。因此,基于被保险人事故发生时交通行政机关认定的事实以及保险条款责任免除约定,答辩人公司不承担保险责任。

（三）根据保险法司法解释规定,法律法规禁止性规定作为保险合同免责事由,答辩人公司尽到明确提示义务,责任免除条款即具备效力。

根据保险法司法解释二第十条:"保险人将法律、行政法规中的禁止性规定情形作为保险合同免责条款的免责事由,保险人对该条款作出提示后,投保人、被保人或者受益人以保险人未履行明确说明义务为由主张该条款不生效的,人民法院不予支持。"答辩人公司对于条款尽到提示义务,应被认定责任免除条款有效。

（四）答辩人公司与投保人签订保险合同时,对于责任免除条款不仅尽到明确提示义务,亦尽到了明确说明义务,更应认定该条款有效。

首先,对于责任免除条款已尽明确说明义务:1. 保险合同中投保资料证明尽到明确说明义务。根据保险合同中投保资料影像可以证明答辩人公司已尽到明确说明义务:(1) 人身保险投保提示书第三条,请您详细了解保险合同条款内容,答辩人公司接受原告投保时已提示请您认真阅读条款内容、重点关注保险责任、责任免除等内容。(2) 编号0004215661002036号《个人业务投保单（电子版）》第4页客户声明与授权,第1条,某保险公司（以下简称贵公司）已向本人提供保险条款,对保险条款的所有内容（特别是关于责任免除、解除合同及特别注意事项的条款）作出详细解释和明确说明。特别提示并说明了免除保险人责任的条款。(3) 原告（投保人）在阅读完同上编号的《个人业务电子投保申请确认书》后,进行了签字确认,可以证明答辩人公司已对原告进行了明确说明。2. 保险单送达确认书证明已尽到明确说明义务。《保险单送达确认书》系原告（投保人）收到保险合同后,签字确认并交回答辩人公司留档的资料。确认书中答辩人公司提示了原告（投保人）收到保险合同后,应认真核对并确认以下内容:保单册资料齐全，所载内容与电子投保书信息一致，投保人、受益人等信息均无误、投保资料影像均与实际情况相符。已认真阅读保险条款、产品说明书和投保提示书等说明材料，清楚了解产品的保险责任及责任免除条款。并告知其享有犹豫期退保权利。原告（投保人）在确认各项无误后，对《保险单送达确认书》进行了签字确认，并且保单犹豫期内并未进行退保。证明其已收到保险合同，了解条款，核对了投保资料均无误，属其真实意愿，同时也证明了答辩人公司对保险条款内容履行了明确说明义务。3. 犹豫期电话回访证明已尽到明确说明义务。答辩人公司在确认保险合同已送达投保人且投保人签署《保险单送达确认书》后，针对本次投保，对原告（投保人）还进行了犹豫期内的电话回访。电话回访由投保人本人接听，并在回访中确认了答辩人公司已对其讲解了保险条款、保险责任等，其也确认对于保险条款、保险责任、责任免除等均已了解清楚。证明了答辩人公司对保险条款内容履行了明确说明义务。

其次，对于责任免除已尽明确提示义务：1. 保险条款阅读指引明确提示了原告（投保人）应仔细阅读条款内容。指引中加粗加黑并标注了答辩人公司应着重阅读的内容，包含本合同的保障，提示了应特别注意的事项，即对一些重要术语进行了解释，并作了显著标识，请您注意，且提醒了原告（投保人）应仔细阅读保险条款。2. 关于条款中责任免除，答辩人公司通过印刷体区别于普通条款。对于责任免除条款，《重大疾病保险》《附加意外伤害保险保险人身故保险金》《附加两全保险》第2.4 责任免除中明确提到"被保险人因下列第1～7项情形之一身故的，本公司不承担保险责任；答辩人印刷保险合同时已通过加黑方式进行印刷，而对于酒后驾驶"属于2.4 责任免除的第5项，还进行了加粗印刷，此种印刷方式已做到和合同其他为加粗加黑内容在印刷字体上明显区别，根据最高人民法院关于适用《中华人民共和国保险法》若干问题的解释（二）第十一条"保险合同订立时，保险人在投保单或者保险单等其他保险凭证上，对保险合同中免除保险人责任的条款，以足以引起投保人注意的文字、字体、符号或者其他明显标志作出提示的，人民法院应当认定其履行了保险法第十七条第二款规定的提示义务。"法院应认定答辩人公司尽到明确提示义务。条款原文如下：2.4 责任免除，被保险人因下列第1～7项情形之一身故的，本公司不承担保险责任；被保险人因下列第2～10项情形之一发生本合同所指的重大疾病、轻症疾病、中症疾病、达到疾病终末期阶段或住院治疗的，本公司不承担保险责任……（5）酒后驾驶（详见释义）、无合法有效驾驶证驾驶（详见释义）或驾驶无有效行驶证（详见释义）的机动车（详见释义）……6.18 酒后驾驶，指经检测或鉴定，发生事故时车辆驾驶人每百毫升血液中的酒精含量达到或超过道路交通法规规定的标准，或公安机关交通管理部门依据《道路交通安全法》的规定认定为酒后驾驶或醉酒后驾驶。

综上所述，针对"责任免除中酒后驾驶之身故保险人不负赔偿义务"的条款，答辩人公司已尽到明确说明及提示义务，因此，人民法院应根据法律规定认定责任免除条款为有效条款，签订保险合同的双方均应基于有效条款的基础行使权利、履行义务。

（五）原告索赔意外伤害保险不仅为合同责任免除事由，其醉酒驾驶发生事故根据省高院发布的案例，亦不应属于意外事故范围。山东高院2019年7月公布的案例中明确指出，"意外伤害是指由于外来的、突发的、非本意的、非疾病的原因导致身体受到伤害的客观事件。饮酒过量有害身体健康属生活常识，被保险人作为完全民事行为能力人，对此完全可以控制、避免，故饮酒过量导致身体损害不是基于外来的、突发的和非本意的因素，不属于意外伤害，被保险人据此申请答辩人公司支付保险金的，人民法院不予支持。"醉酒后驾驶车辆会显著增加危险，是其可预见的，因此不应认为非本意的，不属于意外，故原告申请意外伤害保险无事实依据。综上所述，原告的起诉没有事实和法律依据，恳请贵院，查明事实，依法驳回原告的所有诉讼请求。

根据当事人陈述及经审查确认的证据，本院认定事实如下：2018年8月29日，刘某（投保人）以曹甲为被保险人，曹乙、曹丙为事故受益人向被告投保，双方订立保险合同（合同号：001506533770080888），投保的险种为：重大疾病保险，基本保险金额：100000元，保险期间：终身。附加意外伤害保险，基本保险金额：50000元，保险期间：1年。附加两全保险，基本保险金额：100000元，保险期间：至被保险人年满66周岁保单生效对应日零时。刘某还投保了其他险种。

2018年10月28日，李乙在接受公安部门询问时陈述。问：2018年9月28日晚上，你开车有没有经过新枣路岳家庄乡岳家庄村路段？答：2018年9月

28日晚上九点多钟，我驾驶鲁D55号重型仓栅式货车沿新枣路由北向南行驶，行驶在路中心线西侧机动车道，行驶至岳家庄乡岳家庄村路段，前方有辆翻斗车，我就从翻斗车左侧超车，行驶至中心线东侧的时候，对面有个摩托车由南向北行驶过来，突然摔倒在地上，向北滑出去了，滑出去了很远，当时摩托车跟那个驾驶员没有碰上我的车，我就开车走了，我以为与我没有关系，没有听到摩托车与我的车碰撞的声音，如果有与我的车碰撞的声音，我肯定停车，我的车有手续、有保险，我肯定不会跑。

2018年10月18日，单某在接受公安部门询问时，陈述：问：你把当时的情况详细地说一下？答：2018年9月28日21时21分，我驾驶鲁J38号中型货车沿新枣路由南向北行驶，行驶在路中心线以东紧靠中心线的车道。当时天黑，我开着近光灯，当时路上大货车比较多，开着照明灯，照得我眼睛看不清路。快行驶到对方位置的时候，我突然发现一个人躺在路上，我赶紧踩刹车，车没刹住，车前轮与倒地的那个人接触，然后我感觉车推着那个人向前滑行了一段距离，也就半米到一米。我刹住车后，向南倒了下车，我看到那个人躺在地上一动不动，接着我就慌了，我挂上挡，就向北驶离了现场。驶离对方位置的时候，又感觉我车左后轮蹭了对方一下。

2018年11月23日，新泰市公安局交通警察大队作出新公交认字〔2018〕第213＊＊＊＊号道路交通事故认定书载明：2018年9月28日21时10分左右，曹甲醉酒驾驶鲁JUL号普通二轮摩托车沿新枣路由南向北行驶至事故地点，与顺行的行人李甲发生道路交通事故，曹甲倒地后，又与对行的李乙驾驶鲁D55号重型仓栅式货车发生道路交通事故，造成车辆受损，致李甲受伤。2018年9月28日21时21分左右，单某驾驶鲁J38号中型普通货车沿新枣路由南向北行驶至事故地点，与已倒地的曹甲发生道路交通事故，事故发生后，单某驾车逃逸。曹甲死亡。曹甲符合颅脑损伤合并肺脏、肝脏破裂死亡。根据《中华人民共和国道路交通安全法实施条例》第九十一条及《道路交通事故处理程序规定》第六十条第一款第（二）项之规定：曹甲承担事故的同等责任，李乙承担事故的同等责任，李甲不承担事故的责任。

2018年11月23日新泰市公安局交通警察大队作出新公交认字〔2018〕第213＊＊＊＊号道路交通事故认定书载明：2018年9月28日21时10分左右，曹甲醉酒驾驶鲁JUL号普通二轮摩托车沿新枣路由南向北行驶至事故地点，与顺行的行人李甲发生道路交通事故，曹甲倒地后，又与对行的李乙驾驶鲁D55号重型仓栅式货车发生道路交通事故，造成车辆受伤，致李甲受伤。

2018年9月28日21时21分左右，单某驾驶鲁J38号中型普通货车沿新枣路由南向北行驶至事故地点，与已倒地的曹甲发生道路交通事故，事故发生后，单某驾车逃逸。曹甲死亡。曹某符合颅脑损伤合并肺脏、肝脏破裂死亡。根据《中华人民共和国道路交通安全法实施条例》及《道路交通事故处理程序规定》第六十条第一款第（一）项之规定：单某承担事故的全部责任，曹甲不承担事故的责任。

2018年10月31日，新泰市公安局刑事侦查大队刑事科学技术室作出（新）公（刑）鉴（病理）字〔2018〕150号鉴定书，鉴定意见为：死者曹甲符合颅脑损伤合并肺脏、肝脏破裂死亡。

本院认为：1. 关于被保险人曹甲在涉案两起交通事故中近因、远因的问题。保险关系所谓近因，是指因其保险标的的损失的直接的、最有效的、起决定性作用的因素，它是导致保险标的受损的直接原因。我国保险法上的近因原则是指损失的发生必须与保险合同约定的保险事故之间存在因果关系，只是当导致损失的近因属于保险合同约定的承保范围时，保险人方才承担保险责任。本案中，曹甲的第一次交通事故虽然与曹甲酒后驾车有关，但曹甲酒后驾驶的事实与第二次事故被碾轧死亡的事实间并无必然的、直接的因果关系，而案外人单某驾驶鲁J38号车辆与曹甲第二次交通事故的事实与曹甲死亡之间存在必然的、直接的因果关系。结合道路交通事故认定书及李乙、单某在公安部门的陈述，本院认定案外人单某驾车与曹甲发生的第二起交通肇事案件系本案保险事故的近因。

2. 关于该案被保险人曹甲死亡是否系意外事故的问题。结合道路交通事故认定书及鉴定报告的鉴定意见，足以证明本案被保险人的死亡并非醉酒而造成，而是肇事司机单某与被保险人发生交通事故而形成，该起事故属于外来的、突发的、非本意的、非疾病的原因导致被保险人身故的客观事件，符合意外伤害的构成要件，故本院认定被保险人曹甲系意外身亡。

3. 关于被告"被保险人死亡系醉酒驾驶所致，系保险合同责任免除事项，答辩人公司不应赔付"的问题。涉案《重大疾病保险》《附加意外伤害保险》《附加两全保险》条款2.4"责任免除"第5项规定，因被保险人酒后驾驶、无合法有效驾驶证或驾驶无有效行驶证的机动车而导致被保险人身故或伤残的,保险人不负给付保险金责任。根据该规定,被保险人酒后驾驶、无合法有效驾驶证驾驶或驾驶无有效行驶证的机动车的行为与被保险人身故或伤残的损害后果之间存在因果关系,保险人才能免责。被告主张依据该规定免责,应当证明被保险人曹甲的死亡与其实施的该条款第5项规定的行为之间存在因果关系,如果被保险人虽然有该条第5项规定的行为,但该行为与被保险人的死亡之间不存在因果关系,则保险人不能依据该条款免责。在本案中,公安机关作出的《道路交通事故认定书》认定,本次事故形成的原因为:单某驾车未确保安全是引发事故的直接原因。并由此确定单某承担事故的全部责任,曹甲无事故责任。根据该认定,被保险人曹甲醉酒驾驶不是本次事故发生的原因,即曹某的行为与其死亡后果之间不存在因果关系,被告主张根据上述保险条款免责依法不能成立,对被告的该项辩称,本院不予支持。

4. 关于原告请求保险金数额的问题。被告辩称的"两全保险身故保险金4353元(合同保险责任约定为本合同实际交纳的保险费与主险合同实际交纳的保险费二者之和)",原告对此予以认可,根据保险合同约定,本院对被告辩称的此项保险金数额予以确认。

综上所述,本案被保险人曹甲的意外身亡事件,属于被告某保险公司泰安中心支公司应承担保险责任的保险事故。被告应依据法律法规规定及保险合同约定支付原告保险金。原告请求的保险金数额中的154353元,本院予以支持。超出部分,本院不予支持。依照《中华人民共和国保险法》第十条、第十三条、第十四条、第三十九条、第四十条,《中华人民共和国民事诉讼法》第六十四条之规定,判决如下:

一、被告某保险公司泰安中心支公司于本判决生效后十日内支付原告曹乙、曹丙保险金154353元;

二、驳回原告曹乙、曹丙其他诉讼请求。

如果未按本判决指定的期间履行给付义务,应当依照《中华人民共和国民事诉讼法》第二百五十三条之规定,加倍支付迟延履行期间的债务利息。

案件受理费2525元(已减半收取),由被告某保险公司泰安中心支公司负担1694元,由原告曹乙、曹丙负担831元。

如不服本判决,可在判决书送达之日起十五日内向本院递交上诉状,并按对当事人或者代表人的人数提出副本，上诉于山东省泰安市中级人民法院。

审判员　马某某
二〇二〇年七月二十二日
书记员　邢某某

评·析

本案的争议焦点之一是：被保险人醉酒驾驶普通二轮机动车发生交通事故倒地，后遭其他车辆二次碾轧致身故，保险人是否可依据责任免除条款"酒后驾驶"拒绝赔付保险金。

据司法部门不完全统计，意外伤害保险案件在各类保险案件中所占的比例逐年上升。近年来，各保险公司在保险事故发生时，常以非近因致损为由，拒绝赔付。近因原则虽然作为保险法的基本原则之一，但现行《保险法》并未针对意外伤害保险制度作出任何具体规定，更未提及近因原则的适用，即使保险法解释（三），仅在第二十三条中出现"因果关系"的举证要求。由于保险立法没有明确规定近因原则，对保险纠纷如何适用该原则，导致一些保险纠纷案件的疑难或说理不清。本案中审理法院充分审查被保险人酒后驾驶机动车发生的两次事故经过，在下发审判指导意见中大胆引用了近因原则作为保险责任认定的判断标准，对处理这类多种原因理赔纠纷具有一定参考价值。

（一）"酒后驾驶"免责条款设立缘由

酒后驾驶、醉酒驾驶，是指在酒精、酒类饮品影响下控制并驾驶机动车辆，影响安全驾驶能力，使发生事故风险大增的行为。2008年世界卫生组织的事故调查显示，50%至60%的交通事故与酒后驾驶有关，酒后驾驶已经被列为车祸致死的主要原因。在中国，每年由于酒后驾车引发的交通事故达数万起，而造成死亡的事故中50%以上都与酒后驾车有关，酒后驾车的危害触目惊心，已经成为交通事故的第一大"杀手"。《中华人民共和国道路交通安全法》第九十一条规定了酒后驾驶属于违法行为，《中华人民共和国刑法》第一百三十一条则明确了醉酒驾驶属于犯罪行为。保险合同作为射幸合同，基于上述事实与法律规定，为避免被保险人因主观故意或过失而导致保险事故发生概率变化，进而破坏风险平衡，各保险公司在设计条款时，均将因被保险人酒后驾驶机动车而导致被保险人身故或伤残的情形列入责任免除范畴。

（二）"近因原则"的概念及多种原因致损时的适用

近因原则是保险法的基本原则之一，其含义为只有在导致保险事故的近因属于保险责任范围内时，保险人才应承担保险责任。也就是说，保险人承担赔偿责任的范围应限于以承保风险为近因造成的损失。中国现行保险法规虽未直接规定近因原则，但在解决实践问题时，近因原则可作为判断保险人是否应承担保险责任的一个重要标准。对于单一原因造成的损失，单一原因即为保险事故的近因；对于多种原因造成的损失，持续地起决定或有效作用的原因为保险事故的近因。反之，引起保险标的损失的间接的、不起决定作用的因素，称为远因。在保险理赔中，给付保险金的条件应是"造成保险标的损失的近因必须属于保险责任，若造成保险标的损失的近因属于保险责任范围内的事故，则保险人承担赔付责任；反之，若造成保险标的损失的近因属于责任免除，则保险人不负赔付责任。只有当保险事故的发生与损失的形成有直接因果关系时，才构成保险人赔付的条件"。

针对被保险人遭受意外伤害是由多种原因所致时，应根据多种不同原因的发生关系进行区别分析：1. 多种原因不分先后、同时发生导致意外伤害，意外伤害的近因必须归咎于决定性有效的原因，若该近因属于保险责任，保险人应进行赔付。反之，若属于责任免除，则保险人不负赔偿责任。2. 意外伤害的发生是由具有因果关系的连续原因所致，则最先发生并造成一连串风险事故的原因就是近因，保险人是否承担赔付责任，要区分两种情况：第一，如果这些原因中没有除外风险，保险人应负赔付责任。第二，如果这些原因中既有保险风险，又有除外风险，则要看前因是保险风险还是除外风险。如果前因是保险风险，后因是除外风险，且后因是前因的必然结果，则保险人应承担赔付责任；相反，如果前因是除外风险，后因是保险风险，且后因是前因的必然结果，保险人则不承担赔付责任。3. 多种原因间断发生导致意外伤害，前因与后因之间不相关联，即后来发生的独立原因介入导致了意外伤害发生，而不是前因造成的直接或自然的结果，使得原有的因果关系链断裂，则后因应认定为近因。若该近因属于保险责任，保险人应进行赔付。反之，若属于责任免除，则保险人不负赔偿责任。

（三）本案中是否可依免责条款拒赔的"近因原则"适用

本案中，保险人是否可依免责条款拒赔，应取决于被保险人两次交通事故中近因及近因是否属于免责事由的认定。《道路交通事故认定书》中载明，被保险人曹甲 21 时 10 分左右醉酒驾驶普通二轮机动车与行人李甲、李乙发生第一次交通事故后倒地，如单独分析该次单一原因事故，曹甲醉酒驾驶车辆应认定为近因，而该近因属于免责事由，保险人可不负赔偿责任。但曹甲死亡系因第二次事故所致，即第一次事故发生 11 分钟后，21 时 21 分左右，单某驾驶中型普通货车将倒地后的曹甲碾轧，致使曹甲死亡。结合第二次事故不同原因的发生关系，本次事故应属于多种原因间断发生的致损事件，虽然曹甲醉酒驾驶发生第一次事故倒地，但倒地并不直接或自然地导致曹甲死亡，而单某驾车将其碾轧时曹甲已非醉酒驾驶状态且距离倒地时间已过 11 分钟，碾轧行为应属于新发生的与醉酒驾驶存在间断的独立事故原因，应认定为曹甲意外死亡的近因。因该近因及事故结果均符合"意外伤害"保险责任约定，最终判决保险公司承担赔付责任。

《民法典》第三条关于民事权益受法律保护的规定，是贯穿《民法典》的一条主线。民事主体的多元性与民事权益的多样性，决定了在个案中发生权益冲突时，法院既要保护权利，也要保护合法利益。本案审理法院大胆引用近因原则在案件审判实践中进行适用，通过充分审查保险事故发生经过，对事故近因进行了准确识别，并结合保险条款内容进行了公平判决，不仅对类案处理具备一定参考价值，也为保险人核赔实践提供了指导。

重大疾病保险中附生效条件合同约定的"等待期"是否应尽明确说明义务

江苏省南京市中级人民法院

（2020）苏01民终1896号民事判决书

（2020年8月27日）

案·情

陆某于2018年11月30日通过某保险中介机构在某保险公司投保某终身重大疾病保险，保额200000元，年交保费12776元，保险期间终身。

2019年2月27日，陆某体检检查出左乳有肿块，体检医生告知其至医院复查；2019年3月5日，陆某至复旦大学附属肿瘤医院住院检查治疗；2019年3月11日，陆某被确诊为乳房外上象限恶性肿瘤，病理诊断：浸润性导管癌，当天即进行左侧乳房单纯切除术和前哨淋巴结活检术。

2019年4月2日，保险公司客服人员初次收到代理人转交的陆某理赔资料，因资料不完整，遂立即告知代理人并要求补充提供。2019年5月29日，某保险公司再次收到完整理赔材料，经理赔调查认定，案涉保险合同于2018年12月15日生效，被保险人于2019年3月11日（合同生效之日起90日内）病理确诊为浸润性导管癌，根据合同条款约定，按照实际交纳的保险费给付首次重大疾病保险金，同时合同终止。据此，某保险公司于2019年5月30日完成理赔，将理赔结果通知陆某：解约退保费，并退还陆某保费12776元。

陆某对理赔结果不予认可，故向法院提起诉讼。

第一部分 人身保险诉讼案例

判决书正文

上诉人（原审被告）：某保险公司，住所地北京市石景山区。

被上诉人（原审原告）：陆某，女，汉族，住江苏省南京市玄武区。

上诉人某保险公司因与被上诉人陆某人身保险合同纠纷一案，不服江苏省南京市玄武区人民法院民事判决，向本院提起上诉。本院于2020年3月18日立案后，依法组成合议庭进行了审理。本案现已审理终结。

上诉人某保险公司上诉请求：1. 撤销一审判决，改判驳回陆某诉讼请求；若二审维持原判，请求将某保险公司已经赔付的保险金12776元予以抵扣。2. 一、二审诉讼费用由陆某承担。事实与理由：某保险公司在上诉状中认为案涉90天等待期条款不属于免责条款，后庭审中认可案涉90天等待期条款属于免责责任。同时提出某保险公司已向陆某尽到免责条款的明确说明义务。陆某在投保过程中，某保险公司已对陆某进行投保提示，并对保险责任、责任免除等进行了明确提示与说明。

被上诉人陆某辩称：1. 其投保过程中，某保险公司并没有履行明确说明及解释。本案是由某保险销售股份有限公司江苏分公司（以下简称某保险销售江苏分公司）的业务员与其联系，向其推销该保险产品，在整个投保过程中均是通过业务员手机操作完成的。在投保过程当中，并没有收到对免责条款进行说明的各种书面的文件。2. 对于保单签订后某保险公司对相关条款的提示及说明，不能达到明确说明义务的法律要求。因为《保险法》规定，对于相关免责条款的解释说明，应在投保过程中履行该义务。3. 对于某保险公司之前已给付的12776元，如果二审法院维持本案，其同意在理赔款20万元中予以扣除。综上所述，请求二审法院驳回某保险公司上诉，维持原判。

陆某向一审法院起诉请求：1. 判决某保险公司给付保险金20万元；2. 判决某保险公司承担本案诉讼费用。

一审法院认定事实：2018年11月30日，陆某通过某保险销售江苏分公司向某保险公司投保某人寿某终身重大疾病保险。2018年12月1日，陆某在某保险销售江苏分公司的《保险专业代理（销售）公司客户告知书》上签名，告知书第五条为：请您如实填写投保资料、如实告知有关情况并亲笔签名等。陆某抄录"本人已认真阅读并理解上述提示内容"并签名。2018年12月2日某保险公司向陆某发送短信，告知某保险公司已承保。2018年12月3日某保险公司向陆某发出"核保通知函"，表示某保险公司正在审核陆某的投保申请，要求陆某提供健康告知相关的门/急诊病历、检查资料等，在该栏内有手写"没有住院没有手术，只是去南京第一医院做了一个核磁检查"的内容，在客户填写栏内，陆某在打印内容为"本人已仔细阅读了贵公司的核保通知函，对其内容已经了解，并且已经在客户填写栏做出了说明，本人同意将其作为投保要约的有效组成部分"的下方的投保人、被保险人处签名。在该函背面附有南京市第一医院核磁检查会诊报告单。2018年12月10日，某保险公司再次向陆某发出"核保通知函"，表示正在审核陆某的投保申请，需要陆某填写病史问卷，陆某在该函背面的核保问卷中，除"膝盖有些不舒服"外没有其他病症，陆某在打印内容为"我声明上述情况完整而真实，我知道本表格是保险合同的一部分，我授权某保险公司，如果需要，可向医院或医生索取有关我病情的任何资料"的下方的投保人、被保险人处签名。2018年12月12日某保险公司发送短信告知陆某已经核保通过需要交纳保险费，2018年12月14日某保险公司通过陆某预留银行账户扣收了保险费。2018年12月19日陆某签收保险单。该保险单显示，合同成立日期：2018年12月14日，生效日期：2018年12月15日，保险金额20万元，保险费年交金额12776元，保险期间终身，交费期间10年。

某人寿某终身重大疾病保险条款1.3条"合同成立与生效"约定：您提出保险申请、本公司同意承保，本合同成立，合同成立日期在保险单上载明。除另有约定外，自本合同成立、本公司收取首期保险费并签发保险单的次日零时起本合同生效，本公司开始承担保险责任，合同生效日期在保险单上载明。本合同生效日即为保单生效日。条款2.2条"保险期间"约定：本合同的保险期间为被保险人终身，并在保险单上载明。保险期间自本合同生效日的零时开始。条款2.3.4.1条"首次重大疾病保险金"约定：被保险人于本合同生效（或合同效力恢复）之日起90日内，由本公司认可医院的专科医生确诊初次发生本合同所指的重大疾病（无论一种或多种），本公司按本保险实际交纳的保险费（详见释义）[注：画线部分字体予以了加黑]给付首次重大疾病保险金，本合同终止。条款3.1条"保险费的交纳"约定：本合同保险费的交费方式和交费期间由您和本公司约定，但须符合本公司当时的投保规定，约定的交费方式和交费期间将在保险单上载明。

2019年2月27日，陆某体检过程中查出左乳有肿块，于2019年3月5日入住复旦大学附属肿瘤医院，2019年3月11日被确认为乳房外上象限恶性肿瘤，当月18日出院，病理诊断为：浸润性导管癌。2019年4月初，陆某准备理赔材料过程中发现保单遗失，遂于4月9日向某保险公司补办保单，5月30日向某保险公司递交索赔申请书，同日，某保险公司退保险费12776元并与陆某解约。

审理中，陆某认为保险合同成立生效于2018年12月2日，合同约定的等待期条款无效；某保险公司认为合同于2018年12月15日生效，陆某诉请不符合合同约定。由于意见分歧，调解无效。

一审法院认为，根据双方在合同中"合同成立与生效"的约定，投保人提出保险申请、保险公司同意承保，合同成立，本案中，陆某于2018年11月30日申请保险，某保险公司于2018年12月2日同意承保，则案涉合同成立日期应为2018年12月2日。同时根据合同约定，自本合同成立、保险公司收取首期保险费并签发保险单的次日零时起本合同生效，本案中2018年12月14日某保险公司扣收了保险费，故合同生效日应为2018年12月15日。

《中华人民共和国保险法》第十七条第二款规定：订立保险合同，采用保险人提供的格式条款的，保险人向投保人提供的投保单应当附格式条款，保险人应当向投保人说明合同的内容。对保险合同中免除保险人责任的条款，保险人在订立合同的同时应当在投保单、保险单或者其他保险凭证上作出足以引起投保人注意的提示，并对该条款的内容以书面或者口头形式向投保人作出明确说明；未作提示或者明确说明的，该条款不产生效力。本案中，合同2.3.4.1条"首次重大疾病保险金"约定的90天等待期，是某保险公司责任免除条款，某保险公司在订立保险合同时应当向陆某明确说明，但某保险公司对本条款未尽到明确提示和说明义务，故该条款不生效。陆某在合同生效日2018年12月15日至2019年3月11日确诊初次发生合同所指的重大疾病虽尚不足90天，由于某保险公司未就等待期条款尽到相当于免责条款的明确说明义务，故陆某的诉讼请求，理由正当，一审法院予以支持。

综上所述，依据《中华人民共和国合同法》第四十四条、第六十条，《中华人民共和国保险法》第十三条、第十四条、第十七条、第三十条，《中华人民共和国民事诉讼法》第六十四条第一款、第一百四十二条的规定，一审法院判决：某保险公司于判决生效之日起十日内向陆某支付保险金20万元。如果未按判决指定的期间履行给付金钱义务，应当依照《中华人民共和国民事诉讼法》第二百二十九条之规定，加倍支付迟延履行期间的债务利息。一审案件受理费减半收取2150元，由某保险公司承担。

二审中，双方当事人均没有提交新证据。

本院经审理查明，一审法院认定事实属实，本院予以确认。

经双方当事人确认，本案争议焦点为，某保险公司有无尽到免责条款的说明义务。

本院认为，当事人对自己提出的诉讼请求所依据的事实或者反驳对方诉讼请求所依据的事实有责任提供证据加以证明。没有证据或者证据不足以证明当事人的事实主张的，由负有举证责任的当事人承担不利后果。本案中双方当事人均认可保险条款2.3.4.1条"首次重大疾病保险金"约定的90天等待期是免责条款，而保险条款中该条款位于"我们提供的保障"的部分，从该条目的字义理解系某保险公司为被保险人提供的保障，若非充分说明、提示，难以引起投保人的注意。该条目尾部包括了责任免除内容，但并未包括上述等待期条款的内容。其次，2.3.4.1条"首次重大疾病保险金"约定的90天等待期并未加粗加黑，仅对"本保险实际交纳的保险费（详见释义）"进行加黑，某保险公司对于责任免除内容未能尽到特别提示义务，故一审法院认为某保险公司对免除责任条款未尽到提示说明义务并无不当。

由于某保险公司此前已向陆某退还保险费12776元，陆某也同意在本案理赔款中予以扣除，故某保险公司应给付陆某187224元。

综上所述，由于二审中双方当事人均同意扣除已退还的保险费，本院对此予以改判，某保险公司的上诉请求部分成立。依照《中华人民共和国民事诉讼法》第一百七十条第一款第一项之规定，判决如下：

一、撤销江苏省南京市玄武区人民法院（2019）苏0102民初7680号民事判决；

二、某保险公司于判决生效之日起十日内向陆某支付保险金187224元；

三、驳回陆某的其他诉讼请求。

如果未按判决指定的期间履行给付金钱义务，应当依照《中华人民共和国民事诉讼法》第二百二十九条之规定,加倍支付迟延履行期间的债务利息。

一审案件受理费减半收取 2150 元,由某保险公司负担 2012 元,陆某负担 138 元。二审案件受理费 4300 元,由某保险公司负担 4024 元,陆某负担 276 元。

本判决为终审判决。

审判长　罗某某
审判员　毕某某
审判员　程某某
二〇二〇年八月二十七日
书记员　刘某某

评·析

一、争议焦点

本案争议焦点在于对案涉保险合同生效日的认定,原告是否为等待期内出险;被告针对"首次重大疾病保险金"约定的 90 天等待期条款是否需明确的说明和提醒,该条款是否因被告未能尽到特别提示和说明义务而无效。

二、法院判决

一审判决:

根据双方在合同中"合同成立与生效"的约定,投保人提出保险申请、保险公司同意承保,合同成立。本案中,原告于 2018 年 11 月 30 日申请保险,被告于 2018 年 12 月 2 日同意承保,则案涉合同成立日期应为 2018 年 12 月 2 日。同时,根据合同约定,自本合同成立、保险公司收取首期保险费并签发保险单的次日零时起本合同生效,本案中 2018 年 12 月 14 日被告扣收了保险费,故合同生效日应为 2018 年 12 月 15 日。

本案中,保险条款 2.3.4.1 条"首次重大疾病保险金"约定的 90 天等待期,是被告责任免除条款,被告在订立保险合同时应当向原告明确说明,但被告对本条款未尽到明确提示和说明义务,故根据《中华人民共和国保险法》第十七条第二款规定认定上述条款不生效。

原告在合同生效日 2018 年 12 月 15 日至 2019 年 3 月 11 日确诊初次发生合同所指的重大疾病虽尚不足 90 天，由于被告未就等待期条款尽到相当于免责条款的明确说明义务，故对原告的诉讼请求予以支持，判决被告向原告陆某支付保险金 200000 元，并承担案件受理费 2150 元。

二审判决：

本案中，保险条款 2.3.4.1 条"首次重大疾病保险金"约定的 90 天等待期是免责条款，而保险条款中该条款位于"我们提供的保障"的部分，从该条目的字义理解系被告为被保险人提供的保障，若非充分说明、提示，难以引起投保人的注意。该条目尾部包括了责任免除内容，但并未包括上述等待期条款的内容。

其次，2.3.4.1 条"首次重大疾病保险金"约定的 90 天等待期并未加粗加黑，仅对"本保险实际交纳的保险费（详见释义）"进行加黑，被告对于责任免除内容未能尽到特别提示义务，故一审法院认为被告对免除责任条款未尽到提示说明义务并无不当。

由于被告此前已向原告退还保险费 12776 元，原告也同意在本案理赔款中予以扣除，故二审法院改判被告给付陆某 187224 元并撤销一审判决、驳回陆某的其他诉讼请求。

三、理论分析

本案被保险人系等待期内出险，根据合同条款约定，应按照实际交纳的保险费给付首次重大疾病保险金，同时合同终止。而司法实践中，通常认定 90 天等待期为责任免除条款，保险人应履行提示和明确说明义务。

1. 合同生效日期的认定

根据《中华人民共和国保险法》第十三条第三款规定：依法成立的保险合同，自成立时生效。投保人和保险人可以对合同的效力约定附条件或者附期限。

另外，根据双方在合同中"合同成立与生效"的约定"您提出保险申请、本公司同意承保，本合同成立，合同成立日期在保险单上载明。除另有约定外，自本合同成立、本公司收取首期保险费并签发保险单的次日零时起本合同生效，本公司开始承担保险责任，合同生效日期在保险单上载明。本合同生效日即为保单生效日"。

本案中，原告于 2018 年 11 月 30 日申请保险，被告于 2018 年 12 月 2 日同意承保，2018 年 12 月 14 日被告扣收了保险费，故合同生效日应为 2018 年 12 月 15 日。

2. 本案所涉等待期条款是否为免责条款

《中华人民共和国保险法》第十七条第二款规定：订立保险合同，采用保险人提供的格式条款的，保险人向投保人提供的投保单应当附格式条款，保险人应当向投保人说明合同的内容。对保险合同中免除保险人责任的条款，保险人在订立合同同时应当在投保单、保险单或者其他保险凭证上作出足以引起投保人注意的提示，并对该条款的内容以书面或者口头形式向投保人作出明确说明；未作提示或者明确说明的，该条款不产生效力。

《最高人民法院关于适用〈中华人民共和国保险法〉若干问题的解释（二）》第九条规定：保险人提供的格式合同文本中的责任免除条款、免赔额、免赔率、比例赔付或者给付等免除或者减轻保险人责任的条款，可以认定为保险法第十七条第二款规定的"免除保险人责任的条款"。

针对案涉保险合同条款"我们提供的保障"项下"被保险人于本合同生效（或合同效力恢复）之日起 90 日内，由本公司认可医院的专科医生确诊初次发生本合同所指的重大疾病（无论一种或多种），本公司按照本保险实际交纳的保费给付首次重大疾病保险金，本合同终止"的条款，由于等待期内出险保险人赔付保费的数额远远低于双方约定的保险金额，其本质上减轻了保险人的保险责任，故被法院认定为免责条款。

3. 提示和明确说明义务的履行

《最高人民法院关于适用〈中华人民共和国保险法〉若干问题的解释（二）》第十一条规定：保险合同订立时，保险人在投保单或者保险单等其他保险凭证上，对保险合同中免除保险人责任的条款，以足以引起投保人注意的文字、字体、符号或者其他明显标志作出提示的，人民法院应当认定其履行了保险法第十七条第二款规定的提示义务。

保险人对保险合同中有关免除保险人责任条款的概念、内容及其法律后果以书面或者口头形式向投保人作出常人能够理解的解释说明的，人民法院应当认定保险人履行了保险法第十七条第二款规定的明确说明义务。

《最高人民法院关于适用〈中华人民共和国保险法〉若干问题的解释

（二）》第十三条规定：保险人对其履行了明确说明义务负举证责任。

投保人对保险人履行了符合本解释第十一条第二款要求的明确说明义务在相关文书上签字、盖章或者以其他形式予以确认的，应当认定保险人履行了该项义务。但另有证据证明保险人未履行明确说明义务的除外。

本案中，案涉保险合同条款 2.3.4.1 条"首次重大疾病保险金"约定的 90 天等待期条款未单独列示，若非充分说明、提示，难以引起投保人的注意，且未加粗加黑明确提示。法院认定保险人对本条款未尽到明确提示和说明义务，故该条款不生效。

四、实务启示

1. 加强对销售人员培训管理，严格把控销售过程的合规性，提高业务品质；

2. 深入推进人身保险销售行为可回溯管理，实现销售行为可回放、重要信息可查询、问题责任可确认，从源头上治理销售误导；

3. 在书面提示方面，保险公司应对相关条款进行修订，将"相当于等待期"条款从保险责任条款（保险公司提供的保障）项下单列开来，并对重要字段加粗加黑明确提示。

投保人未履行如实告知义务获得理赔款构成不当得利的认定

河南省濮阳市中级人民法院

（2019）豫09民终2911号民事判决书

（2020年2月27日）

案·情

于某于2017年12月13日以自己为被保险人通过网络渠道投保某保险公司《某恶性肿瘤疾病保险》产品，保额50万元，保险期间1年。2018年7月11日至2019年7月20日在濮阳市人民医院住院期间于某被确诊为左侧甲状腺乳头状癌，该疾病符合保险合同中约定的恶性肿瘤保险责任。后于某向某保险公司申请理赔，当时某保险公司在收到于某的理赔申请后经调查，未发现于某在签订保险合同前身体有异常状况，故同意了于某的理赔申请，并于2018年9月12日将保险金50万元支付给了于某。然而后来，某保险公司在复核时发现，被保险人于某曾于2017年11月10日、2017年11月13日分别在濮阳市人民医院及濮阳市油田总医院做了彩超检查，检查结果均显示其甲状腺有结节，而这不符合合同中约定的我司应给付保险金的条件，因为于某投保时显然没有履行如实告知义务，故某保险公司依法向濮阳市华龙区人民法院起诉，要求于某向某保险公司返还不当得利50万元，并要求诉讼费由其承担。

判决书正文

上诉人（原审被告）：于某，女，1983年12月11日出生，汉族，住河南省濮阳市华龙区。

被上诉人（原审原告）：某保险公司，住所地武汉市江岸区。

上诉人于某因与被上诉人某保险公司不当得利纠纷一案，不服濮阳市华龙区人民法院（2019）豫0927民初5215号民事判决，向本院提起上诉。本院依法组成合议庭，公开开庭进行了审理。本案现已审理终结。

于某上诉请求：撤销一审判决，改判驳回某保险公司的诉讼请求。事实和理由：1. 一审按不当得利审理错误。某保险公司起诉的事实及理由均为保险合同关系，并非不当得利；2. 双方成立保险合同关系，于某交付了全额保险费，其在合同约定的等待期后患癌症疾病，在签订合同时并未患癌症，虽检查出来患有结节，但因结节较小，无须治疗，故于某此后查出患癌症与此结节无关；3. 保险合同约定的重大疾病是患癌症，而非结节，一审以未履行如实告知义务认定保险金为不当得利，实属错误。

某保险公司答辩称：1. 本案属不当得利，某保险公司错误地将保险金支付给于某，其获得利益，使某保险公司受损，损失与受益有直接的关联性，符合不当得利构成要件；2. 于某投保时隐瞒患甲状腺结节的事实，未履行如实告知义务，导致某保险公司错误给付保险金，濮阳市人民医院彩超检查报告显示为"甲状腺左叶低回声结节并钙化（TI－RADS分级Ⅳa级）"，该级别为危险区间，癌变可能性极高，与于某上诉称"结节较小、无须治疗"严重不符；3. 患有结节是在投保时应当如实告知的事项，于某明知患有结节，未依约履行如实告知义务；4. 于某在合同等待期前已患有甲状腺结节，合同等待期后患甲状腺癌症，该情形不符合合同要求的"等待期后""初次发生"的给付条件。一审认定事实清楚，应当维持。

某保险公司向一审法院起诉请求：于某返还保险金50万元及利息，并负担本案诉讼费。

一审法院认定事实，2017年12月13日，于某以自己为被保险人在某保险公司投保某恶性肿瘤疾病保险，保险金额50万元，保险期间为1年，保险费450元。该保险责任约定："首次投保本合同时，被保险人在本合同生效之日起90日内患本合同约定的恶性肿瘤，我们不承担给付保险金的责任，退还交纳的保险费。本合同终止。这90日称为等待期。在等待期后被保险人初次发生并被医院的专科医生确诊患有本合同约定的恶性肿瘤，我们按照本合同基本保险金额给付恶性肿瘤关爱保险金，本合同终止。"另查明，2018年7月27日，于某以其患有甲状腺乳头状癌入住濮阳市人民医院进行治疗。出院后，2018年7月11日向某保险公司申请理赔，某保险公司于2018年9月12日赔付于某保险金50万元。赔付后，某保险公司又委托深圳某保险公估有限公司对于某住院治疗一事进行调查，经调查认为于某在投保前已经患有甲状腺结节类疾病，且未向保险人如实告知，本次事故不属于保险责任，应当作出拒赔处理，某保险公司为证明其主张，提交了濮阳市油田总医院的彩超检查报告及濮阳市人民医院彩超检查报告单为证，该报告单显示2017年11月10日和13日，于某分别在上述两家医院检查，均被诊断出患有甲状腺左叶低回声结节并钙化（TI-RADS分级Ⅳa级），甲状腺右叶囊肿或甲状腺双侧叶囊性结节。因而某保险公司起诉至法院，要求于某返还50万元保险金，于某不允，双方形成纠纷。上述事实，有当事人陈述、保险单据、保险条款、诊断证明、住院病历（部分）、付款凭证、调查报告等证据在案证实。

一审法院认为，根据《中华人民共和国民法通则》第九十二条的规定，本案不当得利的构成要件包括：于某获得利益；某保险公司受到损失；于某获得利益没有法律上的根据（原因），这属于不当得利请求权发生的法律要件存在的事实，根据《最高人民法院关于民事诉讼证据的若干规定》第二条的规定，应由主张不当得利请求权的某保险公司承担举证责任，并在该要件事实处于真伪不明时承担败诉的不利后果。本案某保险公司依据和于某签订的人身保险合同，于某发生保险事故时将保险金50万元汇入于某的账户，显然其行为属于基于特定目的、有意识的行为，故存在给付的法律原因。现某保险公司认为于某投保时未如实告知不应获得保险赔偿金，并提交于某在投保前曾患有甲状腺结节的彩超检查报告单为证。根据《中华人民共和国保险法》第十六条之规定，订立保险合同，保险人对保险标的或者被保险人的有关情况提出询问的，投保人应如实告知。投保人因重大过失未履行前款规定的如实告知义务，对保险事故的发生有严重影响的，保险人对于合同解除前发生的保险事故，不承担赔偿或者给付保险金的责任。本案中，于某在投保前即被查明患有甲状腺结节并伴钙化，疾病等级属于高危级别，在投保时并未如实告知于某上述情形，保险合同生效，犹豫期过后，于某到医院对甲状腺结节行切除术，送检确诊为甲状腺乳头状癌，向某保险公司申请理赔获取高额保险金。在于某向某保险公司投保时，曾询问于某是否目前或既往患有恶性肿瘤、结节等疾病，于某均回答否，可以证明于某并未如实告知上述病情，根据上述法律规定，对于投保前患有的重大疾病，不承担给付保险金的责任，于某并无法律上获得保险金的权利，现其却获得了保险金50万元，于某应当返还。根据《中华人民共和国合同法》第六十条，《中华人民共和国保险法》第十二条、第十三条、第十七条，《最高人民法院关于适用中华人民共和国保险法》若干问题的解释二第九条、《中华人民共和国民事诉讼法》第六十四条第一款规定，一审判决：于某于本判决生效后十日内返还某保险公司保险金50万元。如果未按本判决指定的期间履行给付金钱义务，应当依照《中华人民共和国民事诉讼法》第二百五十三条之规定，加倍支付迟延履行期间的债务利息。一审案件受理费8800元，由于某负担。

二审中，当事人未提交新证据。本院对一审查明事实予以确认。

本院认为，本案争议焦点是于某在投保时未向某保险公司陈述其曾患有甲状腺结节的事实，是否违反《中华人民共和国保险法》第十六条规定的投保人如实告知义务；某保险公司是否有权返还已付赔偿金。《中华人民共和国保险法》第十六条第二款规定，投保人故意或者因重大过失未履行如实告知义务，足以影响保险人决定是否同意承保或者提高保险费率的，保险人有权解除合同。本案中，涉案保险合同是通过手机支付宝投保成立，某保险公司虽未就于某是否患有甲状腺结节直接进行口头询问，但在涉案保险合同第6.1项单列"明确说明与如实告知"条款，且在保险合同最后一页附电子投保单，其中"告知事项"用加重黑体提示，就"是否患有恶性肿瘤、体表或体内肿块、息肉、结节"进行询问，于某勾选"否"，据此，应当认定某保险公司已就包括是否患有结节的告知事项进行了询问。2017年11月10日、13日，于某在濮阳市油田总医院、濮阳市人民医院彩超检查，均被诊断患有"甲状腺左叶低回声结节并钙化（TI－RADS分级Ⅳa级），甲状腺右叶囊肿或甲状腺双侧叶囊性结节"，属高危级别，于某上诉称"结节较小、无须治疗"，与所患疾病级别明显不符，应当认定于某明知患有甲状腺高危级别结节，在投保时应当如实告知，结合于某所患甲状腺疾病的级别、被诊断患上述疾病的次月即投保涉案险种、保险期间一年以及非连续投保的实际案情，根据上述法律规定，本院认定于某在明知其患有上述甲状腺疾病的情况下，因重大过失未向某保险公司履行如实告知义务，足以影响保险人决定是否同意承保或者提高保险费率,保险人对于合同解除前发生的保险事故,不承担赔偿或者给付保险金的责任。故于某已收到的赔偿金缺乏法定或者约定依据,一审据此判决于某返还某保险公司保险金并无不当,予以维持。于某称其未违反如实告知义务的上诉理由,本院不予采纳。

综上所述,于某的上诉请求不能成立,应予以驳回;一审判决认定事实清楚,适用法律正确,应予维持。依照《中华人民共和国民事诉讼法》第一百七十条第一款第一项规定,判决如下:

驳回上诉,维持原判。

二审案件受理费8800元,由于某负担。

本判决为终审判决。

审判长　杨某某
审判员　张某某
审判员　李某某
二〇二〇年二月十七日
书记员　管某某

评·析

本案在保险诉讼领域不算一起"常规案件",通常的诉讼案件是"客户出险、客户申请理赔、保险公司拒赔、客户起诉"的流程,本案是一起"保险公司已理赔,但发现属错误给付,主动起诉客户要求退还"的案件,并且本案还是一起获得胜诉的案件,经公司诉讼处理人员的努力,本案两审法院均支持了某保险公司的诉讼请求,判决于某将已得到的理赔金50万元返还某保险公司。

某保险公司在复核到客户在投保前确已存在甲状腺结节之后,决定起诉客户要求退还理赔金,但对于案由却难以确定,本案从表面上看显然属于保险纠纷,正常情况下案由应当是"保险纠纷""保险合同纠纷""健康保险合同纠纷"或"人身保险合同纠纷",但经过再三思考和斟酌,认为以保险合同纠纷作为案由恐不合适,因为某保险公司的理赔金已经给付,只是某保险公司认为这属于"错误给付",目的是追回款项,因此,本案比较接近民事诉讼中的"不当得利"立案事由,具体理由如下:根据法律规定,不当得利的构成要件包括:一方获得利益;另一方受到损失;一方获得利益与另一方受到损失之间存在因果关系;一方获得利益没有法律上的依据。本案中,某保险公司错误地将保险金支付给于某,于某获得了利益,某保险公司受到了损失,且某保险公司受到损失与于某获得利益之间有直接的关联性,并且由于于某在投保时隐瞒了曾患甲状腺结节的事实,未履行保险法要求的如实告知义务,于某获得某保险公司支付的50万元没有法律上的依据。所以,本案完全符合不当得利纠纷的构成要件,故某保险公司最终确定以"不当得利纠纷"而非"保险合同纠纷"作为案由向法院起诉,并且法院成功受理。

本案在庭审过程中,于某声称自己"虽在投保前已有结节,但结节较小",但根据濮阳市人民医院的彩超检查报告,于某所述与事实不符,该份彩超报告的结果为:"甲状腺左侧叶低回声结节伴钙化(TI-RADS分级:Ⅳa级)",在医学上,该检查结果已经超出了"可以忽略"的范畴(Ⅲ级以下为低风险区间,Ⅳ级及以上为危险区间,且加上钙化,已达到高危级别,癌变的可能性极高),于某当时的甲状腺结节病情已相当严重,所以于某称"结节较小,不严重"显然不符合事实。因此,于某的行为属于未履行如实告知义务,并且结节情况严重,此显然足以影响某保险公司决定是否同意承保或者提高保险费率,故其占有某保险公司支付的50万元理赔金没有法律依据,应依法返还。

本案之所以能够胜诉除了某保险公司秉持了正确的诉讼策略和诉讼观点之外,对方自身的主观恶性也是致使其败诉的重要原因。最终两审法院都依据事实、依据法律判决某保险公司胜诉,要求于某向某保险公司返还不当得利50万元,两审诉讼费也由于某承担。

目前本案判决已经生效,但于某并未向某保险公司返还款项,某保险公司向法院申请了强制执行,然而于某仍不配合返还款项,法院依照相关规定将于某列入了失信被执行人名单并且对其限制了高消费,这也是对其拒不履行判决行为的一个惩罚和打击,对其以后的生活必然会产生一定的影响,后续我司将继续对该案进行紧密的跟踪,在法院执行庭的主导下尽最大可能追回款项。

本案虽目前未实际追回款项,但是依然是一起具有典型意义的案件,本案告诉人们一个事实，保险公司对于已经赔付而原本不应该赔付的理赔案，有权以"不当得利"为案由向法院起诉要求客户返还。本案的胜诉反映了法院对"带病投保"行为、隐瞒疾病等不诚信行为的一个否定，同时本案的胜诉也是司法既保护投保人、被保险人、受益人利益，同时也保护保险公司利益的一个生动体现，具有重要的典型意义。

ular
分红型保险中代签保险合同是否会导致合同无效

山东省乳山市人民法院

(2019) 鲁 1083 民初 4113 号民事判决书

(2020 年 1 月 26 日)

案·情

2010 年 7 月 26 日宋甲为其儿子宋乙购买 HX 人生两全保险（分红型），投保人为宋甲，被保险人为宋乙，年交费 3605 元，交费期间为 10 年。案涉合同签订时被保险人已成年，投保人在被保险人签名处代替其儿子宋乙签字。至 2019 年 7 月宋甲已领取 9 年保单红利共 1800 元后，因宋甲与宋乙父子关系破裂，并且宋乙不配合宋甲至保险公司申领保险金。宋甲以被保险人签名处非宋乙本人签字致使合同无法继续履行为由诉至山东省乳山市人民法院，要求确认保险合同无效。案件争议焦点是：投保人诉请合同无效是否适格；本案是否符合合同无效的情形；该保险合同被保险人签名处非本人签字是否影响合同效力。最终法院判决确认原告宋甲和被告某保险公司威海中心支公司于 2010 年 7 月 26 日订立的 HX 人生两全保险（分红型）保险合同合法有效，驳回原告宋甲要求被告某保险公司威海中心支公司返还 32445 元保费及利息的诉讼请求。

判决书正文

原告：宋甲，男，1961 年 11 月 17 日出生，汉族，住山东省乳山市。

被告：某保险公司威海中心支公司，住所地山东省威海市。

原告宋甲与被告某保险公司威海中心支公司（以下简称某保险公司）人寿保险合同纠纷一案，本院于2019年8月22日受理后，依法适用简易程序，公开开庭进行了审理，现已审理终结。

原告宋甲向本院提出诉讼请求：一、要求确认原、被告于2010年7月26日签订的人身保险合同（分红型）无效；二、要求被告返还原告已交保费32445元及利息5000元。事实和理由：原、被告于2010年7月26日签订了HX人生两全保险（分红型）保险合同。原告是投保人，原告之子宋乙是被保险人，年付保费3605元，交费期间是10年。签订保险合同时，被告工作人员诱导原告代被保险人签字。2019年7月原告得知需被保险人到被告处办理申请表及提供银行卡才能领取涉案保险合同项下各项收益，被保险人以该份合同不是其本人所签拒绝领取致保险合同无法履行，故原告起诉到法院。

被告某保险公司辩称，首先，本案涉案保险合同条款目录项下第4.1条规定，本合同为分红保险合同，合同保险内容包括祝福金、祝寿金以及身故保险金等3部分内容，该合同并非单纯以死亡为给付要件，故涉案保险合同真实有效；其次，原告主张被保险人宋乙未在涉案保单上签字并且拒绝接受保险利益，均是原告自述；最后，原告已按期交费9年，原告无法领取涉案合同项下的收益是因其家庭矛盾引起的，与被告无关，保险合同如认定无效则有损被保险人利益。综上所述，涉案保险合同不符合法定无效的情形应确认为有效合同。

当事人围绕诉讼请求依法提交了证据，庭审中本院组织当事人进行了证据交换和质证，对无异议的证据，本院予以确认并在卷佐证。本院认定以下事实：原告宋甲于2010年7月26日在被告处为其子宋乙投保了"HX人生两全保险（分红型）"保险合同一份，被保险人为宋乙，保险期间自2010年7月29日零时起至终身止或本合同列明的终止性保险事故发生时止。交费方式为按年（10次交清），每期保险费3605元。该保险合同第2条约定保险责任为：祝福金、祝寿金、身故保险金的领取金额及计算方式；该保险合同第4条约定保单红利的计算标准及申领方式。2010年7月31日原告交纳第一期保费3605元，截至目前，原告已经按年交纳9期保费，合计交纳保费32445元。2019年7月原告在被告处领取9年的保单红利1800元。截至起诉前，被保险人宋乙尚有 4050 元的祝福金收益未申领，涉案保险合同未出现终止性保险事故。

本院认为，投保人提出保险要求，经保险人同意承保，保险合同成立。原告诉请合同无效的理由为涉案保单第 16 页"声明与授权"一栏中，被保险人"宋乙"签名非其本人所签。原告称保险代理人徐某采取诱导和欺骗行为，诱导原告代其年满 23 周岁的儿子签名，因被告肆意夸大涉案合同利益，存在欺诈投保人及隐瞒与保险合同有关的重要情况的情形，故涉案保险合同自始无效。本院认为，原告与被保险人系父子关系，具有保险利益，涉案保险合同依法成立。依法成立的合同，自成立时生效。原告称涉案合同中"宋乙"的签名系在被告工作人员徐某的诱导和欺骗下由原告代签，存在欺诈行为，因原告无法与其子宋乙及保险代理人徐某取得联系，本院对原告该主张不予认可。

原告称根据涉案合同第 4～5 页关于"祝寿金""身故保险金"的约定，受益人须等到被保险人年满 70 周岁后方可享受该合同的保险收益，该条款显失公平，违反民法通则及合同法等规定，因此涉案保险合同自始无效。本院认为，该保险合同第 2 条约定保险责任为：祝福金、祝寿金、身故保险金。其中，祝福金的约定为：自合同生效之日起，如被保险人生存，被告每年按基本保险金额的 9% 给付一次祝福金，直至被保险人身故；祝寿金的约定为：若被保险人生存至 70 周岁的合同生效对应日，被告根据本合同约定已支付的保险费总额给付祝寿金；身故保险金的约定为：被保险人在 70 周岁的合同生效日对应日零时前身故及零时后身故，被告按保险合同约定的金额较大者进行给付，涉案合同终止。本院认为，涉案保险合同系分红型产品，被保险人终身按年领取固定数额的祝福金及数额不定的分红，被保险人生存至 70 周岁的合同生效日，被告按合同约定已支付的保险费总额给付祝寿金；身故保险金系对合同终止条件的约定，前者均不违反法律、行政法规的强制性规定，合法有效，故对原告主张该条款显失公平的意见本院不予采信。

依据《中华人民共和国合同法》第五十二条，《中华人民共和国保险法》第十三条、第三十一条、第六十五条，《最高人民法院关于适用〈中华人民共和国民事诉讼法〉的解释》第二百五十八条第一款，《最高人民法院关于民事诉讼证据的若干规定》第二条之规定，判决如下：

一、确认原告宋甲和被告某保险公司威海中心支公司于 2010 年 7 月 26 日订立的 HX 人生两全保险（分红型）保险合同合法有效；

二、驳回原告宋甲要求被告某保险公司威海中心支公司返还 32445 元保费及利息的诉讼请求。

案件受理费减半收取 306 元，由原告宋甲负担。

如不服本判决，可以在判决书送达之日起十五日内，向本院递交上诉状，并按对方当事人的人数提出副本，上诉于山东省威海市中级人民法院。

审判员　马某某
二〇二〇年一月十六日
书记员　徐某某

评·析

一、含身故责任保险合同应由被保险人签字确认

本案中，某保险公司 HX 人生两全保险（分红型）属于人身保险合同中的分红型保险合同，含身故责任，投保单被保险人处需要由被保险人本人签字确认方可生效。《保险法》第三十四条规定，以死亡为给付保险金条件的合同，未经被保险人同意并认可保险金额的，合同无效。《最高人民法院关于适用〈中华人民共和国保险法〉若干问题的解释（三）》第三条规定，人民法院审理人身保险合同纠纷案件时，应主动审查以死亡为给付保险金条件的合同是否经过被保险人同意并认可保险金额。从上述规定可以看出，《保险法》明确规定了被保险人同意并认可保险金额是以死亡为给付保险金条件的合同生效的必要条件，最高人民法院也通过司法解释的形式再次强调了司法审判中法院必须主动审查保险合同效力，这充分说明了此类保险合同中被保险人同意权和知情权的重要性。《保险法》之所以对被保险人同意投保并认可保险金额作为保险合同生效的条件，并严格贯彻执行，主要是基于对道德风险的担忧。保险合同中的道德风险是指保险合同当事人在获得保险保障后对保险事故风险通过主观选择行为改变其风险发生的概率而产生的不正当的风险。在人身保险中，被保险人死亡后其身故保险金应由保单受益人或者法定继承人获得，因此相关利益人有可能通过损坏被保险人利益的方式获得非法利益。

二、法院依据以下事实认定本案保险合同有效

1. 本案中,投保人与被保险人为父子关系,父亲为儿子购买保险,并且保险合同已履行 9 年,投保人已领取 9 年的保单红利共计 1800 元,被保险人作为近亲属家庭成员的特殊身份,理应知晓保险合同的存在,但其在 9 年期间并未提出任何异议。根据《最高人民法院关于适用〈中华人民共和国保险法〉若干问题的解释(三)》第一条规定,当事人订立以死亡为给付保险金条件的合同,根据保险法第三十四条的规定,"被保险人同意并认可保险金额"可以采取书面形式、口头形式或者其他形式;可以在合同订立时作出,也可以在合同订立后追认。有下列情形之一的,应认定为被保险人同意投保人为其订立保险合同并认可保险金额:(一)被保险人明知他人代其签名同意而未表示异议的……另根据《最高人民法院关于适用〈中华人民共和国民事诉讼法〉的解释》第一百零八条第一款规定,对负有举证证明责任的当事人提供的证据,人民法院经审查并结合相关事实,确信待证事实的存在具有高度可能性的,应当认定该事实存在。因此,根据以上客观情况,依法可以推定本案中被保险人已同意并认可保险金额。

2. 本案中原告提出保险公司代理人存在诱导其代被保险人签字的情况,但其未能提供证据证实,另原告由于与被保险人无法取得联系,无法提供被保险人否认保险合同以及保险金额的反面证据。根据《最高人民法院关于民事诉讼证据的若干规定》第二条规定,当事人对自己提出的诉讼请求所依据的事实或者反驳对方诉讼请求所依据的事实有责任提供证据加以证明。没有证据或者证据不足以证明当事人的事实主张的,由负有举证责任的当事人承担不利后果。因此,本案中原告举证不足,应承担不利后果。

3. 本案的特殊性在于常见案例均是由被保险人提起确认合同无效之诉,而本案系投保人提出,因此基于被保险人利益的保护也不宜确认合同无效。从保险产品的角度看,该保险产品为生死两全保险,并可以产生保险合同红利、生存金等保险利益,其保险利益分两部分,即投保人领红利,被保险人领祝福金和祝寿金,且被保险人尚有 4050 元的祝福金收益未申领。若此时主张合同自始无效,明显损害被保险人的利益。

基于以上理由,法院从诉讼主体、被保险人与投保人的特殊家庭关系、保险利益等方面综合考量,最终判决驳回原告诉请。

三、在死亡保险中法院更倾向于认定合同有效

在司法实践中，法院在审理被保险人发生保险事故死亡的案件时，遇到申请理赔方主张保险合同有效，法院一般会推定投保时被保险人同意，特别是在一些单位为投保人的团体意外险的保险合同纠纷中。法院倾向于认定此种情形下的保险合同有效，主要存在以下几个原因：一是在保险合同实践中存在大量的没有获得被保险人同意的情形，如在这种情况下一律认定保险合同无效，将导致大量的保险合同被推定为无效。二是认定保险合同效力的问题在司法实践处理中相对比较复杂。由于投保过程证据相对较少，法院存在对过程的查证困难。三是保险公司作为专业的保险机构，相较于被保险人而言，其更具备专业优势，因此保险人在核实被保险人以其死亡为给付保险金条件的保险合同是否经被保险人同意并认可保险金额时，应尽谨慎审核义务。

四、该案引发的思考和建议

1. 保险公司应加强保险销售人员的职业培训，严格要求被保险人由本人签字，避免合同在履行过程中因签字的真实性问题导致合同无效的风险。

2. 根据保险合同性质，保险公司应提前留存被保险人身份信息、银行卡信息以及联系方式。避免投保人与被保险人发生利益冲突时，使保险人处于被动地位。

3. 积极与主审法官沟通，充分说理，引导法官形成自由心证。法官心证形成的过程也是对证据取舍和证明力大小作出评价的过程，某种程度上具有较强的主观性。本案中保险公司从投保人、被保险人亲属关系、被保险人利益的保护、合同履行情况、主体资格等方面提出了充分的事实和理由，逐步引导法官形成内心确信进而作出裁判。

重大疾病保险中复效后等待期是否承担保险责任有效的认定

江苏省连云港市中级人民法院

（2019）苏07民终4524号民事判决书

（2020年3月11日）

案·情

2011年11月21日，唐某在某保险公司为自己投保某重大疾病保险，合同生效日为2011年11月22日零时，交费方式为年交。前述合同交费期内，因唐某未及时交纳保险费，保险合同效力中止。后唐某与某保险公司就保险合同复效达成一致，保险合同于2018年4月27日效力恢复。2018年8月14日，唐某被医院诊断患有恶性肿瘤。涉案保险合同约定，若被保险人于最后复效之日起180天（含）后（此180天称为等待期），确诊重大疾病符合约定条件的，保险公司给付重大疾病保险金。据此，某保险公司以复效等待期内患病为由做出拒赔的理赔决定。唐某不服，起诉至人民法院，要求保险公司支付保险金。

判决书正文

上诉人（原审被告）：某保险公司连云港中心支公司，营业场所：江苏省连云港市海州区。

被上诉人（原审原告）：唐某，女，1963年12月28日出生，汉族，住江苏省灌云县。

原审被告：某保险公司连云港中心支公司灌云营销服务部，营业场所：江苏省灌云县。

上诉人某保险公司连云港中心支公司因与被上诉人唐某、原审被告某保险公司连云港中心支公司灌云营销服务部（以下简称某保险公司灌云服务部）人寿保险合同纠纷一案，不服连云港市海州区人民法院（2019）苏 0706 民初 2618 号民事判决，向本院提起上诉。本院于 2019 年 11 月 12 日立案后，依法组成合议庭审理了本案，本案现已审理终结。

上诉人某保险公司连云港中心支公司上诉请求：依法撤销一审判决，改判驳回被上诉人的一审诉讼请求。事实和理由：一审查明事实不清，适用法律错误。上诉人已依法对合同条款履行提示说明义务，被上诉人亦签字确认。涉案保险合同合法有效。一、根据特殊法优于一般法的法律原则，保险条款效力认定，应适用保险法，本案无合同法适用空间。二、一审已查明，争议"等待期"约定已在 2.4 条进行了加黑提示。法律并未要求对有关合同条款无限次地加黑提示。且有关提示、须知，并非合同正文文本。三、说明义务的履行方式是"书面或者口头形式"。一审认为上诉人"未在保险合同、保险条款……及投保单"对等待期进行明确解释。但纵使合同法亦未要求用书面形式进行解释。四、投保人对保险人履行了明确说明义务在相关文书上签字、盖章或者以其他形式予以确认的，应当认定保险人履行了该项义务。在涉案投保单上，有被上诉人本人亲笔签字，确认上诉人履行提示说明义务。五、等待期条款并不存在免除保险人法定义务、排除投保人、被保险人法定权利的情形，合法有效。六、投保前体检，不是保险人的法定义务，而是基于商业效率的考虑。"公平原则"的适用无从谈起。七、"等待期"的设定，是保险行业的同行规则。与投保时设定目的一致，均为避免"逆向选择"。一审认可了投保时"等待期"的合理性，却否定复效时"等待期"的合理性，对"等待期"进行拆分理解，并进行差异认定，缺乏事实与法律依据。八、一审以"农村女性"作为合同效力的判断依据，无事实和法律依据。"农村女性"也可以懂保险、买保险。

被上诉人唐某辩称：一、一审认定事实清楚，适用法律正确，一审已查明上诉人提供的合同系预先拟定重复使用的格式合同，且合同文字字迹偏小，笔画较弱，即使作为文化水平较高的人阅读也比较吃力，且关于合同中一些专有名词概念，比如观察期、等待期、复效，上诉人并没有向投保人进行说明解释，对于相应的专有名词引起的减轻、免除保险公司责任的一系列条款，没有做到明确提示告知义务，根据《保险法》第十九条及《最高人民法院关于保险法司法解释（二）》第三条的规定，格式条款加重投保人责任，保险公司未做明确说明的条款对投保人不产生效力。二、上诉人作为保险公司在签订合同、通知缴费、办复效时没有履行合同义务，在发现被上诉人账户转账不成功时，没有按照合同要求及时通知被上诉人缴费情况，而自行伪造投保人签字办理合同复效，其目的就是最大限度地加大投保人的责任，减少上诉人应当承担的责任。三、上诉人既然已经让被上诉人补交了延迟缴纳保险费的滞纳金、利息等费用，根据公平原则，其应当承担赔偿责任，综上所述，请求二审驳回上诉，维持原判。

原审被告某保险公司灌云服务部述称：同意上诉人的上诉请求。

唐某向一审法院起诉请求：依法判令某保险公司连云港中心支公司、某保险公司灌云服务部支付理赔款35000元，并承担诉讼费用。

一审法院审理查明事实：2011年11月21日，唐某在某保险公司连云港中心支公司投保某两全保险（分红型）：基本保险金额35000元，至70周岁，标准保费2525.60元，交费方式为年交；附加某重大疾病保险：基本保险金额35000元，至70周岁，标准保费619.90元。约定合同生效日为2011年11月22日零时，交费方式为年交。合同中载明保单周年日为11月22日，但并未明确约定保费交费期限。

某保险公司连云港中心支公司提交的保险合同《某两全保险（分红型）条款》第5条约定了关于保险费的交纳。其中5.1条约定：本合同的交费方式和交费期间由您和我们约定并在保险单上载明，分期支付保险费的，在交纳首期保险费后，您应当按照约定，在每个保险费约定的交纳日交纳其余各期的保险费。5.2条约定：宽限期，分期支付保险费的，您支付首期保险费后，除本合同另有约定外，如果您到期未支付保险费，自保险费约定交纳日的次日零时起60日为宽限期。宽限期内发生的保险事故，我们仍会承担保险责任，但在给付保险金时会扣减您欠交的保险费。如果您在宽限期结束之后仍未支付保险费，则本合同自宽限期满的次日零时起效力中止。条款第7条约定合同效力的中止及恢复。其中7.1条约定：效力中止，在本合同效力中止期间，我们不承担保险责任，本合同不再参与红利分配。7.2条关于效力恢复约定为：本合同效力中止后2年内，您可以申请恢复合同效力。经我们与您协商并达成协议，在您补交保险费及利息之日起，合同效力恢复。自本合同效力中止之日起满2年您和我们未达成协议的，我们有权解除合同，我们解除合同的，向您退还合同效力中止时保险单的现金价值。

某保险公司连云港中心支公司提交的《附加某重大疾病保险条款》确定了合同条款，其中条款第2.3条对保险责任约定：在本附加合同保险期间内，我们按以下约定承担保险责任：1.第一次重大疾病（见7.3）保险金，若被保险人于合同生效之日或最后复效之日（以较迟者为准）起的180天（含）后（此180天称为第一次等待期），首次发生并在我们认可的医院（见7.4）由专科医生（见7.5）确诊患本附加合同所列的任何一种重大疾病，并符合本附加合同约定的给付重大疾病保险金条件的，我们将按主合同基本保险金额作为第一次重大疾病保险金给付，同时本附加合同及主合同继续有效，本附加合同现金价值减少为零，主合同的基本保险金额减少为零，主合同的各项权利和义务按照减少后的基本保险金额确定。2.重大疾病保险费豁免，我们在向被保险人给付第一次重大疾病保险金后，将豁免本附加合同以及主合同的此后各期保险费。条款第2.4条约定责任免除并未将"等待期"列为责任免除情形。条款7.3条对重大疾病约定A组（1）恶性肿瘤。条款7.4条约定本附加合同所称医院指我们指定医院或经中华人民共和国卫生部评审确定的二级或以上之公立医院，但不包括精神病院及专供康复、护理、疗养、戒酒、戒毒、养老等非直接诊治病人为目的之医疗机构。条款7.5条约定医生具有《医师资格证》《医师执业证书》、具有主治医师或主治医师以上职称的《医师职称证书》、在二级或二级以上医院的相应科室从事临床工作3年以上。

上述条款关于等待期约定的部分，《附加某重大疾病保险条款》第2.3条仅在"第一次重大疾病、（此180天称为第一次等待期）"处进行加粗，并未对等待期进行具体解释。在条款的7.6条约定第一次重大疾病为：本合同所称第一次重大疾病指被保险人于本附加合同生效之日或最后复效之日（以较迟者为准）起的180天后首次发生并在我们认可的医院由专科医生明确诊断本附加合同7.3中所列的任何一种疾病。7.6条的具体约定内容中字迹并未有加粗或其他处理等合理方式进行提示说明。

另根据本案保险合同的《人身保险投保单》关于"投保步骤特别提示"记载：第3步，仔细阅读条款。请您仔细阅读全部条款内容，与本公司销售人员的解释相结合，确保完全理解条款内容。特别提醒：凡涉及"责任免除""不承担给付保险金责任""观察期""等待期""免赔额"等内容的条款均属于免除保险人责任的条款，请务必注意。但上述文字中仅引号部分的内容进行了加粗，"免除保险人责任的条款，请您务必注意"的部分并未对文字进行加粗或其他处理等合理方式进行提示说明。同样，后附的投保须知亦未对"均属于免除保险人责任的条款"处的文字进行加粗或其他处理等合理方式进行提示说明。

此外，某保险公司连云港中心支公司提交的2014年12月15日及2018年4月26日的《保险合同变更申请书》中表格中的复效部分，显示复效须知为复效后含有"观察期"及"等待期"的险种，需重新计算观察期及等待期。该部分，亦是引号部分内容并进行了加粗，其他"需重新计算观察期及等待期"的部分仍未进行字迹加粗或其他文字提示处理。并且，唐某称该申请书的投保人签名并非为唐某本人所签，某保险公司连云港中心支公司在庭审中陈述2018年上半年之前，复效手续可以代为办理。

上述两份保险条款及投保单中的文字字体均较小且文字笔画颜色弱，均未对"等待期"进行明确解释达到足以对其导致的法律后果明确说明。

上述保险合同签订后，双方约定唐某账号为60×××42的中国邮政储蓄银行有限责任公司的账户为扣缴保险费的账户。唐某预存款项，保险人按期扣划保险费。唐某于2011年11月16日预存3200元，保险人于2011年11月20日第一次扣划保险费3145元（2011年11月22日至2012年11月21日）；唐某于2012年11月26日预存3200元，保险人于2012年11月26日第二次扣划保险费3145元（2012年11月22日至2013年11月21日）。因唐某未按期交纳2013年11月22日至2014年11月21日期间的保险费，保险合同经保险人接受唐某继续交纳保险费复效，唐某于2014年2月13日预存3150元、于2014年12月12日预存3100元，保险人于2014年12月18日扣划保险费6291元（2013年11月22日至2015年11月21日）。唐某于2016年1月17日保险费交费宽限期内预存3145元，保险人于2016年1月

18 日扣划保险费 3145.50 元（2015 年 11 月 22 日至 2016 年 11 月 21 日）；唐某于 2017 年 2 月 11 日存款 3145 元，后该笔款项因保险合同效力中止保险人一直没有扣划保险费，至 2018 年 4 月 15 日，唐某再次存款 3145 元，保险人于 2018 年 4 月 27 日扣划保险费 6601.10 元（2016 年 11 月 22 日至 2018 年 11 月 21 日）。

2018 年 8 月 14 日，唐某因甲状腺恶性肿瘤入住连云港市第一人民医院治疗，入院时唐某自述 6 月余前外院体检行颈部超声提示甲状腺肿物（未见报告单），于 2018 年 6 月 5 日我院再次行超声所见：甲状腺双侧实叶性结节。唐某住院后进行手术治疗，于 2018 年 8 月 28 日出院。

一审法院认为，唐某与某保险公司连云港中心支公司签订的保险合同合法有效，双方应按照保险合同约定履行合同义务。本案的争议焦点为：1. 唐某是否按照合同的约定履行了交付保险费的义务。2. 本案唐某在保险合同复效等待期内患病，某保险公司连云港中心支公司是否应给付唐某保险金。

关于争议焦点一，虽然双方在合同中并未明确约定保险费交费日期，但结合第一次交费时间及保险费年交的约定，能够理解为在每一年的保险期限开始前预交保险费，根据保险条款中的约定保险费宽限期为 60 日，可以认定唐某交纳保险费的期限为每年的 11 月 21 日，之后的 60 日为宽限期。结合双方提交的保险合同、唐某提交的保险费扣划账户交易明细，能够认定唐某未按约定期限交纳 2016 年 11 月 22 日至 2018 年 11 月 21 日期间保险费，导致保险合同效力中止，某保险公司连云港中心支公司收取合同恢复效力保险费时间为 2018 年 4 月 27 日。

关于争议焦点二，本案附加某重大疾病保险合同中的复效等待期条款是保险公司为重复使用而预先拟定，在订立合同过程中未与投保人协商的格式条款。首先，根据《中华人民共和国合同法》第三十九条规定："采用格式条款订立合同的，提供格式条款的一方应当遵循公平原则确定当事人之间的权利和义务，并采取合理的方式提请对方注意免除或者限制其责任的条款，按照对方的要求，对该条款予以说明。"本案双方提交的保险合同、保险条款以及投保单等证据，关于复效后的 180 天的等待期，某保险公司连云港中心支公司均未在保险合同、保险条款以及投保单进行明确的解释达到足以提请被保险人对等待期导致的法律后果明确知晓。保险条款中的"本合同所称第一次重大疾病指被保险人于本附加合同生效之日或最后复效之日（以较迟者为准）起的 180 天后首次发生并在我们认可的医院由专科医生明确诊断本附加合同 7.3 中所列的任何一种疾病"、投保单中的"均属于免除保险人责任的条款""免除保险人责任的条款，请您务必注意"，保险合同变更申请书中的"需重新计算观察期及等待期"等部位均未进行文字加粗或其他处理等合理方式进行提示说明。保险条款中的文字字迹偏小、笔画较弱，结合被保险人（投保人）为农村女性，出生于 1963 年，一审法院认为，本案保险合同关于保险复效后的 180 天等待期内免除被保险人责任在合同订立过程中及在保险复效过程中对作为投保人的唐某未尽到用合理方式提请其注意及说明义务。其次，订立合同之初保险公司在合同中约定 180 天的等待期，目的是为了规避合理的风险，通过掌握被保险人体检情况、对被保险人健康情况进行询问等，达到避免"带病投保"等为了获得保险金而恶意投保的情形发生。本案唐某在交纳多期保险费的基础上，投保之初等待期已过，再次设定的复效等待期系免除保险人责任、排除被保险人主要权利的条款，根据《中华人民共和国合同法》第四十条规定提供格式条款一方免除其责任、加重对方责任、排除对方主要权利的格式条款应为无效。再次，作为主险的《某两全保险（分红型）条款》保险条款约定"本合同效力中止后 2 年内，您可以申请恢复合同效力。经我们与您协商并达成协议，在您补交保险费及利息之日起，合同效力恢复"。《附加某重大疾病保险条款》第 2.4 条约定责任免除并未将"等待期"列为责任免除情形。从公平原则出发，在某保险公司连云港中心支公司没有对唐某进行体检确定唐某身体健康，收取唐某保险费及利息，合同中止期间的保险费和利息唐某已经补交，亦应承担赔偿责任。

唐某患恶性肿瘤系保险条款中约定的承保的重大疾病，唐某系在连云港市第一人民医院诊断治疗，治疗的医院及医生亦符合保险条款约定的范围。某保险公司连云港中心支公司为承保的保险公司，合同约定的保险第一次重大疾病发生，某保险公司连云港中心支公司应按合同约定向唐某支付第一次重大疾病保险金 35000 元。

某保险公司灌云服务部并非保险合同的一方当事人，本案中不承担赔偿责任。

综上，所述依据《中华人民共和国合同法》第三十九条、第四十条、《中华人民共和国保险法》第十四条、第二十三条第一款、《中华人民共和国民事诉讼法》第六十四条第一款规定，一审法院判决如下：一、某保险公司连云港中心支公司于判决生效之日起十日内给付唐某保险金35000元；二、驳回唐某其他诉讼请求。如果未按判决指定的期间履行上述给付金钱义务，应依照《中华人民共和国民事诉讼法》第二百五十三条的规定，加倍支付迟延履行期间的债务利息。一审案件受理费675元（唐某已预交），由某保险公司连云港中心支公司负担。

二审期间，双方均未提交新证据。经审查，一审判决查明事实属实，本院予以确认。

二审争议焦点：本案上诉人应否承担涉案保险理赔责任。

本院认为，涉案保险合同合法有效，双方均应按合同严格履行。本案疾病事故不属于涉案保险责任范围，一审判决某保险公司连云港中心支公司承担保险责任有误，应予以纠正。

一、涉案保险责任范围明确具体。涉案保险条款关于保险责任约定："若被保险人于合同生效之日或最后复效之日（以较迟者为准）起的180天（含）后（此180天称为第一次等待期）。"内容明确具体，承担保险责任的时间起算点为复效之日起的180天（含）后，该条款时间设定目的为防止带病投保、恶意投保，不违背公平原则，属于保险责任范围的规定。鉴于唐某此前存在办理涉案保险合同复效，并在涉案保险投保提示书签字确认，在投保单上声明"本人已阅读保险条款产品说明书和投保提示书，了解本产品的特点和保单利益不确定性"，足以认定唐某对上述保险责任范围的规定系明知，其应依约主张权利。

二、唐某疾病事故不属于涉案保险责任范围。涉案疾病事故在涉案保险效力中止、复效之前显现，且发生在复效180天之内，某保险公司连云港中心支公司一审抗辩本案事故不属于保险责任，具有合同和法律依据，一审判决未予采纳不当。1. 涉案保险复效之日为2018年4月27日。根据保险条款中的约定保险费宽限期为60日，唐某交纳保险费的期限为每年的11月21日，唐某于2017年2月11日存款3145元，超过60日宽限期，未按期交纳保险费，导致保险合同效力中止，唐某于2018年4月15日再次向保险扣款账户存款3145元，某保险公司连云港中心支公司于2018年4月27日扣款保险费，视为同意复效，故保险复效时间为 2018 年 4 月 27 日，一审认定准确，本院予以确认。
2. 唐某在涉案保险复效之前已发现甲状腺部位异样。唐某 2018 年 8 月 14 日因甲状腺恶性肿瘤入住连云港市第一人民医院治疗，入院时唐某自述 6 月余前外院体检行颈部超声提示甲状腺肿物，表明在其 2018 年 4 月 15 日再次向保险扣款账户存款 3145 元，即 2018 年 4 月 27 日保险合同效力恢复之日前，唐某因超生检查已发现甲状腺部位异样。3. 涉案疾病事故不在保险责任范围规定的复效之日起的 180 天（含）后。唐某于 2018 年 6 月 5 日在连云港市第一人民医院再次行超声所见：甲状腺双侧实叶性结节。唐某住院后进行手术治疗，于 2018 年 8 月 28 日出院，发生在复效 180 天之内。

综上所述，某保险公司连云港中心支公司上诉请求成立，一审判决结果有误，应予改判。依照《中华人民共和国保险法》第十四条、《中华人民共和国民事诉讼法》第一百七十条第一款第二项规定，判决如下：

一、撤销连云港市海州区人民法院（2019）苏 0706 民初 2618 号民事判决；

二、驳回唐某的诉讼请求。

一审案件受理费 675 元（唐某已预交），二审案件受理费 675 元（某保险公司连云港中心支公司已预交），均由唐某负担。

本判决为终审判决。

审判长　曹某某
审判员　任　某
审判员　周某某
二〇二〇年三月十一日
法官助理　杨　某
书记员　张　某

评·析

本案争议焦点在于复效等待期责任的约定是否合法有效。

等待期又称缓冲期或观察期。在人寿保险、健康保险等保险产品条款中对等待期进行约定,是保险行业惯常采用的风险控制手段。其目的,在于防止带病投保、恶意投保等逆向选择或道德风险。根据期间起算点不同,等待期又可分为初始等待期——于保险期间起始日开始计算的等待期,与复效等待期——保险期间内合同效力中止后的复效日开始计算的等待期。一个保险合同期间内可能有多个等待期,多个等待期并存时则以时间较晚者为准。等待期责任,指保险合同约定的保险期间内特定期间,在该期间内保险公司不承担给付保险金责任或仅退还按约定的累计交纳保险费。涉案保险合同关于"第一次重大疾病保险金"的约定为,"若被保险人于合同生效之日或最后复效之日(以较迟者为准)起180天(含)后(此180天称为第一次等待期)"确诊患重大疾病且符合约定条件。根据该约定,最后复效之日起180天(含)后保险公司才按约定承担保险责任,最后复效之日起180天(含)内保险公司不承担保险责任。此即属复效等待期责任的约定。

本案审理中,各方皆认同复效等待期责任的约定属于格式条款。但对于该约定的效力,一审、二审的观点却大相径庭。一审法院支持唐某主张,认定复效等待期责任的约定无效。二审法院认定复效等待期合法有效,并驳回唐某的主张。现就本案中有关争议的法律问题,分析如下:

一、复效等待期责任的约定是否属于无效条款

虽然等待期在保险期间内,且在一定程度上限定了保险公司责任。但根据《保险法》第十四条和第十八条,保险期间和保险责任开始时间属于合同约定范畴,保险公司有权按照约定时间开始承担保险责任。因此,复效等待期责任的约定不存在保险法第十九条规定的"免除保险人依法应承担的义务或者加重投保人、被保险人责任"及"排除投保人、被保险人或者受益人依法享有的权利"的情形,更不存在违反法律强制性规定等导致合同无效的情形,应为合法有效。需特别说明的是,基于特殊法优于一般法的基本原则,本案不应适用《合同法》第四十条的规定。

原中国保险监督管理委员会也曾对此进行过说明,其发布的《关于认真解决保险条款中存在问题的通知》(保监发〔2005〕111号)第十条规定,"保险条款设立'等待期',不应视为违法条款。根据保险法第十四条,保险合同可以约定保险责任开始的时间;根据合同法,保险合同也可约定合同生效的条件,因此一些特殊的险种设立'等待期',法律上可以成立,也是国际通

行的风险控制方法。"

二、复效等待期责任的约定是否违反公平原则

复效等待期被触发,前提是投保人违反按时足额交纳保险费义务,且延期超过约定的交费宽限期并导致合同效力中止。在保险合同效力中止后,投保人与保险公司就效力恢复达成一致,才存在复效及复效等待期。此时的情况是:一方面,投保人违反保险费交费义务在先,另一方面,保险公司需要再次面对被保险人风险的不确定性。故而,复效等待期责任的约定,与合同成立时的初始等待期一致,目的仍是为防止带病投保、恶意投保等"逆向选择",并不违背公平原则。

此外,《保险法》第四十四条还在法律层面对复效等待期自杀的责任进行了规范,即除自杀时无民事行为能力外,以死亡为给付保险金条件的合同,被保险人自合同成立或者复效之日起二年内自杀的,保险公司不承担给付保险金责任。其中,"之所以规定自复效之日起算,其理由在于:为了预防被保险人在保险合同效力停止期间产生自杀念头,而在缴纳所欠保险费使保险合同复效后,采取自杀行为①"。

三、保险公司是否已履行提示说明义务

作为格式条款,复效等待期责任的约定确实包含对保险公司责任的合理限定,应属于免除保险公司责任条款。根据《保险法》第十七条第二款,对保险合同中免除保险人责任的条款,保险公司应履行提示说明义务,否则该条款不产生效力。

本案中,涉案保险合同签订时保险公司提供的保险条款已对该约定进行加黑提示并由销售人员明确说明,应属合法有效。其一,相应保险条款已加黑提示,符合《保险法》第十七条关于"保险凭证上作出足以引起投保人注意的提示"的规定,以及《最高人民法院关于适用〈中华人民共和国保险法〉若干问题的解释(二)》第十一条第一款关于"在投保单或者保险单等其他保险凭证上,对保险合同中免除保险人责任的条款,以足以引起投保人注意的文字、字体、符号或者其他明显标志作出提示"的规定。其二,销售人员以口头形式进行明确说明,符合《保险法》第十七条"以书面或者口头形式向投

---

① 见吴定富主编《〈中华人民共和国保险法〉释义》,中国财政经济出版社2009年4月1版,第117页。

保人作出明确说明"的规定。其三，投保单中《声明及授权》处投保人签字确认保险公司已履行提示说明义务，符合《最高人民法院关于适用〈中华人民共和国保险法〉若干问题的解释（二）》第十三条第二款的规定，即"投保人对保险人履行了符合本解释第十一条第二款要求的明确说明义务在相关文书上签字、盖章或者以其他形式予以确认的，应当认定保险人履行了该项义务"。

投保人未签字但已交保费视为合同成立生效的认定

广东省深圳市罗湖区人民法院
(2020)粤 0303 民初 25743 号、25744 号民事判决书

(2020 年 9 月 20 日)

案·情

2014 年 5 月 8 日,黄某向某保险公司投保了两份疾病保险,同日签署了与两份保险相关的投保单、提示书等材料,该两份保险合同于 2014 年 5 月 14 日生效。

2020 年 5 月,黄某向广东省深圳市罗湖区人民法院提起诉讼,请求人民法院判令撤销上述两份保险合同,要求某保险公司退还全部已交保险费,并要求某保险公司根据《消费者权益保护法》中有关欺诈的规定,向其额外赔偿三倍损失。其中,三倍损失的具体金额按照已交纳保费与保单现金价值之间差额的三倍计算。

为支持上述主张,黄某向法庭叙述称某保险公司的营销员在介绍保险产品时存在夸大保险金额、唆使其隐瞒病史等情形,且有一份保险合同并非其本人签署。

2020 年 9 月 20 日,罗湖区人民法院判决确认黄某的相关主张无事实与法律依据,黄某交纳保费的行为和电话回访内容足以证明黄某明知投保两份保险之事实,因此驳回黄某的诉讼请求。

第一部分 人身保险诉讼案例

判决书正文

共同原告：黄某。

共同被告：某保险公司。

原告黄某与被告某保险公司保险合同纠纷两案，本院于 2020 年 7 月 7 日立案后，依法适用简易程序，公开开庭进行了审理。原告的委托诉讼代理人与被告的委托诉讼代理人到庭参加了诉讼，本案现已审理终结。

案件相关事实：

1. 相关事实。原告于 2013 年 10 月确诊甲状腺癌，当月在某医院进行手术治疗。

2. 合同内容。保险合同编号 L609801008，保险品种为某疾病保险；保险合同编号 L609801037，保险品种为某加强版疾病保险。两份保险合同保险人为被告，投保人与被保险人均为原告；合同生效日为 2014 年 5 月 14 日。两份保险合同中的个人人身保险投保单第二部分，被告询问原告是否曾或正在接受或准备接受药物治疗、外科手术或服用药物，是否曾有下列症状、曾被告知患有下列疾病或因此接受治疗（恶性肿瘤）？原告均否认；第三部分载明保险金额分别为 35 万元、20 万元，付费年限均为 19 年，保险期间为终身，首期保费分别为 12530 元、7860 元；原告提供其名下尾号为×××2 的交通银行借记卡用于支付保险费、领取保险款。

另有填有上述两份保险合同编号的人身保险提示书，载明"对于销售人员询问的有关被保险人的问题，您也应当如实回答，否则可能影响您和被保险人的权益"。

保险合同中的投保单、人身保险提示书均有原告签名，签名时间为 2014 年 5 月 8 日。原告主张仅在其中一份投保单、人身保险提示书上签字，并申请进行笔迹鉴定。

3. 合同履行情况。对两份保险合同，原告于 2015 年 5 月 14 日交纳了首期保险费 12530 元、7860 元；后连续交纳四年保险。合计：编号 L609801008 保险交纳保费 62650 元，编号 L609801037 保险交纳保费 39300 元。

被告向原告邮寄两份保险合同，客户回执上有原告签名，签收日期 2014 年 5 月 31 日。原告否认收到保险合同，主张客户回执上的签字非本人所签，并申请进行笔迹鉴定。

被告于 2014 年 6 月 5 日进行电话回访。回访中，被告告知原告已购买两份保险，某疾病保险与某加强版疾病保险；原告确认已签署两份客户回执、两份投保单、人身保险提示书上的签名是本人亲笔签名，并阅读了保险条款、保险建议书、投保提示书，清楚保险责任、责任免除等内容。原告在回访中询问了"两份保险"的分红利息、保额等问题，并要求将收件地址更改为"深圳市罗湖区"，并被告知"日后有通信地址的变更可以通过网上客服中心修改"。

原告自认于 2016 年得知自己没有如实告知健康状况，可能导致被拒赔的风险，便向被告告知了患病情况，并递交了相关病历资料。

被告提交了一份有原告签字的文件，签字时间为 2016 年 8 月 17 日。文件内容介绍了原告两份保单的投保经过，告知未如实告知真实健康状况的事实，并请被告公司重新审核。被告于 2016 年 8 月 23 日对两份保险合同批注：变更被保险人健康申请，并维持原保险合同计划。原告不确认文件上签名为本人所签，主张曾在一张空白纸上签字，文件中"请重新审核"的内容非本人真实意思表示，其签字的目的是申请退保。

4. 原告的诉讼请求。25743 号案件：撤销 L609801037 号保险合同；被告退还原告已交纳的保险费 39300 元；被告赔偿原告 93300 元。25744 号案件：撤销 L609801008 号保险合同；被告退还原告已交纳的保险费 62650 元；被告赔偿原告 148050 元。

裁判结果：

本院认为，两案均系保险合同纠纷，焦点问题为涉案合同的效力问题及是否存在可撤销情形。1. 两份保险合同成立并生效。原告交纳保费的行为及被告的电话回访内容，足以证明原告明知投有两份保险的事实。原告关于其仅投保一份，不知道有两份保险合同的陈述，本院不予采信。《最高人民法院关于适用〈中华人民共和国保险法〉若干问题的解释（二）》第三条第一款规定，"投保人或者投保人的代理人订立保险合同时没有亲自签字或者盖章，而由保险人或者保险人的代理人代为签字或者盖章的，对投保人不生效。但投保人已经交纳保险费的，视为其对代签字或者盖章行为的追认。"根据上述规定，即使其中一份保险合同上的签字非原告本人签字，其交纳保险费的行为也应视为对代签字的追认。因此，涉案两份保险合同均自 2015 年 5 月 14 日（交纳保费时间，也是被告承保时间）起生效。2. 两份保险合同均无可撤销情形。原告主张被告保险代理人唆使其"带病投保"、夸大保险金额，但均未提供证据证明，应自行承担举证不能的后果。因此，本院对上述原告陈述不予采纳。原告另主张保险代理人未按其要求申请退保，因此享有撤销权。原告此项主张无事实与法律依据，本院不予支持。综上所述，涉案两份保险合同均无可撤销的情形。

原告认为保险合同（其中一份）、客户回执、客户问卷与补充告知说明上的签字不是或不能确认是非本人所签，并申请笔迹鉴定。本院认为，上述签字是否原告本人所签不影响本案基本事实的认定与法律后果，不予准许。

综上所述，依照《中华人民共和国合同法》第五十五条、《中华人民共和国民事诉讼法》第六十四条第一款之规定，判决如下：

驳回原告黄某的两案全部诉讼请求。

案件受理费 1359 元，由原告负担。

如不服本判决，可在本判决书送达之日起十五日内，向本院递交上诉状，并按对方当事人的人数提出副本，上诉于广东省深圳市中级人民法院。

审判员　张某
二〇二〇年九月二十日
书记员　东某（兼）
　　　　林某某

评·析

（一）立法实践和司法解释

1. 关于合同生效的一般法律规定

根据《中华人民共和国合同法》第三十二条、第四十四条第一款的规定，当事人采用合同书形式订立合同的，自双方当事人签字或者盖章时合同成立。依法成立的合同，自成立时生效。因此，在一般情况下，对于经由合同双方签字或者盖章的合同，若无其他法定合同无效/可撤销情形或者双方对合同生效时间另有约定的，在双方签字盖章后合同即生效。

2. 关于保险合同效力的特殊规定

根据《最高人民法院关于适用〈中华人民共和国保险法〉若干问题的解释（二）》第三条第一款的规定，投保人或者投保人的代理人订立保险合同时没有亲自签字或者盖章，而由保险人或者保险人的代理人代为签字或者盖章的，对投保人不生效。但投保人已经交纳保险费的，视为其对代签字或者盖章行为的追认。

由此可见，未经合同相对方（投保人或其代理人）亲自签字或者盖章的保险合同原则上对投保人是无效的。但是，若投保人已有交纳保险费的行为的，可以视为投保人具有真实投保意愿且对保险合同的主要条款予以认可，此时保险合同也是有效的。

3. 关于消保法"一赔三"及可撤销合同的相关规定

根据《中华人民共和国消费者权益保护法》第五十五条第一款的规定，经营者提供商品或者服务有欺诈行为的，应当按照消费者的要求增加赔偿其受到的损失，增加赔偿的金额为消费者购买商品的价款或者接受服务的费用的三倍；增加赔偿的金额不足五百元的，为五百元。法律另有规定的，依照其规定。因此，若能证实经营者存在法条中规定的应当三倍赔偿消费者的情形，则基于法条要求的"欺诈"行为，可能还会导致相关合同被撤销。撤销的主要依据是《中华人民共和国合同法》第五十四条的如下规定：因重大误解订立的合同，以及在订立合同时显失公平的合同，当事人一方有权请求人民法院或者仲裁机构变更或者撤销。一方以欺诈、胁迫的手段或者乘人之危，使对方在违背真实意思的情况下订立的合同，受损害方有权请求人民法院或者仲裁机构变更或者撤销。但当事人请求变更的，人民法院或者仲裁机构不得撤销。

4. 关于主张行使相关权利的举证责任

依据《中华人民共和国民事诉讼法》第六十四条第一款规定，当事人对自己提出的主张，有责任提供证据。该条确立了民事诉讼上谁主张谁举证的举证责任分配原则，即凡主张权利或法律关系存在的当事人应当就产生该权利的法律事实负举证责任。

因此，若当事人主张被欺诈和/或合同可撤销的，应举证证明合同订立时实际存在重大误解，一方以欺诈、胁迫的手段或者乘人之危以致显失公平的情形，使自己在违背真实意思的情况下订立了该合同的法定情形。除此之外，根据《最高人民法院关于适用〈中华人民共和国民事诉讼法〉的解释》第九十条的规定，负有举证证明责任的当事人还应承担因举证不能而导致的不利后果。

（二）争议焦点

1. 涉案合同的效力问题

原告黄某主张保险合同非本人签字，并申请笔迹鉴定，认为非其本人签字的保险合同自始无效。被告某保险公司相应地提供了保费支付记录、保险合同回执、电话回访录音、原告在 2016 年补充提交的含有投保经过说明的文件等证据材料，用于证明原告黄某对于两份保单均是知情且自愿实际履行的。

人民法院最终依据《最高人民法院关于适用〈中华人民共和国保险法〉若干问题的解释（二）》第三条第一款的规定，认定即便保险合同上的签字非投保人本人所签，其交纳保险费的行为也应视为对代签字的追认，因此涉案两份保险合同均自交纳保费之日（也是被告承保时间）起生效。针对原告黄某提出的笔迹鉴定申请，人民法院认为签字是否原告本人所签不影响案件基本事实的认定与法律后果，因此不予准许。

2. 是否存在欺诈或其他导致合同可撤销的情形

原告黄某起诉时称，被告保险代理人唆使其"带病投保"且夸大保险金额，主张被告按照"一赔三"的标准赔偿，且保险合同可予撤销，但原告并未提供相应的证据用于证明其主张的情况。依据与举证责任相关的法律法规规定，人民法院对该主张未予支持，最终认定两份保险合同均无可撤销的情形。

（三）实务启示

本案最主要涉及的问题是：根据《最高人民法院关于适用〈中华人民共和国保险法〉若干问题的解释（二）》第三条第一款"投保人或者投保人的代理人订立保险合同时没有亲自签字或者盖章的，而由保险人或者保险代理人代为签字或者盖章的，对投保人不生效。但保险人已经交纳保险费的，视为其对代签字或者盖章行为的追认"。

2014 年 5 月 8 日，投保人黄某在某保险公司处投保了两份疾病保险，某保险公司为其出具了保险单，双方的保险合同自此成立，并自 2014 年 5 月 14 日开始产生法律效力。即便投保人黄某在订立保险合同时没有亲自签字，但是投保人黄某按照保险合同的约定按期足额交纳了保险费，视为其对他人代签保险合同行为的追认。双方的保险合同不违反法律、行政法规的强制性规定，系双方当事人的真实意思表示，双方的保险合同关系于黄某首次交纳保险费后成立（判决书中载明的 2015 年 5 月 14 日应是笔误，实际是 2014 年 5 月 14 日），对双方均具有约束力。

重大疾病保险中被保险人隐瞒基础病症保险人是否可解除合同的认定

山东省烟台市中级人民法院
（2019）鲁06民终3553号民事判决书
（2019年11月20日）

案·情

2016年6月14日，张某作为投保人为自己投保某甲保险公司重大疾病保险一份，基本保险金额200000元，保单销售代理人王某为张某之女，投保时张某为某乙保险公司代理人。2017年8月11日至8月15日张某住院诊断为"突发性聋（右）"，符合保险合同轻症疾病保险金的保险责任，并于2018年5月8日向某甲保险公司申请理赔。某甲保险公司核实后，发现被保险人张某于投保前因"偏头痛、高脂血症"入院治疗，但投保时未履行如实告知义务，遂某甲保险公司于2018年6月6日做出"拒付、解除保险合同并不退还已交保险费"的理赔决定，张某不服，诉至法院。

庭审中，张某主张其投保前所患疾病及检查结果异常与投保后罹患"突发性聋（右）"之间并没有必然的因果关系，因此某甲保险公司应按约承担赔付责任。本案一审、二审均判决某甲保险公司解除合同有效，不承担赔偿责任，且裁判理由明确了保险公司行使合同解除权不需要未如实告知事项与保险事故发生之间存在因果关系。

2021年度保险诉讼典型案例报告

判决书正文

上诉人（原审原告）：张某，女，1963年7月30日出生，汉族，住山东省烟台经济技术开发区。

被上诉人（原审被告）：某甲保险股份有限公司，住所地北京市石景山区。

上诉人张某因与被上诉人某甲保险股份有限公司（以下简称某甲保险公司）人身保险合同纠纷一案，不服山东省烟台经济技术开发区人民法院（2018）鲁0691民初2363号民事判决，向本院提起上诉。本院受理后，依法组成合议庭，不开庭进行了审理，本案现已审理终结。

上诉人张某上诉请求：撤销一审判决并改判1.被上诉人给付上诉人轻症保险金40000元；2.涉案编号为00055383697508088"终身重大疾病保险"保险合同继续有效并且豁免自轻症疾病确诊之日起的续期保险费；3.一、二审诉讼费由被上诉人承担。事实与理由：1.一审法院认定上诉人故意不履行告知义务属于明显认定事实错误。上诉人投保时间距离住院时间已经有近两年，如果上诉人故意隐瞒完全不需要间隔这么久的时间，也可以购买多份保险。并且上诉人购买该保险是为了帮助女儿完成签单任务要求，并不是故意隐瞒。2.一审法院适用法律错误。根据法律规定投保人未履行告知义务，且未如实告知的事项足以影响保险人决定是否同意承保或者提高保险费率的，保险人才有权解除合同且对合同解除前发生的保险事故不承担给付保险金的责任。2014年7月31日至8月10日上诉人因为偏头疼和高脂血症在烟台某甲医院治疗以及行核磁共振检查结果显示异常，其在2016年投保时未如实告知，属于因为过失而未如实告知。但是偏头疼和高脂血症，以及"核磁共振显示异常"并不必然导致"突发耳聋（右）"，二者并没有必然的因果关系，被上诉人未提供证据证实上诉人未如实告知上述情况足以影响其决定是否同意承保或者提高保险费率。依上述规定，被上诉人应当承担不利的法律后果。

被上诉人某甲保险公司答辩称，一审判决认定事实清楚，适用法律正确，请求二审法院依法驳回上诉，维持原判。

张某向一审法院提出诉讼请求：1.依法判令某甲保险公司给付轻症保

金 40000 元；2. 依法判令涉案编号为 00055383697508088 "终身重大疾病保险"保险合同继续有效并且豁免自轻症疾病确诊之日起的续期保险费；3. 本案诉讼费用由某甲保险公司承担。

一审中，本案当事人围绕诉讼请求依法提交了证据，一审法院组织当事人进行了证据交换和质证。

张某向法院提交如下证据：1. 理赔通知书 1 份；2. 保险合同 1 份；3. 烟台某乙医院病历 1 份；4. 烟台某甲医院住院病历及诊断书各 1 份。

经质证，某甲保险公司对张某提供的证据 1 真实性无异议，对证明内容有异议，称该通知书恰好证明了某甲保险公司在法定期间内依据合同约定和法律规定与张某解除了保险合同；对证据 2 的真实性无异议，该合同 5.1 款明确约定了张某有如实告知义务以及未履行如实告知义务所产生的法律后果，合同的附件《人身保险投保提示书》《个人业务电子投保申请确认书》以及《个人业务投保单》证明了某甲保险公司已经履行了明确说明和提示义务，张某对询问的健康告知事项进行了说明；对证据 3 的真实性无异议，对证明内容无异议，但称因张某未履行如实告知义务，某甲保险公司已经依法与其解除了保险合同；对证据 4 中住院病历的真实性无异议，该证据证明张某在投保前已经患有疾病，但在投保时未如实告知，对诊断书真实性有异议，称诊断书与病历时间相差 4 个月之久，认为是后期通过非正常手段补签的虚假证明，而且没有经过相关仪器的检测，故不予认可。

某甲保险公司向法院提交如下证据：1.《个人业务电子投保申请确认书》《人身保险投保提示书》《保险单送达确认书》各 1 份；2. 2016 年 6 月 30 日某甲保险公司工作人员对张某电话回访录音 1 份；3. 理赔访谈记录 1 份；4. 烟台某甲医院住院病案 1 份（同张某提供证据 4）；5. 某快递回单及由张某签字的理赔通知书回执各 1 份；6. 自互联网下载的中国保险监督管理委员会保险中介从业人员查询信息 1 份；7. 索赔申请书 1 份。

经质证，张某称某甲保险公司提供的证据 1 中投保人处"张某"的签名是其本人所签，但称当时某甲保险公司业务员只是将空白的投保单交给张某签字，但并未对上面记载的询问事项向张某进行询问，而是声称由其负责办理，从个人业务电子投保申请确认书背面需要投保人亲笔抄写的内容是空白，可以看出在投保人签字时业务员也仅仅是要求签名而已，所以该份证据不能证明保险公司的主张；对证据2的真实性无异议，称是某甲保险公司的制式录音，话务员会很快速地询问被询问人，在被询问人大脑无法反应的情况下去回答一些"是"或者"不是"，所以此份录音不能说明什么问题；对证据3的真实性不予认可；对证据4的真实性无异议，称在病案的病历记录里第2页神经系统检查中第6项耳语双侧正常，说明张某听力完全正常。另结合张某提供的烟台某甲医院的诊断书可以确定病程及出院记录听力下降的记载是笔误，张某当时不存在听力下降的情况；对证据5的真实性无异议，但称该证据不能证明某甲保险公司是在法定合同解除权行使期限内行使的该权利，某甲保险公司仍需证明何时接受的张某申请理赔；对证据6，称与本案无关，不予质证；对证据7的真实性无异议，称根据某甲保险公司提交的证据5，张某是在2018年6月7日收到某甲保险公司邮寄送达的理赔通知书，而6月7日是自5月8日索赔申请之日起的第31日，依照《中华人民共和国保险法》第十六条第三款之规定，某甲保险公司合同解除权已经消灭。

对当事人无异议的证据，予以确认并在卷佐证，对当事人有异议的证据和事实，认定如下：

张某提供的日期为2017年11月1日诊断证明盖有烟台某甲医院医务科印章并有医师签字，某甲保险公司对真实性有异议，未提供反驳的证据，且张某提供的烟台某甲医院病历尽管载明张某于2014年7月31日入院就医时经检查情况为听力下降，但在"入院诊断"一栏仅为"头痛原因待查 偏头痛？"，且从病历内容看，该院也未对耳聋进行检查治疗，故对张某主张的烟台某甲医院病历中载明的"听力下降"为笔误，本院予以采信。

某甲保险公司提供的证据1系张某投保时签署的相关文件，张某作为投保人签名确认，本院予以采信，结合某甲保险公司提供的证据2，可以证明张某投保时已了解该款保险产品的合同条款，包括保险责任和责任免除条款，可以认定张某投保时，某甲保险公司已就该保险的免除保险人责任的条款向张某作了解释和说明，张某主张某甲保险公司未尽到解释和说明义务，与上述证据材料内容不符，法院不予采信。

某甲保险公司提供的证据3系保险公司制作的理赔访问记录，张某对真实性不予认可，某甲保险公司未申请对该记录落款"张某"签名进行司法笔迹鉴定，法院对真实性也无法判断，故法院对该证据不予采信。

根据当事人陈述和经审查确认的证据，认定事实如下：

2014 年 7 月 31 日，张某入烟台某甲医院就医，该院入院记录载明：患者主诉"头痛半天"，现病史"患者半天前无明显诱因出现头痛，以右枕部为主，为搏动性头痛，阵发性加重，严重时伴恶心、呕吐……为进一步诊治来我院就诊，急诊检查后拟'头痛原因待查，收住我科'……"张某在该院住院治疗 10 天，于 2014 年 8 月 10 日出院，出院记录载明，入院情况："患者主诉因'头痛半天'。神经系统查体：神志清，言语清晰流利，双瞳孔等大等圆，直径约 3.0mm，直接及间接对光反应灵敏，双眼各向活动正常对称，无眼震。双侧面部针刺觉正常对称，双侧额纹及鼻唇沟对称，伸舌居中，听力下降，颈软，四肢及躯干深浅感觉正常对称，四肢肌力肌张力正常……"入院诊断："头痛原因待查 偏头痛？"诊疗经过"入院完善相关辅助检查，血分析、血凝、肝肾功等未见明显异常。血脂示 TG 1.90mmol/L。入院后给予改善循环、营养脑细胞及对症治疗，于今日好转出院。"出院诊断："1. 偏头痛；2. 高脂血症。"张某住院期间，进行了超声检查颅脑 CT 扫描及核磁共振等检查，核磁共振报告载明，检查结论为：1. 双侧放射冠区多发脑白质脱髓鞘变性灶；2. 头颈部 MRA 表现，请结合临床分析。

2017 年 11 月 1 日，烟台某甲医院出具诊断书，称：患者（张某）因"偏头痛"于 2014 年 7 月 31 日至 2014 年 8 月 10 日在我院神经内二科住院，住院病程及出院记录中"听力下降"为笔误，特此更正为"听力正常"。

2016 年 6 月 14 日，张某在某甲保险公司处投保终身重大疾病保险，基本保险金额 20 万元，保险费 8034 元，交费期间为 20 年，保险期间为终身。保险条款第 2.3 条规定，在本合同保险期间内，本公司承担下列保险责任，其中第 1 项为：轻症疾病保险金。被保险人于本合同生效（或合同效力恢复）之日起 90 日后，由本公司认可医院的专科医生确诊初次发生本合同所指的轻症疾病（无论一种或多种），本公司按以下约定给付轻症疾病保险金，本合同继续有效：1. 首次及第二次发生轻症疾病每次给付的轻症疾病保险金为本合同基本保险金的 20%；2. 第三次及以后发生轻症疾病，每次给付的轻症疾病保险金为本合同基本保险金的 30%。每种轻症疾病只给付一次轻症疾病保险金，给付后该种轻症疾病保险金责任终止，本合同的轻症疾病保险金累计以五次为限。如果被保险人因同一原因或在同一事故中导致其发生本合同所指的两种或者两种以上的轻症疾病，我们仅按一种轻症疾病给付轻症疾病保险金；若被保险人被确诊的轻症疾病是以其在本合同保险期间内遭受的意外伤害为直接且单独的原因所致，则不受前述 90 日的限制。第 5 项为：轻症疾病豁免保险费。被保险人于本合同生效（或合同效力恢复）之日起 90 日后，由本公司认可医院的专科医生确诊初次发生本合同所指的轻症疾病，我们将豁免本合同自轻症疾病确诊之日起的续期保险费，本合同继续有效。若被保险人被确诊的轻症疾病是以其在本合同保险期间内遭受的意外伤害为直接且单独的原因所致，则不受前述 90 日的限制。保险条款第 5.1 条规定，订立本合同时，本公司会向您明确说明本合同的条款内容。对本合同中免除本公司责任的条款，本公司在订立合同时将在投保单、保险单或其他保险凭证上作出足以引起您注意的提示，并对该条款的内容以书面或口头形式向您作出明确说明，未作提示或明确说明的，该免除本公司责任条款不产生效力。本公司会就您和被保险人的有关情况提出书面询问，您应当如实告知。您故意或因重大过失未履行如实告知义务，足以影响本公司决定是否同意承保或提高保险费率的，本公司有权解除本合同。您故意不履行如实告知义务，对于本合同解除前发生的保险事故，本公司不承担保险责任，并不退还本保险实际交纳的保险费。您因重大过失不履行如实告知义务对保险事故的发生有严重影响的，对于本合同解除前发生的保险事故，本公司不承担保险责任，但将退还本保险实际交纳的保险费。本公司在合同订立时已经知道您未如实告知的情况的，本公司不得解除合同；发生保险事故的，本公司承担给付保险金的责任。第 5.2 条规定，前条规定的合同解除权，自本公司知道有解除事由之日起，超过 30 日不行使而消灭。自本合同成立之日起超过二年的，本公司不得解除本合同；发生保险事故的，本公司承担给付保险金的责任。第 6.6 条规定，本合同所指的轻症疾病（共 35 种），是指符合下列定义的疾病、疾病状态或手术；其中第 20 项"单耳失聪"，指因疾病或者意外伤害导致单耳听力永久不可逆性丧失，在 500 赫兹、1000 赫兹和 2000 赫兹语音频率下，平均听阈大于 90 分贝，且经纯音听力测试、声导抗检测或者听觉诱发电位检测等证实。被保险人在三周岁之前因疾病导致的单耳失聪不在保障范围内。

投保时，张某在《个人业务电子投保申请确认书》《人身保险投保提示书》上作为投保人签名。《个人业务电子投保申请确认书》载明，本人确认某甲保险公司已提供本人所投保产品的保险条款，并对保险条款的所有内容（特别是关于责任免除、合同解除及特别注意事项的条款）作出详细解释和明确说明。特别提示了免除保险人责任的条款，本人已认真阅读保险条款、投保提示书及产品说明书内容，并完全理解保险责任、责任免除、犹豫期、合同生效、合同解除等保险条款的各项内容，确认了解并认可本电子投保确认书右上角印制号码一致的《个人业务投保单（电子版）》中投保人、被保险人及身故受益人信息、投保险种信息均正确无误，健康、财务等告知内容属实，与本次投保有关的问卷、体检报告书及体检医生的各项陈述均确实无误，如有不实告知，某甲保险公司有权依法解除保险合同，并对合同解除前发生的保险事故不承担保险责任。《人身保险投保提示书》告知投保人：请如实填写投保资料、如实告知有关情况并亲笔签名，我国《保险法》对投保人的如实告知行为进行了明确的规定，投保时，您填写的投保单应当属实，对于销售人员询问的有关被保险人的问题，您也应当如实回答，否则可能影响您和被保险人的权益，为了有效保障自身权益，请您在投保提示书、投保单等相关文件亲笔签名。

在张某填写的《个人业务投保单》中，某甲保险公司列明16项需张某告知的事项，其中第11项为"是否打算或现在正在或过去五年接受过X光、超声波、CT、核磁共振、心电图、胃镜、肠镜等内窥镜、病理活检、验血、尿等检查，检查结果显示异常？如有请提供诊断报告。"第12项为"是否有以上未述及之疾病或接受任何外科手术、诊疗或住院接受诊断或治疗。"张某均称"否"。

保险合同签订后，张某依约交纳了保险费。

2016年6月30日，某甲保险公司工作人员对张某进行电话回访，问张某"是否收到正式的保险合同和条款？"张某答："收到了。"问张某："投保时您是否已经了解这款产品的合同条款，尤其是保险责任和责任免除的相关内容？"张某答："了解。"问张某："您投保的这款健康产品有疾病等待期，详细情况请您查看保险合同相关条款，投保单上填写的您健康状况是您提供并确认过吗？"张某答："对啊。"

2017年8月11日，张某入烟台某乙医院就诊，主诉：右耳听力突然下降1个月，住院4天，纯音听阈测听检查结果为右耳全聋，左耳平均听阈18db，声抗阻检查结果为左耳 As 型曲线，负压 22，声反射可引出，右耳 As 型曲线，负压 19，声反射未引出。诊断为突发性耳聋（右）。

张某向某甲保险公司申请理赔，某甲保险公司于 2018 年 5 月 8 日收到张某的理赔申请书，于 2018 年 6 月 7 日某甲保险公司向张某送达了理赔通知书，该理赔通知书载明：根据保险条款及相关法律，经审查核定您权利所属内的索赔申请及所提供的证明，本公司确认对您的申请作如下决定：1. 不予给付被保险人张某轻症疾病保险金；2. 解除 0055383697508088 号保险合同，并不退还该合同所交纳保费。本公司作出上述处理决定的依据是：投保人、被保险人张某故意未如实告知投保前住院及听力下降情况。

另查明，投保时，张某系某乙保险公司保险从业人员，本案保险业务的经办人王某系张某之女。

一审法院认为，张某在某甲保险公司处投保终身重大疾病保险，并交纳了保险费，双方形成保险合同关系。在张某投保时，某甲保险公司已就保险条款中免除保险人责任的条款向张某作了明确说明，该保险条款对双方发生法律效力。保险合同是坚持最大诚信原则的射幸合同，彼此应当坚持最大诚信的原则底线。根据《中华人民共和国保险法》第十六条之规定，订立保险合同，保险人就保险标的或者被保险人的有关情况提出询问的，投保人应当如实告知。投保人故意或者因重大过失未履行前款规定的如实告知义务，足以影响保险人决定是否同意承保或者提高保险费率的，保险人有权解除合同，前款规定的合同解除权，自保险人知道有解除事由之日起，超过三十日不行使而消灭。投保人故意不履行如实告知义务的，保险人对于合同解除前发生的保险事故，不承担赔偿或者给付保险金的责任，并不退还保险费。本案中，张某在投保时，针对某甲保险公司就其身体健康情况提出的询问未作出如实回答，故意隐瞒了其此前因偏头痛和高脂血症在烟台某甲医院住院治疗以及核磁共振检查结果显示异常的情况，且该隐瞒的情况足以影响保险人决定是否同意承保，根据上述法律规定，某甲保险公司有权解除合同，不承担给付保险金的责任，并不予退还张某已交纳的保险费。某甲保险公司于 2018 年 5 月 8 日收到张某的理赔申请，于 6 月 7 日向张某送达了不予理赔并解除合同的通知，未超过上述法律规定的 30 日的合同解除权的行使期限。

综上所述，张某的诉讼请求，无事实和法律依据，一审法院不予支持。依照《中华人民共和国保险法》第十六条之规定，一审法院于 2019 年 1 月 14 日判决：驳回张某的诉讼请求。案件受理费 700 元，由张某负担。

本院二审查明的事实与一审查明的事实一致。

本院认为，本案争议的焦点问题是上诉人未告知其过往病史的行为是否符合保险人解除合同的情形。《中华人民共和国保险法》第十六条之规定，订立保险合同，保险人就保险标的或者被保险人的有关情况提出询问的，投保人应当如实告知。投保人故意或者因重大过失未履行前款规定的如实告知义务，足以影响保险人决定是否同意承保或者提高保险费率的，保险人有权解除合同，前款规定的合同解除权，自保险人知道有解除事由之日起，超过三十日不行使而消灭。投保人故意不履行如实告知义务的，保险人对于合同解除前发生的保险事故，不承担赔偿或者给付保险金的责任，并不退还保险费。在张某投保时，某甲保险公司已就保险条款中免除保险人责任的条款向张某作了明确说明，该保险条款对双方发生法律效力。本案中，张某在投保时，针对某甲保险公司就其身体健康情况提出的询问未作出如实回答，隐瞒了其此前因偏头痛和高脂血症在烟台某甲医院住院治疗以及行核磁共振检查结果显示异常的情况，且该隐瞒的情况足以影响保险人决定是否同意承保，根据上述法律规定，某甲保险公司有权解除合同，不承担给付保险金的责任，并不予退还张某已交纳的保险费。上诉人主张其并非故意隐瞒，但是未能提供充分的证据，其主张购买保险系为女儿完成签单任务，该主张亦不能证明其未如实告知身体情况的合理性，故对其该主张，本院依法不予支持。上诉人主张其未告知此前因偏头痛和高脂血症在烟台某甲医院住院治疗以及行核磁共振检查结果显示异常的情况与其突发耳聋没有因果关系，但保险人是否有权解除合同仅需要投保人故意或者因重大过失未履行如实告知义务，且未如实告知事项足以影响保险人决定是否同意承保或者提高保险费率，并不需要该未如实告知事项与保险事故发生之间存在因果关系。故上诉人主张一审判决适用法律错误没有法律依据。综上所述，上诉人的上诉理由不成立，本院依法不予支持。一审判决正确，应当予以维持。依据《中华人民共和国民事诉讼法》第一百七十条第一款第（一）项之规定，判决如下：

驳回上诉，维持原判。

案件受理费 1400 元，由上诉人张某承担。

本判决为终审判决。

审判长　王某某
审判员　门　某
审判员　王某某
二〇一九年十一月二十日

评·析

本案的争议焦点在于，被保险人发生保险事故与投保前故意不告知事项无直接关联，是否应赋予保险人解除保险合同的权利？

保险合同属于射幸合同。《保险法》第二条对于"保险"作出了定义，保险在本质上，是危险的分散与转移，与被保险人有关的危险，基于保险合同的成立，由保险人按照合同的约定予以承担。所谓射幸合同，即具有不确定性，当事人全体或其中的一人取决于不确定的事件，对财产取得利益或遭受损失的一种相互的协议。对于射幸合同，保险人决定是否承保及如何确定保险费率，全依赖于对保险标的的客观判断，只有当合同约定的风险事故发生时，作为保险合同一方的保险人才需要根据保险合同约定承担给付保险金的责任；如果风险不发生，则无须支付保险金。投保人在不履行如实告知义务的情况下，与保险公司订立保险合同，阻碍了保险人获知保险标的真实的风险情况，此时如果仍强调合同严守原则，让保险人在既定保费的基础上提供同样的保障，显然并不合理，同时也违背《保险法》的基本原则，即对价平衡原则。

保险合同属于最大诚信合同。《保险法》第五条对进行保险活动应遵循诚实信用原则进行了明确，而现代保险的经营是依据"大数法则"为基础开展的，在"大数法则"下，被保险人所交纳的保险费构成用于承担保险风险的保险基金；该保险基金是每个被保险人所共有的，每个被保险人的利益是一致的，任何一个人都不能随意去占有和破坏。同样，任何一个被保险人的恶意行为所导致向保险人提出索赔的损害，其实质不是损害保险人的利益，而是通过破坏保险基金的稳定，直接影响了每一个被保险人的利益。故保险合同双方都必须遵循最大诚信原则，严格履行保险合同。在"大数法则"下，如果投保人违反如实告知带病投保的赔偿请求得到支持，将会影响每个被保险人在"保险基金"当中利益的一致性，影响其他被保险人的合法利益，也违背《保险法》的基本原则，即诚实信用原则。

《保险法》第十六条以立法形式明确了我国保险合同缔约的风险判断采用询问、告知的方式进行，如投保人未履行如实告知义务，保险人享有解除合同的权利并不承担保险事故的赔付责任。但如果投保人不履行如实告知义务，也并不当然导致保险合同解除及保险人对已经发生的保险事故不予赔付，只有投保人所为的不实说明符合以下条件时，保险人方可解除合同、不负赔偿责任：第一，保险人在订立保险合同时针对保险标的或被保险人的有关情况提出了询问，但投保人并未进行如实的告知；第二，投保人系主观上基于故意或者重大过失而未进行如实告知；第三，投保人不如实告知的事项必须是已经客观存在的事实且非保险人知道或者应当知道的事实；第四，投保人不如实告知的事项已经足以影响保险人决定是否同意承保或者提高保险费率；第五，保险人自知道有解除事由之日起，三十日内行使了合同解除权。上述五个条件必须同时具备，缺一不可，由此可见，保险人解除合同、不负赔偿责任的情形建立在严苛的法定条件下，并非随意可为，而被保险人在保险合同订立后发生的保险事故与投保前未告知的事项是否存在关联性，并不影响保险人依法拥有解除合同的权利。

本案中，某甲保险公司提交了被保险人投保前已罹患疾病且核磁共振检查结果异常的病历、投保人本人签字确认的带有询问告知事项的投保资料、投保人投保时时任某乙保险公司代理人的证据等，经法院审查，认定了以下事实：第一，保险人在订立保险合同时，通过带有书面询问的投保资料，就有关被保险人身体健康的情况向投保人进行了详细询问，但投保人未作出如实回答；第二，结合投保人张某保险从业者身份，其应当知晓投保环节须履行如实告知义务，其隐瞒此前因偏头痛和高脂血症住院以及核磁共振检查结果显示异常应属于主观故意；第三，该隐瞒的情况足以影响某甲保险公司决定是否同意承保；第四，某甲保险公司于2018年5月8日收到张某的理赔申请，于6月7日向张某送达了不予理赔并解除合同的通知，未超过法律规定的30日的合同解除权的行使期限。本案并无其他证据证明投保人隐瞒的事实属于某甲保险公司应该知晓或提前已知晓的事情。因此，某甲保险公司的核赔决定，符合《保险法》第十六条合同解除的各项条件，不予赔付于法有据。

关于投保人提出的隐瞒事项与所罹患疾病并无关联，进而不能以此解约拒赔的主张。首先，从法律适用层面，这并不是《保险法》第十六条赋予保险人合同解除权的必备条件。其次，从医学角度看，不论身体存在指标异常还是罹患轻微疾病，均会增加日后的健康风险，且结合现阶段医学科研成果，某类指标异常或某种轻微疾病也并不必然导致某种重大疾病的发生，即使前者与后者具备关联性也并不必然导致后者的发生，且部分重大疾病至今仍无法明确疾病成因及关联疾病，若强制将保后疾病与保前疾病进行关联性反推，进而决定是否赋予保险人合同解除权，不仅增加了保险人的赔付义务，亦有违医学科学。最后，人身保险合同作为一种以自然人的生命和身体健康作为保险标的的特殊合同，因生命和身体健康既可因自身变化形成疾病，也可因外部事由导致伤亡，其发展曲线存在不可预知性，所以保险人在订立保险合同时如未能获知被保险人的有关情况，将严重影响对保险标的的风险判断，进而作出错误的承保决定，有失合同缔约的公平性。本案以判决形式对投保人提出的该主张予以否定，足以说明重大疾病保险合同作为人身保险合同的一种，在订立保险合同时，保险人询问的有关事项不论轻重，投保人均应如实作答，询问告知的效力并不受投保前后疾病关联性而影响。

综上所述，基于最大诚信原则及对价平衡原则下缔约的保险合同，保险人是否能以投保人基于故意、重大过失未如实告知解除合同，应当根据投保时未告知事项是否足以影响保险人决定是否同意承保或提高保险费率进行判断，而实际发生的病症与未如实说明的病情是否存在关联，并不影响保险人依法行使解除合同的权利。

电子投保中不能体现投保流程的健康告知不视为履行询问义务的认定

四川省成都市中级人民法院
(2020) 川01民终8416号民事判决书

(2020年7月23日)

案·情

金某以自己为被保险人向某保险公司投保重大疾病保险，保险期间为2016年11月28日至2017年11月28日，其中重大疾病保险金额200000元，受益人为"法定"。2017年11月27日金某经四川省肿瘤医院确诊为患有甲状腺乳头状癌（PT3NXMO I 期）。金某向被告申请理赔，某保险公司以金某投保时未如实告知其投保前乙肝病史为由解除保险合同。金某后向法院起诉，要求某保险公司支付保险金20万元。一审法院认为，涉案保险虽然在支付宝上下架，但是通过金某手机上保留的保险信息，保单详情里健康告知栏中显示"有无如下健康问题：肝脏疾病或症状（包括乙型肝炎、丙型肝炎或者肝炎带菌者）"，且根据某保险公司提供的网络截图显示，在其他网络平台销售时，具有对上述健康问题类似的提问或告知，推定金某对该问题的回答为"否"，判决驳回金某全部诉讼请求。金某上诉，二审法院认为，某保险公司提交的案涉产品在淘宝保险投保流程截图仅反映该产品在其他网络平台上销售的投保流程，无法证明金某在支付宝平台投保案涉产品的流程，也没有投保时经金某签字或确认信息的相关健康告知文件加以佐证，虽然金某手机留存的保单详情中含有健康告知内容，但该保单详情系金某投保完成后系统生成的信息，健康询问是保险人的前合同义务，事后生成的信息并不足以证明某保险公司在金某投保前主动向金某询问被保险人的有关情况，在此情况下，投保人无主动告知的义务，故撤销一审判决，改判被告向金某支付保险金 20 万元。

判决书正文

上诉人（原审原告）：金某，男，1986 年 9 月 19 日出生，汉族，住湖北省天门市侨乡经纪开发区。

被上诉人（原审被告）：某保险公司，住所地广东省广州市天河区。

上诉人金某因与被上诉人某保险公司人身保险合同纠纷一案，不服成都市锦江区人民法院民事判决，向本院提起上诉。本院于 2020 年 5 月 18 日立案后，依法组成合议庭对本案进行了审理。本案现已审理终结。

金某上诉请求：1. 依法撤销成都市锦江区人民法院民事判决，依法改判支持金某的全部诉讼请求。2. 判令某保险公司承担本案一审、二审诉讼费用。事实和理由：1. 一审法院认定对金某的健康状况进行了询问并认定金某故意隐瞒患有乙肝的事实错误。案涉保险在支付宝中已经下架，一审判决认定系推断，严重缺乏依据，且金某留存的保单信息中健康告知是附在已经完成的保单下面，不能反映在金某购买保险之前，曾弹出相应界面内容让金某进行选择，完全可能金某在购买保险时没有健康告知内容或设置在隐蔽位置未能发现，故某保险公司未举证证明金某投保时曾弹出询问健康情况的界面，亦未电话询问或提醒投保人体检后投保，在金某处于弱势地位的情况下，认定保险人履行询问义务应当适用更严格的标准，一审法院根据所谓一般理性人的理解直接作出有利于保险人的推定有违事实和法律。2. 一审法院认定金某故意隐瞒患有乙肝缺乏依据，一方面某保险公司未履行询问义务，另一方面医院病历仅显示 8 年前诊断乙肝，时间久远，不足以证明投保时患有乙肝，且乙肝并非导致案涉甲状腺癌的原因。3. 一审法院适用法律错误。金某不具备《中华人民共和国保险法》第十六条规定的保险人免责的条件，首先，某保险公司未就金某的身体情况提出询问；其次，金某不存在故意或重大过失不履行如实告知义务的情形，其购买保险时未看到健康告知内容，且保单上字迹过小，投保时距诊断乙肝时间久远，不能证明投保时正患有乙肝，也无法证明金某系故意或重大过失。最后，甲状腺癌与乙肝没有关系，病发部位完全不同，金某未告知乙肝对保险事故的发生没有产生重大影响，由此某保险公司不享有合同解除权。另外，某保险公司为了推广以低廉价格吸引消费者购买保险，对被保险人的投保资格未予任何审查，保险事故发生后又以各种理由拒赔，其自身存在诸多过错。由此，请求二审法院依法改判。

某保险公司辩称，一审判决认定事实清楚，适用法律正确。1. 金某在某保险公司发出解除通知后 22 个月后才向法院提起诉讼，故意拖延导致支付宝的案涉产品已经下架，无法还原当时的投保流程情况，但是某保险公司提供了在淘宝保险购买案涉产品的流程与在其他网络平台销售时的网络截图，可知某保险公司已就健康问题进行询问，若投保人告知存在肝脏疾病等疾病，会弹出有相关疾病问题不支持投保、请重新确认的提示，无法投保成功。一审法院根据一般理性人理解以及保险行业的惯例得出，如投保人回答"是"，保险公司一般不予承保，只有回答"否"，保险公司才可能同意承保，符合客观事实。2. 保险合同在 2018 年 1 月 26 日已经解除，某保险公司查实金某未履行如实告知义务后向其发送了解除保险合同通知书，并在 2018 年 1 月 31 日向金某退还保费 300 元，金某已认可，但其在 2019 年 10 月向一审法院起诉，早已经过《中华人民共和国合同法》第九十六条以及《最高人民法院关于适用〈中华人民共和国合同法〉若干问题的解释（二）》第二十四条关于异议期的规定，故即使金某对于某保险公司解除合同存在异议，也因其没有积极行使异议权导致请求不应得到法院支持。

金某向一审法院起诉请求：1. 依法判令某保险公司支付保险理赔费 200000 元（大写：贰拾万元整）；2. 本案全部诉讼费用由某保险公司承担。

一审法院认定事实：2016 年 11 月 27 日，金某在支付宝上通过某经纪公司购买了某保险公司的重疾保险计划，保险期限自 2016 年 11 月 28 日 00：00：00 至 2017 年 11 月 28 日 00：00：00，金某支付保险费 300 元，保险利益：意外身故及伤残 20000 元、重大疾病保障 200000 元。2016 年 11 月 28 日、29 日，金某多次电话联系某保险公司，协商退保事宜。

2018 年 1 月 26 日，某保险公司以金某未履行如实告知义务，向金某的邮箱发出了解除上述保险合同的通知书，并于 2018 年 1 月 31 日，向金某退还了保险费 300 元。

2017 年 11 月 24 日，金某在四川省肿瘤医院对腮腺、甲状腺、颈部、颌下腺进行超声波检查，检查提示为：甲状腺右叶实性团块，TI-RADS4C；余甲状腺结节，TI-RADS3 类；左颈Ⅵ区查见淋巴结。2017 年 11 月 27 日至 2017 年 12 月 1 日，金某在四川省肿瘤医院住院治疗，主要诊断为："甲状腺站位：癌？"既往史载明"8 年前诊断乙肝"。2017 年 12 月 4 日至 2017 年 12 月 11 日，金某在四川省肿瘤医院住院治疗，入院诊断："甲状腺站位：癌？"，出院诊断：1. 甲状腺乳头状癌（PT3. NXMO Ⅰ期）；2. 暂时性旁腺功能减退症；3. 心律失常；4. 胆囊息肉，既往史载明"8 年前诊断乙肝"。

一审另查明，本案所涉及的某保险公司的重疾保险计划保险，在支付宝上已经下架。根据金某手机留存的保险信息显示，保单详情里健康告知栏中显示"有无如下健康问题：肝脏疾病或症状（包括乙型肝炎、丙型肝炎或是肝炎带菌者）"。另据被告提供的某保险公司重疾保险计划保险在其他网络平台的销售截图，在保险销售时含有上述健康告知问题。

一审法院认定以上事实，由双方当庭陈述及以下有效证据予以佐证：双方身份信息、保险单、转账凭证、个人重大疾病保险条款、住院病历两份、意外及疾病保险索赔申请表、疾病及意外保险索赔申请表、入院记录、肿瘤医院检验报告单、账单详情、邮件、案涉产品投保流程截图、传票、民事裁定书、网页截图等。

一审法院认为，涉案保险虽然已经在支付宝上下架，但是通过金某手机上保留的保险信息，保单详情里健康告知栏中显示"有无如下健康问题：肝脏疾病或症状（包括乙型肝炎、丙型肝炎或是肝炎带菌者）"，且根据某保险公司提供的网络截图显示，在其他网络平台销售时，具有对上述健康问题类似的提问或告知。因涉案保险在支付宝上已经下架，无法还原当时投保情况，根据一般理性人的理解，在涉案保险投保时，对"有无如下健康问题：肝脏疾病或症状（包括乙型肝炎、丙型肝炎或是肝炎带菌者）"进行问答，如投保人回答"是"，保险公司一般不予承保，只有在回答"否"的情况下，保险公司才可能同意承保。在 2016 年 11 月 27 日，金某在支付宝上购买了某保险公司的重疾保险计划成功，一审法院推定，金某对该问题的回答为"否"。2017 年 12 月 4 日至 2017 年 12 月 11 日，金某在四川省肿瘤医院住院，在病历既往史载明"8 年前诊断乙肝"。金某明显故意隐瞒了自身患有乙肝的情况。2018 年 1 月 26 日，某保险公司以金某未履行如实告知义务，向金某的邮箱发出了解除上述保险合同的通知书，并于 2018 年 1 月 31 日，向金某退还了保险费 300 元，系某保险公司行使自身权利的表现，上述行为符合法律规定。故一审法院认定，金某与某保险公司就重疾保险计划保险合同已经解除。现金某要求某保险公司支付保险金，不符合法律规定，一审法院不予支持。

据此，一审法院依照《中华人民共和国民事诉讼法》第六十四条第一款，《最高人民法院关于民事诉讼证据的若干规定》第二条之规定，判决：驳回金某的全部诉讼请求。本案案件受理费减半收取 2150 元，由金某负担。

本院二审期间，金某提交以下证据：金某在支付宝投保案涉某保险公司成人重大疾病保险的保单详情、产品详情、投保须知、健康告知、理赔流程、保障范围及保险条款页面截图，拟证明理赔流程界面内含有健康告知，故健康告知是在金某投保成功之后才会显示，且保单详情显示"本页面仅供参考，实际保单信息以保险公司官方内容为准"，但某保险公司未就健康告知内容引导金某至其官方网站签字确认。某保险公司质证认为，该证据已在一审庭审中当庭提交手机现场查阅，不属于新的证据；且该证据显示的是投保成功留存状态，不能反映投保过程，无法达到金某的证明目的。本院认为，对该证据真实性予以认可，其内容系案涉保险目前的保险状态与产品详情，不能反映某保险公司在金某投保时是否进行健康询问，无法达到金某的证明目的，相关事实将结合全案综合评判，对该份证据本院不予采信。

本院另查明，案涉某保险公司附加重大疾病保险条款（2016 年版）提供 40 种重大疾病保障，保险责任："若被保险人自本附加合同生效之日起 90 日后（续保或因意外导致的重大疾病无 90 日规定）首次发病并经专科医生首次确诊患有任何一项包含在其选择的保障计划内的重大疾病，且该重大疾病符合本附加合同第 8 条约定的重大疾病保障范围及定义的，保险人将按约定的保险金额向被保险人给付保险金。给付后，保险人对该被保险人的此项保险责任随即终止"。第 8 条重大疾病保障范围及定义中包含恶性肿瘤。

经二审审理查明的其余事实与一审查明的事实一致，本院予以确认。

本院认为，本案二审的争议焦点在于：1. 某保险公司是否就健康状况进行询问，金某是否存在未履行如实告知义务的情形，某保险公司应否承担保险赔偿责任；2. 案涉的合同是否已经解除。现评议如下：

关于某保险公司是否就健康状况进行询问，金某是否存在未履行如实告知义务的情形。根据《中华人民共和国保险法》第十六条"订立保险合同，保险人就保险标的或者被保险人的有关情况提出询问的，投保人应当如实告知。投保人故意或者因重大过失未履行前款规定的如实告知义务，足以影响保险人决定是否同意承保或者提高保险费率的，保险人有权解除合同。前款规定的合同解除权，自保险人知道有解除事由之日起，超过三十日不行使而消灭。自合同成立之日起超过二年的，保险人不得解除合同；发生保险事故的，保险人应当承担赔偿或者给付保险金的责任。投保人故意不履行如实告知义务的，保险人对于合同解除前发生的保险事故，不承担赔偿或者给付保险金的责任，并不退还保险费。投保人因重大过失未履行如实告知义务，对保险事故的发生有严重影响的，保险人对于合同解除前发生的保险事故，不承担赔偿或者给付保险金的责任，但应当退还保险费。保险人在合同订立时已经知道投保人未如实告知的情况的，保险人不得解除合同；发生保险事故的，保险人应当承担赔偿或者给付保险金的责任。保险事故是指保险合同约定的保险责任范围内的事故"之规定，投保人如实告知义务之前提为保险人就保险标的或者被保险人的有关情况提出询问的，保险人未询问的，投保人即无须如实告知。本案中，某保险公司提交的案涉产品在淘宝保险投保流程截图仅反映该产品在其他网络平台上销售的投保流程，无法证明金某在支付宝平台投保案涉产品的流程，也没有投保时经金某签字或确认信息的相关健康告知文件加以佐证，虽然金某手机留存的保单详情中含有健康告知内容，但该保单详情系金某投保完成后系统生成的信息，健康询问是保险人的前合同义务，事后生成的信息并不足以证明某保险公司在金某投保前主动向投保人询问被保险人的有关情况，在此情况下，投保人无主动告知的义务。案涉重疾保险计划保险期限自 2016 年 11 月 28 日 00：00：00 至 2017 年 11 月 28 日 00：00：00，保险利益含重大疾病保障 200000 元，保障范围包括恶性肿瘤。金某在该合同保险期间内所患甲状腺乳头状癌（PT3NXMO Ⅰ期）符合保险责任范围，某保险公司应当按合同约定保险金额给付金某重大疾病保险金 20 万元。故某保险公司以金某未履行如实告知义务为由，主张解除合同，且不赔偿相应保险金，但未提交充足的证据予以证明，应承担举证不能的法律后果，对金某的该项上诉理由，本院予以支持。一审法院对此认定不当，本院依法予以纠正。

关于案涉合同是否已经解除。某保险公司主张保险合同在 2018 年 1 月 26

日已经解除,并在 2018 年 1 月 31 日向金某退还保费 300 元,但金某直至 2019 年 10 月向一审法院起诉,早已经过异议期,其请求不应得到支持。本院认为,《中华人民共和国合同法》第九十六条规定:"当事人一方依照本法第九十三条第二款、第九十四条的规定主张解除合同的,应当通知对方。合同自通知到达对方时解除。对方有异议的,可以请求人民法院或者仲裁机构确认解除合同的效力",而《最高人民法院关于适用〈中华人民共和国合同法〉若干问题的解释(二)》第二十四条规定:"当事人对合同法第九十六条、第九十九条规定的合同解除或者债务抵销虽有异议,但在约定的异议期限届满后才提出异议并向人民法院起诉的,人民法院不予支持;当事人没有约定异议期间,在解除合同或者债务抵销通知到达之日起三个月以后才向人民法院起诉的,人民法院不予支持"。当事人依据上述规定通知对方要求解除合同的,必须具备法律规定或合同约定的解除条件,才能发生解除合同的法律效力,异议期间的适用也应当以解除合同方具有合同解除权作为前提。如前所述,本案中某保险公司以金某未履行如实告知义务为由主张解除合同,理由不成立,某保险公司并不享有合同解除权。在此情况下金某不受异议期间的限制,且金某已在诉讼时效期间向法院起诉主张某保险公司支付保险金,故对金某的上诉请求,本院予以支持。

综上所述,金某的上诉请求成立,应予支持;一审判决认定事实清楚,适用法律有误,应予改判。依照《中华人民共和国民事诉讼法》第一百七十条第一款第二项规定,判决如下:

一、撤销成都市锦江区人民法院民事判决;

二、某保险公司于本判决生效之日起十日内向金某支付保险金 200000 元。

如果未按本判决指定的期间履行给付金钱义务,应当依照《中华人民共和国民事诉讼法》第二百五十三条之规定,加倍支付迟延履行期间的债务利息。

一审案件受理费 2150 元,由某保险公司负担;二审案件受理费 4300 元,由某保险公司负担。

本判决为终审判决。

审判长　任某某

审判员　谈某某
审判员　刘某某
二〇二〇年七月二十三日
法官助理　赵某某
书记员　朱　某

评·析

本案争议焦点主要集中于保险公司是否就投保人的健康情况进行了询问，投保人是否履行了如实告知义务。涉案保险产品通过互联网销售，现已下架，无法还原投保流程。投保人认为保险公司未举证证明在投保时进行询问，保险公司认为保险合同所附健康情况确认可证明其履行了询问义务。一审法院支持了保险公司，二审法院依法改判。从两级法院截然不同的判决结果可看出，司法实践中，对于保险公司是否履行了询问义务，有一个很重要的衡量标准，就是保险人的询问义务是否在订立保险合同过程中履行。

（一）保险人的询问义务是先合同义务

先合同义务又称"前合同义务"或"先契约义务"，是指在要约生效后合同生效前的缔约过程中，缔约双方基于诚信原则而应负有的告知、协力、保护、保密等的合同附随义务。

保险合同属于典型的格式合同，由保险公司预先拟定，专业性较强，篇幅冗长，被保险人一般对合同中的权利义务不甚明了，需借助保险代理人的解释说明。保险人具有专业知识及信息等方面的优势，对于哪些事项会影响投保人是否投保，保险公司是否理赔的判断上具有丰富经验，而投保人一般由于专业经验和知识的欠缺，很难主动履行告知义务，充分的说明及询问是保险公司应当履行的先义务。《保险法》第十六条第一款规定："订立保险合同，保险人就保险标的或者被保险人的有关情况提出询问的，投保人应当如实告知"。《最高人民法院关于适用〈保险法〉若干问题的解释（二）》第六条明确规定："投保人的告知义务限于保险人询问的范围和内容。当事人对询问范围及内容有争议的，保险人负举证责任。"根据法律规定，保险人的询问义务，是先合同义务，仅限于保险人具体明确的询问且保险人必须在订立保险合同过程中进行询问。

（二）保险单健康情况确认不足以证明保险人履行了询问义务

保险单是保险合同成立后，保险公司向投保人出具的正式书面凭证。在实践中，保险公司销售短期意健产品往往投保流程比较简单，不会强调要求投保人签字确认健康告知内容，承保后只会给客户发送一张保险单，健康告知内容往往附在保险单后。发生理赔纠纷时，保险公司往往会提供附有健康告知内容的保险单，并以此证明其已尽了主动询问或明确说明义务。但是，明显地，保险单只有保险公司盖章，没有投保人签字或盖章确认，且为投保人投保完成后系统生成的信息，故仅凭保险单健康情况确认内容，不足以证明保险人在订立保险合同过程中就被保险人健康情况进行了询问。

（三）保险公司只有保留证明投保时已履行了询问义务的完整证据方可避免败诉

《保险法》规定了保险人的询问义务是先合同义务，并且规定了举证责任在保险人。为了避免口说无凭，保险公司只有保留证明投保时已履行了询问义务的完整证据方可避免败诉。保险单或者保险合同是投保人投保成功后生成的保险凭证，保险人以此证明其履行了询问义务，不符合《保险法》的规定。保险公司可从以下几方面细化健康询问义务：

要求投保人主动确认。保险公司可尽可能采取书面询问形式进行询问，且询问必须在订立保险合同过程中，如线下销售的，投保单上附有健康情况询问内容栏并要求投保人签字/签章确认；互联网销售的，投保页面健康告知内容默认勾选变为主动勾选。

投保流程可回溯管理。2017年，原中国保监会出台《保险销售行为可回溯管理暂行办法》，要求符合一定条件要实现可回溯管理；2020年，银保监会印发《关于规范互联网保险销售可回溯管理的通知》，要求保险机构销售互联网保险产品要实现可回溯管理。按照可回溯管理规定，可以还原投保流程，包括保险人的询问内容和投保人的健康告知情况。

优化健康告知页面。自从实施了可回溯管理后，发生理赔纠纷，保险公司可以提供保险产品投保流程以证明尽了询问义务，但有时还会面临败诉。保险公司败诉的主要原因在于健康告知页面简单粗糙，如健康告知内容并不需要具体点开进行阅读，只需点击同意即可进行下一步投保操作，或者健康询问内容过于宽泛,不明确不具体。故保险公司要想证明尽了询问义务,不仅要实现投保流程可回溯,还要进一步优化健康告知页面,确保健康询问内容明确具体,方可避免败诉。

疾病险中被保险人未如实告知应返还保险金的认定

辽宁省抚顺市中级人民法院

(2020)辽04民终927号民事判决书

(2020年7月21日)

案·情

2014年6月21日，赵某与某保险公司抚顺中心支公司签订代理合同成为保险代理人，后其于2015年1月4日为自己投保了《终身寿险（分红型）A款（2014版）》《附加提前给付重大疾病保险A款（2014版）》，基本保险金额60000元，保险费4356元，交费年限15年。2018年10月30日至2018年11月5日赵某因脑梗塞、脑萎缩在某县人民医院住院治疗。出院后，赵某在2018年12月10日向某保险公司抚顺中心支公司申请理赔，某保险公司抚顺中心支公司向其给付保险金12563.49元并豁免了赵某2018年以后的保费。2019年8月下旬某保险公司抚顺中心支公司调查发现赵某曾分别于2013年9月4日至2013年9月13日、2013年12月1日至2013年12月9日在某县人民医院住院治疗，两次住院诊断均为脑梗塞。因此向法院起诉，要求赵某返还理赔金，交纳已豁免的保费。

经一审法院审理，判决驳回某保险公司抚顺中心支公司的诉讼请求。某保险公司抚顺中心支公司不服一审判决，向辽宁省抚顺市中级人民法院提起上诉，经二审法院审理做出以下判决：撤销一审法院判决；赵某返还某保险公司抚顺中心支公司保险金12563.49元；赵某向某保险公司抚顺中心支公司给付2019年保险费4356元。

2021 年度保险诉讼典型案例报告

判决书正文

上诉人（原审原告）：某保险公司抚顺中心支公司，住所地辽宁省抚顺市顺城区。

被上诉人（原审被告）：赵某，女，满族，1964 年 2 月 9 日出生，住所地辽宁省清原满族自治县。

上诉人某保险公司抚顺中心支公司（以下简称某保险公司）与被上诉人赵某人身保险合同纠纷一案，不服辽宁省清原满族自治县人民法院（2019）辽 0423 民初 2750 号民事判决向本院提起上诉，本院于 2020 年 5 月 7 日立案后，依法组成合议庭，对案件进行了开庭审理。上诉人某保险公司的委托诉讼代理人，被上诉人赵某的委托诉讼代理人到庭参加诉讼。本案现已审理终结。

某保险公司上诉请求：1. 撤销原判发回重审或改判支持某保险公司的诉讼请求；2. 诉讼费由赵某承担。事实及理由：一、一审法院适用法律错误。1. 某保险公司一审没有主张解除合同，而是要求赵某返还保险公司已经赔付的保险金及续交豁免的保费继续履行保险合同。2.《中华人民共和国保险法》第十六条第三款，"自合同成立之日起超过两年的，保险人不得解除合同"，不得解除合同的前提应理解为保险合同成立两年后新发生的保险事故。对于保险合同成立前已经发生的保险事故，不应机械地适用。若机械适用将变相鼓励恶意骗保行为。因此赵某作为某保险公司的寿险业务营销员，故意不履行如实告知义务，带病投保且不告知的行为属于恶意骗保行为，不应得到支持。二、一审判决违反了保险合同法理，也不符合保险合同条款的约定。保险合同是射幸合同，双方订立保险合同的目的是对将来可能发生的保险事故进行投保，保险事故的发生具有不确定性，而本案中保险合同成立前保险事故已经发生，赵某利用自身便利恶意隐瞒已经发生的投保疾病，带病投保的行为违反了保险合同法理，《附加提前给付重大疾病保险 A 款（2014 版）》10.1 条约定"本附加险合同所保障的特定疾病是指被保险人在主合同有效且附加险合同有效期间内，经专科医生明确诊断，初次患下列疾病或初次达到下列疾病状态，或在医院初次接受下列手术"。该条款的初次患、初次达到、初次接受就是指保险事故的不确定性。因此赵某在本案中以得到理赔的疾病显然不属于该条款约定的初次患有的疾病，其主观恶意骗保明显，应退还保险金及支付已豁免的保险费。

赵某辩称，坚持一审的答辩意见，认可一审法院认为的论述部分，请求二审法院维持一审判决，驳回某保险公司的诉讼请求。

某保险公司向一审法院诉讼请求：1. 判令赵某退还保险金12563.49元；2. 判令赵某按合同约定方式支付2019年已豁免保险费4356元；3. 诉讼费用由赵某承担。事实与理由：2014年6月21日，某保险公司与赵某签订《个人代理合同》，赵某开始在某保险公司处做寿险营销员。2015年1月4日赵某为自己投保了自己所销售险种《终身寿险（分红型）A款（2014版）》《附加提前给付重大疾病保险A款（2014版）》，基本保险金额60000元，保险费4356元，交费年限15年。2018年10月30日至2018年11月5日赵某因脑梗塞、脑萎缩在某县人民医院住院治疗。出院后，赵某在2018年12月10日向某保险公司申请理赔，某保险公司向其给付保险金12563.49元并豁免了赵某2018年以后的保险费。2019年8月下旬某保险公司发现赵某曾分别于2013年9月4日至2013年9月13日、2013年12月1日至2013年12月9日在某县人民医院住院治疗，两次住院诊断均为脑梗塞。由此可见，赵某投保时在明知保险条款相关规定的情况下，故意未将健康情况如实告知，带病投保，骗取保险公司赔偿。根据《保险法》第十六条规定及个人人身保险投保单第七部分第二条赵某的声明，某保险公司不应给付保险金，赵某也不符合保险费豁免的约定。

一审法院认定事实：2014年6月21日，某保险公司与赵某签订《个人代理合同》，赵某开始在某保险公司处做寿险营销员。2015年1月4日赵某为自己投保了《终身寿险（分红型）A款（2014版）》《附加提前给付重大疾病保险A款（2014版）》，基本保险金额60000元，保险费4356元，交费年限15年。《个人人身投保单》记载的健康告知事项"5. 是否曾有下列症状、曾被告知患有下列疾病或因下列症状或疾病接受治疗"，被保险人、投保人均选择"否"。2018年10月30日至2018年11月5日赵某因脑梗塞、脑萎缩在某县人民医院住院治疗。出院后，赵某在2018年12月10日向某保险公司申请理赔，某保险公司向其给付保险金12563.49元并豁免了赵某2018年以后的保险费。赵某曾分别于2013年9月4日至2013年9月13日、2013年12月1日至2013年12月9日因脑梗塞在某县人民医院住院治疗。

一审法院认为，《中华人民共和国保险法》第十六条规定："订立保险合同，保险人就保险标的或者被保险人的有关情况提出询问的，投保人应当如实告知。投保人故意或者因重大过失未履行前款规定的如实告知义务，足以影响保险人决定是否同意承保或者提高保险费率的，保险人有权解除合同。前款规定的合同解除权，自保险人知道有解除事由之日起，超过三十日不行使而消灭。自合同成立之日起超过二年的，保险人不得解除合同；发生保险事故的，保险人应当承担赔偿或者给付保险金的责任。投保人故意不履行如实告知义务的，保险人对于合同解除前发生的保险事故，不承担赔偿或者给付保险金的责任，并不退还保险费。投保人因重大过失未履行如实告知义务，对保险事故的发生有严重影响的，保险人对于合同解除前发生的保险事故，不承担赔偿或者给付保险金的责任，但应当退还保险费。"本案中，保险合同签订日期为2015年1月4日，赵某入院时间为2018年10月30日，保险合同履行已超过二年，故保险人主张赵某退还保险金、支付已豁免的保险费，已超过解除合同的除斥期间。《最高人民法院关于适用〈中华人民共和国保险法〉若干问题的解释（二）》第八条规定："保险人未行使合同解除权，直接以存在保险法第十六条第四款、第五款规定的情形为由拒绝赔偿的，人民法院不予支持。但当事人就拒绝赔偿事宜及保险合同存续另行达成一致的情况除外。"本案中，某保险公司抚顺中心支公司明确表示不解除保险合同，即使赵某存在故意隐瞒病情的情况下，某保险公司抚顺中心支公司仍应承担赔偿责任。因此，对于某保险公司的诉讼请求，无法支持。依照《中华人民共和国保险法》第十六条，《最高人民法院关于适用〈中华人民共和国保险法〉若干问题的解释（二）》第八条规定，判决：驳回某保险公司抚顺中心支公司的诉讼请求。案件受理费111.00元，由某保险公司抚顺中心支公司负担。

二审审理期间，双方均未提供新证据。本院对一审法院审理查明的事实予以确认。

赵某因2018年10月30日至2018年11月5日脑梗塞、脑萎缩在某县人民医院住院治疗。依据双方的诉辩主张，本案二审争议的焦点可归纳为：依据双方签订的人身保险合同，本次医疗费用是否应由某保险公司予以理赔；本次疾病发生后是否适用该保险合同中对保险金豁免的约定。

赵某与某保险公司抚顺中心支公司于2015年1月4日签订《终身寿险（分红型）A款（2014版）》及《附加提前给付重大疾病保险A款（2014

版)》的人身保险合同，附加提前给付重大疾病保险条款 9.1 重大疾病的定义：本附加险合同所保障的重大疾病，是指被保险人在主险合同有效且本附加险合同有效期间内，经专科医生明确诊断，初次患下列疾病或初次到达下列疾病状态，或在医院初次接受下列手术。赵某签订该保险合同前，曾分别于 2013 年 9 月 4 日至 2013 年 9 月 13 日、2013 年 12 月 1 日至 2013 年 12 月 9 日因脑梗塞在某县人民医院住院治疗，其在签订保险合同时未如实填写其最近五年内接受诊疗、住院治疗及曾患脑梗塞住院治疗的健康告知事项，其作为某保险公司抚顺中心支公司的保险代理人，应具有基本的专业知识，对其自己代理的保险公司出售的保险合同及相关保险条款，应明确了解保险合同条款的相关内容，知晓投保人应履行保险合同义务，其在签订保险合同时未履行以上告知义务，应承担相应的合同责任。赵某于 2018 年 10 月 30 日至 2018 年 11 月 5 日因脑梗塞、脑萎缩在某县人民医院住院治疗发生的医疗费用，不符合保险合同对重大疾病予以理赔的约定，某保险公司抚顺中心支公司在理赔后发现赵某不符合保险合同约定的理赔条件，其主张赵某退返理赔的保险金 12563.49 元，本院予以支持。附加提前给付重大疾病保险条款 2.3 保险费豁免：被保险人被确诊初次发生本附加险合同约定的特定疾病后的首个保险费约定支付日，我们每年于保险费约定支付日豁免主险合同基本附加险合同当期应支付的保险费。赵某本次脑梗塞疾病不属于该合同条款约定的保险费豁免的情形，某保险公司抚顺中心支公司主张赵某按合同约定支付 2019 年已豁免保险费 4356 元，本院予以支持。某保险公司抚顺中心支公司在一审期间未主张解除保险合同，一审法院以保险公司未在签订保险合同后两年内主张解除合同为由，驳回某保险公司抚顺中心支公司的诉讼请求不适当，本院依法予以改判。

综上所述，上诉人某保险公司抚顺中心支公司的上诉请求成立，本院予以支持。依照《中华人民共和国民事诉讼法》第一百七十条第一款第（二）项规定，判决如下：

一、撤销辽宁省清原满族自治县人民法院（2019）辽 0423 民初 2750 号民事判决；

二、赵某于本判决生效之日起 30 日内返还某保险公司抚顺中心支公司保险金 12563.49 元；

三、赵某于本判决生效之日起 30 日内给付某保险公司抚顺中心支公司 2019 年的保险费 4356 元。

如果未按本判决指定的期间履行给付金钱义务，应当依照《中华人民共和国民事诉讼法》第二百五十三条之规定，加倍支付迟延履行期间的债务利息。

一审案件受理费 111 元，由赵某负担；二审案件受理费 223 元，由赵某负担。

本判决为终审判决。

审判长　韩　某
审判员　梁某某
审判员　李某某
二〇二〇年七月二十一日
书记员　付　某

评·析

本案焦点在于保险解除权的法律适用及保险诚信等问题。

赵某原系某保险公司的保险代理人，在其履职过程中，利用自身的便利条件，为自己投保了案涉保险。赵某在投保时健康告知事项中全部选择否，隐瞒了自身病史，并作为保险代理人签订了保险合同。赵某作为保险代理人，对保险合同和相关法律的知识较为丰富，故其在保险合同生效两年之后，以自身疾病为由，向某保险公司成功索赔，并意图以撤销权消灭的事由，阻止某保险公司自查时发现此案以及可能的追索。某保险公司在自查时，确实发现了赵某不合理获赔一事，着手准备起诉。

针对上述情况，某保险公司在准备起诉材料时，对个案的情况具体问题具体分析，及时察觉到了赵某可能利用撤销权的意图，故某保险公司提出了返还已赔保险金、补交已豁免保费的诉讼请求。一审法院在审理过程中，对事实认定不清，错误审理了某保险公司的诉讼请求，援引《中华人民共和国保险法》第十六条"订立保险合同，保险人就保险标的或者被保险人的有关情况提出询问的，投保人应当如实告知。投保人故意或者因重大过失未履行前款规定的如实告知义务，足以影响保险人决定是否同意承保或者提高保险费率的，保险人有权解除合同。前款规定的合同解除权，自保险人知道有解除事由之日起，超过三十日不行使而消灭。自合同成立之日起超过二年的，保险人不得解除合同；发生保险事故的，保险人应当承担赔偿或者给付保险金的责任。投保人故意不履行如实告知义务的，保险人对于合同解除前发生的保险事故，不承担赔偿或者给付保险金的责任，并不退还保险费。投保人因重大过失未履行如实告知义务，对保险事故的发生有严重影响的，保险人对于合同解除前发生的保险事故，不承担赔偿或者给付保险金的责任，但应当退还保险费。保险事故是指保险合同约定的保险责任范围内的事故"和《最高人民法院关于适用〈中华人民共和国保险法〉若干问题的解释（二）》第八条"保险人未行使合同解除权，直接以存在保险法第十六条第四款、第五款规定的情形为由拒绝赔偿的，人民法院不予支持。但当事人就拒绝赔偿事宜及保险合同存续另行达成一致的情况除外"。

两条法律条款规定了保险合同解除权的行使和限制，其中保险法规定了解除权因两年不行使而消灭的情形，司法解释规定了在不行使解除权的情形下不得拒绝赔偿的情形。一审法院错误地将撤销权和拒绝赔偿的关系相等同，认为保险公司的解除权已消灭，不行使解除权即必须赔偿，但忽视了《保险法》第十六条"保险事故是指保险合同约定的保险责任范围内的事故"这一规定。结合案涉保险合同，赵某用于申请理赔的所谓"保险事故"不符合合同约定的首次发生的要件，并不构成保险合同约定和法律规定的保险事故，与撤销权是否消灭的问题无关。单纯依据保险合同，某保险公司即不应向赵某理赔，而对于已发生的错误理赔，某保险公司不存在过错，赵某存在未如实履行告知义务的过错，故赵某实际构成不当得利，依法应予返还某保险公司；既然不存在保险事故，则赵某获得的保费豁免也就没有了基础，在保险合同继续履行的情形下，赵某理应向某保险公司依合同约定支付保费，即补交保费。某保险公司的诉讼请求中并未主张解除合同，而是要求返还保险金和已豁免保费，合同继续履行，诉讼请求与事实和法律依据相吻合，没有不当之处。一审法院判令驳回某保险公司的诉讼请求，属适用法律错误。

二审审理中，某保险公司向法院详细阐述了赵某本人作为保险代理人，在与某保险公司订立保险合同时，未如实告知自身脑梗塞、脑萎缩的病史，并在保险合同签订后故意超出两年撤销权除斥期间，以上述疾病为由申请保险理赔，获得了某保险公司的保险金和豁免保费权益的基本事实。并着重解释了按照双方保险合同约定，合同所保障的重大疾病，是指被保险人在主险合同有效且本附加险合同有效期间内，经专科医生明确诊断，初次患下列疾病或初次到达下列疾病状态，其中包括赵某所患疾病。二审法院认定，赵某本人作为保险公司的保险代理人，具有基本的专业知识，对其自己代理的某保险公司出售的保险合同及相关保险条款，应明确了解保险合同条款的相关内容，知晓投保人应履行保险合同义务，但其在签订保险合同时未如实填写其最近五年内接受诊疗、住院治疗及曾患脑梗塞住院治疗的健康告知事项。基于上述理由，能够认定赵某所患疾病不属于保险合同约定的理赔范围，不应得到保险金的赔偿和保费的豁免，故二审改判赵某返还某保险公司保险金、给付某保险公司保险费并承担两审的诉讼费用。

另外，赵某的行为无疑违反了诚实信用原则以及公序良俗，如判令赵某不向某保险公司返还保险金并续交保费，将不利于社会主义法治建设和社会主义法制观念的形成，与党和政府推进建设法治社会的理念背道而驰。

在本判决生效后，某保险公司仍需注意，其与赵某的保险合同依然在继续履行，某保险公司在赵某按保险合同约定交费的前提下，仍需履行保险合同中约定的相应义务。在日后的投保审查和保后自查时，除了定期定量抽查外，应根据实际情况对相关情况予以重点审查，一旦发现应及时到相关部门调取相关材料，确定必要告知事项的真实性，根据实际情况采取有效的针对性措施维护公司利益，以避免类似事件的再次发生，降低自身的风险。

两全险中约定一般性条款适用不同场景不属于免责条款的认定

河北省邯郸市中级人民法院

（2020）冀04民终4370号民事判决书

（2020年10月27日）

案·情

2016年9月29日，邢某以其丈夫孙某为被保险人，在某保险公司河北分公司投保某两全保险，身故受益人为邢某，基本保险金额8万元。2020年4月8日，孙某驾驶重型仓栅式半挂货车沿京港澳高速公路行驶时，与另一重型仓栅式半挂货车发生追尾碰撞，此事故造成孙某死亡。

经邢某提出理赔申请，某保险公司河北分公司按照"一般意外身故保险金"条款约定的2倍基本保险金额赔偿标准，支付邢某保险金16万元。

邢某认为保险条款为格式条款，应适用对保险公司不利的解释，按照"交通工具意外身故"条款和"自驾车意外身故"条款约定的10倍基本保险金额赔偿标准，支付保险金80万元，并起诉至法院。

经法院裁判，二审法院认为：被保险人孙某驾驶车辆的行驶证上登记使用性质为货运，且其为实际驾驶人，并非乘客，并不符合《保险合同》中交通工具意外身故和自驾车意外身故的情形。本案中涉及的相关保险条款均属于一般性保险条款，是双方对何种情况下对该情况进行如何赔偿的及保险公司承担何种责任的约定，并没有免除保险人的保险责任。邢某称在投保后已收到保险合同，其对保险条款应当是知晓的。故判决维持一审判决，驳回邢某的诉讼请求。

判决书正文

上诉人（原审原告）：邢某，女，生于 1972 年 8 月 23 日，汉族，住邯郸市大名县金滩镇。

被上诉人（原审被告）：某保险公司河北分公司。营业场所：石家庄市中山路。

上诉人邢某因与被上诉人某保险公司河北分公司人身保险合同纠纷一案，不服河北省大名县人民法院（2020）冀 0425 民初 1507 号民事判决，向本院提起上诉。本院于 2020 年 9 月 23 日立案后，依法组成合议庭不开庭进行了审理。本案现已审理终结。

邢某的上诉请求：一、撤销原审判决；二、改判支持邢某的一审诉讼请求或者发回重审；三、某保险公司河北分公司承担本案的一、二审诉讼费用。主要的事实与理由：一、一审判决认定事实不清。（一）案涉保险合同是纸质保险合同还是电子保险合同没有查清。案涉保险合同事实上是纸质保险合同，而某保险公司河北分公司一审辩称系电子投保方式签订的电子保险合同是在混淆视听，逃避举证责任。（二）保险合同上的"邢某""孙某"是否本人所签没有查清。首先，某保险公司河北分公司提交的所有证据均为复印件，没有提交原件，不符合证据形式要件，违反《中华人民共和国民事诉讼法》第七十条书证应当提交原件，物证应当提交原物之规定。其次，某保险公司河北分公司提交的证据复印件上"邢某""孙某"事实上也不是邢某和孙某所签。（三）某保险公司河北分公司是否尽到明确说明和解释的义务没有查清。一审法院以邢某所持有的保险合同有约定具体条款的内容推断某保险公司河北分公司尽到明确说明和解释的义务违反《民事诉讼法》"以事实为依据、以法律为准绳"的原则。事实是邢某在投保时并未见到某保险公司河北分公司的业务员赵某，合同也是几个月后在邢某三番五次追要之下，业务员才将保险合同交付邢某。业务员和邢某投保时都未见面，何来尽到明确说明和解释的义务，且某保险公司河北分公司在一审中从未举证证明其履行了提示和明确说明的义务。二、一审判决认定事实错误。（一）一审法院认定车辆登记所有人并非自然人，并不符合保险合同的交通工具意外身故和自驾车意外身故的情形是错误的，不能简单以登记认定案涉车辆所有人，而应当以购车款出资人及实际所有人进行认定。首先,根据《物权法》第二十三条"动产物权的设立和转让,自交付时发生效力,但法律另有规定的除外"、《合同法》第一百三十条"标的物的所有权自标的物交付时转移,但法律另有规定或者当事人另有约定的除外"之规定,案涉车辆已经交付孙某,孙某已经对案涉车辆享有所有权。其次,根据公安部公交管(2000)98号复函和《最高人民法院对上海市人民法院(2000)执他字第25号复函》的精神,结合邢某提交的邯郸某物流公司证明、大名县某运输公司企业信息、被保险人某银行大名县支行银行流水、被保险人某商贷公司还款情况等证据充分证明案涉车辆系孙某出资购买。综上所述,一审法院以机动车登记认定案涉车辆所有权是明显错误的。(二)一审法院仅以没有原始载体的电话回访录音作出认定是错误的。首先,《最高人民法院关于民事诉讼证据的若干规定》第十五条规定,当事人以视听资料作为证据的,应当提供存储该视听资料的原始载体。本案某保险公司河北分公司并没有提供该电话回访录音的原始载体,而是在其代理人手机上存储播放的。因此,该证据没有原始载体且来源不明,不能作为证据使用。其次,即使该证据是真实的,该录音也是在合同签订之后制作的,而且制作主体也不是某保险公司河北分公司。某保险公司河北分公司不能证明其在"订立合同时"对免除保险人责任的条款以书面或者口头形式对邢某作出明确说明。《保险法》第十七条规定,"订立保险合同,采用保险人提供的格式条款的,保险人向投保人提供的投保单应当附格式条款,保险人应当向投保人说明合同的内容。对保险合同中免除保险人责任的条款,保险人在订立合同时应当在投保单、保险单或者其他保险凭证上作出足以引起投保人注意的提示,并对该条款的内容以书面或者口头形式向投保人作出明确说明;未作提示或者明确说明的,该条款不产生效力。"为此,一审法院仅以没有原始载体和保险合同订立后制作及没有投保人签字确认的电话录音作出判决是错误的。三、一审法院适用法律错误。(一)一审法院没有依法适用法律将案涉保险合同中"交通意外身故""自驾驶意外身故"等条款认定为格式条款进而认定为无效条款是错误的。《最高人民法院关于适用〈中华人民共和国保险法〉若干问题的解释(二)》第九条第一款的规定,保险人提供的格式合同文本中的责任免除条款、免赔额、免赔率、比例赔付或者给付等免除或者减轻保险人责任的条款,可以认定为免除保险人责任的条款。同时《保险法》第十七条也规定了保险人对格式条款的明确提示和说明义务。本案中，某保险公司河北分公司提供的格式条款将交通工具意外身故和自驾车意外身故含义进行限缩性规定，超出常人对交通工具意外身故（不会区分乘客、非乘客身份）和自驾车意外身故（只要是自己驾驶车辆，而不会区分驾驶的是私家车还是公务车）理解和认知，其目的在于免除保险责任，应当视为格式条款。首先，从案涉保险合同可以看出，一般意外身故、交通工具意外身故和自驾车意外身故项下"乘客身份""私家车"等定义的条款，某保险公司河北分公司并未进行文字、字体、符号或者其他明显标志等足以引起投保人注意的提示，也未对邢某进行解释说明。某保险公司河北分公司对交通工具意外身故限定为乘客身份，进而限定为驾驶私家车、公务车，进而又限定为乘用车，即使是私家车又作出例外规定，其目的显然在于免除其保险责任，应属于格式条款。其次，邢某投保时，从未见到业务员，也未在相关文件上签字，谈不上业务员对邢某进行注意提示和明确说明。一审法院理应依法将上述格式条款认定为无效条款。其次，《保险法》第三十条规定，采用保险人提供的格式条款订立的保险合同，保险人、投保人、被保险人或者受益人对合同条款有争议的，应当按照通常理解予以解释。对合同条款有两种以上解释的，人民法院或者仲裁机构应当作出有利于被保险人和受益人的解释。本案一审中，在双方对合同条款"交通工具意外身故""自驾车意外身故""私家车"等含义的理解出现了两种不同的理解和解释，一审法院没有依法适用上述规定作出对邢某有利的解释，明显违反法律规定。四、一审判决程序违法。一审法院在邢某对某保险公司河北分公司代理人身份提出异议的情况下，某保险公司河北分公司没有提交相关证明材料的情况下依然允许代理人代理案件明显违反《民事诉讼法司法解释》第八十八条第（四）项"当事人的工作人员应当提交身份证件和与当事人有合法劳动关系的证明材料"之规定，程序违法。综上所述，一审判决认定事实不清、适用法律错误，程序违法，请求依法支持上诉请求。

某保险公司河北分公司答辩称，一、本案原审认定事实清楚、准确，能够反映案件事实的全貌。（一）本案中保险公司对涉诉保险合同为纸质合同并无异议，但邢某的投保过程是通过手机或平板电脑里的投保程序完成的，两者分别是合同载体与合同订立方式的概念，不能相互混淆，原审法院在庭审中对该问题已经调查清楚，不存在认定事实不清的问题。（二）本案保险合同中附有

《投保单》,《投保单》中有邢某和孙某的亲笔签名,该投保人和被保险人签名是订立合同的必经流程。邢某在保险公司客服人员电话回访时承认上述签名为本人及孙某亲笔所写,其在一审程序中既没有申请进行签名笔迹鉴定,也没有提交足以推翻该笔迹真实性的证据,因此其在二审中否认《投保单》中的签名没有任何证据支持。(三)一审中,保险公司提交了《投保单》《人身保险投保提示书》《客服回访录音》等证据,能够充分证明保险公司在保险合同订立过程中向邢某提供了保险条款并进行了明确说明和解释,邢某已经明确了解保险条款的具体内容(尤其是保险责任、责任免除等内容的概念、法律后果等),同时邢某对保险公司提供保险条款并进行说明和解释的事实进行了签字及口头确认,一审法院已经查清该事实。(四)涉诉车辆的行驶证上登记的使用性质为"货运",且保险事故发生时孙某驾驶该车进行"营业性运输",因此该车的性质不属于保险合同约定的"私家车"范畴。另外,该车的行驶证上登记的所有人为邯郸市某物流公司,邢某提交的证据不足以证明该车的实际所有人为孙某,一审法院认定上述事实准确。(五)一审中保险公司提交的《电话回访录音》能够清楚、完整地记录保险公司客服人员和邢某对话的全部过程,该证据形式合法、内容真实,与本案具有密切关联性。一审中邢某并不否认录音内容的真实性,且没有提交任何证据进行反驳,因此应当承担举证不能的责任。二、原审法院按照保险合同的具体约定认定保险公司的保险责任,适用法律正确。《两全保险条款》第2.3条明确约定了保险公司针对不同情形已经按照约定向邢某赔付了16万元的一般意外身故保险金,赔款义务已经履行完毕。在交通事故发生时,孙某是车辆驾驶员,并非是以乘客身份乘坐交通工具,因此不符合"交通事故意外身故"的具体约定,邢某主张赔偿"交通事故意外身故保险金"不符合合同约定,没有事实依据。孙某驾驶的货车均登记在邯郸市某物流有限公司,使用性质为"货运",该机动车不属于保险条款第9.9规定的"私家车""公务车"的范畴,该保险事故亦不符合"自驾车意外身故事故"的具体约定,邢某主张赔偿"自驾车意外身故保险金"同样不符合合同约定,没有事实依据。《两全保险条款》第2.3条是针对不同保险事故所做的具体约定,没有免除或者减轻保险公司责任的内容,因此不属于《保险法》规定的"免除保险人责任的条款",一审法院认定该条款符合法律规定。另外,该条款的内容及所涉概念明确、具体,本身不存在歧义,符合通常理解和解释。三、本案一审诉讼程序合法，邢某以一名保险公司代理人员工身份为由主张一审诉讼程序违法没有任何事实和法律依据。一审中，武某以保险公司员工身份作为代理人参加庭审，符合《最高人民法院关于适用〈中华人民共和国民事诉讼法〉的解释》第八十八条的规定。武某为某保险公司邯郸中心支公司的员工，在一审庭审前向法庭提交其工作证用于证明其员工身份，审判员也核实了武某的员工身份。庭审中，邢某对武某的代理人身份并未提出异议并载入一审庭审笔录。一审中，除武某外，保险公司还有一名律师作为代理人出庭，在二审中，武某同样以保险公司员工的身份作为二审代理人，且已经向法庭提交了其与保险公司之间的劳动合同及工作证，能够充分证明武某的员工身份，因此，一审中保险公司的两名代理人身份均符合法律要求，一审诉讼程序符合法律规定。综上所述，一审判决认定事实清楚、准确，适用法律正确、程序合法，邢某的上诉理由没有事实和法律依据，请求驳回上诉，维持原判。

邢某向一审法院提出的诉讼请求：一、判决某保险公司河北分公司依据保险合同向邢某赔付被保险人孙某身故保险金80万元；二、本案的诉讼费用由某保险公司河北分公司承担。

原审法院认定事实：2016年9月29日，邢某与某保险公司河北分公司签订保险合同，投保两全保险与重大疾病保险，被保险人为孙某，身故保险金受益人为邢某，基本保险金额均为80000元，保险费合计5638元/年，交费期间为十年，身故保险金受益人为邢某，邢某于当天向某保险公司河北分公司交纳首期保费5638元。两全保险条款中显示：一般意外身故或者高残保险金，被保险人遭受意外伤害事故，并因该次意外伤害直接导致被保险人在该意外伤害事故发生之日起180日内身故，我们向身故保险金受益人给付一般意外身故保险金，本合同终止。一般意外身故保险金的数额为本合同的保险金额的2倍。交通工具意外身故或者高残保险金，被保险人以乘客身份乘坐交通工具（见9.9，交通工具仅包括：特定公共交通工具、私家车、公务车、出租汽车。其中私家车指符合汽车分类国家标准（GB/T 3730.1—2001）中的乘用车定义，主要用于载运乘客及其随身行李或者临时物品，包括驾驶员座位在内最多不超过9个座位，车主为自然人且登记的使用性质为非营业性运输（非营运）汽车。上述汽车如从事以牟利为目的的旅客运输、货物运输行为，则不属于本合同定义的私家车范畴），在交通工具内遭受意外伤害事故，并因该次意外伤害直接导致被保险人在该意外伤害事故发生之日起 180 日内身故，我们句身故保险金受益人给付交通工具意外身故保险金，本合同终止。被保险人以乘客身份乘坐交通工具，在交通工具内遭受意外伤害事故，并因该次意外伤害直接导致被保险人在该意外伤害事故发生之日起 180 日内发生本合同所定义的高残，我们向高残保险金受益人给付交通工具意外高残保险金，本合同终止，交通工具意外身故或者交通工具意外高残保险金的数额约定如下：若被保险人身故或者高残时未满 75 周岁，交通工具意外身故或者交通工具意外高残保险金的数额为本合同的保险金额的 10 倍。自驾车意外身故或者高残保险金，被保险人作为驾驶者驾驶私家车、公务车的，在私家车、公务车遭受意外伤害事故，并因该次意外伤害直接导致被保险人在该意外伤害事故发生之日起 180 日内身故，我们向身故保险金受益人给付自驾车意外身故保险金，本合同终止。当驾车意外身故或者自驾车意外高残保险金的数额约定如下：该次意外伤害事故发生在本合同生效（若曾复效，则自本合同最后复效）之日起 180 日内，自驾车意外身故或者自驾车意外高残保险金的数额为本合同的保险金额的 2 倍。某保险公司通用机打收据（客户联）显示打印时间为 2016 年 10 月 10 日，收费日期为 2016 年 9 月 29 日。道路交通事故认定书显示：被保险人孙某于 2020 年 4 月 8 日 1 时 52 分许，驾驶重型仓栅式半挂货车沿京港澳高速公路行驶时，因道路拥堵，与另一重型仓栅式半挂货车发生追尾碰撞，此事故造成孙某死亡。邢某向某保险公司河北分公司提出理赔申请，某保险公司河北分公司支付邢某保险金 16 万元，并将该款项打入邢某的银行账户中，邢某不同意某保险公司河北分公司的赔款数额，故起诉至法院。

另查明，孙某驾驶的车辆行驶证上登记的所有人为邯郸市某物流公司。邢某与孙某于 1995 年 4 月 27 日登记结婚。

原审法院认为，根据《中华人民共和国保险法》第五条"保险活动当事人行使权利、履行义务应当遵循诚实信用原则"、第十三条"投保人提出保险要求，经保险人同意承保，保险合同成立。保险人应当及时向投保人签发保险单或者其他保险凭证。保险单或者其他保险凭证应当载明当事人双方约定的合同内容。当事人也可以约定采用其他书面形式载明合同内容。依法成立的保险合同，自成立时生效。投保人和保险人可以对合同的效力约定附条件或者附期限"、第十四条"保险合同成立后,投保人按照约定交付保险费,保险人按照约定的时间开始承担保险责任"的规定,邢某作为投保人与某保险公司河北分公司订立保险合同,是双方的真实意思表示,且不违反法律、行政法规禁止性规定,该合同合法有效。双方对被保险人孙某意外身故及某保险公司河北分公司给付邢某保险金16万元的事实无争议,法院予以确认。依据庭审查明的事实,被保险人孙某驾驶车辆行驶证上登记的使用性质为货运,车辆登记所有人并非自然人,并不符合保险合同的交通工具意外身故和自驾车意外身故约定的情形,虽邢某诉称某保险公司河北分公司在投保时并未明确告知保险合同的具体条款,但是邢某提交的《保险合同》中显示双方约定的具体保险条款的内容,且对于某保险公司河北分公司提交的电话回访录音邢某未提交其他证据反驳,《最高人民法院关于适用〈中华人民共和国民事诉讼法〉的解释》第九十条"当事人对自己提出的诉讼请求所依据的事实或者反驳对方诉讼请求所依据的事实,应当提供证据加以证明,但法律另有规定的除外。在作出判决前,当事人未能提供证据或者证据不足以证明其事实主张的,由负有举证证明责任的当事人承担不利的后果"的规定,邢某对其主张应承担举证不能的后果。某保险公司河北分公司依照保险合同约定赔付邢某16万元保险金的理赔决定,符合合同约定和本案的事实。邢某的诉请无事实依据,与合同约定和法律规定不符,不予支持。综上所述,依照《中华人民共和国保险法》第五条、第十三条、第十四条,《最高人民法院关于适用〈中华人民共和国民事诉讼法〉的解释》第九十条的规定,判决:驳回原告邢某的诉讼请求。案件受理费11800元,减半收取计5900元,由邢某负担。

二审审理期间,某保险公司河北分公司提交武某工作证复印件及劳动合同复印件各一份,加盖有某保险公司河北分公司公章。邢某质证意见为,合同不是原件,合同上用工单位的公章不是某保险公司河北分公司,不能证明武某的代理人身份。

邢某、某保险公司河北分公司均认可双方之间签订的保险合同真实有效。

二审审理查明的其他事实与一审审理查明事实一致。

本院认为,根据邢某的上诉及某保险公司河北分公司的答辩,本案争议焦点为:一、原审审理程序是否违法;二、某保险公司河北分公司应赔付邢某的保险数额是多少。

焦点一，关于原审审理程序问题。本院认为，武某向本院提交的工作证、劳动合同虽然是复印件，但加盖有某保险公司河北分公司公章，结合授权委托书，本院认定武某具有本案某保险公司河北分公司诉讼代理人资格。在原审中，虽然武某未提交劳动合同，但其提供了授权委托书、工作证，可证实其员工身份，且在原审庭审中，某保险公司河北分公司另一委托诉讼代理人亦出席了庭审。故邢某认为一审程序违法，没有事实和法律依据，本院不予采信。

焦点二，关于某保险公司河北分公司应赔付邢某的保险数额问题。本院认为，邢某作为投保人与某保险公司河北分公司订立保险合同，是双方的真实意思表示，且不违反法律、行政法规禁止性规定，该合同合法有效，双方均应按照合同履行。本案中，邢某主张赔付80万元依据的是两全保险条款中的"交通工具意外身故或者高残保险金"条款和"自驾车意外身故或者高残保险金"条款。某保险公司河北分公司赔付邢某16万元保险金的依据是两全保险条款中"一般意外身故或者高残保险金"条款。被保险人孙某驾驶车辆行驶证上登记的使用性质为货运，且其为实际驾驶人，并非乘客，并不符合《保险合同》的交通工具意外身故和自驾车意外身故约定的情形。邢某称案涉保险条款属于格式条款，某保险公司河北分公司未尽到明确提示说明义务，根据《中华人民共和国保险法》第十七条规定，对保险合同中免除保险人责任的条款，保险人对投保人应尽到提示或明确说明的义务。本案中涉及的"交通工具意外身故或者高残保险金"条款、"自驾车意外身故或者高残保险金"条款和"一般意外身故或者高残保险金"条款均属于一般性保险条款，是双方对何种情况下对该情况进行如何赔偿的及保险公司承担何种责任的约定，并没有免除保险人的保险责任，非格式条款。虽邢某诉称某保险公司河北分公司在投保时并未明确告知保险合同的具体条款，但邢某称其在投保几个月后已收到保险合同，其对保险合同的条款应当是知晓的。故对其认为案涉保险条款属于格式条款，某保险公司河北分公司未尽到明确提示和告知义务的主张本院不予采信。某保险公司河北分公司依照保险合同约定赔付邢某16万元保险金的理赔决定，符合合同约定和本案的事实。

综上所述，邢某的上诉请求不能成立，应予驳回。一审判决认定事实清楚，适用法律正确，依法应予维持。本院依照《中华人民共和国民事诉讼法》第一百七十条第一款第一项规定，判决如下：

驳回上诉,维持原判。

二审案件受理费 11800 元,由上诉人邢某负担。

本判决为终审判决。

审判长　王某某

审判员　聂某某

审判员　郭　某

二〇二〇年十月二十七日

法官助理　张某某

书记员　赵某某

评·析

本案是一起典型的保险责任认定案件,一、二审中诉、辩双方的争议焦点主要有三个:一是保险责任条款属于一般性条款还是免责条款;二是保险人是否需要就保险责任条款向投保人尽到提示和明确说明义务;三是保险责任条款产生争议时,如何进行解释。

(一) 保险责任条款属于一般性条款,不属于免责条款

保险责任条款是保险合同中明确载明的保险事故发生后保险人如何给付保险金的具体条款。根据保险理论中保险责任与风险系数的关系,保险人为不同的保险事故发生情形设置了不同的保险责任,根源在于不同保险事故的发生概率大小有明显差异。具体到本案中,如被保险人遭受一般意外伤害身故的,保险人给付 2 倍基本保险金;如果被保险人在以乘客身份乘坐公共交通工具或以驾驶员身份驾驶私家车、公务车过程中遭受意外伤害身故的,保险人给付 10 倍基本保险金。该种保险责任设定的依据为:一般意外伤害事故范围广泛、发生概率高、风险系数大,故保额相对较低;而以乘客身份乘坐公共交通工具或以驾驶员身份驾驶私家车、公务车过程中遭受意外伤害的范围特定、发生的概率较低、风险系数较小,故保额相对较高。

保险合同中免除或减轻保险人责任的条款简称"免责条款",其本质是保险事故符合保险责任的前提下,由于某些特定事由出现,使得保险人赔偿或给

付保险金的责任完全或部分免除。也就是说，认定是否属于免责条款的前提是该条款属于应适用的保险责任条款。

根据上述分析，本案所涉及的"交通工具意外身故保险金"条款、"自驾车意外身故保险金"条款和"一般意外身故保险金"条款是双方对不同情况下对该情况如何进行赔偿的及保险人承担何种责任的具体约定，体现了保险责任与保险事故之间的特定关系，并没有免除保险人的保险责任，应属于一般保险责任条款，不属于免责条款。

（二）保险人是否需要就保险责任条款向投保人尽到提示和明确说明义务

《保险法》第十七条规定："订立保险合同，采用保险人提供的格式条款的，保险人向投保人提供的投保单应当附格式条款，保险人应当向投保人说明合同的内容。对保险合同中免除保险人责任的条款，保险人在订立合同时应当在投保单、保险单或者其他保险凭证上作出足以引起投保人注意的提示，并对该条款的内容以书面或者口头形式向投保人作出明确说明；未作提示或者明确说明的，该条款不产生效力。"依据该条规定可知，保险人采用其提供的格式条款订立保险合同时，对一般格式条款只需履行一般说明义务即可，只有对免责条款才需要履行提示和明确说明义务。

司法实践中存在一种观点，认为只要保险人主张依据某保险条款不承担保险责任，该条款就属于免责条款，进而需要保险人证明对该条款履行了提示和明确说明义务，否则该条款不发生效力。该种认识实际上是混淆了一般格式条款和免责条款的具体区别及法律的不同要求，是法律理解的误区。具体到本案中，争议的条款均属于一般保险责任条款，保险人履行一般说明义务后就发生效力，无须进一步履行提示和明确说明的义务。

（三）对保险责任条款产生争议时，应当先按照通常理解予以解释

我国《保险法》第三十条规定："采用保险人提供的格式条款订立的保险合同，保险人与投保人、被保险人或者受益人对合同条款有争议的，应当按照通常理解予以解释。对合同条款有两种以上解释的，人民法院或者仲裁机构应当作出有利于被保险人和受益人的解释。"该规定被称为"不利解释原则"。上述规定明确了条款解释的两个步骤，首先按照通常理解参照《合同法》第一百二十五条予以解释；如通常解释后仍有两种以上解释的，适用不利解释原则。

本案诉讼过程中，邢某主张被保险人孙某驾驶的货车属于私家车，保险人认为不属于私家车，此时应当先按照通常理解对"私家车"的概念予以解释。保险合同中对"私家车"定义为"指符合汽车分类国家标准（GB/T 3730.1—2001）中的乘用车定义，主要用于载运乘客及其随身行李或临时物品，包括驾驶员座位在内最多不超过 9 个座位，车主为自然人且登记的使用性质为非营业性运输（非营运）的汽车。上述汽车如从事以牟利为目的的旅客运输、货物运输行为，则不属于本合同定义的私家车范畴"。该定义对私家车的特征、用途、性质、排除范围等进行了解释，与社会大众对"私家车"的理解相符；邢某主张"私家车"是与"公家车"相对应的概念，孙某驾驶的货车属于其个人车辆，即属于"私家车"的范畴，这种解释过于强调当事人理解的主观性，显然不符合社会大众对"私家车"的通常认识。

由此可见，本案中适用通常解释就可以解决双方的理解争议，不再具备适用不利解释的条件。

（四）总结

本案中，人民法院对保险合同中的保险责任条款和免责条款之间的区别进行了准确认定，对双方当事人争议的保险条款依法进行准确解释，尊重了我国保险实务中的风险概率差异和商业逻辑；最终的审判结果兼顾程序正义和实质正义，对于指导日后相关案例具有积极意义。

短期健康险中保险产品停售，投保人要求续保能否获得支持

四川省青神县人民法院
(2020）川1425民初614号民事判决书

(2020年7月2日)

案·情

2017年6月，原告赵某为其本人投保了某保险公司（以下简称"保险公司"）某款定期防癌疾病保险产品，该保险产品保险期间为一年，期满可以自动续保。根据该保险合同条款第2.3条中约定"如您投保时选择自动续保，且经我们审核同意续保，我们将根据续保时被保险人的年龄按当时我们核定的费率计算并收取续保保险费，本合同自满期日的零时起延续有效一年"。2018年6月，该保险合同续保一年。2019年1月，因该产品的保费规模、销售件数均未满足中国银保监会规定的相应条件，保险公司按照中国银保监会的规定决定停售该产品，并向中国银保监会进行了报备后，于2019年4月以短信的形式通知了包括赵某在内的投保该保险产品的所有投保人。短信通知内容为：自2019年1月1日起，该产品不再销售，持有该产品的客户在保单期满后不再续保，效力终止。赵某不满保险公司对该产品的停售决定，认为该保险产品在投保人未理赔的情况下，应当自动续保至投保人85周岁。保险公司未接受赵某要求续保的请求，双方发生纠纷，赵某遂诉至法院。

判决书正文

原告：赵某，女，1976年12月17日出生，汉族，农民，住四川省青神县。

被告：某保险公司，住所地：深圳市福田区。

原告赵某与被告保险公司（以下简称某保险公司）健康保险合同纠纷一案，本院于2020年5月7日立案后，依法适用简易程序，公开开庭进行了审理。原告赵某及被告保险公司的委托诉讼代理人到庭参加诉讼。本案现已审理终结。

原告赵某向本院提出诉讼请求：1.请求判决被告保险公司履行合同义务，续保"某款定期防癌疾病保险"或赔偿损失；2.请求判决被告保险公司承担本案全部诉讼费。事实和理由：2017年6月17日，原告赵某与被告保险公司在"某保险APP"上签订合同购买了一份"某款定期防癌疾病保险"，合同于当日零时生效后，原告方严格全面履行了合同义务，并履行了无缝续保手续，该续保手续至本人85周岁有效。2018年6月17日满一年后，被告保险公司在确凿充分的证据面前，履行了续保义务，其保险延续至2019年6月17日后本应自动续保，2019年6月19日被告保险公司短信告诉原告，无故停了原告的保险，被告保险公司的行为违反了"本人未经赔偿情况下，该份保险自动续保即无缝续保至本人85周岁"的合同约定。依据合同约定原告有无缝续保的权利，原告要求无缝续保，被告保险公司有给原告无缝续保的合同义务，原告多次与被告保险公司交涉，被告保险公司却无理拒绝履行其合同义务，无奈之下，原告依法诉至法院。因被告保险公司出具的电子保险单里约定的争议解决方式属于无效格式条款，原告依法向原告常住地即合同签订地法院起诉。

被告保险公司辩称，一、被告根据中国银保监会监管文件要求停售涉案产品，不能接受原告的续保要求。《中国保监会关于强化人身保险产品监管工作的通知》（保监寿险〔2016〕199号）第四条第二款规定："对保险公司产品回溯工作中存在以下问题的，中国保监会将要求保险公司限期整改；逾期未整改的，将依法对保险公司采取约谈、通报、一定期限内禁止申报新的产品等监管措施：（一）保险公司未对年度累计规模保费收入少于100万元、且年度累计销售件数少于5000件的备案个人产品进行主动停售的，产品使用未满一年的除外",2019年1月,因被告《某款定期防癌疾病保险》保险产品销量未满足监管上述要求,被告决定停售该产品,并向中国银保监会进行了报备。同时,根据《中国银行保险监督管理委员会办公厅关于组织开展人身保险产品专项核查清理工作的通知》(银保监办发〔2018〕19号)附件1《人身保险产品开发设计负面清单》第五款产品申报使用管理第五十二条的要求:保险公司不得"通过业务展期方式变相销售已停售保险产品",因此,被告基于监管要求,不能接受原告的续保要求。二、根据涉案保险合同条款的约定,被告有权不予续保,且在保险期限终止前已通知原告该产品不再续保。根据《某款定期防癌疾病保险》保险合同条款第2.3条中约定"如您投保时选择自动续保,且经我们审核同意续保,我们将根据续保时被保险人的年龄按当时我们核定的费率计算并收取续保保险费,本合同自满期日的零时起延续有效一年"。因此,续保与否取决于被告审核的结果,被告有权不予续保。同时,被告在向中国银保监会进行产品停售报备后,在2019年4月即以短信的形式通知包括原告在内的投保涉案保险产品的所有投保人:自2019年1月1日起,该产品不再销售,持有该产品的客户在保单期满后不再续保,效力终止。综上所述,被告根据监管部门要求停售涉案产品,对于停售的涉案保险产品不能再接受原告续保要求,同时,被告根据合同约定有权利不予续保,请求法院依法判决,驳回原告全部诉讼请求。

本院经审理认定事实如下:2017年6月17日,原告赵某与被告保险公司在"某保险APP"上签订合同购买了一份《某款定期防癌疾病保险》,合同生效后,原告依合同约定履行了无缝续保手续,该无缝续保手续至本人85周岁有效。2018年6月17日满一年后,被告保险公司在原告交纳保费后履行了续保义务,其保险延续至2019年6月17日。2019年6月19日,被告保险公司短信告诉原告该保险不再续保。原告认为被告的行为违反了"本人未经赔偿情况下,该份保险自动续保即无缝续保至本人85周岁"的合同约定。原告要求继续无缝续保,被告予以拒绝。经多次协商无果,原告遂于2020年5月7日起诉来院。

上述事实,有原被告的陈述、某款定期防癌疾病保险订单详情、电子保险单、保险公司某款定期防癌疾病保险条款、某款定期防癌疾病保险投保说明书、某保险APP客服聊天、短信记录、《关于强化人身保险产品监管工作的通知》(保监寿险〔2016〕199号)、《中国银行保险监督管理委员会办公厅关于组织开展人身保险产品专项核查清理工作的通知》(银保监办发〔2018〕19号)、人身保险产品开发设计负面清单、人身保险公司产品自查情况表、《保险公司关于产品停售的报告》(保险公司发〔2019〕25号)及电子政务系统查询操作视频和截图、人身保险投保单、中国农业银行银行卡交易明细等证据证明,本院予以确认。

  本院认为,涉案保险公司某款定期防癌疾病保险条款第2.3条续保约定:"如您投保时选择自动续保,且经我们审核同意续保,我们将根据续保时被保险人的年龄按当时我们核定的费率计算并收取续保保险费,本合同自满期日的零时起延续有效一年"。因此,投保人能否续保取决于保险公司的审核结果,即使投保人交纳了保费,也并不当然能够续保。同时,该项保险产品在被告向中国银保监会进行产品停售报备并确定最终停售后,被告以短信等形式通知包括原告在内的所有投保人。其次,被告停售该款保险产品系依《关于强化人身保险产品监管工作的通知》(保监寿险〔2016〕199号)、《中国银行保险监督管理委员会办公厅关于组织开展人身保险产品专项核查清理工作的通知》(银保监办发〔2018〕19号)的要求而决定停售。根据《中华人民共和国合同法》第九十四条:"有下列情形之一的,当事人可以解除合同:(五)法律规定的其他情形"和《最高人民法院关于适用〈中华人民共和国保险法〉若干问题的解释(二)》第十条:"保险人将法律、行政法规中的禁止性规定情形作为保险合同免责条款的免责事由,保险人对该条款作出提示后,投保人、被保险人或者受益人以保险人未履行明确说明义务为由主张该条款不生效的,人民法院不予支持"、第十二条:"通过网络、电话等方式订立的保险合同,保险人以网页、音频、视频等形式对免除保险人责任条款予以提示和明确说明的,人民法院可以认定其履行了提示和明确说明义务",本案中,原告诉称被告出具的电子保险单里约定的争议解决方式属于无效格式条款及被告属无理拒绝履行合同义务等意见与审理中查明的事实不符,其要求续保的诉讼请求本院不予支持。原告请求的损失未提供充分证据,本院不予支持。

  综上所述,原告的诉讼请求不符合法律规定,本院不予支持。依照《中华人民共和国合同法》第九十四条,《最高人民法院关于适用〈中华人民共和国保险法〉若干问题的解释(二)》第十条、第十二条,《中华人民共和国民事诉讼法》第六十四条的规定，判决如下：

驳回原告赵某的诉讼请求。

案件受理费50元，减半收取计25元，由原告赵某负担。

如不服本判决，可以在判决书送达之日起十五日内，向本院递交上诉状，并按对方当事人的人数提出副本，上诉于四川省眉山市中级人民法院。

审判员　卿　某
二〇二〇年七月二日
书记员　郑某某

评·析

本案的争议焦点为对于此类一年期的保险产品，保险公司是否有权拒绝投保人的续保请求并不承担相应的赔偿责任。

（一）依合同履行原则

依法成立的合同，对合同双方当事人具有法律约束力，双方应当按照合同的约定履行。《中华人民共和国民法典》第四百六十五条规定"……依法成立的合同，仅对当事人具有法律约束力，但是法律另有规定的除外。"（《中华人民共和国合同法》（已废止）第八条规定"依法成立的合同，对当事人具有法律约束力。当事人应当按照约定履行自己的义务，不得擅自变更或者解除合同……"）合同的法律约束力体现在当事人不得擅自变更或解除合同，应按合同约定行使权利、履行义务，按诚实信用原则履行一定的合同以外的义务。按照涉案保险合同条款的约定："如您投保时选择自动续保，且经我们审核同意续保，我们将根据续保时被保险人的年龄按当时我们核定的费率计算并收取续保保险费，本合同自满期日的零时起延续有效一年"。根据这一条款的约定，投保人能否续保取决于保险公司的审核结果，即使投保人交纳了保费，也并不当然能够续保。在实务中，保险公司选择续保与否，会根据监管环境、销售状况等多方面的因素综合考量，往往并不会告知投保人是基于哪些因素而不予续保。而投保人一方，一方面是出于对保险公司提供保险保障的信赖心理，另一方面是对保险产品相关的停售政策等也并不了解，从而不理解、不接受保险公司停止续保的决定，导致投保人与保险公司产生争议乃至纠纷。在本案中，保险公司在保险合同条款中明确告知投保人，保险公司有权决定是否续保，这是双方当事人在合同中明确约定的，该约定对双方当事人具有法律约束力，在合同成立并生效后，双方应当按照合同的约定履行。

（二）法定解除

如合同一方欲解除合同，除双方协商一致解除、一方依据合同事先的约定解除外，还可以根据法律规定的情形行使解除权。《中华人民共和国民法典》第五百六十三条规定了依法解除的几种情形，包括"（五）法律规定的其他情形"（《中华人民共和国合同法》（已废止）第九十四条规定"有下列情形之一的，当事人可以解除合同：……（五）法律规定的其他情形"）。虽然法律规定了法定解除的情形，但是合同当事人在行使合同解除权过程中也应该尽可能保持诚信。本案中，保险公司依据《关于强化人身保险产品监管工作的通知》（保监寿险〔2016〕199号）、《中国银行保险监督管理委员会办公厅关于组织开展人身保险产品专项核查清理工作的通知》（银保监办发〔2018〕19号）等监管要求而决定停售该项保险产品，停售行为具有合理、合法依据。另外，保险公司在停售涉案的某款定期防癌疾病产品时，依据监管规定向中国银保监会进行了产品停售报备。在保险公司与投保人的保险合同中已约定是否接受续保需经保险公司审核的前提下，保险公司基于国家监管机构的要求停售相关保险产品，因而无法接受投保人的续保要求。保险公司不予续保并终止保险合同的决定符合法律的规定，亦属善意。

（三）通知等附随义务的履行

在合同订立、履行过程中或终止后，除了合同约定的给付义务外，往往还伴随一定的附随义务。一般来说，通知义务属于一种附随义务。除了通知义务外，其他常见的附随义务还包括订立合同前的说明、告知义务，合同履行过程中的保护、协助义务，以及合同终止后的保密义务等。《中华人民共和国民法典》第五百零九条规定"……当事人应当遵循诚信原则，根据合同的性质、目的和交易习惯履行通知、协助、保密等义务……"（《中华人民共和国合同法》（已废止）第六十条规定"……当事人应当遵循诚实信用原则，根据合同的性质、目的和交易习惯履行通知、协助、保密等义务"）。附随义务不一定都会在合同中进行明确约定，而是根据合同的性质、目的或依法律原则如诚实信用原则产生。虽然附随义务在合同中的地位不如给付义务占主导，其并非"给付"的范畴，也因此往往容易被合同当事人予以忽略，但附随义务的完全正确履行也是不容忽视的。附随义务并不一定期望某种特定结果出现，作为合同中诚实信用原则的体现，该义务往往更强调合同双方当事人的履行行为本身是否适当、诚信、正确，因此，附随义务的履行也会被纳入法律的评价范围内，违反附随义务也将产生相应的法律责任。

关于通知的附随义务的履行，在形式上，通知最好用书面形式，例如短信通知或通过 EMS 寄送书面通知等，这样更有利于在产生纠纷后进行举证和查清事实。另外，无论用何种书面形式，应以合同当事人在合同中约定的联系方式（例如电话、地址）等进行送达，如一方当事人告知其联系地址变更的，应以其变更后的联系方式进行送达。附随义务来源于诚信原则，因此，在通知的频次上，若发出通知一方未得到对方及时回复，基于诚实信用原则，可多次通知对方，以便最大程度上尽到己方义务，防止通知行为的履行出现瑕疵。同时，通知应当及时，如未及时进行通知的，也会造成通知行为本身或合同项下其他履约行为的瑕疵。

在本案中，保险公司在依法终止保险合同前，使用短信等书面形式按照原告的联系方式及时通知了投保人，已尽到了通知义务，使投保人有充分的时间去寻求其他的保险保障，从而保障了投保人的利益，完全正确履行了合同的附随义务，最终获得了法院的支持。

综上所述，本案中保险公司对该一年期保险产品的停售处理，无论是合同条款中的事先约定，还是相应的停售依据、监管报备再到对投保人的通知，都处理得较为规范，为案件胜诉打下了良好的基础，也为保险行业处理此类产品停售事宜提供了借鉴。

意外伤害险中未如实告知多家投保后合同可解除的认定

吉林省四平市中级人民法院
(2020)吉03民终1014号民事判决书

(2020年9月29日)

案·情

2018年9月26日家住吉林省四平市梨树县的范甲在某保险公司四平支公司投保《某人寿两全保险》《某人寿附加意外伤害保险》。基本保险金额为20万元，被保险人因交通工具意外身故保险金为10倍基本保险金额，身故受益人为范乙。

2019年9月21日，范甲驾驶机动车在梨树县发生交通事故，经抢救无效死亡。

事故发生后，身故受益人范乙申请理赔，要求某保险公司予以赔偿200万元。理赔调查过程中发现，因范甲投保时未如实履行告知多家投保的义务，遂作出《理赔决定书》（解除合同）。范乙不服，诉至梨树县人民法院。一审法院认为"保险合同成立有效，范甲因交通事故死亡，属于保险合同约定的保险事故，被告应按合同约定履行保险合同的理赔义务，给付原告保险金200万元"。后某保险公司上诉至四平市中级人民法院，二审法院认为，投保人范甲参与了投保流程并接受了某保险公司的询问，其未将多家投保的事实如实告知，有违诚实信用原则，其隐瞒行为足以影响某保险公司决定是否同意承保或者提高保险费率，因此某保险公司有权据此解除合同并拒付保险金，不退还保费。某保险公司作出的《理赔决定通知书》解除合同有效，驳回范乙的诉讼请求。

判决书正文

上诉人（原审被告）：某保险公司四平支公司。

被上诉人（原审原告）：范乙，女，1987年12月16日出生，汉族，住吉林省梨树县。

上诉人某保险公司四平支公司（以下简称某保险公司）因与被上诉人范乙人身保险合同纠纷一案，不服吉林省梨树县人民法院（2020）吉0322民初240号民事判决，向本院提起上诉。本院于2020年9月8日立案后，依法组成合议庭，公开进行了审理。上诉人某保险公司的委托诉讼代理人刘甲，被上诉人范某的委托诉讼代理人刘乙到庭参加诉讼。本案现已审理终结。

某保险公司四平支公司上诉请求：一、请求依法撤销（2020）吉0322民初240号民事判决；二、请求二审法院依法改判，驳回被上诉人各项诉讼请求；三、一、二审诉讼费由被上诉人承担。主要事实和理由是：一、原审法院，审判逻辑混乱，认定事实错误，法律适用错误，判决错误。1. 错误认定，投保人范甲与被告签订了人身保险合同。2. 错误认定，范甲交纳了保险费，应视为保险合同有效。3. 错误认为，交通事故死亡属于保险合同约定的保险事故。案涉保险合同约定的保险事故为"意外身故"，而非"交通事故死亡"。根据上诉人一审提交的证据证明"交通事故，不必然等于意外事件"。4. 错误认为，《人脸识别照片》和《电话回访录音》均不能客观地反映投保时被告是否履行了询问义务。5. 错误认为，因被告否认鉴定机构资质并拒不提供鉴材被退回，应推定案涉保险合同"范甲"的签字非本人形成。首先，《电话回访录音》范甲本人亲自确认"是本人签字"。其次，"某鉴定中心"因不具有电子数据鉴定资质而退回鉴定，一审法院未予在判决中如实表述，避重就轻，有意不如实、客观地反映本案全部事实，让社会对本案的鉴定程序产生错误的认识，有失公平、公正。再次，原审法院并未对"某鉴定中心"不具有电子数据鉴定资质能否开展鉴定工作进行认定。不具有鉴定资质，就不能开展鉴定工作，导致无法鉴定的法律后果及责任不在上诉人。上诉人多次要求鉴定人出庭接受质询，但未得到原审法院的同意。最后，电子签名，属于电子数据鉴定范围。2020年6月23日司法部发布施行的《声像资料司法鉴定执业分类规定》第十九条明确规定电子签名鉴定属于电子数据鉴定范畴。"某鉴定中心"虽有文书鉴定资质,但无电子数据鉴定资质。"某鉴定中心"认为本案的检材是《保险合同》中的《人身保险电子投保单》打印件。而该打印件就在被上诉人手中持有的《保险合同》原件里,何来上诉人拒不提供检材。二、本案"已询问、已告知"。互联网时代,电子合同广泛盛行的年代,表示了解、同意、确认的方式并非签字一种。订立保险合同时采用"电子签名+人脸识别"的确认技术,已是全国寿险行业普遍采用的行业通行做法。本起系列案件中,某某人寿(甲)、某某人寿(乙)、某某人寿(丙)均采用此种确认技术。本案结合《电话回访录音》足以证明订立保险合同时,已询问已告知。综上所述,上诉人认为,一审法院认定事实不清,适用法律错误,请求依法撤销发回重审或改判驳回被上诉人各项诉讼请求。

范乙辩称:一审法院事实认定清楚,适用法律正确。请二审法院驳回上诉人上诉请求,维持原判。

范乙向一审法院起诉请求:请求法院判令被告单方面解除合同无效并履行给付保险金200万元的义务。

一审法院认定事实:范甲与被告签订《某人寿两全保险》《某人寿附加意外伤害保险》保险合同,投保受益人为本案原告,两份合同保险金额均为10万元,合同均约定"若自本合同生效之日起180日后,被保险人发生自驾汽车、网络预约出租汽车、租赁车意外伤害事故,则我们按照被保险人身故或全残时本合同基本保险金额的10倍给付自驾汽车、网络预约出租车、租赁车意外身故或全残保险金,本合同效力终止"。2019年9月21日范甲驾驶机动车在某县发生交通事故,经抢救无效死亡。本案受理后,我院以投保人范甲可能涉嫌保险合同诈骗为由,将案件线索移送某县公安局,要求立案侦办,但某县公安局以没有证据证明范甲与其他人有共同犯罪行为为由未予立案。本案在审理过程中,原、被告均承认案涉保险合同有效。原告为否认某保险公司做出的《理赔决定书》(解除合同)的效力,诉称"投保单"上的"范甲"签字并非本人形成,并申请司法鉴定,意在证明某保险公司没有履行在合同签订时的询问义务,四平中院选定的鉴定机构为某鉴定中心,该中心接受委托后以"被申请方拒绝提供本案相关鉴定检验材料"为由,终止鉴定。被告以某鉴定机构不具备电子数据鉴定资质为辩解，拒绝提供鉴材，并称通过对范甲本人的《电话回访录音》中本案能够确认为范甲本人在投保单上签字，本案没有鉴定的必要。为确认范甲在投保单上签字的真实性，被告向本院提供了投保人在投保时的《人脸识别照片》和投保后的《电话回访录音》，意在证明范甲本人参与并完成了投保过程和自认本人签字。原告质证称两份证据均不能证实投保时，被告已经履行了询问义务。

一审法院认为，投保人范甲与被告签订了两份人身保险合同，虽然原告否认投保人在投保单上的签字，但范甲已经交纳了保险费，应视为保险合同成立有效。范甲因交通事故死亡，属于保险合同约定的保险事故，被告应按合同约定履行保险合同的理赔义务，原告请求被告给付保险金200万元的诉讼请求，应予支持。依照《中华人民共和国保险法》第十六条、《最高人民法院关于适用〈中华人民共和国保险法〉若干问题的解释（二）》第六条之规定，说明投保人的如实告知义务应以保险人询问为前提。在原被告双方订立案涉保险合同时，确定被告是否向范甲履行了询问义务，是判定范甲应否履行如实告知义务的基础，也决定着被告做出理赔决定书的效力。本案原告方否认范甲在投保单上的签字，被告提供的《人脸识别照片》和《电话回访录音》均不能客观地反映投保时，被告是否履行了询问义务。本案诉讼中原告申请对案涉保险合同"范甲"签字是否为本人形成进行司法鉴定，因被告否认鉴定机构资质并拒绝提供检材被退回，应推定案涉保险合同"范甲"的签字并非本人形成。因被告提供的格式条款与范甲订立的保险合同并非投保人本人签字，且又不能以其他方式举证证明自己已经履行了对投保人的询问义务，故应认定被告没有履行投保时的询问义务，被告以范甲没有履行如实告知多家投保为由，单方解除合同缺乏事实依据。原审法院对被告单方解除保险合同的效力，不予采纳。遂判决：一、被告某保险公司做出的《理赔决定通知书》（赔案号××）无效。二、被告某保险公司于判决生效后10日内一次性给付原告范乙《某人寿两全保险》《某人寿附加意外伤害保险》保险理赔金200万元。案件受理费11400元，由被告某保险公司负担。

本院二审期间，当事人没有提交新证据。本院对一审查明的相关事实予以确认。

本院认为，案涉人身保险合同已实际履行，并未违反法律法规的强制性规定，合法有效。根据《中华人民共和国保险法》第十七条第一款"订立保险合同，保险人应当向投保人说明保险合同的条款内容，并可以就保险标的或者被保险人的有关情况提出询问，投保人应当如实告知"的规定，本案的争议焦点是保险人是否向投保人尽到明确说明义务并对有关情况提出询问，以及投保人是否尽到了如实告知义务。而本案的特殊性在于案涉保险合同是以互联网为载体订立的，保险条款、保险单等合同资料均是以网页这一数据电文的形式呈现。互联网投保作为新兴的保险营销模式，与柜面投保等传统保险销售模式在保险合同的订立流程和形式上存在显著差异，但是双方仍应秉持最大诚信原则，按照法律规定履行各自的明确说明义务和如实告知义务。《最高人民法院关于适用〈中华人民共和国保险法〉若干问题的解释（二）》第十二条规定"通过网络、电话等方式订立的保险合同，保险人以网页、音频、视频等形式对免除保险人责任条款予以提示和明确说明的，人民法院可以认定其履行了提示和明确说明义务"，据此，上诉人某保险公司已通过在网上投保流程中设定相应的提示页面，以及限制投保人的流程操作的方式对合同条款加以明确说明并进行了相关询问，应认定某保险公司已履行了提示、明确说明义务及询问义务；虽然被上诉人范乙否认投保单上的签字是投保人本人所签，并申请司法鉴定，鉴定机构以某保险公司不提供鉴材为由退回鉴定，但根据《最高人民法院关于民事诉讼证据的若干规定》第二十五条第二款"对需要鉴定的事项负有举证责任的当事人，在人民法院指定的期限内无正当理由不提出鉴定申请或者不预交鉴定费用或者拒不提供相关材料，致使对案件争议的事实无法通过鉴定结论予以认定的，应当对该事实承担举证不能的法律后果"的规定，对需要鉴定的事项负有举证责任的当事人为申请人范乙而非某保险公司，故一审法院认定由某保险公司承担举证不能的法律后果进而推定案涉保险合同"范甲"的签字并非本人形成不妥，应予以纠正；关于范乙所称投保单上的签字不是投保人本人所签的主张没有证据支持，不能得到采信；因此，投保人在投保单上的签字结合其在投保时的《人脸识别照片》，足以证明投保人范甲参与了投保流程并接受了某保险公司的询问，其未将多家投保的事实如实告知，有违诚实信用原则，其隐瞒行为足以影响某保险公司决定是否同意承保或者提高保险费率，因此某保险公司有权据此解除合同并拒付保险金，不退还保费。某保险公司做出的《理赔决定通知书》解除合同有效，范乙要求确认某保险公司单方面解除合同无效并履行给付保险金200万元的诉讼请求，缺乏法律依据，不应予以支持。

综上所述，某保险公司的上诉请求成立，予以支持；一审判决认定事实清楚，但适用法律错误，应予纠正。依照《中华人民共和国保险法》第十七条第一款、《最高人民法院关于适用〈中华人民共和国保险法〉若干问题的解释（二）》第十二条、《最高人民法院关于民事诉讼证据的若干规定》第二十五条第二款、《中华人民共和国民事诉讼法》第一百七十条第一款第二项规定，判决如下：

一、撤销吉林省梨树县人民法院（2020）吉0322民初240号民事判决；

二、某保险公司做出的《理赔决定通知书》解除合同有效；

三、驳回范乙的其他诉讼请求。

一审案件受理费11400元，由范某负担；二审案件受理费22800元，由范乙负担。

本判决为终审判决。

审判长　任　某
审判员　谭某某
审判员　孙　某
二〇二〇年九月二十九日
法官助理　孙　某
书记员　莫　某

评·析

本案最具争议的焦点在于：投保人未告知多家投保，保险人是否享有合同解除权？

那么，我们应当如何看待"未如实告知多家投保，是否享有合同解除权"这一问题，就要从保险的本质及设计的目的来探究答案。

第一，保险是最大诚信合同。

《保险法》第五条规定"保险活动当事人行使权利、履行义务应当遵循诚实信用原则"。合同追求的是双方的最大诚信制度。保险活动中，保险人以最大诚信原则为基本原则，相信所有的投保人均是诚信的。作为投保人应当在保险活动中同样要信守最大诚信原则，面对保险人的询问事项应当全面、翔实地告知，以让保险人做出正确的核保动作，做出准确、真实的是否同意承保的意思表示。

《保险法》第十六条第一款规定"订立保险合同，保险人就保险标的或者被保险人的有关情况提出询问的，投保人应当如实告知"。这是最大诚信原则在保险法中的重要体现，通常来说，投保人需要告知与保险标的相关的"重要事实"，即为足以影响保险人决定是否同意承保或者提高保险费率的事实。以人身险为例，投保人的告知事项主要包括健康告知、财务告知、同业投保告知、职业告知等方面的内容，当然保险产品不同告知事项也可能存在差异。

第二，保险是一种风险分散机制。

人人为我，我为人人，这是保险制度创建的初衷及内涵。保险活动中，当保险人面对投保人欲转移过来的风险时，决定是否承接这一转移过来的风险所做出的决策依据就是投保人的告知内容。作为投保人理应对被保险人的情况掌握得是最全面、翔实的，保险人不可能在订立保险合同时对每一个被保险人开展生存调查，这样不仅提高了投保人的投保成本，也大大降低了承保效率，而且这种做法也无法全面、客观、准确、翔实地掌握被保险人的各方面真实信息。所以，订立合同时投保人告知的信息是否属实，将直接影响保险人是否同意承保或提高保费费率，将直接影响保险人与投保人双方之间风险分散法律关系的形成与否。

第三，保险是一种商业行为。

商事活动，赋予了商事交易主体之间相互的充分的意思自治。《保险法》第十三条也明确规定保险人与投保人各自的法定的交易自主权。即投保人提出保险要求，保险人同意承保，保险合同成立。作为具有商业属性的人身保险，是保险人与投保人各方的真实意思表示达成一致后的一种法律行为，而非单方法律行为。因此，对于投保人提出的保险要求，保险人是否同意承保，将是影响商事合同法律关系是否成立的关键。保险人有权决定与谁交易或不与谁交易，有权考虑如何交易，考虑交易价格。作为平等的商事主体，任何一方均不得将自己的意愿强行施加给另外一方。

第四，保险是一种保障制度。

虽然保险与博彩都具有射幸合同的属性，但两者间却有着极大的差别。保险追求的是保障，而赌博追求的是利益最大化；保险满足的是对某种安全的需要，而赌博满足的是置安全于不顾的贸然一搏；保险不希望结果的发生，而赌博却积极追求结果的发生；保险是持续长期的交费；而赌博则是倾其所有一次性投入。所以，一意孤行、孤注一掷的赌博式的投保行为将使保险本身存在重大的逆向选择。而排除逆向选择，是保险人核保的首要工作，也是保证保险人持续稳健经营的重中之重。商业保险公司作为商事主体，只有确保持续经营才能研发更好的保险产品提供给社会；才会有充足的偿付能力；才能使保险行业健康、良性发展；才会给被保险人提供更充足、更全面的保障。

而对于多家投保案件中，投保人追求的是高保障、高保额，自然就会造成高保费。而这样的投保行为将考验着投保人持续交费、持续支付高额保费的财务能力。那些"化整为零"的多家投保案件，投保人将巨额保单分散为多个小额保单，这种投保行为通常也是在有意地规避保险人全面体检、生存调查，这不免让人对其投保的动机产生合理怀疑。

另外，目前我国人寿保险公司所采用的核保规则中对于投保人的年收入与累计年交保费以及累计保额均有一定比例限制，如果突破这一比例限制进行投保，保险人一定会对投保人及被保险人进行全面的生存调查，进而确认投保人、被保险人真实的投保目的。这也充分体现出人寿保险行业对于保险合同订立时排除投保人"逆向选择"这一道德风险以及自身经营风险的审慎之处。

《保险法》第十六条第二款、第四款分别规定："投保人故意或者因重大过失未履行前款规定的如实告知义务，足以影响保险人决定是否同意承保或者提高保险费率的，保险人有权解除合同"。"投保人故意不履行如实告知义务的，保险人对于解除合同前发生的保险事故，不承担赔偿或者给付保险金的责任，并不退还保险费"。

基于以上分析，法院做出了"其未将多家投保的事实如实告知，有违诚实信用原则，其隐瞒行为足以影响某保险公司决定是否同意承保或者提高保险费率，因此某保险公司有权据此解除合同并拒付保险金，不退还保费"的判决。

意外伤害保险中按伤残等级对应比例赔付不属于免责条款

北京市第一中级人民法院
(2020) 京 01 民终 8525 号民事判决书

(2020 年 12 月 22 日)

案·情

2018 年 11 月 17 日，殷甲（投保人、主被保险人）与某保险公司签订宜家宝保险合同一份，殷甲之父殷乙为连带被保险人，保险条款约定，被保险人遭受意外伤害并自意外伤害发生之日起 180 日内，因该意外伤害导致《人身保险伤残评定标准及代码》所列伤残程度之一的，保险公司按《人身保险伤残评定标准及代码》伤残程度等级相对应的给付比例计算并给付意外伤害残疾保险金。

2019 年 5 月 19 日，殷乙因干农活时被电锯割伤右手拇指入院治疗，经鉴定构成九级伤残。某保险公司按照九级伤残对应的给付比例（20%）计算并支付意外伤害残疾保险金 1 万元（5 万元×20%），殷乙认为保险金不应乘以伤残等级对应的给付比例，遂向人民法院提起诉讼。

判决书正文

上诉人（原审原告）：殷乙，男，1951 年 12 月 5 日出生，汉族，住所地辽宁省大连市。

被上诉人（原审被告）：某保险公司，住所地北京市延庆区。

被上诉人（原审被告）：某保险公司大连分公司，营业场所辽宁省大连市。

上诉人殷乙因与被上诉人某保险公司、某保险公司大连分公司意外伤害保险合同纠纷一案，不服北京市延庆区人民法院（2020）京0119民初3585号民事判决，向本院提起上诉。本院于2020年11月22日立案后，依法组成合议庭，因符合《中华人民共和国民事诉讼法》第一百六十九条之规定，本院经过阅卷、调查和询问当事人，不开庭进行了审理。本案现已审理终结。

殷乙上诉请求：撤销一审法院判决，依法改判支持殷乙一审诉讼请求或发回重审。事实与理由：一审法院将涉案保险条款第五条第三款关于按伤残程度等级相对应的给付比例计算并给付意外伤害残疾保险金的约定认定为"不属于"免除保险人责任的条款错误。第一，本案意外伤害险是人身保险，保险标的是人的生命和身体，而人的生命和身体的价值不能用金钱来衡量，故对涉案保险只要求有无可保利益，本案中不存在保险价值和实际损失，上述术语仅存在于财产保险中。在人身保险中，保险利益只是订立保险合同的前提条件，并不是维持保险合同效力及保险人给付保险金的条件。因此，一审法院对条款中"比例赔付或者给付"的理解违反了人身保险基本常识，也违反了《中华人民共和国保险法》（以下简称《保险法》）第五十五条的规定。第二，本案按照约定伤残保险金额定额5万元，属于人身保险的性质。涉案保险合同中并无发生保险事故按照实际损失乘以保险金额与保险价值的比例承担保险责任的约定，更无关于实际损失如何确定、保险标的价值是多少的约定。所以，涉案意外伤害险关于意外伤残的保险金额5万元，按照保险条款第五条第三款的约定很显然是减轻保险公司保险责任的条款，根据《最高人民法院关于适用若干问题的解释（二）》（以下简称保险法解释（二））第九条的规定，该条款是免除保险人责任条款，且该条款约定不明，该条款也未按照《保险法》第十七条的规定在投保单、保险单或其他保险凭证上做出足以引起投保人注意的提示，并对该条款的内容以书面或口头形式向投保人做出明确说明，所以，该条款不发生效力，某保险公司、某保险公司大连分公司依法应赔付伤残保险金5万元。

某保险公司、某保险公司大连分公司辩称，同意一审法院判决，不同意殷乙的上诉请求和理由。

殷乙向一审法院起诉请求：1. 判令某保险公司赔偿殷乙意外伤残保险金40000元；2. 要求某保险公司大连分公司对某保险公司的赔偿承担连带责任。

一审法院认定事实：

一、2018年11月17日，殷甲（投保人、主被保险人）与某保险公司签订宜家宝保险合同一份，殷甲之父殷乙为连带被保险人，保险期间为2018年11月18日至2019年11月17日，交费方式为一次交清，保险费为200元；保险责任中意外伤害残疾保险金的保险金额为10万元；殷甲已交清保险费。

保险合同附带某保险公司《×款意外伤害保险利益条款》（以下简称"保险条款"）载明，除第二条、第三条、第五条第五款以外的关于"被保险人"的规定同时适用于"连带被保险人"。

保险条款第三条第三款约定，每位连带被保险人的意外伤害残疾保险金额＝本合同意外伤害残疾保险金额×50%÷连带被保险人人数；保险条款第五条第三款约定，被保险人遭受意外伤害并自意外伤害发生之日起180日内，因该意外伤害导致《人身保险伤残评定标准及代码》（详见释义）所列伤残程度之一的，本公司按《人身保险伤残评定标准及代码》伤残程度等级相对应的给付比例计算并给付意外伤害残疾保险金：意外伤害残疾保险金＝该被保险人的意外伤害残疾保险金额×伤残程度等级相对应的给付比例×职业给付系数。

二、2019年5月19日，殷乙因干农活时被电锯割伤右手拇指，在瓦房店市中心医院住院治疗3天。2019年11月11日，某保险公司大连分公司委托的司法鉴定中心出具的鉴定意见书载明殷乙伤残程度已构成九级伤残。某保险公司大连分公司已向殷乙支付意外伤害残疾保险金1万元。

一审法院认为，殷甲与某保险公司签订的保险合同系双方当事人的真实意思表示，未违反法律、行政法规的强制性规定，应为合法有效，双方均应按照合同约定履行义务、享受权利。殷乙作为连带被保险人，在保险期间右手拇指受伤，确系意外伤害且构成九级伤残。

本案的争议焦点为涉案保险条款中，第五条第三款关于按伤残程度等级相对应的给付比例计算并给付意外伤害残疾保险金的约定是否属于《保险法》第十七条第二款规定的"免除保险人责任的条款"。对此，法院认为上述条款不属于"免除保险人责任的条款"。理由如下：保险法解释（二）第九条第一款规定，保险人提供的格式合同文本中的责任免除条款、免赔额、免赔率、比例赔付或者给付等免除或者减轻保险人责任的条款,可以认定为《保险法》第十七条第二款规定的"免除保险人责任的条款"。而上述规定中所述的"比例赔付或者给付"应当是指保险公司不按实际损失的全额承担赔偿责任,而是按照实际损失乘以保险金额与保险价值的比例承担赔偿责任,属于在确定的损失范围内减免保险人责任的情形。《保险法》第十一条第一款规定"订立保险合同,应当协商一致,遵循公平原则确定各方的权利和义务",即保险合同的订立应兼顾投保人与保险人的利益,合理分担各方的权利义务。关于被保险人因意外伤害造成不同程度的伤残,由保险人进行不同额度赔付的约定,是基于伤残轻重而确定保险金给付金额的赔偿标准或者计算方式约定,是保险合同公平原则的体现。该条款并未排除投保人、被保险人或者受益人依法应享有的权利,亦未在某保险公司承担保险责任的范围内减轻或排除其应当承担的风险与损失,故该条款内容不属于保险法解释(二)第九条规定的"比例赔付或者给付",即不应当认定为"免除保险人责任的条款"。因此,某保险公司已经履行了保险合同义务,殷乙的诉讼请求于法无据,法院不予支持。

综上所述,依照《中华人民共和国保险法》第十一条、第十七条第二款,《最高人民法院关于适用若干问题的解释(二)》第九条之规定,判决:驳回殷乙的诉讼请求。

二审中,当事人没有提交新证据。本院经审理查明,一审法院查明的事实属实,本院予以确认。

本院认为,殷甲与某保险公司签订的保险合同系双方当事人真实意思表示且内容未违反国家法律、行政法规的禁止性规定,应确认有效。

本案的争议焦点为涉案保险条款第五条第三款的约定是否属于《保险法》第十七条第二款规定的"免除保险人责任的条款"。对此,本院认为上述约定条款不属于《保险法》第十七条第二款规定的"免除保险人责任的条款"。理由如下:保险的功能是在于各个不同的投保人通过向保险人自愿支付保险费,在发生特定风险需要补偿时得到经济上的补偿,从而分散并消化风险。《保险法》第十一条第一款规定"订立保险合同,应当协商一致,遵循公平原则确定各方的权利和义务",根据该条规定可知,保险合同的订立应兼顾投保人与保险人的利益,合理分担各方的权利义务。人身意外伤害保险合同中,关于被保险人因意外伤害造成不同程度的伤残,由保险人进行不同额度赔付的约定,即为保险合同公平原则的体现。

《保险法》第十七条第二款规定，对保险合同中免除保险人责任的条款，保险人在订立合同时应当在投保单、保险单或者其他保险凭证上作出足以引起投保人注意的提示，并对该条款的内容以书面或者口头形式向投保人作出明确说明；未做提示或者明确说明的，该条款不产生效力。保险法解释（二）第九条规定，保险人提供的格式合同文本中的责任免除条款、免赔额、免赔率、比例赔付或者给付等免除或者减轻保险人责任的条款，可以认定为《保险法》第十七条第二款规定的"免除保险人责任的条款"。而上述规定中所述的"比例赔付或者给付"应当是指保险公司不按实际损失的全额承担赔偿责任，而是按照实际损失乘以保险金额与保险价值的比例承担赔偿责任，属于在确定的损失范围内减免保险人责任的情形。本案中，保险条款第五条第三款约定是将被保险人伤残程度的重与轻和保险人给付保险金的多与少相对应，是给付伤残保险金的条件及相应的保险金计算方式，是某保险公司的保险责任，并未排除投保人、被保险人或者受益人依法应享有的权利，亦未在某保险公司承担保险责任的范围内减轻或排除其应当承担的风险与损失，故该条款的约定内容不属于保险法解释（二）第九条规定的"比例赔付或者给付"，不应当认定为免除保险人责任的条款。因此，殷乙的上诉理由于法无据，本院不予支持。

综上所述，殷乙的上诉请求不能成立，应予驳回；一审判决认定事实清楚，适用法律正确，应予维持。依照《中华人民共和国民事诉讼法》第一百七十条第一款第一项规定，判决如下：

驳回上诉，维持原判。

二审案件受理费800元，由殷乙负担（已交纳）。

本判决为终审判决。

审判长　白　某
审判员　李　某
审判员　李某某
二〇二〇年十二月二十二日
法官助理　吴某某
书记员　刘某某

评·析

实务中，被保险人或者受益人往往以免责条款无效或者未向投保人履行明确说明义务为由，主张免责条款不产生法律效力，要求保险人赔偿或者给付保险金，免责条款范围的认定也成为保险纠纷当事人之间争执的焦点和影响司法尺度统一的难点。保险实践中，意外险产品和包括意外责任的保险产品通常按照伤残程度等级相对应的给付比例计算并给付保险金，相关约定是否属于保险法司法解释（二）第九条规定的需要提示及明确说明的"比例赔付"条款，司法机关裁判尺度不一，对于该问题，本文尝试从保险责任范围条款与免责条款关系、人身保险伤残等级评定标准与保险金给付比例行业实践、按照伤残等级对应比例给付保险金的司法实践等三方面进行探究，浅析如下。

一、保险责任范围条款与免责条款关系

《保险法》第十七条第二款规定："对保险合同中免除保险人责任的条款，保险人在订立合同时应当在投保单、保险单或者其他保险凭证上作出足以引起投保人注意的提示，并对该条款的内容以书面或者口头形式向投保人作出明确说明；未作提示或者明确说明的，该条款不产生效力。"保险法司法解释（二）第九条第一款规定："保险人提供的格式合同文本中的责任免除条款、免赔额、免赔率、比例赔付或者给付等免除或者减轻保险人责任的条款，可以认定为保险法第十七条第二款规定的'免除保险人责任的条款'"。按照全国人大法工委对《保险法》第十七条规定的释义，"保险人责任免除条款，是指保险合同中载明的保险人不负赔偿或者给付保险金责任的范围的条款。"最高人民法院对保险法司法解释（二）第九条的理解与适用也认为，"免除保险人责任条款是免除保险人应当承担的保险义务的条款"，所以"免责，应以当事人承担责任为前提……免除保险人责任条款，应以保险人需要承担保险责任为条件，只有先确定保险人承担责任的范围才能在该范围内确定免除的部分，故应当明确保险人责任范围的条款与免除保险人责任的条款的区别，不能将确定保险人责任范围的条款视为免除保险人责任的条款"。

保险法司法解释（二）中的"比例赔付"是指保险公司不按实际损失的全额承担赔偿责任，而是按照保险金额与保险价值的比例承担赔偿保险金的责任；而按照伤残等级对应比例给付保险金的做法并不属于该种情形，其是

建立在保险精算及伤残评定科学依据之上、综合考量了保费厘定、出险概率、保险公司偿付能力、消费者伤残权益保护等因素的经验之选,旨在最大限度平衡消费者与保险公司的权益。若将该做法所涉标准和比例认定为免责条款,那么免除保险人责任的条款范围将被无限制扩大,将会导致该类型保险合同的被保险人伤残程度无论轻重均得到等额赔偿,既违反了《保险法》第十一条规定的公平原则,也违背了保险行业规律,不利于保险业的健康和可持续发展。

二、人身保险伤残等级评定标准与保险金给付比例行业实践

目前,我国保险机构普遍采用的标准是行业和监管机构基于行业实践科学制定的,相关标准的普遍适用是落实监管要求及保护消费者权益的必然性选择,从标准制定主体、保险机构被监管的地位、标准价值取向等方面来看,依据标准给付保险金的约定并不属于减免保险公司责任的条款。

(一)旧残标的发布与适用

1998年7月,中国人民银行发布《关于下发〈人身保险残疾程度与保险金给付比例表〉的通知》(银发〔1998〕322号),正式发布《人身保险残疾程度与保险金给付比例表》("旧残标"),旧残标共设7级34项伤残赔偿项目,旨在"规范保险公司人身保险残疾程度的核定,便于产品开发,有利于费率测算",并要求:

1. 自通知下发之日起,各保险公司新报备的险种条款中对残疾程度的定义及保险金给付比例必须按照《人身保险残疾程度与保险金给付比例表》执行。

2. 自1999年7月1日起,所有新签单业务条款中对残疾程度的定义及保险金给付比例必须按照《人身保险残疾程度与保险金给付比例表》执行。

1999年12月,原中国保险监督管理委员会下发《关于继续使用〈人身保险残疾程度与保险金给付比例表〉的通知》(保监发〔1999〕237号,以下简称"237号文"),要求各保险公司报备的险种条款与新签单业务条款中对残疾程度的定义及保险金给付比例仍继续按照《人身保险残疾程度与保险金给付比例表》执行。

(二)新旧残标过渡

随着我国经济的快速发展和保险业服务覆盖面的不断扩大,特别是《道

路交通事故受伤人员伤残评定》和《劳动能力鉴定——职工工伤与职业病致残等级分级》先后发布，旧残标已不能适应行业发展和消费者的现实需求，迫切需要根据实际情况修改完善相关制度，对保险条款约定伤残程度的定义及对应保险金给付比例进行规范。"为进一步规范人身保险合同对伤残程度与保险金给付比例的约定，更好地保护投保人和被保险人利益"，2013年6月，原中国保险监督管理委员会下发《关于人身保险伤残程度与保险金给付比例有关事项的通知》（保监发〔2013〕46号，以下简称"46号文"），明确：

1. 保险责任涉及伤残给付的人身保险合同应在保险条款中明确约定伤残程度的定义及对应保险金给付比例。保险公司应科学划分伤残程度，公平设定保险金给付比例。

2. 中国保险行业协会应加强对相关技术标准的基础研究工作，研究制定伤残程度评定与保险金给付比例标准，供保险公司使用。行业协会应请相关专业组织或专业鉴定机构对行业标准进行论证，并将论证结果向社会公示。行业协会应根据实际情况建立科学调整机制。

3. 废止237号文。

（三）新残标发布与适用

按照原中国保监会46号文的要求，中国保险行业协会联合中国法医学会于2013年6月8日共同发布了《人身保险伤残评定标准》，在此基础之上，原中国保险监督管理委员会于2014年1月下发《关于发布〈人身保险伤残评定标准及代码〉行业标准的通知》（保监发〔2014〕6号，以下简称"6号文"），自此，《人身保险伤残评定标准及代码》（标准编号为JR/T 0083—2013，即"新残标"）通过监管机关确认的方式正式成为商业保险意外险领域伤残保险金给付的新行业标准。

1. 新残标制定目的和主体：为全面、系统、规范、详细地评定由于意外伤害因素引起的伤残程度，确定意外险产品或包括意外责任的保险产品中伤残程度的评定等级以及保险金给付比例，改善保险公司理赔实务的可操作性和准确性，提高行业理赔管理的规范化水平，全国金融标准化技术委员会保险分技术委员会制定了新残标，各保险机构需"遵照执行"。

2. 新残标制定内容及依据：新残标对功能和残疾进行了分类和分级，设置 8 大类功能、10 个伤残程度等级（保险伤残程度分为 1 至 10 级，对应的保险金给付比例分为 100% 至 10%，每级相差 10%），共 281 项人身保险伤残条目。新残标的制定严格遵循了科学性、兼容性和严谨性三项原则，以扩大原标准的残疾项目覆盖范围、提高消费者保障程度为方向，参考了国内重要的伤残评定标准，如《劳动能力鉴定，职工工伤与职业病致残等级》《道路交通事故受伤人员伤残评定》等，符合国内相关的残疾政策，同时参考了国际上其他国家地区的伤残分级原则和标准，科学引入了世界卫生组织颁布的《国际功能、残疾和健康分类标准》（简称 ICF），采用基于 ICF 的功能和残疾的理论架构，对新残标的残情条目作了国际公认的分类与分级，使得新残标在残情表述的完整性和系统性方面获得了质的飞跃，符合国际残疾评定系统的发展趋势。

3. 新残标对于保险业的作用：作为商业保险领域人身保险伤残评定标准的行业标准，新残标的发布和推广是国内意外伤害保险产品发展进程中的一次重要改革和创新，对国内意外险市场的持续、健康发展具有重要现实意义。一是有利于进一步增加保险行业意外险产品的保障功能，扩大意外伤残保障范围，切实提升保险消费者的保障权益和满意度；二是有利于在一定程度上减少保险业的行业标准因与国家相关标准之间的差异而产生的不必要的纠纷与争议；三是有利于进一步提升保险行业意外险伤残理赔管理的规范性和标准化水平，为未来保险业意外险数据的规范、收集和分析提供基础，推动意外险经营与管理的全面升级。

三、按照伤残等级对应比例给付保险金的司法实践

关于按伤残程度等级相对应的给付比例计算并给付意外伤害残疾保险金的约定是否属于《保险法》第十七条第二款规定的"免除保险人责任的条款"的问题，司法实践中存在争议，部分法官倾向于直接援引《保险法》第十七条第二款及保险法司法解释（二）第九条的规定，认定属于免除保险人责任的条款，保险人如未作出足以引起投保人注意的提示并明确说明的，该条款不产生效力，不同于前述直接援引《保险法》第十七条第二款直接进行肯定性认定的做法，实践中亦有诸多法院以指引文件和实际判例的形式坚持不同的观点。

（一）指引文件方面

实践中，包括山东省高级人民法院在内的多家法院以保险纠纷疑难问题解

答等形式发布过审判指引性文件，相关文件坚持：保险合同中按照伤残等级比例赔付保险金的约定系关于保险人保险范围和赔付标准的约定，兼顾被保险人利益的同时合理分担了各方权利义务，并未在保险人承担保险责任的范围内减轻或者排除其应当承担的风险和赔偿责任，不应当认定为《保险法》第十七条第二款规定的"免除保险人责任的条款"。

（二）判例方面

实践中，包括本文示例案例在内的诸多判例从不同的视角探究伤残等级对应比例赔付条款的性质（例如：江苏高院（2019）苏民申 1911 号判决、山东高院（2020）鲁民申 9237 号判决、河南高院（2020）豫 10 民终 543 号、(2019) 豫民申 8752 号判决等），认为该约定属于确定保险责任范围的条款，并非"免除保险人责任的条款"，该类观点主要考量的因素包括以下方面：

1. 保险免责条款须以保险人需要承担责任为前提，如无须承担责任，则不存在免除一说，而判断保险人是否需要承担责任的前提是确定保险人承担责任的范围，而按照伤残等级对应比例进行赔付的约定正是在明确保险人承担保险责任的范围和保险金给付标准，而非免除保险人的责任。

2. 按照伤残程度等级相对应的给付比例支付保险金的目的在于根据被保险人伤情轻重，在保额范围内实现区别赔付，以体现意外伤害保险的保障覆盖功能，该约定在兼顾被保险人利益的同时，又合理确定各方权利义务，并未限制或损害被保险人的利益，符合保险损失赔偿原则，未在保险人承担保险责任的范围内减轻或排除其应承担的风险与损失，且不违反法律、行政法规的禁止性规定。

3. 相关约定属于落实金融监管的需要，业已构成行业惯例。1998 年 7 月 11 日，中国人民银行下发通知，明确"自本通知下发之日起，各保险公司新报备的险种条款中对残疾程度的定义及保险金给付比例必须按照《人身保险残疾程度与保险金给付比例表》执行"。1999 年 12 月 13 日，中国保险监督管理委员会下发通知，再次明确按残疾程度比例给付。相关做法也已经在行业中普遍采用和执行，形成了稳定的行业操作惯例。

综上可见，正确识别相关保险条款是否属于保险法司法解释（二）第九条所列举的"比例赔付或给付"条款，不应仅以相关保险条款中含有"比例赔付或给付"字样就认定属于免责条款，应以保险法司法解释（二）第九条在相关列举情形后所设的限定条件（"免除或者减轻保险人责任的条款"）进行实质性判断，充分分析该条款的内容是意在"确定"保险人的保险责任范围，还是"免除"保险人的保险责任，再行确定有关条款的性质。通过本文的分析可见，按伤残程度等级对应给付比例计算并给付意外伤害残疾保险金的约定属于确定保险责任范围条款，不属于免责条款。

意外伤害保险中因意外摔倒致心肌梗死谁为近因的认定

陕西省西安市中级人民法院

（2020）陕 01 民终 2997 号民事判决书

（2020 年 5 月 27 日）

案·情

2017 年 10 月，吴甲为其父亲吴某投保"某孝心卡 2 代 B 款（电子）"保险产品，意外身故保额为 10 万元。保险公司同意承保并向吴甲出具了电子保单，吴甲支付保费 400 元，保险期间自 2017 年 10 月 5 日至 2018 年 10 月 4 日。2018 年 5 月 8 日，被保险人家属发现被保险人倒在卫生间，后经医务人员现场救治无效，最终确认被保险人死亡。某社区卫生服务中心出具《居民死亡医学证明（推断）书》，载明死亡原因为意外摔倒导致心肌梗死。2018 年 10 月末，吴某的法定受益人赵某、吴甲、吴乙向保险公司提出理赔申请，经保险公司调查，吴某在 2015 年 10 月曾在某医院住院治疗，主要诊断为冠心病，其他诊断为不稳定心绞痛、心律失常等。2017 年 10 月吴某在某军医大学附属医院确诊为肺癌（出院时治愈）、偶发房性早搏（出院好转）、偶发室性早搏（出院好转）。2018 年 12 月 24 日，保险公司以被保险人吴某身故原因属于疾病为由拒付保险金。赵某、吴甲、吴乙三人遂诉至法院，请求判令：保险公司按照合同约定给付保险金 10 万元。

判决书正文

上诉人（原审原告）：赵某。

上诉人（原审原告）：吴甲。

上诉人（原审原告）：吴乙。

共同委托诉讼代理人：孙某某。

被上诉人（原审被告）：某保险公司。

上诉人赵某、吴甲、吴乙因与被上诉人某保险公司保险合同纠纷一案，不服西安市雁塔区人民法院（2019）陕0113民初12595号民事判决，向本院提起上诉。本院于2020年3月5日立案后，依法组成合议庭，开庭进行了审理。上诉人吴乙及上诉人赵某、吴甲、吴乙的共同委托代理人孙某某，被上诉人某保险公司委托诉讼代理人刘某某到庭参加诉讼。本案现已审理终结。

上诉人赵某、吴甲、吴乙上诉请求：1.撤销西安市雁塔区人民法院（2019）陕0113民初12595号民事判决；2.改判某保险公司赔偿保险金10万元；3.一、二审诉讼费均由某保险公司承担。事实与理由：一、意外摔倒致死亡是被保险人死亡的唯一近因。一审法院认定心急梗死也是被保险人死亡的近因之一，系事实认定错误。1.临潼区某卫生院出具的居民死亡医学证明书及证人蒋某的证言以及理赔申请书中，死亡原因一栏均载明为意外摔倒致心肌梗死。2.赵某、吴甲、吴乙提交的2017年、2018年第四军医大学唐都医院病案记录，其内容均未显示被保险人患有冠心病，因而某保险公司一审提交的核工业四一七医院2015年、2016年病案所记载被保险人患有冠心病记录均非事实。近因原则是我国保险行业理赔时应当遵循的基本原则之一，对于何为近因，中国银保监会官网已有明确的解释：当损失的原因有两个以上的且各自原因之间的因果关系尚未中断的情况下，最先发生并造成一连串损失的原因即为近因。结合上述事实及官方关于近因的权威解释，由于心肌梗死并不是被保险人死亡发生的最先原因，其只是被保险人意外摔倒所致的结果，二者之间存在因果关系，且未发生中断，故心肌梗死根本不构成被保险人死亡的近因。由此进一步印证了意外摔倒才是被保险人死亡的真正原因且唯一原因。二、一审法院认为赵某、吴甲、吴乙未采取相关措施导致被保险人被火化，无法进一步确定死因，赵某、吴甲、吴乙存在过错不当，扩大了赵某、吴甲、吴乙的举证责任。赵某、吴甲、吴乙已按照某保险公司出具的理赔资料清单提交了被保险人意外摔倒致亡的全部证明和资料，尸检报告并非吴甲、吴乙必须提供的理赔资料，也无此举证义务。《保险法》规定，保险人如认为理赔资料不完整，应一次性通知当事人补充完整。本案中保险公司并没有告知赵某、吴甲、吴乙需要尸检，更未要求补充尸检报告，即使证明资料不全，也是保险公司原因所致，某保险公司对此应当承担全部过错责任。

某保险公司答辩称，一、被保险人直接死亡原因为心肌梗死，赵某、吴甲、吴乙主张被保险人意外摔倒致其死亡，其提供证据均无法证实，应承担举证不能的法律后果。二、根据诉讼举证原则，赵某、吴甲、吴乙主张被保险人意外摔倒死亡，应承担举证责任，一审法院使用法律正确，并未扩大赵某、吴甲、吴乙的举证责任。

赵某、吴甲、吴乙向一审法院起诉请求，要求判令：1. 某保险公司支付赵某、吴甲、吴乙保险赔偿金10万元；2. 诉讼费由某保险公司承担。

一审法院经审理查明，吴甲为其父吴某在某保险公司处投保有意外事故保险，投保人为吴甲，被保险人为吴某，受益人为赵某、吴甲、吴乙。保险责任约定为因遭受意外事故导致死亡的，依照合同约定，赔偿意外身故保险金，保险金额为10万元。保险期间为2017年10月5日至2018年10月4日。双方确认，吴某生前同意吴甲为吴某投保案涉保险。

庭审中，赵某、吴甲、吴乙称2018年5月8日上午11点多，吴某上洗手间时摔倒，当时向120急救中心报案，120急救中心人员到场后当场做出《居民死亡医学证明（推断）书》。前述证明书显示，吴某死亡时间为2018年5月8日，死亡原因为意外摔倒导致心肌梗死。2018年5月10日，吴某尸体被火化。双方确认，2018年5月8日赵某、吴甲、吴乙向某保险公司通知了上述事故。经询问，赵某、吴甲、吴乙方称其在通知某保险公司时未询问某保险公司是否需要尸检，某保险公司方也没有告知需要尸检。某保险公司称，赵某、吴甲、吴乙向其通知时其提示赵某、吴甲、吴乙需要尸检，但未提交相关证据。

另查明，2015年10月23日至2015年11月2日，吴某在核工业四一七医院住院治疗，主要诊断为冠心病，其他诊断为不稳定型心绞痛、心功能Ⅱ级、心律失常、房性早搏、原发性高血压3级、脑梗死。2017年10月9日，吴某在解放军第四军医大学唐都医院确诊为肺癌（出院时治愈）、偶发房性早搏（出院好转）、偶发室性早搏（出院好转）。

一审法院认为，赵某、吴甲、吴乙系案涉保险的受益人，对某保险公司享有保险金请求权。本案中，保险责任约定为因遭受意外事故导致死亡的，依照合同约定，赔偿意外身故保险金。现赵某、吴甲、吴乙、某保险公司对吴某死亡是否由意外事故导致，各执一词。一审法院认为，吴某死亡医学证明书载明的死因为意外摔倒导致心肌梗死。该结论无法明确吴某死亡的主要原因是意外摔倒还是心肌梗死。一审法院认为，保险事故发生后，赵某、吴甲、吴乙如要求某保险公司赔付保险金，理应积极提交证据证明吴某的死亡系由意外事故导致。某保险公司在接到赵某、吴甲、吴乙方通知后，理应就需要尸检等查明的相关事项向赵某、吴甲、吴乙做出提示。因双方均未采取相关措施，现吴某尸体已被火化，无法进一步确定死因。对此，双方均有过错。结合吴某在核工业四一七医院住院、解放军第四军医大学唐都医院的治疗情况及双方举证情况，本院确定意外摔倒和心肌梗死均为吴某的死亡原因，但赵某、吴甲、吴乙、某保险公司对何为主要原因无法确定。按照通常理解，意外摔倒属于意外事故，心肌梗死并不属于意外事故。故某保险公司理应赔偿赵某、吴甲、吴乙保险金额的50%（5万元）为宜。综上所述，依据《中华人民共和国合同法》第六十条、第一百零七条，《中华人民共和国保险法》第十四条、第二十一条、第二十二条、第三十一条、第三十四条，《中华人民共和国民事诉讼法》第六十四条之规定，遂判决：一、某保险公司于本判决生效之日起十日内赔偿赵某、吴甲、吴乙保险金5万元；二、驳回赵某、吴甲、吴乙的其余诉讼请求。如果未按本判决指定的期间履行给付金钱义务，应当依照《中华人民共和国民事诉讼法》第二百五十三条之规定，加倍支付迟延履行期间的债务利息。本案案件受理费2300元，由赵某、吴甲、吴乙承担1150元，某保险公司承担1150元。因赵某、吴甲、吴乙已预交，由某保险公司在履行上述金钱义务时一并给付赵某、吴甲、吴乙1150元。

二审经审理查明，一审查明事实属实。二审中，各方均未提交新证据。

另查明，一审中，赵某、吴甲、吴乙提交的居民死亡医学证明（推断）书载明的死亡原因为意外摔倒，导致心肌梗死，某保险公司提交的居民死亡医学证明（推断）书载明的直接死亡原因、根本死亡原因为心肌梗死。该两份证明（推断）书均由临潼区某卫生院出具，编号均为 PDY10007X20180×××，填表日期、医师签名均一致。二审庭审中，赵某、吴甲、吴乙称载明死亡原因为"意外摔倒，导致心肌梗死"的那一份证明（推断书）系医院向家属出具，另一份则为医院留档所用。

本院认为，从查明的事实可知，由同一家医疗机构出具的编号相同的两份居民死亡医学证明（推断）书，载明的死亡原因分别为"意外摔倒导致心肌梗死"、"心肌梗死"。双方所举证据均无法明确吴某死亡的主要原因是意外摔倒还是心肌梗死，一审法院综合考虑吴某生前的治疗情况、双方举证情况等，认定意外摔倒和心肌梗死均为吴某的死亡原因，要求保险公司按照50%进行赔付并无不当。综上所述，一审判决认定事实清楚，适用法律正确，应予维持。依照《中华人民共和国民事诉讼法》第一百七十条第一款第一项之规定，判决如下：

驳回上诉，维持原判。

二审案件受理费1050元，由上诉人赵某、吴甲、吴乙承担。

本判决为终审判决。

审判长　李某某

审判员　姬　某

审判员　蒋　某

二〇二〇年五月二十七日

书记员　张　某

评·析

本案主要涉及两个问题：

1. 被保险人意外身故理赔纠纷中举证责任分配

我国《民事诉讼法》第六十四条规定："当事人对自己提出的主张，有责任提供证据"，即"谁主张，谁举证"的原则。《保险法》第二十二条规定：保险事故发生以后，按照保险合同请求保险人赔偿或者给付保险金时，投保人、被保险人或者受益人应当向保险人提供其所能提供的与确认保险事故性质、原因、损失程度等有关的证明和资料。根据上述法律规定并结合有关司法解释，在被保险人身故后，如果投保人或者受益人申请理赔，首先应由投保人或者受益人对被保险人的死因承担初步举证责任。但由于保险合同纠纷的复杂性和专业性，要普通投保人或者受益人提供完备的资料和证据，有悖于公平原则，也不利于保护投保人、受益人的利益。因此，虽然《保险法》第二十二条将举证责任的第一任务分配给投保人、被保险人或者受益人完成，但同时对其举证责任也规定了限度，即投保人、被保险人或受益人应提供"其所能提供的"与确认事故性质、原因等有关的证明和资料。如果投保人、被保险人或受益人提供了相关法律规定其应当且能够提供的证明资料，视为投保人、被保险人或受益人完成了该举证证明责任；保险人若对被保险人的死亡原因存在异议，在投保人或受益人已经根据法律规定完成初步举证责任的情况下，相应的"拒赔理由"、"非保险责任范围"等举证责任转到保险人一方。

保险人对拒赔的举证责任以投保人、被保险人或受益人完成初步举证责任为前提。本案中被保险人吴某身故，但在其死亡原因问题上存在争议，受益人提供了临潼区某卫生院出具的《居民死亡医学证明（推断）书》，其中记载吴某死亡原因为意外摔倒导致心肌梗死，虽仅凭该证明无法充分确定被保险人死亡原因。但受益人在其能力范围内，已初步提供了其客观上能够提供的证明材料，完成其力所能及范围内的初步证明义务。《居民死亡医学证明（推断）书》已明确记载"意外摔倒导致心肌梗死"，如保险公司认为吴某不属于意外身故，应对其主张承担相应的进一步举证责任。

此外，在保险人收到上诉人的索赔申请后，保险人可以通过尸检等手段进一步查明吴某的死因。但保险人不能证明就应当尸检及其后果已提示受益人，故法院认为因保险人未提供证据证明已经通知受益人尸检，保险人对吴某死因无法查明存在过错。

2. 被保险人死亡原因的认定

在保险合同中，近因原则是确定保险责任的一项基本原则。我国《保险法》虽未直接规定近因原则，但近因原则在司法实践中具有重要意义，传统学理上近因是指风险和损害之间，造成损害的最直接、最有效、起主导作用的原因，而不是指时间上或空间上最近的原因。如果是单一原因导致保险事故发生的，只需判断该原因是否是保险合同所约定的保险责任，适用较为简单；但如果是多种原因同时或者连续导致保险事故发生，则需要通过判断各原因所起的作用以及因果关系来确定保险事故的近因。

本案中吴某死亡的因果链应是：吴某意外摔倒—心肌梗死—死亡。在此关系链中摔倒是前因，心肌梗死是后因，一般情况下，如果摔倒直接导致死亡或者摔倒是死亡的近因，那么属于意外身故，保险人理应赔付；如果心肌梗死是死亡的近因，而心肌梗死不是本案保险人意外险的承保范围，保险人就无须承担责任。但从本案吴某的受益人提供的《居民死亡医学证明（推断）书》表述看，因为吴某摔倒"导致"心肌梗死，心肌梗死并没有打断摔倒与死亡之间的因果关系，摔倒导致心肌梗死对吴某死亡发生作用，形成因果关系的锁链，可以认为摔倒是吴某死亡的诱发因素，即本案中吴某摔倒是吴某死亡结果的近因之一，属于保险公司承保的意外事故范围。

虽然摔倒是造成吴某死亡的近因之一，但有疾病因素介入与摔倒直接造成死亡存在区别，如果要求保险人承担全部保险责任，显然有失公允，对多项原因造成保险事故的损失，可按照保险危险与不保危险对损害造成的原因的比例确定。本案法院综合考虑吴某生前的治疗情况、双方举证情况等，最终行使自由裁量权，认可了意外摔倒和疾病均为死亡原因，并判断两个因素导致吴其死亡这一后果中所占事故原因的比例或程度，要求保险公司按照50%进行赔付。

本案启示，本案在保险公司尸检通知过错认定方面可以商榷，但在死因不明的情况下及时进行尸检确实是查明死亡原因的重要方式。作为保险公司，接到受益人报案后如及时进行理赔调查，对于死因不明案件，明确通知受益人应尸检、向受益人释明拒绝尸检可能产生的不利法律后果，特别是保留已通知受益人应配合尸检的相关证据，实践中有助于查明被保险人死亡原因，即使受益人拒绝尸检，也有助于法院对举证责任分配及相关证据证明力的公平裁量。

建工意外险中不能证明劳动关系保险人不承担赔偿责任的认定

河南省郑州市中级人民法院

(2020) 豫01民终15443号民事判决书

(2020年11月26日)

案·情

林州某集团有限公司在某甲保险公司河南分公司投保建工团险一份，意外伤害保额50万元，保险期间为2018年10月15日24时至2020年9月30日24时。该保险"特别约定"如下：（1）工程名称为林州市某园甲、乙、丙楼，施工单位为林州某公司……（4）出险理赔时须提供出险当月被保险人的工资单和被保险人与投保单位签订的劳动合同；（5）未取得对应的特种作业证书进行特种作业操作引起的意外事故，保险公司不承担保险责任。……（6）理赔时须提供安全生产监督管理局出具的与确认保险事故的性质、原因等有关的其他证明和资料。林州某公司在特别约定的附件页上加盖印章。

2019年7月18日，王甲在林州市某园棚改项目甲工地5层作业时不慎意外坠落死亡。

2019年7月19日，林州某公司（甲方）与王甲的妻子（乙方）签订《赔偿协议书》，约定甲方一次性赔偿乙方120万元；乙方将甲方为死者投保的团体意外险身故保险金受益权全部转让给甲方。

2019年7月19日，王甲家属出具收条：收到河南某建筑公司董某人民币壹佰壹拾万元整，另外十万元，待保险理赔款到达甲方账户时付清。

庭审时证人李甲以某园项目的项目经理身份出庭作证：王甲是该工地的一

名维修工人。

判决书正文

上诉人（原审原告）：林州某集团有限公司（原河南某建筑工程有限公司），住所地河南省林州市。

被上诉人（原审被告）：某甲保险公司河南分公司，住所地河南省郑州市。

原审第三人：王乙，男，1965年6月12日出生，汉族，住河南省林州市。

原审第三人：杨某，女，1963年5月10日出生，汉族，住河南省林州市。

原审第三人：王丙，女，1989年6月15日出生，汉族，住河南省林州市。

原审第三人：王丁，男，2013年4月11日出生，汉族，住河南省林州市。

上诉人林州某集团有限公司（以下简称林州某公司）因与被上诉人某甲保险公司河南分公司（以下简称某甲保险河南分公司）、原审第三人王乙、杨某、王丙、王丁人身保险合同纠纷一案，不服一审民事判决，向本院提起上诉。本院于2020年11月18日立案后，依据《中华人民共和国民事诉讼法》第一百六十九条以及《全国人民代表大会常务委员会关于授权最高人民法院在部分地区开展民事诉讼程序繁简分流改革试点工作的决定》，本案适用普通程序，由审判员独任审理，公开开庭进行了审理。上诉人林州某公司的委托诉讼代理人李乙，某甲保险河南分公司的委托诉讼代理人赵某到庭参加诉讼。原审第三人王乙、杨某、王丙、王丁经合法传唤均未到庭。本案现已审理终结。

林州某公司上诉请求：1. 撤销一审民事判决，改判某甲保险河南分公司支付林州某公司50万元；2. 一、二审诉讼费由某甲保险河南分公司承担。事实和理由：1. 林州某公司提供的证据足以证明，涉案事故真实发生：一审庭审时，林州某公司为证明案件基本事实，提交了如下证据：（1）项目负责人李甲向死者王甲转工资款手机截屏10张；（2）林州某公司出事证明1份；（3）死者继承人出具王甲出事过程1份；（4）林州市某医院急诊科救护车出诊记录表1份。并由证人董某、李甲、李丙出庭作证，进一步证明了案件事实的真实发生，以及死者王甲受雇于上诉人的基本事实，林州某公司提供的证据符合《保险法》第二十二条规定，属于某甲保险河南分公司应当理赔的范围，一审法院却以合同条款拟定的工资单、花名册等证明劳务关系为理赔的前提条件，判决不予理赔，明显没有把涉案的基本事实作为认定案件事实的第一要素。2. 一审法院要求提供公安部门出警证明或安监部门事故调查证明，没有法律依据。保险公司属于格式保险合同的提供方，其在合同条款约定事故发生后需要提供安检事故调查证明，属于霸王性格式条款，该条款强化了投保人、被保险人义务，弱化了投保人、被保险人的权利，明显不公平，应属无效条款。一审法院以此为由，判决驳回上诉人的诉讼请求，没有法律依据。3. 案涉事故某乙保险公司河南分公司（以下简称"某乙保险河南分公司"）已经理赔。事故发生后，林州某公司和第三人将相关理赔手续递交了某乙保险河南分公司，相关证据和本案提供的全部一致，该公司根据《保险法》和合同约定，对涉案事故已经理赔，且某甲保险河南分公司已就该事故委托第三方进行了事实调查，并认可情况属实。

某甲保险河南分公司辩称，1. 一审判决认定林州某公司向保险人理赔，应当提供确认保险事故的性质、原因等有关的证明资料，适用法律正确。2. 一审判决认定某甲保险河南分公司已就特别约定和相应免责条款向林州某公司尽到了提示、告知义务，认定事实清楚。3. 某乙保险河南分公司的理赔与本案没有关联，且某甲保险河南分公司经调查认为本次事故不是保险事故。

王乙、杨某、王丙、王丁未提交书面意见。

林州某公司向一审法院起诉请求：1. 判令某甲保险河南分公司支付林州某公司50万元；2. 本案诉讼费由某甲保险河南分公司承担。

一审法院认定事实：林州某公司在某甲保险河南分公司处投保《某甲保险公司建筑工程团体意外保险》一份，其中意外伤害保险金额50万元，保险期间自2018年10月15日24时起至2020年9月30日24时止，该保险特别约定如下：（1）工程名称为林州市某园甲、乙、丙楼，施工单位为林州某公司，施工地址为林州市；（4）出险理赔时须提供出险当月被保险人的工资单和被保险人与投保单位签订的劳动合同；（5）未取得对应的特种作业证书进行特种作业操作引起的意外事故，保险公司不承担保险责任。特种作业的相关规定以国家《特种作业人员安全技术培训考核管理规定》为准；（6）理赔时须提供安全生产监督管理局出具的与确认保险事故的性质、原因等有关的其他证明和资料。林州某公司在特别约定的附件页上加盖印章。

林州市某医院出具的《居民死亡医学证明（推断）书》载明，死者王甲死亡日期为 2019 年 7 月 18 日 9 时 40 分，死亡地点为其他场所，死亡原因为颅脑损伤；2019 年 8 月 3 日林州市合涧镇某村村民委员会出具的证明载明王甲死亡时间为 2019 年 7 月 18 日，在林州市某园棚改项目甲工地 5 层上排除电梯故障时，不慎意外坠落死亡，已在该村土葬；2020 年 1 月 10 日林州市合涧镇某村村民委员会出具的证明载明死者王甲的第一顺序继承人为王乙、杨某、王丙、王丁。

2019 年 7 月 19 日，林州某公司林州市某园甲楼作为甲方与王甲的妻子王丙（乙方）签订《赔偿协议书》，约定甲方一次性赔偿乙方 120 万元，乙方配合甲方办理保险理赔事宜，将甲方为死者参保的团体意外死亡保险赔偿金受让权全部转让给甲方。

2019 年 7 月 19 日，王乙、杨某、王丙、王丁出具以下文件：今收到河南某建筑工程有限公司林州市某园甲楼董某人民币壹佰壹拾万元整，另外十万元，待保险理赔款到达甲方账户时付清。

庭审时证人李甲出庭自述其是林州某公司的某园项目的项目经理，王甲是该工地的一名维修工人，从 2018 年 5 月进入工地干活至 2019 年 7 月 18 日上午事故发生，王甲从事机械维修以及干一些零工。

一审法院认为，根据保险合同约定，发生合同约定的保险事故，林州某公司申请理赔时应当根据保险合同特别约定的第（4）、（5）、（6）条向保险人提供被保险人的工资单和被保险人与投保单位签订的劳动合同、特种作业证、安全生产监督管理局出具的与确认保险事故的性质、原因等有关的其他证明等资料。本案中涉案事故发生后无安监部门事故调查证明或公安部门出警证明，无法核实事故地点；林州某公司亦未提供被保险人员的工资单、劳动合同、花名册等能证明劳动、劳务关系的资料，无法核实王甲的被保险人身份；另根据庭审查明情况，王甲在工地上主要从事施工电梯维修，属于高空作业，根据保险合同约定需要办理《特殊作业许可证》，林州某公司投保时某甲保险河南分公司已就相应的免责条款向林州某公司尽到了提示、告知义务，故由林州某公司承担举证不利的后果。综上所述，林州某公司提交的证据不足以证明其诉讼请求，故应依法驳回。依照《中华人民共和国民事诉讼法》第六十四条之规定，判决如下：驳回林州某公司的诉讼请求。案件受理费 8800 元减半收取 4400 元，由林州某公司负担。

二审中，当事人没有提交新证据。本院经审理查明：河南某建筑工程有限公司于 2020 年 9 月 2 日变更企业名称为林州某集团有限公司。本院对一审查明的其他事实予以确认。

本院认为，《中华人民共和国保险法》第二十二条规定，保险事故发生后，按照保险合同请求保险人赔偿或者给付保险金时，投保人、被保险人或者受益人应当向保险人提供其所能提供的与确认保险事故的性质、原因、损失程度等有关的证明和资料。本案中，林州某公司主张某甲保险河南分公司应就王甲的死亡承担保险责任，但从查明的案件事实来看，首先，涉案《保险单》"特别约定"第四条明确约定"出险理赔时必须提供出险当月的工资单和被保险人与投保单位签订的劳动合同"、第五条明确约定"未取得对应的特种作业证书进行特种作业操作引起的意外事故，保险公司不承担保险责任"、第六条明确约定"理赔时须提供安全生产监督管理局出具的与确认保险事故的性质、原因等有关的其他证明和材料"，上述特别约定条款，从法律性质上讲，系某甲保险河南分公司针对涉案建筑工程团体意外伤害保险之特殊性，在与林州某公司签订保险合同时提出的新要约，而林州某公司在保险单上由其董事长马某签名，应视为承诺，双方意思表示一致，对某甲保险河南分公司和林州某公司均具有约束力，故该特别条款的内容应纳入保险合同，构成保险合同不可分割的组成部分。就合同法的角度而言，该特别条款属于"个别商议条款"而非格式条款，其并不适用《中华人民共和国合同法》第四十一条所确立的格式条款解释规则。林州某公司关于该特别约定属于格式条款的理由，明显不能成立。另外，结合前述法律规定的立法意旨，该特别条款之第 4、5、6 条之订立目的，显然是为了在发生保险事故时，保险公司据以确定受益人或被保险人的必要充分条件，林州某公司对此负有举证证明责任，但林州某公司并未提交相应的文件或资料。其次，林州某公司虽然提交有案外人李丙向王甲支付款项的微信转账记录，但从微信截图所显示的内容看，2018 年 8 月 6 日下午 16：20 李丙向王甲发送"8 个开口销 30 个，6 个开口销 30 个，18×15 螺丝 2 条"后，王甲在 2018 年 8 月 8 日上午向李丙发送语音信息，李丙即向王甲微信转账 3000 元；而李丙所谓的向王甲支付工资的时间、金额分别为 2018 年 7 月 1

日4900元、2018年7月6日3800元、2018年8月4日2000元、2018年8月8日3000元、2019年1月30日1000元、2019年1月30日500元、2019年5月10日3000元，均同公司向与其成立劳动关系的职工发放工资的形式（相对固定的时间、相对固定的金额）不符。另外，李丙自称是林州某公司的经理，在2018年7月到2019年长达一年的时间里，既为王甲垫付工资，又在事故发生后第二天向王甲家属垫付110万元的赔偿款，且庭审中经核实，该赔偿款林州某公司至今仍未向李丙支付，上述种种行为，明显有违日常行为规则。据此，本院无法确认林州某公司与王甲之间存在劳动合同关系。最后，对照某乙保险河南分公司与林州某公司所签订的保险合同中"特别约定"第四条"出险时按保险公司条款要求提供安监部门相关事故证明（首例单人意外身故以及首例单人意外伤残理赔可免提供安监证明）"的内容，能够进一步印证，安监部门的事故证明确系该类保险确定被保险人的必要充分条件；但某乙保险河南分公司对于首例事故显然自愿免除了投保人的举证证明责任。故，林州某公司以此类比并主张某甲保险河南分公司承担保险责任理由，亦不能成立。

综上所述，林州某公司的上诉请求不能成立，应予驳回；一审判决认定事实清楚，适用法律正确，应予维持。依照《中华人民共和国民事诉讼法》第一百七十条第一款第一项规定，判决如下：

驳回上诉，维持原判。

二审案件受理费8800元，由林州某集团有限公司负担。

本判决为终审判决。

审判员　李某某
二〇二〇年十一月二十六日
书记员　周　某

评·析

本案的争议焦点：
1. 团体保险单"特别约定"是否属于格式条款

通常认为，保险条款属于较典型的格式条款，保险公司是格式条款提供方，投保人是格式条款接受方。由于格式条款在订立时缺少合同当事人对具体条款的协商过程，法律特别强调保障格式条款接受方的权利。除《民法典》合同编关于格式条款的一般规定外，《保险法》也规定保险人应当向投保人说明格式条款的内容，对于免除保险人责任的条款，保险人应当就条款内容向投保人作提示说明，未作提示或者明确说明的，该条款不产生效力。因此，关于某约定是否属于"格式条款"的认定，直接关系到该约定的法律效力。

本案系"建工险"理赔纠纷，投保人为建设单位，被保险人为建设项目中的施工人员，保险期间一般匹配建设周期。该类保险合同订立时，双方通常会根据建设项目情况及保全、理赔实务需要，作若干条"特别约定"。如本案投保单内即特别约定了承保项目地址和理赔证明资料等内容。

本案"特别约定"条款订立目的，显然是双方约定在发生保险事故时，保险公司据此确定出险人是否为被保险人的必要充分条件。在法律性质上，该"特别约定"系保险公司针对涉案建筑工程团体意外伤害保险之特殊性，在与投保人签订保险合同时提出的新要约，而投保人在"特别约定"上盖章，应视为承诺，双方意思表示一致。该特别条款的内容应纳入保险合同，构成保险合同不可分割的组成部分；从合同法律关系的角度而言，该特别条款属于"个别商议条款"而非格式条款。本案中林州某公司关于"格式条款无效"的主张不成立。因此林州某公司有义务按约定承担提供被保险人"劳动关系"、"特种作业证明"及事故"安监证明"的举证证明责任。

2. 受害人王甲是否属于被保险人

在绝大多数人身保险合同中，被保险人都是确定的，即在投保时，被保险人的姓名、身份证号码等都可直接载入投保单，但建工险存在特殊性。建工险在投保时，建设项目的施工人员通常不确定，且项目建设过程中，施工人员也时有变动。即便建工险保险条款约定"被保险人是指本合同所附被保险人名册中所载的人员"，但实务中投保时难以确定被保险人名册。因此，建工险在承保时，保险公司通常仅以工程造价或者施工面积作为条件核算保费。有鉴于此，建工险理赔时，如何确定"被保险人"身份是此类案件的调查难点，也是建工险案件"逆向选择"的主要原因。

就被保险人身份认定，本案投保单"特别约定"第四条约定"出险理赔时必须提供出险当月的工资单和被保险人与投保单位签订的劳动合同"（保险条款也有同样约定）。此做法事实上是保险公司将投保时无法确定被保险人名单的风险，通过理赔时以"工资单"、"劳动合同"证明被保险人身份的方式化解。该安排具有合理性也比较常见，但实践中不乏争议。具体而言，有些建设项目层层分包，出险的施工人员未必与投保的建设单位有直接劳动关系；再者，即便出险人员由建设单位雇用，也未必构成要交社保的"劳动关系"，常见以"劳务关系"存在。相应地，审判实践中法院对于该"劳动关系"的认定通常也较为灵活。在某些个案里，只要证明出险人员确为投保的建设项目施工人员（而不论是否与建设单位有劳动合同关系），法院即认定出险人具有被保险人身份。

本案中，法院对于被保险人身份的认定，也不因林州某公司未提供"劳动合同"即直接认定王甲不具备被保险人身份，而是从劳动关系的履行事实上进一步查明。为证明王甲的被保险人身份，林州某公司提供了其项目经理李丙向受害人王甲的微信工资转账记录和《赔偿协议书》。但从微信工资转账记录的规律来看，支付工资的时间和金额均不具有相对固定性，与投保公司向与其建立劳动关系的职工发放工资的形式（相对固定的时间、相对固定的金额）不符；李丙在事故发生后第二天向王甲家属垫付110万元的赔偿款，该赔偿款林州某公司至二审开庭时仍未向李丙支付，上述种种行为，明显有违日常行为规则。据此，林州某公司提供的证据无法确认受害人王甲的被保险人身份，法院判决某甲保险公司不承担保险责任。

3. 建工险事故要求提供"安监证明"是否合理

建工险承保被保险人在建筑工程区域内因意外事故遭受的身故或残疾责任，事故是否发生在建筑工程区域内、是否为"意外"，是保险理赔时的难点之一。也正因为如此，建工险条款通常会约定，申请赔付意外伤害保险金或身故保险金时，应提供安全生产监督管理部门出具的事故证明（俗称"安监证明"）。

安监证明作为权威的生产安全事故证明，对于建工险保险事故的证明效力毋庸置疑。但现实中，建设单位往往因顾虑安监证明会影响其工程资质认定甚至使本企业受到停业整顿等行政处罚，没有动力办理安监证明甚至瞒报事故，而被保险人个人通常也没有能力办理安监证明。因此，即便向安监部门报告生产事故是《安全生产法》规定的企业义务，但在建工险理赔中，申请人能够提供安监证明的案件也是凤毛麟角。

  本案中，提供安监证明的要求不仅约定在意外伤害保险条款中，也约定在投保单"特别约定"中，法院认为安监证明是理赔的"必要充分条件"，支持保险公司的抗辩意见。但是这个问题在司法实践中有争议。在为数不少的其他建工险理赔案中，法院以"不能提供安监证明并非被保险人的过错，因缺少安监证明致使被保险人不能理赔有失公平"，"提供安监证明的条款，减轻保险人责任，属于无效格式条款"，"120救护车出车记录足以证明保险事故发生地点"，"派出所出警记录足以证明保险事故真实性"等为由，在没有安监证明的情况下，判决保险公司承担保险责任。即审判实践中法院并不完全认可保险公司仅以"无安监证明"为由拒赔，实质上是质疑"安监证明"条款的合理性。因此，保险公司在建工险理赔时必须基于全面、深入的理赔调查审慎作出理赔决定。

意外伤害险中被保险人家属签署《放弃索赔确认书》的效力认定

四川省资阳市中级人民法院
(2020) 川 20 民终 462 号民事判决书

(2020 年 7 月 23 日)

案·情

2018 年 8 月 30 日，刘某、邓甲之女邓乙以自身为投保人、被保险人在某保险公司投保了人身意外伤害保险，保险合同受益人为法定继承人，保险金额 20 万元。条款约定，被保险人故意造成自伤、自残或自杀，保险人不承担给付保险金责任。

2018 年 11 月 11 日，被保险人邓乙坠楼经抢救无效死亡，法医对其体表进行检查，未见他杀征象，受益人刘某、邓甲对其死因无异议，不要求做尸检，并与某保险公司签订了《放弃索赔确认函》（主要内容为：鉴于被保险人邓乙不属于意外坠楼死亡的原因，基于对索赔事项及结果的充分了解，现申请撤销对该案的索赔并不再就相关事宜进行保险索赔）。后受益人刘某、邓甲又申请理赔，因某保险公司以被保险人系自杀为由拒绝赔偿后，提起诉讼要求给付保险金 20 万元，被一审法院驳回诉讼请求，又以《放弃索赔确认函》违反法律规定且非其真实意思表示、被保险人死亡原因系保险合同约定索赔范围为由上诉至二审法院。二审法院认定《放弃索赔确认函》为受益人真实意思表示，驳回一审原告上诉请求。

判决书正文

上诉人（原审原告）：刘某，男，1964年9月13日出生，汉族，住四川省安岳县。

上诉人（原审原告）：邓甲，女，1965年8月25日出生，汉族，住四川省安岳县。

被上诉人（原审被告）：某保险公司，住所地北京市延庆区。

上诉人刘某、邓甲因与被上诉人某保险公司意外伤害保险合同纠纷一案，不服四川省安岳县人民法院（2020）川2021民初477号民事判决，向本院提起上诉。本院于2020年6月15日立案后，依法组成合议庭进行了审理。本案现已审理终结。

刘某、邓甲上诉请求：1. 请求撤销原判；2. 改判并支持上诉人在一审中提出的全部诉讼请求；3. 本案一、二审全部诉讼费用由被上诉人承担。事实及理由：原判决认定事实错误，审查和认定证据及分配举证责任不符合法律规定，适用法律不当。因此，原判决驳回上诉人的一审诉讼请求是完全错误的。1. 原判决在第4页第十二行认定："二原告与被告签署《放弃索赔确认函》系双方的真实意思表示，不违反法律强制性规定，应属有效，双方当事人均应依约行使权利并履行义务。"这一认定是错误的。首先，该《放弃索赔确认函》违反了《合同法》第三十九条、第四十条的规定，被上诉人提供的格式条款，免除了被上诉人责任，排除了上诉人主要权利，应属无效条款。其次，被上诉人的理赔工作人员未向上诉人明确告知是放弃索赔的条款，而是被上诉人的理赔人员支付了上诉人3000元的慰问金，因被上诉人的财务需要做账，需要上诉人签字确认，上诉人当时正处于"中年丧子"、"白发人送黑发人"情绪十分低落的状态，也并没有看《放弃索赔确认函》的内容，直接就签了字，在被上诉人一审庭审时出示《放弃索赔确认函》，上诉人才知道当时签订的不是收到3000元慰问金的确认函，而是放弃索赔的确认函。如果，上诉人被告知是放弃索赔的确认函，上诉人根本不可能签字的，同时根据生活常理来判断，主动放弃20万元的赔偿是根本不可能的，故该《放弃索赔确认函》并非双方当事人协商确定，并非上诉人的真实意思表示，且违反了法律规定，因此《放弃索赔确认函》对上诉人一方也不具备约束力。2. 上诉人已提供证据证明邓乙的死亡原因系保险合同约定索赔范围。上诉人在一审中出示的眉山市公安局东坡区分局某派出所出具的《死亡证明》证实被保险人邓乙的死亡排除他杀。在眉山市公安局东坡区法医都无法认定被保险人邓乙的死亡系自杀的情况下，被上诉人却称被保险人邓乙的死亡系自杀，同时被上诉人并未提供充分的证据证明主张，根据"谁主张，谁举证"的原则，故被上诉人应承担举证不能的法律后果。

某保险公司答辩称，经被上诉人核赔人员核实，没有外来的、意外伤害发生，且核实被保险人为自杀或自残伤害，上诉人诉前已经签署放弃索赔声明并结案，不再对被上诉人提起保险索赔，不可撤销。应当依法驳回上诉人的上诉请求。

刘某、邓甲向一审法院起诉请求：判令被告向原告支付邓乙身故的身故保险金20万元。

一审法院认定事实：原告刘某系邓乙父亲，邓甲系邓乙母亲，邓乙生前未结婚也未生育子女。2018年8月30日，原告刘某、邓甲之女邓乙在某保险公司以电子投保的形式购买了人身意外伤害保险，约定：投保人邓乙；被保险人邓乙；保险人某保险公司；保险期间自2018年11月7日00时00分00秒起，至2019年11月6日23时59分59秒止；保障内容为意外伤害身故、伤残，保险金20万元；保险费280元。《人身意外伤害保险条款》规定：保险合同受益人包括法定的身故保险金受益人；被保险人故意造成自伤、自残或自杀，保险人不承担给付保险金责任。

2018年11月10日21时许，邓乙在四川省眉山市东坡区住所内因情绪激动，冲撞了共同租住该房屋的室友，并叫其出去，室友离开并报警。眉山市公安局东坡区分局某派出所接警后赶到现场，在眉山市东坡区邓乙住所楼下发现邓乙躺在草坪处，经报120送往医院后抢救无效于2018年11月11日死亡，后经眉山市公安局东坡区法医对其体表进行检查，未见他杀征象，家属对其死因无异议，不要求做尸检。2018年11月13日，原告刘某、邓甲与被告某保险公司签署《放弃索赔确认函》，主要内容为：鉴于被保险人邓乙不属于意外坠楼死亡的原因，基于对索赔事项及结果的充分了解，现申请撤销对该案的索赔并不再就相关事宜进行保险索赔。

一审法院认为，邓乙生前与某保险公司签订的人身意外伤害保险合同及二原告与被告签署《放弃索赔确认函》，系双方的真实意思表示，不违反法律效力性强制规定，应属有效，双方当事人均应依约行使权利并履行义务。二原告提起本案诉讼，要求被告支付邓乙身故的身故保险金20万元，未提交充分的证据证明邓乙的死亡原因系保险合同约定索赔范围，也未提供证据证明其签署《放弃索赔确认函》不是其真实意思表示，亦未请求人民法院确认《放弃索赔确认函》无效。依照《中华人民共和国保险法》第二十二条第一款"保险事故发生后，按照保险合同请求保险人赔偿或者给付保险金时，投保人、被保险人或者受益人应当向保险人提供其所能提供的与确认保险事故的性质、原因、损失程度等有关的证明和资料"、《中华人民共和国民事诉讼法》第六十四条第一款"当事人对自己提出的主张，有责任提供证据"、《最高人民法院关于适用〈中华人民共和国民事诉讼法〉的解释》第九十条"当事人对自己提出的诉讼请求所依据的事实或者反驳对方诉讼请求所依据的事实，应当提供证据加以证明，但法律另有规定的除外。在作出判决前，当事人未能提供证据或者证据不足以证明其事实主张的，由负有举证证明责任的当事人承担不利的后果"的规定，原告应承担对自己不利的法律后果。

综上所述，二原告要求被告支付邓乙的身故保险金20万元的诉讼请求不符合法律规定和合同约定，不予支持。依照《中华人民共和国合同法》第六条、《中华人民共和国保险法》第二十二条第一款、《中华人民共和国民事诉讼法》第六十四条第一款、《最高人民法院关于适用〈中华人民共和国民事诉讼法〉的解释》第九十条规定，判决如下：驳回原告刘某、邓甲的全部诉讼请求。

本院二审期间，当事人围绕上诉请求依法提交了证据。本院组织当事人进行了质证。上诉人刘某、邓甲二审提交的证据材料，因不能达到其证明目的，本院不予采信。二审查明的事实与一审认定的事实一致。

本案争议焦点：《放弃索赔确认函》是否合法有效？邓乙的死亡是否属于保险合同约定的赔付范围？

本院认为：关于《放弃索赔确认函》是否合法有效的问题。《中华人民共和国合同法》第三十九条规定"采用格式条款订立合同的，提供格式条款的一方应当遵循公平原则确定当事人之间的权利和义务，并采取合理的方式提请对方注意免除或者限制其责任的条款，按照对方的要求，对该条款予以说明。

格式条款是当事人为了重复使用而预先拟定，并在订立合同时未与对方协商的条款"、第四十条规定"格式条款具有本法第五十二条和第五十三条规定情形的，或者提供格式条款一方免除其责任、加重对方责任、排除对方主要权利的，该条款无效"、第五十二条"有下列情形之一的，合同无效：（一）一方以欺诈、胁迫的手段订立合同，损害国家利益；（二）恶意串通，损害国家、集体或者第三人利益；（三）以合法形式掩盖非法目的；（四）损害社会公共利益；（五）违反法律、行政法规的强制性规定"、第五十三条"合同中的下列免责条款无效：（一）造成对方人身伤害的；（二）因故意或者重大过失造成对方财产损失的"。从本案证据看，该《放弃索赔确认函》虽系某保险公司提供，但该函仅一页纸，且有照片在卷证明刘某、邓甲在签字时能够看清纸上所写内容，说明刘某、邓甲对该函内容是明确知道的，不存在《中华人民共和国合同法》第五十二条规定的无效情形，而邓乙的死亡并非保险公司造成，故第五十三条规定的无效情形也并不适用于本案。刘某、邓甲未提交证据证明在《放弃索赔确认函》上签字时受到了欺诈、胁迫，更未在法定时间内请求撤销该函，故《放弃索赔确认函》合法有效，对双方具有约束力。刘某、邓甲上诉称"被上诉人的理赔工作人员未向上诉人明确告知是放弃索赔的条款，而是被上诉人的理赔人员支付了上诉人3000元的慰问金，因被上诉人的财务需要做账，需要上诉人签字确认，上诉人当时正处于'中年丧子''白发人送黑发人'情绪十分低落的状态，也并没有看《放弃索赔确认函》的内容，直接就签了字，在被上诉人一审庭审时出示《放弃索赔确认函》，上诉人才知道当时签订的不是收到3000元慰问金的确认函，而是放弃索赔的确认函"，对此，刘某、邓甲未提交证据予以证实，虽其丧女值得同情，但无法就此陈述推定某保险公司存在欺诈或胁迫。故其上诉理由不能成立。关于邓乙的死亡是否属于保险合同约定的赔付范围的问题。《放弃索赔确认函》的主要内容为：鉴于被保险人邓乙不属于意外坠楼死亡的原因，基于对索赔事项及结果的充分了解，现申请撤销对该案的索赔并不再就相关事宜进行保险索赔。说明刘某、邓甲了解邓乙死亡的保险理赔相关约定，并就赔付事宜与某保险公司达成了协议。

综上所述，刘某、邓甲的上诉请求不能成立，应予驳回；一审判决认定事实清楚，适用法律正确，应予维持。依照《中华人民共和国民事诉讼法》第一百七十条第一款第一项规定，判决如下：

　　驳回上诉，维持原判。

　　二审案件受理费4300元，由上诉人刘某、邓甲负担。

　　本判决为终审判决。

审判长　罗　某

审判员　詹　某

审判员　王　某

二〇二〇年七月二十三日

法官助理　周　某

书记员　龙　某

评·析

　　案件审理中，原、被告双方争议焦点主要在能否证明《放弃索赔确认书》真实有效，以及被保险人邓乙的死亡是否属于保险合同约定的赔付范围。

　　在本案中，原告（上诉人）刘某、邓甲认为《放弃索赔确认函》无效的主要原因一是该《放弃索赔确认函》违反了《合同法》第三十九条、第四十条的有关格式条款的规定；二是理赔工作人员未明确告知刘某、邓甲《放弃索赔确认函》是放弃理赔的法律文件，刘某、邓甲因心情低落未仔细阅读即签字，签署《放弃索赔确认函》并非刘某、邓甲的真实意思表示，且违反了法律规定，因此对刘某、邓甲不具有法律效力。同时，原告（上诉人）刘某、邓甲认为"排除邓乙的死亡系他杀"的《死亡证明》无法认定被保险人的死亡系自杀。因此保险公司应当按约定进行理赔。

　　某保险公司（被告、被上诉人）提出抗辩理由主要包括：第一，未发现有证据证明被保险人的死亡是由外来意外事故的发生导致的，应为自杀或自伤害；第二，本案保险合同合法有效，且在投保时被告作为保险人已经履行了提示和明确说明义务；第三，本案原告已经签署放弃索赔声明，且有照片证明原告签署时神志清晰，未发现有异常现象或行为。某保险公司无法就该案件进行理赔。

经法院查明：被保险人邓乙因情绪激动，冲撞了室友，并叫其出去，室友离开并报警。派出所接警后在现场发现邓乙躺在草坪处，经抢救无效死亡。就刘某、邓甲《放弃索赔确认函》有效性，法院认为：刘某、邓甲对该函内容是明确知道的，不存在《中华人民共和国合同法》第五十二条规定的合同无效情形，而邓乙的死亡并非保险公司造成，故第五十三条规定的免责条款无效情形也并不适用于本案。刘某、邓甲未提交证据证明在《放弃索赔确认函》上签字时受到了欺诈、胁迫，更未在法定时间内请求撤销该函，故《放弃索赔确认函》合法有效，对双方具有约束力。就邓乙的死亡是否属于保险合同约定的赔付范围的问题，法院认为因《放弃索赔确认函》为双方真实意思表示，应按照双方约定履行赔付责任。

保险公司在日常理赔过程中，如发现不属于保险责任的情况或者客户申请保险金的事实或行为存在瑕疵，可能会选择与投保人、被保险人或受益人签订赔偿协议或放弃索赔协议（以下简称该类协议为"和解协议"），和解协议在诉讼中作为法院审判的主要证据，其效力可能影响最终审判结果。

但是，在诉讼实践中，和解协议的效力认定却并不乐观，我们在"中国裁判文书网"上以"保险""放弃索赔"为关键词搜索二审民事案件，截至2020年12月30日，共有判决书1902篇。抽取50件案例，其中涉及保险和解协议的案件共37件，其中7件当事人自愿放弃，和解协议非争议焦点；22件法院认定和解协议无效，8件法院认定和解协议有效。和解协议被认定有效率不足22%。

实务中和解协议被认定无效的原因主要包括：一是无权处分，例如交通事故纠纷中，受到损害的第三人被认定为保险金请求权人，被保险人不具有处分赔偿金的权利[1]；或和解协议的签署当事人非车辆所有人[2]；或在签订和解协议前，被保险人已将自己的保险理赔权利合法转让[3]等情况。二是重大误解和/或显失公平，保险公司利用自己的优势地位让被保险人或受益人产生错误认知从而作出不真实意思表示[4]。三是代保险金申请人签字，因保险公司无法

---

[1] 参考（2020）豫16民终4722号。
[2] 参考（2020）云26民终1399号。
[3] 参考（2017）粤04民终525号。
[4] 参考（2017）粤01民终18619号。

证明代签字人有合法授权,而被认定为无效。① 四是法院基于其他被查明的事实认定和解协议无效。如因保险公司未对免除保险人责任的条款履行提示说明义务;② 或因案涉保险产品条款未对产生争议的内容进行约定或约定不明确的,因不存在免责事由,认定签订的和解协议无效③。

综上所述,在实务中,一方面保险公司不应滥用自己在保险方面的优势地位,误导消费者放弃合法权利,进而损害消费者的权益。另一方面采取签订和解协议的方式,对于降低经营成本、减少诉累,快捷有效地解决保险公司与客户的矛盾,树立保险公司良好形象,具有积极正面的作用。因此为保护保险公司的利益,结合司法案例中的判决特点,保险公司在与保险金申请人和解或签署协议时,应优化相关业务流程,重点关注以下几个方面的管理步骤:一是确认签署和解协议主体适格,厘清保险利益相关人员可能存在的权利义务关系,避免出现无权处分、无权代理、代签名等造成和解协议效力不确定的情况;二是应就和解事宜向保险金申请人或利益相关人员进行明确的解释说明,不应隐瞒重要利益事项,不应诱导客户做出错误判断;三是在说明或签署相关和解协议过程中,全程录音录像,并留存相应资料,以证明客户了解和解协议内容,签署和解协议是其真实意思表示;四是如涉及授权其他人签署和解协议,应保留授权文书或其他可以证明代签字人获得授权的视听资料。

同时在保险公司日常管理过程中,应完善产品设计及销售环节,畅通公司内部各部门间的沟通渠道,通过理赔过程中发现的问题倒逼产品方案的完善,加强防范销售误导的管理,树立以消费者保护为核心的理念,达到客户与保险公司双赢的局面。

---

① 参考(2020)豫 02 民终 3405 号。
② 参考(2020)鲁 07 民终 6398 号。
③ 参考(2020)湘 01 民终 6261 号。

因保险代理人过错导致合同无效造成保险人损失可被追偿的认定

山东省青岛市中级人民法院
(2020) 鲁02民终4920号民事判决书

(2020年7月30日)

案·情

2010年11月4日,某保险公司青岛分公司与姜某签订《保险代理合同书》,刘某、桂某为连带保证人。2014年3月,姜某作为保险代理人,代为办理王甲为被保险人的三份保险合同。三份合同已交保费110万元,现金价值合计495038.7元。因三份合同被保险人签字均非王甲本人签署,王甲主张合同无效,导致某保险公司青岛分公司退还保费110万元,造成损失613761.3元(含佣金78000元、笔迹鉴定费8800元)。对此,某保险公司青岛分公司于2019年1月22日起诉姜某、刘某和桂某,主张赔偿。

一审中,被告姜某、刘某、桂某未到庭,法院进行缺席判决。一审法院认为姜某作为保险代理人,明知以死亡为给付条件的保险合同须经被保险人同意并认可保险金额,却违反保险代理合同约定,未确保涉案合同中被保险人的签字真实且就见证签字事宜向保险公司作虚假陈述,导致保险合同无效。姜某存在重大过错应承担赔偿责任。判决姜某支付某保险公司青岛分公司604961.3元、鉴定费8800元。刘某和桂某承担连带责任。上诉期内刘某主张《保证合同》非其本人签署,提起上诉。

二审中,经司法鉴定《保证合同》确非刘某签署,判决撤销对刘某的连带责任,对一审其他项判决予以维持。

判决书正文

上诉人（原审被告）：刘某，男，1957年10月19日出生，汉族，住青岛市市南区。

被上诉人（原审原告）：某保险公司青岛分公司，住所地青岛市市南区。

原审被告：姜某，女，1974年7月3日出生，汉族，住青岛市李沧区。

原审被告：桂某，女，1961年1月26日出生，汉族，住青岛市市南区。

上诉人刘某因与被上诉人某保险公司青岛分公司及原审被告姜某、桂某保险代理合同纠纷一案，不服青岛市市南区人民法院（2019）鲁0202民初453号民事判决，向本院提起上诉。本院于2020年5月8日受理后，依法组成合议庭对本案进行了审理。本案现已审理终结。

上诉人刘某上诉请求：撤销原判，依法改判（庭审中明确为其不承担连带清偿责任），一、二审案件受理费与刘某在案件审理期间的误工费、交通费、住宿费及生活费均由某保险公司青岛分公司承担。事实与理由：1. 刘某对姜某在某保险公司青岛分公司二次入职的情况及何时上岗、何时以某保险公司青岛分公司代理人的身份外出开展业务均不知情，且刘某已于2011年8月辞职前往其他保险公司工作；2. 在某保险公司青岛分公司非直接主管无资格成为内担保，只承担管理责任，退还发生保单业务的收入。姜某做2014年至2015年的保单业务时，刘某早已离开该公司；3. 涉案《保证合同》约定，某保险公司青岛分公司与姜某终止《保险代理合同书》后，保证人仍需在两年内承担保证责任。某保险公司青岛分公司应提交具有法律效力的姜某离职时间表；4. 刘某从未为姜某做过担保，其申请对《保证合同》中"刘某"的签名进行笔迹鉴定，鉴定费应由某保险公司青岛分公司承担。

被上诉人某保险公司青岛分公司辩称，1. 该公司与刘某、姜某签订的《保证合同》不存在《合同法》第五十二条及民法总则规定的无效情形，该合同系三方的真实意思表示，合法有效；2. 刘某经一审依法传唤，无正当理由拒不到庭，视为放弃答辩的权利，无权申请启动鉴定程序，一审法院按缺席审理正确；3. 姜某、桂某并未提起上诉，刘某仅对其承担保证责任部分享有上诉权，无权上诉请求撤销整个一审判决；4. 刘某在案件审理期间的误工费、交通费、住宿费及生活费更系其自身原因支出，某保险公司青岛分公司不存在侵权事由，刘某要求该公司承担该费用没有事实与法律依据。

原审被告姜某、桂某均未到庭陈述意见。

某保险公司青岛分公司向一审法院起诉请求：判令姜某赔偿某保险公司青岛分公司经济损失604961.3元、鉴定费8800元，刘某、桂某对上述损失承担连带赔偿责任，诉讼费由姜某、刘某、桂某承担。

一审法院查明并认定事实：2010年11月4日，某保险公司青岛分公司与姜某签订《保险代理合同书》，约定：1.姜某接受某保险公司青岛分公司委托在授权范围内代为办理人身保险业务，该公司按合同约定支付姜某代理手续费；2.保险代理人不得代替或者唆使他人代替投保人、被保险人签署保险单证及相关文件，对于代理人交至某保险公司青岛分公司的保险单证或相关文件上的签名，该公司均视为投保人或被保险人的亲笔签名，签名不实导致该公司遭受损失的，代理人应予赔偿；3.合同有效期限一年，自双方签章且姜某按约定提供两份有效的《保证合同》之日起生效；合同期满前十五日内双方未以书面形式通知对方解除或终止合同的，合同有效期自动延续至下一年，除法律法规或该合同及附件另有规定外，合同自动续延的次数不受限制。

同日，某保险公司青岛分公司与刘某、桂某分别签订《保证合同》，刘某、桂某自愿在合同生效之日起至某保险公司青岛分公司与姜某签订的《保险代理合同书》终止之日后两年内为姜某向该公司承担连带保证责任；刘某、桂某同意为姜某因违反有关国家法律法规、主合同及合同各附件的约定而给该公司造成的一切损失承担连带保证责任；当姜某因上述原因须向某保险公司青岛分公司承担经济责任时，该公司可以直接要求刘某、桂某根据保证合同代姜某承担该项经济责任；某保险公司青岛分公司与姜某自动顺延或重新签订主合同，保证期也按主合同约定的期限自动顺延，刘某、桂某仍同意为姜某承担合同约定的各项连带保证责任。

2014年3月19日，姜某作为某保险公司青岛分公司的保险代理人，代为办理王乙（王甲之父）投保"某A款年金保险（分红型）"业务（保单号01），被保险人为王甲（1980年1月27日出生），身故保险金受益人为王乙。2014年3月24日，姜某再次办理王乙投保"某A款年金保险（分红型）"业务（保单号02），被保险人为王甲，身故保险金受益人为王乙。2015年6月15日，姜某办理赵某（王甲之母）投保"某B款年金保险（分红型）"业务

（保单号 03），被保险人为王甲，身故保险金受益人为赵某。

办理上述三单保险业务时，姜某在《电子投保申请确认书》"代理人声明"部分及《代理人报告书》中均签字确认：亲自见证被保险人在确认书上签字，被保险人在相关文件的签字均为本人亲笔签名；如有不实见证，愿承担相应法律责任。

因王甲主张上述三份保险合同中被保险人签名均非其本人所签，某保险公司青岛分公司于 2018 年 6 月 15 日委托青岛某司法鉴定所对三份《电子投保申请确认书》被保险人签名处"王甲"签名是否系王甲所写进行鉴定，鉴定意见为上述签名与样本上王甲书写的签名均不是同一人所写。某保险公司青岛分公司因此次鉴定支出鉴定费 8800 元。

2018 年 7 月 25 日，经青岛市保险纠纷调解中心调解，王甲与某保险公司青岛分公司达成调解协议，青保调字〔2018〕第××号调解协议书载明，上述三份保险合同，年交保费 10 万元，共交费 110 万元；其中两份保单用于向某保险公司青岛分公司办理质押贷款，尚余 154700 元未还；某保险公司青岛分公司在王甲办理退保手续后 20 个工作日内支付退保剩余款项 90 万元，三份保险合同的保险责任同时终止。

2018 年 7 月 30 日，某保险公司青岛分公司向赵某的账户分三笔支付 88601.17 元、111661.09 元、139337.85 元，合计 339600.11 元，上述三份保险合同终止。2018 年 8 月 24 日，某保险公司青岛分公司向赵某的账户分三笔支付 82161.74 元、10 万元、378283.16 元，合计 560444.9 元。以上共计 900045.01 元。

2016 年 3 月 29 日、2017 年 5 月 8 日、5 月 10 日，王乙自某保险公司青岛分公司领取了三笔保单项下分红，金额分别为 14550 元、46648 元、62132 元，共计 123330 元。保险合同终止后，上述分红并未退回，用于抵顶应退保费。

截至保险合同终止之日，01 号保单现金价值为 177830.07 元，02 号保单现金价值为 177870.79 元，03 号保单现金价值为 139337.84 元，共计 495038.7 元。

一审法院认为：本案所涉《保险代理合同书》《保证合同》均系当事人的真实意思表示，合法有效。姜某作为保险代理人，明知以死亡为给付条件的保险合同须经被保险人同意并认可保险金额，却未确保涉案三份保险合同的被保险人王甲本人签字，反而就见证签字事宜向某保险公司青岛分公司作虚假陈述，导致三份保险合同无效，姜某对此存在重大过错，应对该公司的损失承担赔偿责任。投保人解除保险合同的，保险人仅需退还保单的现金价值，但因本案所涉三份保险合同无效，某保险公司青岛分公司向投保人退还了保费900045.01元，加上用于抵顶应退保费的分红123330元、贷款154700元，金额超过已付保费110万元，某保险公司青岛分公司仅主张已付保费与现金价值的差额604961.3元，符合法律规定，一审予以支持。某保险公司青岛分公司为确定合同效力而支出的笔迹鉴定费8800元，亦应由姜某赔偿。上述损失均属于《保证合同》约定的保证责任范围，刘某、桂某应承担连带赔偿责任。

姜某、刘某、桂某经依法传唤，无正当理由未到庭参加诉讼，依法可缺席判决。

据此，判决如下：一、姜某于判决生效之日起十日内向某保险公司青岛分公司赔偿损失604961.3元；二、姜某于判决生效之日起十日内向某保险公司青岛分公司赔偿鉴定费8800元；三、刘某、桂某对第一、第二项债务承担连带清偿责任。如果未按判决指定的期间履行给付金钱义务，应当依照《中华人民共和国民事诉讼法》第二百五十三条规定，加倍支付迟延履行期间的债务利息。案件受理费9938元、公告费450元，共计10388元，由姜某、刘某、桂某负担。

二审中，刘某申请对某保险公司青岛分公司提交的2010年11月4日《保证合同》保证人乙方落款处"刘某"的签名是否系其本人所签进行司法鉴定。本院依法委托潍坊某司法鉴定所进行鉴定，该所于2020年7月2日作出潍某司鉴所〔2020〕文痕鉴字第212号《司法鉴定意见书》，鉴定意见为上述《保证合同》乙方处"刘某"字迹不是刘某本人所写。

二审查明的其他事实与一审查明事实一致，本院依法予以确认。

本院认为：综合各方的诉辩主张，本案争议的焦点问题在于，上诉人刘某应否对原审被告姜某的涉案债务承担连带清偿责任。

某保险公司青岛分公司依据2010年11月4日签订的《保证合同》，诉请判令刘某就姜某对该公司造成的损失承担连带清偿责任。刘某对该合同乙方落款处"刘某"的签名不认可而申请进行司法鉴定。本院依法委托潍坊某司法鉴定所进行鉴定，鉴定意见为《保证合同》乙方处"刘某"字迹不是刘某本人所写，故刘某并未就姜某在某保险公司青岛分公司从事代理人可能给该公司造成的经济损失提供保证担保，刘某不应对姜某的涉案债务承担连带清偿责任。刘某为此而支出的鉴定费，应由某保险公司青岛分公司承担。

综上所述，刘某的上诉请求成立，本院予以支持。根据二审出现的新事实，本院依法予以改判，此改判不应归咎于一审法院。依照《中华人民共和国合同法》第四百零六条，《中华人民共和国担保法》第十八条、第二十一条、第三十一条，《中华人民共和国保险法》第三十四条、第四十七条，《中华人民共和国民事诉讼法》第一百七十条第一款第二项、第一百七十五条之规定，判决如下：

一、维持青岛市市南区人民法院（2019）鲁0202民初453号民事判决第一、第二项；

二、变更青岛市市南区人民法院（2019）鲁0202民初453号民事判决第三项为"被告桂某对第一、第二项债务承担连带清偿责任。桂某承担保证责任后，有权向姜某追偿"；

三、驳回被上诉人某保险公司青岛分公司的其他诉讼请求。

如果未按本判决指定的期间履行给付金钱义务，应当依照《中华人民共和国民事诉讼法》第二百五十三条之规定，加倍支付迟延履行期间的债务利息。

一审案件受理费9938元、公告费450元，共计10388元（被上诉人某保险公司青岛分公司已预交），由姜某、桂某负担；二审案件受理费9938元，鉴定费7400元，共计17338元（上诉人刘某已预交），由某保险公司青岛分公司负担。

本判决为终审判决。

审判长　宿　某
审判员　汪某某
审判员　谷某某
二〇二〇年七月三十日
书记员　邱某某
书记员　王　某

评·析

本案是一起保险代理人未确保保险合同上被保险人签字真实，导致保险合同无效后保险公司基于《保险法》和《保险代理合同书》对代理人发起追偿的保险代理合同纠纷案件，保险公司的追偿权和对损失金额的主张，获得了法院支持。本案焦点有三：一是代理人未严格履行《保险代理合同书》约定导致保险合同无效时，保险公司就保险合同无效的损失对代理人享有追偿权；二是保险公司因保险合同无效导致的损失金额的认定；三是代理人的推荐及保证人的连带法律责任。

1. 保险公司对保险代理人的追偿权

关于保险公司因保险代理人过错导致保险合同无效给保险公司造成损失的，保险公司对代理人享有追偿权这一问题，司法实务界认识相对一致。

该案中，某保险公司青岛分公司与姜某之间属于有偿委托代理合同关系，根据《中华人民共和国合同法》第四百零六条规定："有偿的委托合同，因受托人的过错给委托人造成损失的，委托人可以要求赔偿损失。"同时根据双方签订的《保险代理合同书》约定："保险代理人不得代替或者唆使他人代替投保人、被保险人签署保险单证及相关文件，对于代理人交至公司的保险单证或相关文件上的签名，公司均视为投保人或被保险人的亲笔签名，签名不实导致公司遭受损失的，代理人应予以赔偿。"

姜某作为保险代理人有监督和审核保险单签名是否真实的义务，但其却未履行该义务造成保险合同无效，导致某保险公司青岛分公司全额退还保费，姜某对此存在重大过错，保险公司有权就造成的损失向姜某追偿。

2. 保险合同无效导致的损失金额认定

关于保险合同无效导致的损失金额主要由三部分构成：支付给代理人的佣金、为确定保单效力支付的笔迹鉴定费、保费与保单现金价值之间的差额。针对前两项，司法实务界一般认为其属于保险公司的损失，但针对第三项存在较大争议，主要有以下三种观点：

（1）观点一认为该差额不属于保险公司的损失。保险公司因退保造成的损失，系涉案保险合同有效为前提计算的可得利益，而涉案保险合同因缺乏当事人的真实意思表示属于无效合同，保险公司不应因无效的合同获得额外利益。

（2）观点二认为该差额确系代理人过错造成，但不应向代理人追偿而是由保险公司自行承担。保险公司作为保险合同及《保险代理合同》当事人，对于保险合同的缔结和履行有直接责任，对保险代理人亦负有培训和管理职责。所以保险公司应该自行承担因管理不善导致的损失。

（3）观点三认为该差额属于保险公司的损失，保险公司有权对代理人进行追偿。根据《中华人民共和国合同法》第一百一十三条之规定，损失赔偿额应当相当于因违约所造成的损失，包括合同履行后可以获得的利益，但不得超过违反合同一方订立合同时预见到或者应当预见到的因违反合同可能造成的损失。结合该案，若姜某依照《保险代理合同书》的约定履行了监督、确保涉案保险单签字真实的义务，投保人申请退保时，根据《保险法》第四十七条规定，某保险公司青岛分公司只需退还涉案保单的现金价值。但因姜某的过错导致涉案保单出现《保险法》第三十四条规定的无效情形，致使保险公司全额退还涉案保单保费。保费和现金价值之间的差额属于因姜某违反《保险代理合同书》约定所造成的损失，姜某有义务对此损失承担赔偿责任。

3. 关于保证人的保证责任认定问题

根据《中华人民共和国担保法》第十八条之规定：当事人在保证合同中约定保证人与债务人对债务承担连带责任的，为连带责任保证。连带责任保证的债务人在主合同规定的债务履行期届满没有履行债务的，债权人可以要求债务人履行债务，也可以要求保证人在其保证范围内承担保证责任。本案中，某保险公司青岛分公司与刘某、桂某分别签订《保证合同》，根据合同约定，某保险公司青岛分公司有权主张刘某、桂某为姜某因违反有关国家法律法规、主合同及合同各附件的约定而给该公司造成的一切损失承担连带保证责任。一审中，因姜某、刘某、桂某三人均无理由不到庭参加庭审，法院缺席审判支持了某保险公司青岛分公司的主张。二审中对刘某连带保证责任的撤销，系经刘某到庭并经司法鉴定确认《保证合同》并非其本人签署的结果。

4. 案件启示

本案本质上是一起平等民事主体之间的合同纠纷案件，保险公司与代理人签署了真实合法有效的《保险代理合同书》，根据《中华人民共和国合同法》第六十条规定：当事人应当按照约定全面履行自己的义务；第一百零七条规定：当事人一方不履行合同义务或者履行合同义务不符合约定的，应当承担继续履行、采取补救措施或者赔偿损失等违约责任。姜某作为代理人不履行合同约定的确保保险单签字真实的义务系违约，其有义务就违约行为承担赔偿责任，该案的判决结果是诚实信用原则的体现。

该案的判决结果对保险代理人规范自己的销售行为具有重要的警示作用。长期以来，保险行业一直存在着代理人销售误导、代签字等问题，要求代理人对违规、违约行为承担相应责任不仅是《合同法》意义上诚实信用、公平正义的体现，也能从源头规制代理人的行为，有利于整个保险行业良性发展。

违法代理退保构成侵犯公民个人信息罪的认定

广东省开平市人民法院
(2020)粤 0783 刑初 475 号民事判决书

(2020 年 10 月 21 日)

案·情

2020 年 6 月 12 日,广东省开平市某保险公司客户(投保金额 80 余万元),接到自称是某保险公司工作人员周某的电话,要求为客户上门讲解合同。因该客户有固定的销售人员长期服务和维护,对周某的来电产生疑惑,加之该客户对某保险公司较为信任,遂即向某保险公司反馈并表示愿意配合追查此事。

2020 年 6 月 18 日,某保险公司工作人员陪同客户一同面见周某,现场确认周某并非某保险公司正式员工后,立即于当地报警。当地派出所随即出警,并在周某驾驶的车辆里查获多份保险保单,涉及保费高达百万余元,因涉案金额较大,警方把周某带回派出所进行问话并实施拘留。

警方调查发现周某在某保险公司任职期间,在履行职责过程中或以其他方式,非法获取公民个人信息;离职后通过冒充某保险公司工作人员身份的方式,以代理退保欺骗消费者,相关行为已触犯法律。

周某于 2020 年 6 月 24 日被羁押,次日被刑事拘留,同年 7 月 10 日被逮捕。开平市人民法院于 2020 年 10 月 20 日公开审理了此案,法院认为被告人周某已构成侵犯公民个人信息罪;被告人周某被抓捕归案后能够如实供述自己的罪行,属坦白,依法可以从轻处罚。判处被告人周某有期徒刑 6 个月,处罚金 5000 元，扣押在案的笔记本电脑及手机等作案工具予以没收。

判决书正文

公诉机关：广东省开平市人民检察院。

被告人周某，男，1990 年 10 月 8 日出生于江苏省沭阳县，汉族，大专文化，无业，住江苏省沭阳县。因本案于 2020 年 6 月 24 日被羁押，次日被刑事拘留，同年 7 月 10 日被逮捕，现羁押于开平市看守所。

开平市人民检察院以开检一部刑诉（2020）Z200 号起诉书指控被告人周某犯侵犯公民个人信息罪，于 2020 年 10 月 10 日向本院提起公诉，并建议适用认罪认罚简易程序审理。本院审查后，于同日立案并函告开平市法律援助处指派值班律师，为被告人周某提供了法律帮助，依法适用简易程序，实行独任审判，于同年 10 月 20 日公开开庭审理了本案。开平市人民检察院指派检察员吴某出庭支持公诉，被告人到庭参加了诉讼。现已审理终结。

经审理查明，2014 年 5 月至 2020 年 6 月，被告人周某先后在某保险公司上海电销中心，某保险公司上海分公司任职及离职期间，在履行职责过程中或以其他方式，非法获取公民个人信息。经统计，被告人周某非法获取公民个人交易信息 500 余条。2020 年 6 月 24 日公安机关将被告人周某抓获，并缴获笔记本电脑 1 台、手机 2 台（iPhone X 手机、华为手机各 1 台）、客户信息表 3 张等物品一批。

被告人周某对公诉机关指控的事实、罪名及量刑建议没有异议，认罪认罚且签字具结。

上述事实，被告人周某在开庭审理过程中无异议，且有被告人周某的供述，证人杨某、王某、黄某的证言，受案登记表、立案决定书、到案经过、扣押决定书、扣押笔录、扣押清单、保险客户信息表、任职记录表、《客户信息管理办法》《寿险新渠道客户信息管理办法》《寿险线上营销事业部电（网）销人员品质管理办法》、保单信息（某保险公司提供）、人口信息材料、违法犯罪经历情况查询证明、社会危险性说明表、电子数据等证据证实，被告人周某亦供认在案，足以认定。

本院认为，被告人周某无视国家法律，非法获取公民个人信息，情节严重，其行为已构成侵犯公民个人信息罪。公诉机关指控被告人所犯罪名成立，定罪准确、证据充分，应予支持。被告人周某归案后能够如实供述自己的罪行，属坦白，依法可以从轻处罚；其自愿认罪认罚，依法可从宽处理。公诉机关建议判处被告人周某有期徒刑六个月，并处罚金5000元，该量刑建议适当，本院予以采纳。缴获的作案工具笔记本1台、华为手机1台、客户信息表3张（均暂扣于开平市公安局），属作案工具，应予没收；其他物品在案证据无法证明是作案工具或被告人的违法所得，应予发还。依照《中华人民共和国刑法》第二百五十三条之一、第六十七条第三款、第五十二条、第五十三条、第六十四条、《中华人民共和国刑事诉讼法》第十五条、《最高人民法院、最高人民检察院关于办理侵犯公民个人信息刑事案件适用法律若干问题的解释》第一条、第四条、第五条第一款之规定，判决如下：

一、被告人周某犯侵犯公民个人信息罪，判处有期徒刑六个月，并处罚金人民币五千元。

（刑期从判决执行之日起计算。判决执行以前先行羁押的，羁押一日折抵刑期一日，即自2020年6月24日起至2020年12月23日止。罚金应在本判决生效后三十日内缴纳。）

二、扣押在案的笔记本1台、华为手机1台，予以没收，上缴国库；客户信息表3张，予以没收，作为证据附案；其他扣押物品由扣缴机关发还给被告人周某。

如不服本判决可在接到判决书的第二日起十日内通过本院或者直接向广东省江门市中级人民法院提出上诉。书面上诉的，应当提交上诉状正本一份，副本二份。

审判员　李某某
二〇二〇年十月二十一日
法官助理　顾某某
书记员　梁某某

评·析

近年来，以"代理退保"为主要形式的恶意代理投诉问题在保险行业呈快速增长态势，中国银保监会、各地方银保监局、中国保险行业协会屡次向消费者发布风险提示。随着"代理退保"的不断发展，社会上出现了以非法获取保险公司客户信息，冒充保险公司工作人员主动联系保险公司客户为手段的"代理退保""代理投诉"产业链，不仅严重扰乱了市场环境，而且对保险消费者的合法权益造成了严重的侵害。

一、关于侵犯公民个人信息犯罪的法律规定

关于侵犯公民个人信息犯罪，根据《中华人民共和国刑法》（以下简称《刑法》）第二百五十三条之一规定"违反国家有关规定，向他人出售或者提供公民个人信息，情节严重的，处三年以下有期徒刑或者拘役，并处或者单处罚金；情节特别严重的，处三年以上七年以下有期徒刑，并处罚金。违反国家有关规定，将在履行职责或者提供服务过程中获得的公民个人信息，出售或者提供给他人的，依照前款的规定从重处罚。窃取或者以其他方法非法获取公民个人信息的，依照第一款的规定处罚。单位犯前三款罪的，对单位判处罚金，并对其直接负责的主管人员和其他直接责任人员，依照各该款的规定处罚。"

关于"公民个人信息"的界定，根据《最高人民法院、最高人民检察院关于办理侵犯公民个人信息刑事案件适用法律若干问题的解释》第一条的规定"刑法第二百五十三条之一规定的'公民个人信息'，是指以电子或者其他方式记录的能够单独或者与其他信息结合识别特定自然人身份或者反映特定自然人活动情况的各种信息，包括姓名、身份证件号码、通信联系方式、住址、账号密码、财产状况、行踪轨迹等"。

关于情节严重情形的认定，《最高人民法院、最高人民检察院关于办理侵犯公民个人信息刑事案件适用法律若干问题的解释》（以下简称《两高解释》）第五条进行了规定，其中第（三）项"非法获取、出售或者提供行踪轨迹信息、通信内容、征信信息、财产信息五十条以上的"；第（四）项"非法获取、出售或者提供住宿信息、通信记录、健康生理信息、交易信息等其他可能影响人身、财产安全的公民个人信息五百条以上的"为情节严重的情形。

二、本案被告人周某非法获取公民个人信息，已构成犯罪

本案难点在于：一、周某非法获取的某保险公司客户信息，是否符合刑事

法律规定的"公民个人信息";二、周某非法获取的某保险公司客户信息数量是否达到刑事追责标准。

周某非法获取的某保险公司客户信息,可认定为《两高解释》第五条第(四)项所规定的公民"交易信息"。理由在于,保险合同成立过程中,投保人向保险公司支付对价购买保险,保险公司收取保险费进行承保,这一系列行为属于客户与保险公司之间的正常商业交易行为。被告人周某非法获取的客户信息包括保险合同保单号、保险合同交易主体及合同交易内容(保险险种、保费)等详细的保险合同交易信息,应属于非法获取公民个人"交易信息"。同时,因周某非法获取的公民交易信息达500余条,也符合了《两高解释》第五条第(四)项所规定的交易数量标准。

根据《两高解释》第五条第(四)项之规定,"非法获取、出售或者提供住宿信息、通信记录、健康生理信息、交易信息等其他可能影响人身、财产安全的公民个人信息五百条以上的",构成《刑法》第二百五十三条之一规定的"情节严重"。因此,本案被告人周某已达刑事追责条件。

三、参考意义

保险公司客户信息是否属于"公民个人信息"是该类案件的审理难点。本案中,法院将案涉客户信息定性为"交易信息"(体现为审理查明内容"经统计,被告人周某非法获取公民个人交易信息500余条")对于同类案件具有重要的参考作用。

通常"代理退保"不法团伙非法获取的保险公司客户信息包含客户姓名、身份证号码、险种,保单号、联系方式、通信地址、保费等详细的保险合同信息。该类信息能够具体反映投保人与保险公司进行商业交易的过程以及具体交易事项,属于《两高解释》第五条第(四)项之规定"交易信息"没有太大争议。同类案件中,除主张上述信息属于"交易信息"外,还可考虑论证其属于"财产信息"。保险产品,特别是分红型、万能险型等保险产品,具有一定投资、理财性质,属于金融产品的一种。金融产品指的是各种具有经济价值,可进行公开交易或兑现的非实物资产,也叫有价证券,包括现金、汇票、股票、期货、债券、保单等。日常生活中,金融产品已成为公民个人财富的重要组成部分。同时根据《中华人民共和国保险法》第三十四条第二款"按照以死亡为给付保险金条件的合同所签发的保险单,未经被保险人书面同意,不得转让或者质押",由此可看出,保险单可用于转让、质押。结合《中华人民共和国民法典》物权编关于质权的有关规定,保险单如票据、汇票等有价证券,具有财产性质,可认定为公民个人财产。根据《两高解释》第五条第(三)项"非法获取、出售或者提供行踪轨迹信息、通信内容、征信信息、财产信息五十条以上的",构成《刑法》第二百五十三条之一规定的"情节严重",可追究刑事责任。

该案尘埃落定的同时也对保险经营主体起到一定的警示作用,促使各保险经营主体不断完善内部管理机制,对于保险客户信息采取更加严格的保密措施,防止客户信息泄露。

第二部分

财产保险诉讼案例

财产综合险中人为改变房屋承重结构致房屋倒塌是否属于保险事故

江苏省苏州市中级人民法院
(2019)苏05民终7113号民事判决书
(2020年4月3日)

案·情

2016年8月18日,昆山某外贸公司以自己为被保险人,将其位于昆山市人民南路的A号楼X号、Y号房屋向某保险公司苏州市分公司投保财产综合险,其中X号、Y号房屋保险金额3000万元,保险期间自2016年8月27日至2017年8月26日。条款适用《商业楼宇财产综合险》,昆山某外贸公司在投保单和保险条款上骑缝均加盖了公章。

2017年4月27日,上述X号、Y号房屋突然倒塌,接报案后某保险公司于4月28日派员至现场查勘。《调查笔录》载明:"涉案房屋全部倒塌,事故原因暂不明,待政府出具正式文件。"之后,昆山某外贸公司未提供事故证明材料。

2018年9月11日,昆山某外贸公司委托南京某保险公估公司出具《公估报告》,结论为:1. 案涉事故属于保险责任;2. 房屋全损应按保险金额3000万元赔偿。

2018年9月19日,昆山某外贸公司诉至昆山市人民法院,诉请:1. 支付保险金3000万元;2. 被告承担诉讼费,公估费70万元,律师费25万元。

一审法院在审理中向昆山市住建局调取了《关于人民南路B号房屋倒塌事故调查报告》。该报告载明:事故直接原因为该房屋底层墙体大面积拆改,造成底层墙体整体失稳。

判决书正文

上诉人（原审原告）：昆山某外贸公司，住所地江苏省昆山市开发区。

被上诉人（原审被告）：某保险公司苏州市分公司，住所地江苏省苏州市高新区。

上诉人昆山某外贸公司（以下简称外贸公司）因与被上诉人某保险公司苏州市分公司财产保险合同纠纷一案，不服江苏省昆山市人民法院（2018）苏0583民初18550号民事判决，向本院提起上诉。本院于2019年7月8日立案后进行了审理。本案现已审理终结。

外贸公司上诉请求：1.撤销一审判决，改判支持外贸公司诉讼请求；2.本案诉讼费由某保险公司苏州市分公司承担。事实和理由：外贸公司房屋倒塌是非投保人本意的、非人为的、意外事故等造成的损失，按照保险合同的约定，某保险公司苏州市分公司应予赔偿。首先，政府部门的调查报告与本案保险责任的认定之间无关联性。一审判决混淆了保险期间内危险程度增加因素和保险期间外影响承保因素。昆山市住建局行政处罚的依据是行政管理性规范，核心理由在于外贸公司没有与承租人签订安全生产管理协议，所以需要承担违反安全管理的主体责任。但对于本案保险合同而言，外贸公司和承租人在保险期间内以及前一保险年度内均没有对房屋的内外结构进行任何改变，保险标的的状态和影响承保的危险程度等因素在某保险公司苏州市分公司第一个承保年度中就已确定，保险标的的内外结构在连续两个保险年度内没有发生任何变化，这些已经固定的因素就是某保险公司苏州市分公司已经确定的承保风险。一审判决以1994年前后房屋结构的改变认定不属于保险责任，是将保险期间内投保人义务扩展至保险期间外，而本案保险人承保的是保险标的损坏或灭失的风险，某保险公司苏州市分公司应当受到保险合同的约束，就保险标的的灭失承担赔偿责任。故一审判决以政府部门事故调查报告认定本案不属于保险责任范围，应当予以纠正。其次，外贸公司提交的公估报告证据效力应当予以采信。在距事故发生近600天的时间里，某保险公司苏州市分公司没有积极履行任何义务，故外贸公司聘请第三方保险公估机构对事故是否属于保险责任进行鉴定,是合理、正当的。一审判决未采信《公估报告》的证据效力,存在不当。同时,《保险法》规定发生保险事故后,保险人应当及时对事故作出核定,违反此项义务的应当承担不利后果。一审判决忽视了某保险公司苏州市分公司未在法定期限内查明事故原因、履行保险义务的情形,某保险公司苏州市分公司怠于履行义务的行为严重违反了《保险法》有关规定。最后,案涉事故属于典型的意外事故。根据保险责任范围的约定,只要是非投保人本意的、意外事故等造成的损失,保险人均应当进行赔偿,案涉房屋崩塌的原因只能归结为自然灾害、意外事故导致,本案也不属于保险责任免除范围。因此,本案事故属于保险责任,某保险公司苏州市分公司应承担赔偿责任。结合合理期待原则,外贸公司在投保时并不知道这种突发性的、不可预见性的房屋崩塌意外事故会发生,但投保目的是期望在这种损害发生时能获得赔偿,保险合同的格式化、专业化、复合化特点使得缺乏保险专业知识的投保人处于劣势地位,难以准确理解保险合同条款的含义。在对保险条款存在两种以上解释时,应按照不利解释原则,按照普通大众的理解审查认定相关约定,保护被保险人利益。综上所述,请求二审依法改判。

某保险公司苏州市分公司辩称:一、案涉事故不属于保险事故,案涉险种是财产综合保险,保险条款采用列明的方式,约定了三大类承保危险。外贸公司未能举证证明房屋倒塌的原因由合同约定的承保危险所致。外贸公司认为案涉房屋倒塌属于意外事故,而意外事故并非案涉财产综合险的保险范围,故外贸公司关于案涉事故属于保险责任范围的主张不能成立。二、《保险法》规定被保险人对发生保险事故即事故的原因性质、损失程度,有提供证明材料的义务,故案涉事故属于保险事故的证明责任属于被保险人外贸公司,而外贸公司至今未能证明发生何种保险事故。昆山市人民政府出具的批复已经明确了房屋倒塌的原因,外贸公司委托的公估报告是单方委托,且保险公估人的业务范围主要是对保险标的的定损,而案涉公估报告对法律适用问题即保险责任是否成立进行论证,缺乏依据。同时,外贸公司委托公估时,事故发生已经一年多,现场已经被夷为平地,公估报告缺乏事实根据。综上可见,本案主要的争议焦点为案涉事故是否属于保险责任范围,并不涉及责任免除条款,也不存在对格式条款的不同理解,在一审中某保险公司苏州市分公司已经充分举证证明保险合同成立时尽到了明确提示说明义务。综上所述,外贸公司主张的赔偿金额缺乏依据，请求驳回上诉请求。

外贸公司向一审法院提出诉讼请求：1. 判令某保险公司苏州市分公司支付保险赔偿金 3000 万元；2. 判令某保险公司苏州市分公司承担诉讼费、公估费 70 万元、律师费 25 万元等费用。

一审法院认定的事实：

2016 年 8 月 18 日，外贸公司（投保人、被保险人）向某保险公司苏州市分公司投保了关于商业楼宇财产综合险，投保单上载明标的地址：1. 昆山市人民南路 A 号楼 X 号房、Y 号房，2. 昆山市玉山镇朝阳西路×××号，保险期间自 2016 年 8 月 27 日零时起至 2017 年 8 月 26 日二十四时止一年。其中涉案标的物为昆山市人民南路 A 号楼 X 号房、Y 号房的保险金额/赔偿限额为 3000 万元，保险金额来源为估值，保险价值确定方式为出险时重置价值，本保单第一受益人为某银行昆山支行。上述商业楼宇财产综合险条款关于保险责任部分的第五条约定，在保险期间内，由于下列原因造成保险标的的损失，保险人按照本保险合同的约定负责赔偿：（一）火灾、爆炸；（二）雷击、暴雨、洪水、暴风、龙卷风、冰雹、台风、飓风、暴雪、冰凌、突发性滑坡、崩塌、泥石流、地面突然下陷下沉；（三）飞行物体及其他空中运行物体坠落。前款原因造成的保险事故发生时，为抢救保险标的或防止灾害蔓延，采取必要的、合理的措施而造成保险标的的损失，保险人按照本合同的约定也负责赔偿。释义部分的第四十三条第（十四）款崩塌：石崖、土崖、岩石受自然风化、雨蚀造成崩溃下塌，以及大量积雪在重力作用下从高处突然崩塌滚落。第（十六）款地面突然下陷下沉：地壳因为自然变异，地层收缩而发生突然塌陷，对于因海潮、河流、大雨侵蚀或在建筑房屋前没有掌握地层情况，地下有空穴，以致地面突然塌陷，也属地面突然下陷下沉。但未按建筑施工要求导致建筑地基下沉、裂缝、倒塌等，不在此列。第（十八）款自然灾害：指雷击、暴雨、洪水、地面突然下陷下沉及其他人力不可抗拒的破坏力强大的自然现象。第（十九）款意外事故：指不可预料的以及被保险人无法控制并造成物质损失的突发性事件，包括火灾和爆炸。上述投保单和保险条款，外贸公司骑缝加盖了公章。

2017 年 4 月 27 日 21 时 40 分许，外贸公司投保的 1 号保险标的，即昆山市人民南路 A 号楼 X 号房、Y 号房发生倒塌，外贸公司及时向某保险公司苏州市分公司进行了报案。2017年4月28日,某保险公司苏州市分公司向外贸公司工作人员做了调查笔录,载明涉案房屋全部倒塌,消防人员和公安人员已开展施救,事故原因暂不明,待政府出具正式文件。庭审中,外贸公司明确涉案事故发生当天政府有关部门进行了现场清理。

2018年12月26日,昆住建〔2018〕285号《关于人民南路B号房屋倒塌事故结案的请示》并附《人民南路B号房屋倒塌事故调查报告》,该报告载明,2017年4月27日21时40分,昆山市人民南路B号房屋发生倒塌事故,未造成人员伤亡。涉案房屋倒塌后,2017年4月28日—5月25日期间,技术调查工作小组委托专家组开展了技术调查工作。事故发生原因和性质:(一)直接原因,根据人民南路B号房屋倒塌原因技术调查工作小组调查结论,该房屋底层墙体大面积拆改,造成部分墙体承载力不足,导致底层墙体整体失稳,是房屋发生整体倒塌的主要原因。(二)间接原因,1.房屋产权人,外贸公司及其法定代表人童某对该产权房屋未依法履行日常监督管理职责,未能及时发现和制止承租人历次拆改行为,未按规定履行房屋安全管理。2.第一承租人,杨某在其承租期间,擅自对房屋部分承重墙进行拆改,对事故的发生负有直接责任,在其转租期间,未告知经营场所危险因素,未按规定履行房屋安全检查职责。3.实际使用人,"啄木鸟""梁佳""361度""流行磁场"等经营户在使用过程中,未及时发现使用的房屋存在严重的安全隐患,未按规定履行房屋安全检查职责。(三)事故性质,经认定,"4·27"人民南路B号房屋倒塌事故是一起因房屋所有人、房屋承租人违法破坏房屋原有承重系统、事故隐患排查治理不到位而导致的一起既有房屋使用安全责任事故。

2018年12月29日,昆山市人民政府出具昆政复〔2018〕133号《市政府关于同意人民南路B号房屋倒塌事故结案的批复》载明,同意上述请示中关于人民南路B号房屋倒塌事故的原因分析和责任认定,准予结案。

一审庭审中,外贸公司主张案涉事故属于保险条款的第五条第二项中约定的崩塌和地面下陷下沉以及第四十三条的第(十八)、第(十九)款的范围。某保险公司苏州市分公司则认为不属于保险责任范围。

一审法院认为,首先,外贸公司在某保险公司苏州市分公司处投保商业楼宇财产综合险,双方之间的保险合同关系合法有效。本案主要的争议焦点在于案涉保险标的的倒塌事故是否属于保险合同约定的保险责任范围。本案中,案涉保险标的事故发生后，政府部门于事故发生次日即组成技术调查工作小组，并委托专家组开展了为期一个月的技术调查工作，调查报告中明确载明了事故原因为房屋所有人、房屋承租人违法破坏房屋原有承重系统、事故隐患排查治理不到位导致。其次，外贸公司提交的《公估报告》系于 2018 年 7 月 13 日—9 月 11 日自行委托形成，距离事故发生时间也已逾一年多，现场勘察时建筑物残骸也已被清理完毕，故无法准确反映事故发生当时的原因。最后，外贸公司主张案涉保险标的的事故属于保险合同约定的崩塌和地面下陷下沉等情况，但其并未提交相应证据予以证实。据此，一审法院认为案涉保险标的的倒塌原因不属于双方保险合同约定的保险责任范围，即案涉保险标的的倒塌事故并非保险事故，外贸公司主张某保险公司苏州市分公司支付保险赔偿金、公估费及律师费等费用的诉讼请求依据不足，一审法院碍难支持。综上所述，依照《中华人民共和国保险法》第二条、第十条、第十六条第七款、《中华人民共和国民事诉讼法》第六十五条第一款、《最高人民法院〈关于民事诉讼证据的若干规定〉》第二条的规定，判决如下：驳回外贸公司的诉讼请求。案件受理费 196550 元，由外贸公司负担。

本院认定的事实与一审法院认定事实一致。

本案二审主要争议焦点为：某保险公司苏州市分公司应否就案涉事故承担保险赔付责任？

本院认为，《中华人民共和国合同法》第一百二十五条规定："当事人对合同条款的理解有争议的，应当按照合同所使用的词句、合同的有关条款、合同的目的、交易习惯以及诚实信用原则，确定该条款的真实意思。合同文本采用两种以上文字订立并约定具有同等效力的，对各文本使用的词句推定具有相同含义。各文本使用的词句不一致的，应当根据合同的目的予以解释。"根据该条法律规定，采用保险人提供的格式条款订立的保险合同，保险人与投保人、被保险人或者受益人对合同条款有争议的，应当首先按照合同所使用的词句、合同的有关条款、交易习惯等，确定该条款的真实意思。仍有两种以上解释的，人民法院应当作出有利于投保人、被保险人和受益人的解释。具体就本案而言，案涉保险合同条款第五条采用逐项列举的方式，明示承保范围限于约定危险类型造成的保险标的损失，故对于保险合同未列明原因导致的损失，保险公司不应承担赔偿责任。外贸公司要求某保险公司苏州市分公司承担赔偿责任,应当举证证明案涉事故属于保险合同约定的承保范围。虽本案外贸公司主张案涉房屋倒塌属于保险合同约定的崩塌情形,但保险条款释义部分已对崩塌的概念进行明确,且外贸公司在投保人声明处盖章确认对案涉保险条款已充分理解并接受。据此,在双方当事人已对崩塌概念作出明确约定的情况下,本案中并不存在两种以上理解,案涉事故并不属于合同约定的崩塌导致。同时,外贸公司主张本案属于意外事故,进而属于保险合同约定的承保范围,依据不足。其次,案涉事故是否属于保险责任范围,涉及案件事实认定及法律适用问题,故一审法院未采信《公估报告》,并无不当。据此,在外贸公司未能证明案涉事故属于保险合同承保范围之事故的情况下,一审判决驳回外贸公司诉讼请求,具有事实和法律依据,并无不当。

综上所述,上诉人外贸公司的上诉请求不能成立,应予驳回;一审判决认定事实清楚,适用法律正确,应予维持。依照《中华人民共和国民事诉讼法》第一百七十条第一款第一项之规定,判决如下:

驳回上诉,维持原判。

二审案件受理费196550元,由外贸公司负担。

本判决为终审判决。

审判长 高某某

审判员 谢 某

审判员 丁 某

二〇二〇年四月三日

法官助理 孙 某

书记员 姜 某

评·析

本案一、二审形成的争议焦点是:

1. 保险责任和责任免除条款的逻辑关系及对事故原因、性质的举证责任;

2. 房屋因墙体失稳倒塌是否属于条款中的"崩塌"、"地面下陷下沉"。对此产生的不同理解是否适用"疑义不利解释原则"。

一、保险责任和责任免除条款的逻辑关系及对事故原因、性质的举证责任。

（一）现行财产保险条款一般采用列明责任方式。在列明责任保险合同中，首先应判断导致保险标的受损的事故原因是否属于列明的承保风险，若不属于承保风险，则无须判断是否具有免责情形。这既是保险合同纠纷司法实践中普遍认同的审查方式，也是保险人在此类案件恰当的抗辩方式。

（二）《保险法》第二十二条规定："保险事故发生后，按照保险合同请求保险人赔偿或者给付保险金时，投保人、被保险人或者受益人应当向保险人提供其所能提供的与确认保险事故的性质、原因、损失程度等有关的证明和资料。"故证明事故原因的初步举证责任在被保险人，若保险人对其原因有异议或认为具有免责情形，则保险人应就反驳事由举证。

（三）在本案案前和一审中，某保险公司曾积极了解政府部门关于房屋倒塌事故的调查结论，并获悉其结论对保险人可能有利。但鉴于上述两点考虑，并未直接将其作为抗辩理由，而是坚持被保险人对事故原因的证明义务。一审中，鉴于原告无法举证事故原因，但辩称因已向某保险公司报案，某保险公司作为专业机构应查明事故原因或指导被保险人获得事故原因证明文件，法官曾询问某保险公司是否申请向政府部门调查取证，并且释明了不申请的法律后果。对此，某保险公司明确回复不申请。为查明案件事实，法官转要求原告申请调查。调取的《关于人民南路 B 号房屋倒塌事故调查报告》结论为：1. 事故直接原因是该房屋底层墙体大面积拆改，导致底层墙体整体失稳；2. 该房屋倒塌事故是一起因房屋所有人、房屋承租人违法破坏房屋原有承重系统、事故隐患排查治理不到位而导致的安全责任事故。该结论一方面进一步证明了房屋倒塌原因不属于承保危险，同时也避免了混淆保险责任概念及保险人的举证义务风险。

二、房屋因墙体失稳倒塌是否属于条款中的"崩塌"、"地面下陷下沉"。对此产生的不同理解是否适用"疑义不利解释原则"。

（一）原告外贸公司在对房屋倒塌原因举证不利的情况下，又提出该情形属于条款五（二）条的"崩塌"、"地面下陷下沉"。一方面，条款对此的"释义"意思表述明确应无歧义；另一方面，需对法官阐明该类条款（承保危险列举）的背景、渊源。就条款五（二）条来说，前半段"雷击、暴雨、……

冰凌"属于气象性灾害,后半段"突发性滑坡、崩塌、……地面突然下陷下沉"属于地质性灾害。经此解释,对条款的真实含义更容易被理解、接受。

(二)关于"疑义不利解释原则"的适用。

1. 目前司法实践中普遍将《保险法》第三十条规定的"按通常理解予以解释"理解为按《合同法》第一百二十五条规定的解释方法。本案判决即如此。但若深究,《合同法》第一百二十五条规定的是合同的一般解释方法,而第三十条"按通常理解予以解释"则是对格式条款解释方法的特殊规定,这与格式条款的特性有很大的关系。格式条款具有两面性,一方面是附和性,另一方面是普遍适用性。格式条款的制定人将其在长期、大量经营过程中采集、整理、提炼的数据和积累的经验、技术,通过格式条款将其统一化、规范化,以简化交易,提高效率,节省交易成本。故在对格式条款的基本判断上,应保持客观理性,因为格式条款所节省的交易成本最终会分摊到支付对价的合同附和方。当观察到格式条款的制定人在其条款中出现利用其专业、技术优势偏袒自己,排挤对方,欲赚取不合理利润——条款偏离了通常理解的应有之义时,方采用不利解释原则予以衡平。"通常理解"是基本前提,不利解释是偏离前提时的救济,所以,"按通常理解予以解释"应理解为按交易渊源、交易习惯、提供同类产品或服务的商人的一般标准等进行判断。

格式条款的上述特性在保险合同中尤为明显。保险条款中一些长期、稳定使用的承保危险定义,基本反映了保险人正常的费率厘定基础。故对该类条款(某些特约条款例外),对其"按通常理解予以解释"时,应充分考虑其渊源、交易习惯。

2. 专业术语的解释方法。保险条款中必然存在大量的专业术语,如财产保险合同中的暴雨、暴风、滑坡、泥石流、崖崩等气象、地质术语,人身保险中的疾病、手术名称等医学术语。对这些专业术语的解释的"通常理解"是否应依据投保人、被保险人及受益人的一般理解、通常人理解?

术语是在特定学科领域用来表示概念称谓的集合,是通过语音或文字来表达或限定科学概念的约定性语言符号。专业术语是专业领域人士在长期的科学研究和实践中所形成的约定俗成的、通行的概念称谓,故其一般也只为专业领域人士所熟知;对一般公众来说,专业术语不仅在日常生活中鲜有涉及,而且由于其特定领域性和大众的认知局限性,一般不会对专业术语产生比较统一的经验和认识，其各自的理解也很难形成"通常理解"。所以对专业术语的"通常理解"应当根据其科学定义和内涵，而不能随从大众的一般认知。否则，便脱离了事物的本质。对此，最高院《保险法解释（二）》第十七条规定："保险人在其提供的保险合同格式条款中对非保险术语所作的解释符合专业意义，或者虽不符合专业意义，但有利于投保人、被保险人或者受益人的，人民法院应予认可。"

财产一切险中未续保标的能否作为统保协议约定中的投保财产

北京市高级人民法院

（2020）京民终190号民事判决书

（2020年7月15日）

案情

某银行在某保险公司北京分公司为其固定资产投保财产一切险并签署《固定资产统保保险协议》，后经某保险公司北京分公司建议，将其中一个在建项目转投保建筑安装工程险，保险期间届满后工程尚未完工且未及时进行续保。在此期间，该在建工程出险。某银行以某保险公司北京分公司在建议转投保时承诺风险"无缝衔接"和《统保协议》为由申请索赔，某保险公司北京分公司拒赔处理后，某银行起诉。此案围绕财产一切险、建筑安装工程险的保障范围、承诺函和统保协议的效力，经过一审、二审阶段，还原承保事实并厘清承保本意，最终判决该事故损失不属于保险责任。

判决书正文

上诉人（原审原告）：某银行，住所地H地。

法定代表人：李某。

被上诉人（原审被告）：某保险公司，住所地B地。

法定代表人：缪某。

被上诉人（原审被告）：某保险公司北京分公司，住所地C地。

负责人：郭某。

上诉人某银行因与被上诉人某保险公司、被上诉人某保险公司北京分公司财产损失保险合同纠纷一案，不服北京市某中级人民法院民事判决，向本院提起上诉。本院于 2020 年 4 月 15 日立案后，依法组成合议庭进行了审理。2020 年 5 月 6 日，上诉人某银行的委托诉讼代理人王某、安某，被上诉人某保险公司的委托诉讼代理人刘某、被上诉人某保险公司北京分公司的委托诉讼代理人刘某、范某接受了本院视频询问。本案现已审理终结。

某银行上诉请求：1. 撤销一审判决；2 依法改判某保险公司、某保险公司北京分公司共同承担保险责任 193905318.5 元或发回重审；3. 一、二审诉讼费用由某保险公司、某保险公司北京分公司承担。

事实和理由：一、一审判决认定事实存在重大瑕疵，与案件事实不符。其一，一审判决事实认定部分采用"新增资产"表述，而在一审"本院认为"部分却用"新增保险财产"表述，"新增资产"与"新增保险财产"是完全不同的概念，易引发歧义。其二，一审判决第 8 页载明：2016 年 8 月，某银行与某保险公司签订《某银行 2014 年至 2018 年固定资产统保协议补充协议》（以下简称统保补充协议），约定：附加天津项目：由于天津项目较为特殊，目前属于静止状态，某保险公司同意将其附加在某银行总行财产一切险保险方案中承保。另外，一审判决第 10 页载明：2016 年 5 月某保险公司北京分公司签发《2016 年度固定资产统保总行财产一切险保险单》（以下简称 2016 年度财产一切险保险单），保险期间自 2016 年 6 月 1 日零时至 2017 年 5 月 31 日二十四时。本保单对于天津项目只承保保险标的处于"静态"状态下面临的风险，这两项引用，均为"8·12"爆炸后所签订的协议，均为某保险公司、某保险公司北京分公司提供的与爆炸前协议有修改的格式条款，一是爆炸前后所签协议有本质不同，不具参考和借鉴性。二是作为专业的保险公司涉嫌规避"8·12"事故应尽义务而制定的协议，不能体现爆炸前当事双方真实的意思表示。一审法院引用爆炸后的协议作为定案依据，产生误导效应。其三，一审判决第 9 页、第 10 页强调"某银行未能续保"，从表象上看，"8·12"事故发生之时，天津工程的确不在天津在建工程保险期间，但该工程即使在竣工之后，还有两年的保证期间，应当反过来强调某保险公司应当将天津工程保险到期后自动纳入一切险范畴。其四，2010—2014 年统保协议，发展到《中国某银行 2014 年至 2018 年固定资产统保保险协议》（以下简称统保协议），贯穿于"8·12"当年的一切险协议当中，条文并未改动。天津在建工程由一切险转为在建工程险的最重要的也是唯一解释条款，其"自动纳入与转出"应为理所应当。该条款"在整个保险期限内，相对于投保时新增保险财产（包括新增营业机构，无论是否已入账）或保险财产减少（不包括保险责任事故原因造成的减少），保险公司应自动纳入或转出承保范围。被保险人应在保险年度结束后 15 日内向保险人申报该年度内增设营业机构的名称与地址信息以及该年度最后一天的账面原值和保险金额，保费多退少补。每年度应补交或退还保费"。特别约定与《关于某银行天津在建工程退保安排的承诺函》（以下简称《承诺函》）构成完整的证据链条，决定了本案的走向。二、《承诺函》是某保险公司带有担保和保证性质的承诺，其内容与"特别约定"构成本案关键所在，亦是某保险公司必须理赔的依据。其一，《承诺函》的意思表示贯穿整个保险期间。该函表达了某保险公司保证的意思表示，将天津在建工程，由一切险转换为在建工程险，保证风险的无缝连接。《承诺函》引述了"一切险"意即统保协议自始存在并持续至爆炸之时以及之后的"特别约定"条款，也是《承诺函》中唯一引述的一切险条款，足以证明一切险、在建工程险均接受统保协议中的"特别约定"条款的制约。其二，一审法院将"新增资产"与"新增保险财产"混同，将表象上的是否为在建工程保险期间以及"8·12"事故期间，统一险中是否有在建工程保险清单作为主要的考量，而没有进入事物的本质之中，分析当事人的真实意思表示，得出错误的结论。其三，天津在建工程应自动纳入统保协议当中。既然天津在建工程受统保协议中的"特别约定"条款制约，为了实现《承诺函》当中的"竭力配合某银行进行险种的切换工作，规避责任界限不清的潜在风险……"当天津在建工程保险期间届满时，依照"特别约定"之规定，应当自动纳入统保协议当中。其中，根据《承诺函》及"特别约定"，某保险公司表述为"贵行应在保险合同（指统保协议）到期日后 15 日内将增加的保险资产通知我司，以便我司根据约定内容进行保费调整，尤其是针对目前的资产变动情况，每月可能有大幅增加，我司最终会根据贵司提供的数据计算增加需交纳的保费。同时，我司也承担了相应保险责任，一旦发生合同责任范围的保险事故，我司会根据损失情况与资产变动情况承担相应赔偿责任"。现实中，某银行在爆炸发生后当年的统保协议到期后 15 日内向某保险公司交纳了保险费，但某保险公司为逃避责任，竟将保费退回。某银行履行了自己应尽的职责，但某保险公司却未按合同约定履行保险义务，并单方造成未收保费就不需要承担保险责任的假象，其行为已经严重违反了协议约定。三、某保险公司、某保险公司北京分公司应当对天津爆炸事故进行全额理赔。其一，某银行将天津在建工程在某保险公司的统保协议中予以全部的、全时段的保险。此为某银行的真实意思表示。其二，《承诺函》及统保协议中的"特别约定"的关联，《承诺函》及"特别约定"条款再现了某保险公司与某保险公司北京分公司对当时某银行包括天津在建工程的无缝连接式的保险承诺。如果没有将天津在建工程分离出来，某银行的天津在建工程在初始以及爆炸发生时的统保协议保障范围内。其三，"新增保险财产"应理解为未保而应保的财产，是《承诺函》中承诺的，亦是贯穿统保协议"特别约定"的自动纳入与转出条款。从统保协议中分离出来的天津在建工程，致使统保协议中的保险资产减少，而在建工程在保险期间届满之时，适用自动纳入统一保险之中，方能实现"无缝连接"，如此，也等同于统保财产的增加，同一模式下的减少与增加，符合"特别约定"逻辑，同时也是双方当时的真实意思表示。转出适用统保协议的"特别约定"条款，也是《承诺函》中的保证依据。同时自动纳入与转出，也符合《中华人民共和国民法通则》第六十二条之规定：民事法律行为可以附条件，附条件的法律行为在符合所附条件时生效。即在有新增保险资产时，应当自动纳入。其四，格式条款的解释应当有利于被保险人。《中华人民共和国保险法》第三十条规定，采用保险人提供的格式条款订立的保险合同，保险人与投保人、被保险人或者受益人对合同条款有争议的，应当按照通常理解予以解释。对合同条款有两种以上解释的，人民法院及仲裁机构应当作出有利于被保险人和受益人的解释。本案存在诸多条款有两种以上的解释，如特别约定的自动纳入与转出条款的理解与适用，在建工程为"已竣工但未转入固定资产的项目"难以符合社会一般认知。一审法院未作出有利于被保险人和受益人的解释。某保险公司逃避责任有违诚信。综上所述，请求支持某银行的上诉请求。

某保险公司辩称，一审判决认定事实清楚、准确，法律适用和裁判结果正确，依法应予维持。某银行的上诉请求依法应予驳回。某银行在上诉状中的陈述完全没有事实和法律依据。某银行在一审期间的诉讼请求是主张某保险公司支付保险赔偿金，其上诉请求则是请求承担保险责任，支付保险赔偿金和承担保险责任是完全不同的主张，某银行上诉请求超出其一审诉讼请求范围，依法不应获得支持。

某保险公司北京分公司是统保协议指定的出单公司，某保险公司不负有接受某银行投保和承保的义务。因此，某保险公司不就某银行的上诉请求及其事实与理由逐一发表意见，由某保险公司北京分公司全面发表意见，某保险公司完全认同某保险公司北京分公司就某银行上诉状的答辩意见。

统保协议指定某保险公司北京分公司作为出单公司，由某保险公司北京分公司根据统保协议约定为某银行固定资产统保项目承保出单、支付赔款以及提供相关保险服务。某保险公司在统保协议项下不负有接受某银行投保和承保的合同义务，不存在某银行向某保险公司投保和某保险公司承保的事实，某保险公司未依法成立有保险合同关系，某银行主张某保险公司履行所谓保险合同义务无事实和法律依据，一审判决驳回某银行诉讼请求是完全正确的。

统保协议、统保补充协议、某银行 2015 年度非车辆类固定资产投保清单充分证明，天津项目不是统保协议约定的财产一切险可投保财产，不存在天津项目适用统保协议"特别约定"条款，在建筑安装工程险到期后自动转入 2015 年度财产一切险保险单项下承保的问题，依法不存在某保险公司承担保险合同责任或者合同责任的问题。某银行诉讼代理人在一审期间自认，是出于成本考虑未继续投保建筑安装工程险，而非因为天津项目作为新增保险财产可自动转入 2015 年财产一切险保险单项下承保，进一步佐证天津项目不是统保协议约定的财产一切险可投保财产。某保险公司认为，人民法院应依法驳回某银行的上诉请求。

某保险公司北京分公司辩称，一审判决认定事实清楚、准确，法律适用和裁判结果正确，依法应予维持。某银行的上诉请求依法应予驳回。某银行诉讼代理人在一审期间自认：因为天津项目快竣工了，出于成本因素考虑，在建筑安装工程险到期后未续保。某银行该自认有一审庭审笔录和庭审同步录音录像在案为证。某银行诉讼代理人在一审期间的自认充分证明，某银行出于成本考虑未续保建筑安装工程险，导致天津项目在事故发生时处于脱保状态，依法不能获得保险赔偿。某银行出于成本考虑未续保也充分证明，某银行在建筑安装工程险到期后并无为天津项目寻求保险保障的主观意愿。

《最高人民法院关于适用〈中华人民共和国民事诉讼法〉的解释》第三百二十三条第一款规定,"第二审人民法院应当围绕当事人的上诉请求进行审理"。据此,某保险公司北京分公司针对某银行的上诉请求进行答辩:

一、某银行的上诉完全没有事实依据。至于某银行对一审判决查明事实的单方理解与认识,与一审判决查明认定的事实是否存在瑕疵属不同范畴,不能混为一谈。

二、一审判决是根据《中华人民共和国保险法》第二条、《中华人民共和国民事诉讼法》第六十四条之规定作出判决,某银行在上诉状中未指明一审判决的前述法律适用存在任何错误,其所谓一审判决"适用法律出现重大错误,显属不当"根本就不成立。

三、主张承担保险责任和主张支付保险赔偿金是完全不同的请求,某银行主张某保险公司、某保险公司北京分公司承担保险责任的上诉请求不属于本案争议范围,依法不应支持。某银行在一审期间请求某保险公司、某保险公司北京分公司支付保险赔偿金193905318.5元。某银行的上诉请求则是主张"二被上诉人承担天津后台服务中心全部保险责任""二被上诉人共同承担保险责任193905318.5元"等。保险责任和保险赔偿金是完全不同的法律概念,请求承担保险责任和请求支付保险赔偿金是完全不同的诉讼请求。请求承担保险责任超出某银行在一审期间的诉讼请求范围,依法不应支持。

四、一审判决对事实的认定是准确、清楚的。

(一)某银行提及的一审判决第7页有关"新增资产"的内容,完全来自统保协议的相关约定。该事实认定不存在任何瑕疵。一审判决在查明认定《2015年度固定资产统保总行财产一切险保险单》(以下简称2015年度财产一切险保险单)相关事实时,其"特别约定"第4项"保险财产的增减"内容中,就包括"新增保险财产"的用语(见一审判决第10页第1段、第2段)。某银行所谓一审判决在查明事实部分仅使用"新增资产"的用词,完全与一审判决查明认定的事实不符。在某银行以统保协议和2015年度财产一切险保险单中所谓"新增保险财产自动纳入"之约定主张权利的情况下,在查明认定相关事实的情况下,一审判决在"本院认为"部分就"新增保险财产"阐明裁判观点,是完全正确的。

(二)某银行在一审期间提交《某银行总行2016年度非车辆类固定资产

统保投保清单》（以下简称 2016 年度投保清单）和《2016 年度固定资产统保总行财产一切险保险单》（以下简称 2016 年度财产一切险保险单）作为证据，并且将某银行 2016 年度投保清单解释为天津项目符合所谓"新增保险财产自动纳入"之约定，完全规避天津项目是根据统保补充协议的特别约定被临时附加至 2016 年度财产一切险保险单项下承保该重要事实。在此情况下某保险公司北京分公司提交统保补充协议作为反证，予以批驳。某银行对某保险公司北京分公司一审期间提交全部证据的真实性均予认可。一审判决在查明认定统保协议相关事实的同时，查明认定统保补充协议和 2016 年度财产一切险保险单相关事实，是查明认定当事人诉争的重要事实，是完全正确和必要的。某银行在上诉状中声称："上诉人与被上诉人签订的一系列保险合同属于一个整体，任何割裂开来单独认定事实都是错误的"，某银行的前述观点已然对其无端指责一审判决查明认定统保补充协议、2016 年度财产一切险保险单构成了直接否定。某银行对一审判决的无端指责完全是双重标准的做法，是完全根据自身利益诉求对事实进行任意取舍和解释。

（三）查明某银行在建筑安装工程保险单在到期后有无续保，是为查明天津项目在事故发生时有无在财产险项下投保和承保，关系到本案重要事实和诉争双方重要利益，是完全正确和必要的；而且，某银行诉讼代理人在一审期间自认是出于成本考虑未续保建筑安装工程险，充分证明某银行基于经济因素考虑未再寻求为天津项目提供保险保障，绝非是基于天津项目在建筑安装工程保险单到期后可自动转入财产一切险保险单承保的考虑，某银行诉讼代理人的自认对某银行诉讼主张构成直接否定。

（四）某银行所谓"特别约定，焦点所在"的上诉主张与一审判决查明认定事实根本无关。某银行所谓"特别约定"与《承诺书》构成完整证据链条的主张，在事实和逻辑上都是荒谬的，亦被某银行上诉状中"新增保险财产应理解为未保而应保"的观点所否定。构成完整证据链条的恰恰是 2015—2018 年度统保协议、某银行 2015 年度投保清单、2015 年度财产一切险保险单、统保协议补充协议以及某银行诉讼代理人在一审期间关于未续保建筑安装工程险原因的自认，完整并充分证明天津项目在事故发生前不是财产一切险的可投保财产，不存在天津项目在建筑安装工程险到期后作为新增保险财产自动转到 2015 年度财产一切险保险单项下承保的问题。某银行主张 2015 年度财产一切险保险单中"特别约定"内容是"源自于2010—2014年统保协议,发展到2014—2018年统保协议,贯穿于'8·12'当年的财产一切险协议当中"。某保险公司北京分公司首先需要指出的是,某银行是根据2014年签订的本案中2014—2018年度统保协议主张权利,2015年度财产一切险保险单是根据2014—2018年度统保协议签发,且诉争双方均未将2010—2014年度统保协议作为证据提交,因此2010—2014年度统保协议完全与本案无关。《承诺函》是处理2010—2014年度统保协议项下的财产一切险承保出现的问题,与本案争议不存在事实和法律上的关联,不存在与"特别约定"形成完整证据链条的问题。某银行认可2014—2018年度统保协议是2015年度财产一切险保险单"特别约定"的渊源,却置2014—2018年度统保协议以及其自身投保2015年度财产一切险的行为于不顾,将2015年度财产一切险保险单中"特别约定"与本属于案外争议的《承诺函》构建为所谓完整证据链条,这在事实上和逻辑上都是荒谬的。

五、某银行所谓《承诺函》具有担保和保证性质承诺的主张完全没有事实和法律依据。《承诺函》是指某保险公司北京分公司2013年12月15日出具的《关于中国某银行天津在建工程退保安排的承诺函》。该《承诺函》是就天津项目在2013年度财产一切险项下退保并转入建筑安装工程险承保该特定事项出具的,与本案争议无关。

(一)2013年度财产一切险项下承保是因为某银行的错误投保直接导致的,《承诺函》引用2013年度财产一切险保险单中"特别约定"进行解释,完全是为了照顾某银行的感受,避免某银行相关人员因错误投保承担责任,在本意和行为上都是对天津项目在2013年度财产一切险项下错误投保和错误承保进行纠正。某银行在一审期间未就《承诺函》的出具背景进行有针对性的反驳,也未作出其他解释。某保险公司北京分公司在一审期间就《承诺函》充分发表了质证意见,包括指出:某银行将不属于财产一切险可投保财产的天津项目在2013年度财产一切险项下投保。当某保险公司北京分公司发现天津项目在财产一切险项下投保和承保错误后,主动向某银行提出天津项目在财产一切险项下退保和转入建筑安装工程险承保。为了避免某银行相关工作人员承担错误投保的责任,《承诺函》引用了2013年度财产一切险保险单中"特别约定"相关内容。但是,这并不能改变天津项目在2013年度财产一切险项下被错误投保和承保的事实,不能改变将天津项目转入建筑工程险承保是纠正错误投保和错误承保的事实。某保险公司北京分公司在 2016 年 1 月 25 日的《关于某爆炸事故致某银行后台服务中心在建工程项目受损案的回复函》等函件中重申了《承诺函》的本意,包括明确指出天津项目不是 2010 年度统保协议项下的保险标的,建议某银行将天津项目从 2013 年度财产一切险保险单中退保和转入建筑安装工程保险承保,是因为天津项目不是符合约定的财产一切险保险标的。

(二)《承诺函》依法根本不具有担保和保证性质。《中华人民共和国担保法》对担保、保证有明确的法律规定,《承诺函》中不存在担保或保证的任何意思表示。

(三)《承诺函》是针对天津项目在 2013 年度财产一切险保险单项下退保和转入建筑安装工程险承保该特定事项作出的意思表示,《承诺函》是就本案争议发生之前的特定事项出具,某银行主张《承诺函》的意思表示贯穿于所谓整个保险期间,本质上是主张《承诺函》的意思表示是后来达成的 2014—2018 年度统保协议的基础,是主张《承诺函》的效力优于后来达成的 2014—2018 年度统保协议、统保补充协议、2015 年度投保清单以及 2015 年度财产一切险保险单的效力。这不仅严重违背事实,更严重违反合同相对性原则和法理。

(四)《承诺函》中风险无缝衔接是针对天津项目从 2013 年度财产一切险切换至建筑安装工程险该特定事项和特定过程,不存在所谓风险无缝衔接承诺适用于本案的问题,不存在所谓为了实现《承诺函》而依照"特别约定"将天津项目纳入统保协议中的问题。《承诺函》载明,"贵行在确定投保建筑安装工程一切险的保险生效日后提前通知我司,我司将会对财产险中在建工程部分进行退保,退保日期将与工程险生效日期衔接,保证风险的无缝衔接"。很明显,《承诺函》中的风险无缝衔接是专指天津项目由 2013 年度财产一切险切换至建筑安装工程险该特定事项和特定过程。现有证据已经充分证明天津项目不适用 2014—2018 年度统保协议"特别约定",《承诺函》中有关配合险种切换的相关内容是指天津项目从 2013 年度财产一切险切换至建筑安装工程险而言,不存在为了实现《承诺函》,在建筑安装工程险到期后将天津项目自动纳入 2014—2018 年度统保协议的问题。

（五）在天津项目不适用"特别约定"自动转入 2015 年度财产一切险承保的情况下，也当然不存在某银行就天津项目补交 2015 年度财产一切险所调新增保费的问题，某保险公司北京分公司退回某银行补交的所调新增保费是完全正确的。

六、某银行关于某保险公司、某保险公司北京分公司应对天津爆炸事故进行全额理赔的相关上诉主张完全没有事实和法律依据。

（一）当事人的真实意思应根据证据进行判断和认定，在统保协议仅就财产一切险投保和承保作出约定的情况下，在现有证据充分证明天津项目不是财产一切险可投保财产的情况下，在某银行诉讼代理人在一审期间自认是因为成本考虑未续保建筑安装工程险的情况下，某保险公司北京分公司认为某银行的主张没有事实与法律依据。

（二）《承诺函》仅是承诺天津项目由 2013 年度财产一切险切换至建筑安装险该过程中风险无缝衔接，"特别约定"条款中根本就没有无缝连接保险承诺的内容，某银行对当初天津项目未从 2013 年度财产一切险项下切换至建筑安装工程险承保进行主张，无非是在规避和弱化因其自身原因未就天津项目续保建筑安装工程险的单方责任。

（三）天津项目是否属于本案争议的财产一切险的应保财产，应根据 2014—2018 年度统保协议、某银行 2015 年度投保清单、统保补充协议等证据认定。《承诺函》所针对事项属于案外争议，不构成本案项下财产一切险投保和承保的权利义务基础。

（四）统保协议、2015 年度财产一切险保险单、统保补充协议不是保险人预先制定的格式条款，不存在作有利于被保险人解释的问题。即使按照某银行在 2015 年度投保清单中对在建工程的理解，天津项目也不是符合约定的财产一切险的可投保财产。某保险公司北京分公司在一审过程中已经充分指明，统保协议是当事人经协商达成的共识，是双方的共同意思表示，依法不属于格式条款。统保协议的第一段文字明确载明，"甲、乙双方本着自愿、平等、互利和诚实信用的原则，经充分协商，就甲方指定乙方为全行固定资产统保项目的承保人，乙方为甲方提供保险服务达成以下协议……"。2015 年度财产一切险保险单采用的是统保协议附件中的内容和格式，是某银行参与协商并同意的结果，依法不属于格式条款。在统保协议、2015 年度财产一切险保险单依法不属于格式条款的情况下,依法不存在作有利于被保险人解释的问题。根据统保协议中可投保财产一切险的财产范围的约定,已经列入"在建工程"会计科目,并且已经投入使用的工程财产,某银行可以选择性投保。该约定是十分明确的,不存在理解歧义的问题。抛开可根据会计准则确定"在建工程"会计科目的内容不谈,对"已经投入使用"该用语的理解应当是不存在任何争议的。天津项目当时并未投入使用,连某银行选择性投保的范围都不是,更谈不上作为新增保险财产自动转入承保的问题了。某银行2015年度投保清单载明,"在建工程:指已完工尚未转入固定资产的项目"。即使按照某银行的单方理解,天津项目也不是符合约定的财产一切险可投保财产。

综上所述,一审判决认定事实清楚、正确,适用法律和裁判结果正确,请求依法驳回某银行全部诉讼请求。

某银行向一审法院起诉请求:1.判令某保险公司、某保险公司北京分公司向某银行支付保险赔偿金193905318.5元;2.判令某保险公司、某保险公司北京分公司承担本案的全部诉讼费用。

一审法院认定事实如下:2014年,某银行与某保险公司签订统保协议,约定:本协议中所称出单公司,是指某保险公司指定负责某银行固定资产统保项目承保出单、支付赔款以及相关保险服务的某保险公司北京分公司。保险种类与保险财产范围,某银行向某保险公司投保下列保险业务:财产一切险(附加地震险):1.某银行将以下财产投保财产一切险及附加地震险:列入以下固定资产科目的财产(土地除外),具体包括:"营业用房、职工住房、其他建筑物、自助设备、主机及附属设备、办公及营业电子设备、网络及通信设备、安保设备、空调设备、办公家具、其他设备、自有房产装修等"。2.列入"在建工程"会计科目,而已投入使用的工程财产,某银行各被保险人可选择投保。3.某银行各被保险人的其他财产,各投保人可选择投保。关于新增资产:自2014年6月1日起,某银行若再成立一级分行,某银行可以选择在某保险公司投保,对于某银行新成立的二级分行的固定资产保险按约定的保险分配格局划分。本协议下的保险期间为四年,自2014年6月1日0:00时至2018年5月31日24:00时止;保险单保险期间为一年,每年签发一次。投保与承保出单约定,某银行各被保险人汇总投保资料,提交某银行投保人,在某保险公司属地服务公司的帮助下统一向某保险公司北京分公司办理投保手续。在本协议签署后，在某银行或某银行投保人因各类原因未及时提供投保资料，某保险公司将及时出具暂保函，按照本协议内容承担有关保险责任。在本协议项下的每个保险年度的保险期间内，对于某银行各被保险人投保时新增账内财产（包括新增营业机构网点的保险财产），某保险公司应自动承保。2016 年 8 月，某银行与某保险公司签订统保补充协议，约定：附加天津项目。由于天津项目较为特殊，目前属于静止状态，某保险公司同意将其附加在某银行总行财产一切险保险方案中承保。

2013 年 3 月某保险公司北京分公司签发 2013 年度固定资产统保总行财产一切险保险单。保险明细表写明：保险类别为财产一切险。某银行 2013 年度非车辆类固定资产统保投保清单显示在建工程项在财产一切险投保清单之内。2013 年 12 月 5 日，某保险公司北京分公司向某银行发送《承诺函》，写明：按照《中国某银行固定资产统保保险协议》，我公司承保了 2013 年度财产一切险，保险期间为 2013 年 3 月 31 日零时至 2014 年 3 月 30 日二十四时，其中在建工程保额 193905318.5 元。我司在详细了解了天津在建工程目前的在建状态以及风险保障需求后，提出建议贵行另投保建筑工程一切险，以满足天津项目的在建工程特点，提供更为全面、针对性更强的风险保障安排。贵行领导也与我司认识一致，提出投保建筑工程保险的需求。贵行在确定投保建筑工程一切险的保险生效日期后提前通知我司，我司将会对财产险中在建工程部分进行退保，退保日期将与工程险生效日期衔接，保证风险的无缝连接。某银行 2014 年度非车辆类固定资产统保投保清单显示：在建工程项不在财产一切险投保清单之内。

2014 年 3 月 3 日，某保险公司北京分公司签发某银行建筑安装工程保险单。保险明细表列明：保险类别为建筑安装工程保险。保险工程为某银行天津后台服务中心项目。保险期间为自投保签章之日起至 2015 年 6 月 30 日。建筑安装工程保险单在 2015 年 6 月 30 日到期后，某银行未续保。

2015 年 5 月某保险公司北京分公司签发 2015 年度固定资产统保总行财产一切险保险单。保险明细表写明：保险类别为财产一切险。投保人为某银行总行。被保险人：某银行总行和/或其辖属的各支行和/或各营业部和/或各办事处和/或其他相关单位。保险标的：被保险人拥有和/或在被保险人控制之下的下列财产：（1）房屋建筑物及附属设施；（2）机具设备；（3）建筑装修；（4）其他资产。保险期间为 2015 年 6 月 1 日零时至 2016 年 5 月 31 日二十四时。该保单特别约定：……4. 保险财产的增减：在整个保险期限内，柜对于投保时新增保险财产（包括新增营业机构，无论是否已入账）或保险财产减少（不包括保险责任事故原因造成的减少），保险公司应自动纳入或转出承保范围。某银行2015年度非车辆类固定资产投保清单显示在建工程项不在财产一切险投保清单之内。2016年5月某保险公司北京分公司签发2016年度固定资产统保总行财产一切险保险单，保险期间自2016年6月1日零时至2017年5月31日二十四时。该保单的保险明细表二，列明天津项目，保险类别为财产一切险，特别约定：1. 针对天津项目的保险责任范围、免赔条件、附加条款等内容，均以本特别约定内容为准，……4. 该项目的保险价值为重置价值；……6. 本保单对于天津项目只承保保险标的处于"静态"状态下面临的风险，一旦该项目开始进行拆除修复，将采用"安装工程一切险"进行承保，同时将财产一切险保单中该项目剩余保险期间的保费按照日比例进行退还。

2015年8月12日，某危险品仓库发生特大火灾爆炸事故，致某银行天津后台服务中心项目遭受损失。事故发生时，某银行天津后台服务中心项目不在建筑安装工程保险的保险期间内。

2015年8月19日，某银行向某保险公司北京分公司发送《关于某重大火灾爆炸事故对我行天津某服务中心项目造成损坏的报案函》称，某银行天津后台服务中心项目于2014年3月在贵公司投保了"建筑安装工程保险"，2015年8月12日23:30分左右某危险品仓库发生重大火灾爆炸事故，请贵公司在警戒解除后及时到现场勘查。2015年9月7日，某保险公司北京分公司回函称，贵公司与我司签订的建筑安装工程保险保单约定，保险期间为2014年3月5日起至2015年6月30日止，而本次事故发生时间为2015年8月12日，已超过保单约定的保险期间，我司欠难赔付。2015年12月18日，某银行向某保险公司北京分公司发送《关于商请赔付某爆炸事故对我行某服务中心项目造成损失保险金的函》称，根据我行与贵公司签订的《某银行2010年度固定资产统保保险协议》《建筑安装工程保险单》《某银行2014年至2018年固定资产统保保险协议》及签发的2013年度、2014年度、2015年度财产一切险保险单，贵司应对我行天津后台项目在该次爆炸事故中受到的损失进行全额赔付。2016年1月25日，某保险公司北京分公司回函称：一、事故发生日期不在建筑安装工程险保险期内，故此次事故不属于建筑安装工程险责任范围；

二、受损项目不属于财产一切险保险标的，故此次事故不属财产一切险保险责任范围。固定资产统保协议及基于该协议出具的财产一切险保险单，均对保险财产范围及保险标的有约定，尚未完工且尚未投入使用的在建工程不属于前述固定资产统保协议及基于该协议出具的财产一切险保险单约定的保险标的、应自动纳入的保险财产及应自动承保的新增资产范围。基于协议和条款的具体约定，贵司天津后台服务中心项目受损案不属于工程险和财产一切险的保单责任范围，无法获得保险赔付。

2016年5月10日，某保险公司北京分公司向某银行发送《关于聘请公估公司协助进行损失核定的沟通函》，写明：尽管贵我双方对保险责任成立与否不能达成共识，但应贵司申请，我司在事故发生后推荐了公估公司协助贵司对项目损失情况进行核定。2017年7月27日，某保险公司北京分公司向某银行发送《关于天津港"8·12"爆炸事故致某银行后台服务中心受损案的答复函》，再次重申：一、涉案事故发生日期不在建筑安装工程保险合同约定的保险期间内，故此次事故不属于建筑安装工程保险责任范围；二、受损项目不属于财产一切险保险标的，故此次事故不属于财产一切险保险责任范围；三、关于残值处理问题的答复，鉴于我司已认为保险责任不成立，故残余物资处置方案与我司无关，请贵司自行酌定，我司不发表相关意见。

在建工程项目、天津项目、天津在建工程均指代某银行天津后台服务中心项目。

一审法院认为，《中华人民共和国保险法》第二条规定：本法所称保险，是指投保人根据合同约定，向保险人支付保险费，保险人对于合同约定的可能发生的事故因其发生所造成的财产损失承担赔偿保险金责任的商业保险行为。本案中，作为保险标的的某银行天津后台服务中心项目投保过程为：2013年3月31日至2014年3月30日投保财产一切险；2014年3月3日至2015年6月30日投保建筑安装工程保险；2016年6月1日至2017年5月31日投保财产一切险。建筑安装工程保险单在2015年6月30日到期后，某银行未能续保。2015年8月12日天津港事故发生时，某银行天津后台服务中心项目不在建筑安装工程保险的保险期间内，亦未被纳入2015年度财产一切险投保清单之内。某银行认为根据统保协议及2015年度财产一切险保险单关于"新增保险财产（包括新增营业机构，无论是否已入账）保险公司都应自动纳入承保范围"的约定，天津后台服务中心项目应属于财产一切险的保险标的的主张，因天津后台服务中心项目既未被纳入2015年度财产一切险投保清单之内，又不属于新增保险财产且被自动纳入的情形，故该主张缺乏事实依据，一审法院不予采信。故某银行要求某保险公司、某保险公司北京分公司在2015年度财产一切险项下承担保险责任的诉讼请求，一审法院不予支持。综上所述，依照《中华人民共和国保险法》第二条，《中华人民共和国民事诉讼法》第六十四条之规定，判决如下：驳回某银行的诉讼请求。

二审中，当事人没有提交新证据。某银行和某保险公司、某保险公司北京分公司对于一审法院查明的事实予以确认。但是，某银行认为提交的一旦证据是其2013年一切险保单中，"特别约定"第3条保险财产的增减部分（一审证据第247页），一审法院没有引用。因为整个保险是系列保险，从2010—2014年，2014—2018年签订了统保协议，2012年12月至2014年3月，在建工程一直在一切险保险中。证明此期间已经在一切险投保，某保险公司出具的《承诺函》也引用了此条款，2013年、2014年、2015年的条款是持续、连续的过程。某保险公司北京分公司认为，2013年财产保险与本案争议事项无关；2013年保单依据《中华人民共和国民事诉讼法》的规定不属于二审审理的事实范围；某银行在上诉状中并没有指明一审判决漏查了该事实。此部分超出了某银行上诉的范围。

本院查明：统保协议载明，甲（某银行）乙（某保险公司）双方本着自愿、平等、互利和诚实信用的原则，经充分协商，就甲方指定乙方为全行固定资产统保项目的承保人，乙方为甲方提供保险服务达成以下协议。

本院另查明：2013年度一切险保单"特别约定"第3条"保险财产的增减"载明，在整个保险期内，相对于投保时新增保险财产（包括新增保险机构，无论是否已入账）或保险财产减少（不包括保险责任事故原因造成的减少），保险公司应自动纳入或转出承保范围。

本院再查明：2019年11月13日，本案一审证据交换笔录显示，某保险公司北京分公司认为天津项目在2013年度财产一切险保单项下承保是因为某银行错误投保导致，因此在2013年度财产一切险项下退保并转入建筑安装工程一切险承保。某保险公司北京分公司在《承诺函》中未指明是因某银行错误投保导致，而是采取了某银行可接受的委婉和变通表述方式，完全是考虑客户感受。同日的一审庭审笔录载明：某保险公司北京分公司称，天津工程"2013年当时是承保财产一切险的。当时原告（某银行）没有对项目作特别说明，我方存在审核不严问题，后来在签订2014年度统保协议之前我们发现了天津项目在财产一切险下投保，我们认为是错误的，后来建议某银行退保转入工程险"，"事故发生后回函明确说明了，因为2013年财产险项下退保转入工程险就是因为不符合当时2010年度投保保险标的。工程险和财产保险单，保险标的、被保险人、保险金额都不一样"。在同日的笔录中，某银行不认可"2013年12月15日承诺函之后，天津在建工程转入建筑安装工程保险单，原财产一切险保险单就不含在建工程"的说法，某银行认为"从在建工程在一切险保单中的保险是2011年、2012年、2013年保错了三年。甚至在2016年8月事故之后用一切险保了在建工程险。承诺函是往后延续的，没有附期限"。某银行确认知悉2014年3月签订的建筑安装工程投保单期间，建筑安装工程投保单2015年6月30日到期后没有续保的原因是"还有2015年统保协议和2014年到2018年的统保协议。工程要竣工了，再投保不值。我们认为是自动纳入一切险"。对于自动纳入的理解，某银行称"因为被告承诺是为了更好服务，我们从承诺函的字面意思理解就是自动纳入"。

本院认为，某银行与某保险公司是平等的商事主体，统保协议中明确载明"双方本着自愿、平等、互利和诚实信用的原则，经充分协商，就甲方指定乙方为全行固定资产统保项目的承保人，乙方为甲方提供保险服务达成"，双方当事人应当按照合同的约定行使权利、履行义务。

根据统保协议第二条保险种类与保险财产范围中第二条约定：列入"在建工程"会计科目，而已投入使用的工程财产，某银行各被保险人可选择投保。案涉某银行天津后台服务中心项目在事故发生时并未竣工和投入使用，应当不属于一切险的投保标的。但是，2013年3月31日至2014年3月30日某银行天津后台服务中心项目在财产一切险的范围内，某保险公司解释称由于其审核不严造成错误，故"建议某银行把天津项目从财产险一切险退保，转入工程险"，并承诺"我司将会对财产险中在建工程部分进行退保，退保日期将与工程险生效日期衔接，保证风险的无缝连接"。本院认为，结合本案统保协议明确的关于列入"在建工程"会计科目，而已投入使用的工程财产、某银行各被保险人可选择投保的表述，上述承诺针对的应是2013年3月31日至

2014年3月30日某银行天津后台服务中心项目错误投保在财产一切险的范围内的事实。某银行关于此承诺向后延续、无期限的上诉理由与事实不符，本院不予采纳。

某银行于2014年3月3日至2015年6月30日将天津工程项目投保建筑安装工程保险；在2015年6月30日建筑安装工程保险单到期后，某银行未能续保，某银行称其认为"还有2015年统保协议和2014年到2018年的统保协议。工程要竣工了，再投保不值。我们认为是自动纳入一切险"。本院认为，根据统保协议的约定，天津项目不属于一切险中的投保财产，某银行在2014年3月3日至2015年6月30日已将天津工程项目投保于建筑安装工程保险后，其应当明知天津工程项目不属于一切险的投保保险财产，不能适用统保协议"保险财产的增减"中关于自动纳入条款。2015年8月12日天津港事故发生时，某银行天津后台服务中心项目既不在建筑安装工程保险的保险期间内，也未被纳入2015年度财产一切险投保清单之内，某银行关于天津后台服务中心项目应属于财产一切险的保险标的、《承诺函》向后延续的主张与合同约定、查明事实不符，本院不予采信。

综上所述，某银行的上诉请求不能成立，应予驳回；一审判决认定事实清楚，适用法律正确，应予维持。依照《中华人民共和国民事诉讼法》第一百七十条第一款第一项规定，判决如下：

驳回上诉，维持原判。

二审案件受理费1011327元，由某银行负担（已交纳）。

本判决为终审判决。

审判长　刘某某
审判员　夏某某
审判员　张　某
二〇二〇年七月十五日
法官助理　黄　某
书记员　刘　某

评·析

某银行在某保险公司北京分公司为其固定资产投保财产一切险,双方先后签署相关年度《固定资产统保保险协议》。2013年年底,某保险公司北京分公司在筹备次年协议续签的工作中,发现财产一切险保单的保险金额中包含了"在建工程"项下保额若干元。经核实,该项金额为某银行某项目,在2013年度的财产一切险保单投保清单中已经列明,但某银行未对此特约可保项目进行单独说明,某保险公司北京分公司承保部门也未发现该金额列在投保清单中"在建工程"项下,以往的财产一切险保单中"在建工程"项下也未出现保险金额。

在了解到该工程处于在建状态及其风险保障需求后,某保险公司北京分公司提议为该工程单独投保工程险,以便获得更加全面、更有针对性的风险保障,某银行对此方案予以认可,并在某保险公司北京分公司投保建筑安装工程险,保险期限至2014年年底。考虑到2014年年底工程竣工的不确定性因素,某保险公司北京分公司与某银行沟通一致将保险期限延长半年至2015年6月30日。工程险保单于2015年6月30日到期时,该工程项目并未完工,但某银行未就此事向某保险公司北京分公司提出延期申请,某保险公司北京分公司并不知晓该项目处于未完工状态。2015年8月12日,因爆炸事故导致该在建工程受损。本次事故发生时已超出建筑安装工程保险保单约定的保险期限。此次事故不属于建筑安装工程保险责任范围。

2019年,某银行以某保险公司、某保险公司北京分公司为被告,向北京市某中级人民法院提起财产保险合同纠纷诉讼,主张保险赔偿。

一审阶段,经对起诉书和全部证据分析后认为,该索赔项目不是统保协议约定的财产一切险的可投保财产范围,该索赔项目不是2015年度财产一切险的保险标的,某保险公司与某银行之间不存在保险合同关系,某银行主张某保险公司与某保险公司北京分公司基于保险合同关系承担赔偿责任没有事实和法律依据。一是要厘清本案基本事实,给人民法院还原承保的重要事实,避免误导。二是必须对拒绝赔付的情况下仍然委托公估机构查勘定损进行充分合理的解释,全面否定委托公估机构查勘定损与保险责任和潜在赔付可能之间不存在联系,客观上讲,保险人在明确拒赔的情况下仍然委托公估机构查勘定损,是对被保险人进行的服务举措而已。三是某银行主张该索赔项目是财产一切险可投保财产,应转入 2015 年度财产一切险承保的重要依托是:该索赔项目曾在 2013 年度财产一切险保险单项下承保,后某保险公司北京分公司要求将该索赔项目转入建筑安装工程险项下承保,某保险公司北京分公司未否定该索赔项目是财产一切险的可投保财产,而是称建筑安装工程险能提供更全面的保障,且承诺所谓无缝风险对接。需要厘清的事实是,保险人承诺的风险无缝对接,是转投保过程中的风险无缝对接,并不是保险期限截止后的。四是厘清该索赔项目不属于新增保险财产自动纳入财产一切险保险单项下承保的范畴。在阐明该索赔项目不是财产一切险可投保财产,保险人基于保险合同法律关系不承担保险赔偿责任的同时,明确该索赔项目不是自动纳入财产一切险的新增保险财产。五是阐明预约和本约两种不同法律关系,从《保险法》和《合同法》层面进行全面抗辩。某保险公司和某银行之间的权利义务主要受预约性质的统保协议调整,某保险公司北京分公司和某银行主要受根据统保协议所订立的具体保险合同的调整,不能混为一谈。

一审判决某银行败诉,某银行不服一审判决,向高级人民法院提起上诉,要求撤销一审判决,请求改判支持某银行的诉讼请求,或者裁定发回重审。

二审过程中,主审法官对某银行诉讼代理人在一审期间自认基于成本因素考虑未续保建筑安装工程险的相关事实予以确认,并在二审判决书中载明一审相关庭审笔录作为补充查明的事实;某保险公司北京分公司代理律师在二审谈话中专门提及的一审质证过程中对 2013 年度财产一切险保险单和承诺函的相关质证意见,二审审理中予以补充查明并进行了确认。基于对承保事实和承保本意的还原,二审判决书中驳回了某银行的上诉请求。

此案的争议焦点主要集中在两方面:第一,财产一切险保险标的是否包含在建工程。此案中,统保协议和保单均对保险标的的范围作出了明确约定,约定范围以外的标的不属于保险标的。根据统保协议约定,对于可列入保险标的的在建工程,需要满足三个条件:体现在被保险人财务账册中在建工程会计科目;是已投入使用的工程财产;被保险人已选择投保。对于在建工程的定义,投保清单中也明确注明在建工程指已完工尚未转入固定资产的项目。因此,在建工程不能列入财产一切险的承保范围。第二,建筑工程险到期后,承诺函的内容能否作为该项目自动转回原统保协议中的保障范围的依据。在一审期间,某保险公司北京分公司在质证过程中已经指出,该索赔项目由 2013 年度财产一切险项下承保是由于某银行错误投保所导致,从财产一切险项下转入建筑安装工程险项下承保,是对错误投保和承保行为的纠正。承诺函之所以未指明某银行投保错误,而是采取了其他变通说法,完全是为了某银行相关工作人员因为错误投保承担责任,是考虑到客户关系。另外,在庭审过程中,某银行代理人确认,在建筑工程险到期后未及时续保的原因是出于成本考虑,也从侧面印证了某银行实际上是知悉并认可该项目不能再转回原统保协议中保障范围的。对此,一审、二审法院也予以认可。

(本案目前处在最高人民法院再审中。)

建工险中企业未尽责导致标的物损失是否属于保险责任中的"意外事故"

重庆市高级人民法院

(2019)渝民终213号民事判决书

(2019年12月30日)

案·情

2011年3月18日,某项目经理部就长江二桥工程项目Ⅰ标段向某保险公司丰都支公司投保建筑工程一切险(含第三者责任险),某保险公司丰都支公司出具了1号保单,1号保单投保资料完善。2011年6月28日,该项目经理部就同一工程项目Ⅱ标段向某保险公司丰都支公司再次投保了建筑工程一切险(含第三者责任险),某保险公司丰都支公司出具2号、3号保单,保险期间2011年6月30日零时起至2014年6月29日24时止,投保资料仅有投保单。

2013年10月12日,涉案工程项目Ⅱ标段4号桥墩钢围堰突然发生垮塌事故,造成工程受损及10名工人死亡,岸边一名群众死亡。安监部门就涉案事故出具了《事故调查报告》,认定围堰结构与构造不合理、围堰结构应力超限、稳定性安全储备不足,在水压力作用下,钢围堰在隔舱混凝土顶部位置突发断裂,是造成本次坍塌事故的直接原因;4号桥墩钢围堰施工方案未按照规定编制专项方案,未组织专家论证,钢围堰内未按照规定浇筑混泥土,整体抗浮力降低,监理单位明知围堰未按照规定组织专家论证、接高工程无专项施工方案的情况下未予以制止等,是造成事故的间接原因。

2017年7月14日,该项目经理部所属公司改组后的某建设公司起诉,要求某保险公司丰都支公司在Ⅱ标段保单项下赔偿保险金2246万元及利息。该

2021 年度保险诉讼典型案例报告

案一审某保险公司丰都支公司败诉，二审改判某保险公司丰都支公司不承担保险赔偿责任，再审驳回原告再审申请。

判决书正文

上诉人（原审被告）：某保险公司丰都支公司。

住所地：重庆市丰都县。

被上诉人（原审原告）：某建设公司。

住所地：北京市西城区。

上诉人某保险公司丰都支公司因与被上诉人某建设公司财产保险合同纠纷一案，不服重庆市第三中级人民法院（2017）渝03民初161号民事判决，向本院提起上诉。本院于2019年2月13日立案后，依法组成合议庭，公开开庭进行了审理。上诉人某保险公司丰都支公司的委托诉讼代理人，被上诉人某建设公司的委托诉讼代理人到庭参加诉讼。本案现已审理终结。

某保险公司丰都支公司上诉请求：1.撤销一审判决，改判驳回某建设公司全部诉讼请求；2.某建设公司承担本案的全部诉讼费用。事实和理由：1.某建设公司对于本案保险标的没有保险利益，不享有保险金请求权。（1）本案所涉的工程是由某集团国际建设股份公司直接转移至某建设公司新设的甲公司名下，甲公司是独立法人，对外独立承担责任，对保险标的享有保险利益。某建设公司自始至终没有实际占有该在建工程，也不直接承担该在建工程毁损灭失风险。（2）财产保险合同保险利益的识别时间点是保险事故发生时，案涉在建工程在保险事故发生时并非由某建设公司享有所有权，某建设公司对案涉在建工程不享有保险利益，根据《中华人民共和国保险法》第四十八条的规定，被保险人在保险事故发生时，对保险标的不具有保险利益的，不得向保险人请求赔偿保险金。（3）本案所涉的责任保险损失已经实际发生，赔偿责任人是甲公司，甲公司已经实际承担赔偿责任，某建设公司没有承担赔偿责任也未实际赔偿，显然不具有保险利益。2.案涉事故不属于保险合同约定的保险责任范围。（1）一审法院对保险相关的基本概念理解错误。本案保险所涉及的"一切险"是与"基本险""综合险"相对应的概念，区别在于其承保的自然灾害类型较另外两个险种更多，而且承保意外事故，"一切险"并非承保所有风险。法院不能脱离保险合同约定任意扩大保险责任范围。（2）本案保险合同约定的承保风险是"自然灾害"和"意外事故"。对于"意外事故"的范围，保险合同进行了符合专业意义的解释，即为"不可预料的以及被保险人无法控制并造成物质损失或人身伤亡的突发性事件"。本案所涉的事故属于被保险人应当预见而未预见，可以控制而未控制的，且属于严重犯罪行为，显然不属于意外事故。（3）案涉事故的技术分析报告经过详细论证，得出明确结论，即本案事故是人为原因造成，不属于意外事故。（4）一审判决认为该工程实际施工单位系乙公司（乙公司属于某建设公司二级全资子公司）而非某建设公司，因此某建设公司对于该事故不可预料且无法控制。上述认定逻辑错误，不论某建设公司将该工程转包、分包给任何主体，其均应当对案涉工程承担责任。3. 保险人对免责条款已经尽到明确说明义务，且案涉事故属于合同约定的免责事由。（1）本案中投保人在投保单上对保险人尽到提示说明义务的事实进行了签章确认，符合最高人民法院保险法司法解释的相关规定。且投保单上加盖的印章经鉴定为真实。（2）投保单上印章加盖的是某建设公司、甲公司内部管理问题，与保险人无关。根据《最高人民法院关于适用〈中华人民共和国公司法〉若干问题的规定（三）》第三条的规定，设立中公司相关人员以公司名义从事民事活动的民事责任应当由成立后的公司承担，因此印章加盖的时间不影响甲公司的责任承担。（3）保险人对项目部的相关人员进行提示说明，能够直接约束公司。且甲公司在保险事故发生后，申请理赔、申请定损的行为也是对投保行为进行的追认。（4）案涉工程并非是首次投保，该工程的第一标段在第二标段投保的前3个月，以同样的险种、同样的条款向同一保险人投保。一审法院认定就第一标段的保险免责条款保险人已经尽到提示和说明义务。根据最高人民法院研究室《关于对保险法第十七条规定的"明确说明"应如何理解的问题的答复》精神，对于明确说明义务的认定标准采取的是实质标准，因此应当认定本案投保人对相关免责条款已完全理解。（5）一审法院对"设计错误引起的损失"和"被保险人及其代表的故意行为或重大过失行为"等概念未经过文义解释、通常解释，直接以不利解释原则来解释合同条款，适用法律错误。4. 案涉工程危险程度显著增加，被保险人未履行通知义务。根据相关刑事判决书记载的证人证言内容，围堰在接高之前已经出现明显的倾斜问题。依据《中华人民共和国保险法》第五十二条规定，被保险人应当及时通知保险人，但本案中被保险人未履行通知义务，保险人可以不承担赔偿责任。5. 一审法院对赔偿金额未计算免赔额。本案保险合同中特别约定建筑工程一切险免赔额10%，第三者责任险免赔额5000元，一审法院遗漏该事实。

某建设公司辩称：1. 某建设公司对保险标的具有保险利益，依法享有保险金请求权。（1）某建设公司吸收合并某集团国际建设股份公司后，依法承继了某集团国际建设股份公司在案涉保险单及施工合同项下各项权利义务，对案涉保险标的具有保险利益并享有保险金请求权。（2）某建设公司吸收合并某集团国际建设股份公司后将承继的依法可转让的权利义务及资产转让给全资子公司甲公司，而案涉的在建工程及施工合同，因其性质依法不可转让，未转让给甲公司。（3）甲公司作为某建设公司的全资子公司，是为完成某集团国际建设股份公司资产交割的执行人，并非某集团国际建设股份公司的承继人。2. 案涉事故属于保险责任范围。（1）某保险公司丰都支公司在订立合同时，未向某建设公司提供保险条款，保险条款的约定对某建设公司没有约束力。（2）本案的案涉事故是否属于保险责任范围，应当根据保险单来判定。根据保险单的约定，案涉事故属于保险责任范围。（3）即使将本案的保险责任范围限定为保险条款约定的自然灾害和意外事故，案涉事故也属于某建设公司无法控制、无法预料的意外事故。3. 某保险公司丰都支公司未尽到免责条款的提示和明确说明义务，无权依据免责条款主张免责。（1）保险条款属于保险公司单方制作的格式条款，某保险公司丰都支公司未向某建设公司提供该条款，格式条款中的相关约定不能直接约束某建设公司。（2）投保单上盖章主体错误，盖章时间虚假，不足以证明保险人已经尽到明确说明义务。（3）案涉工程就第一标段和第二标段分别投保，是不同的保险合同关系，保险人应当按照法律规定分别履行提示和明确说明义务。（4）某保险公司丰都支公司不能依据案涉事故是"被保险人及其代表的故意行为或重大过失行为"免责。首先，案涉事故的责任主体之一为乙公司，并非是某建设公司；其次，即使某建设公司是责任主体，也仅仅存在一般过失，未构成重大过失；最后，乙公司并非唯一责任主体，乙公司的一般过错与案涉事故的发生不具有必然因果关系。（5）某保险公司丰都支公司不能依据案涉事故是"设计错误"引起的，而主张免责。案涉钢围堰的施工方案属于施工的技术方案，而不是设计方案。

4. 保险标的危险程度并未显著增加，保险人不能据此主张不承担责任。根据刑事判决中的相关证人证言，围堰出现倾斜后，经过整改该问题已经得到解决。因此即使围堰有倾斜的情形，也不符合《最高人民法院关于适用〈中华人民共和国保险法〉若干问题解释》第四条的规定。5. 理赔金额不应当计算免赔率。案涉公估报告结论客观真实，对双方均具有约束力，应当可以作为法院确定事故损失的依据。

某建设公司向一审法院起诉请求：1. 某保险公司丰都支公司赔偿保险金22030521元及利息（利息按中国人民银行同期同类贷款利率自起诉之日起计算至实际偿清之日止）。2. 由某保险公司丰都支公司承担本案全部诉讼费用。

一审法院认定事实：甲公司成立于2012年2月23日，股东为某建设公司，认缴出资比例为100%。乙公司成立于2003年1月15日，现股东为甲公司，认缴出资比例为100%。

2011年3月1日，国务院国有资产监督管理委员会（以下简称国资委）办公厅向某建设公司作出国资厅改革〔2011〕102号《关于某建设公司发行A股股票暨换股吸收合并某集团国际建设股份公司有关事项的复函》，主要内容为：原则同意某建设公司新设全资子公司甲公司承继和承接拟注销的某集团国际建设股份公司的各项权利与义务。2012年1月21日，中国证券监督管理委员会（以下简称证监会）向某集团国际建设股份公司、某建设公司出具证监许可〔2012〕126号《关于核准某建设公司吸收合并某集团国际建设股份公司的批复》，其主要内容为：核准某建设公司以新增股份吸收合并某集团国际建设股份公司，某集团国际建设股份公司应当自收到本批复之日起3个月内到工商行政管理机关办理注销登记手续。2012年4月23日，某集团国际建设股份公司与某建设公司、甲公司签订《资产转让协议》，对某建设公司吸收合并某集团国际建设股份公司后，某集团国际建设股份公司相关资质、业务和人员的承继问题进行了约定。

2011年3月18日，某集团国际建设股份公司以长江二桥第一标段（2号、3号主墩基础工程）向某保险公司丰都支公司投保，某集团国际建设股份公司长江二桥项目经理部在投保单上加盖印章。该部分保险材料中包括落款日期为2011年3月28日的《保险合同相关资料签收单》，该签收单载明："今收到某保险公司丰都支公司交付如下资料：1. 保单正本一份；2. 保险条款（工程一切险）一份；3. 保险条款免责说明书一份；4. 保险费收据一份……"签收单尾部加盖了某集团国际建设股份公司长江二桥项目经理部印章。

2011 年 6 月 28 日，某集团国际建设股份公司向某保险公司丰都支公司就长江二桥土建工程第二标段分 2 标 -1 和 2 标 -2 分别投保了建筑工程一切险（2009 版）及第三者责任险。某保险公司丰都支公司向某集团国际建设股份公司分别出具了保险单。其中，本案所涉保险单 3 号保单载明以下内容：鉴于投保人已向本保险人投保建筑工程一切险（2009 版），并按本保险合同约定交付保险费，保险人同意按照《某保险公司建筑工程一切险条款（2009 版）》及附加险条款的约定承担保险责任，特立本保险单为凭。工程名称为长江二桥土建工程 2 标 -1；投保人和被保险人均为某集团国际建设股份公司；保险期间自 2011 年 6 月 30 日至 2014 年 6 月 29 日，共 36 个月。其中，物质损失部分中建筑工程（包括永久和临时工程及所用材料）工程承包价的保险金额/赔偿限额为 379791814 元，每次事故免赔额（率）为 5000 元；附加费用中消除残骸费用保险金额/赔偿限额为 400 万元，每次事故免赔额（率）为 5000 元；第三者责任险人身伤亡责任限额为每人 30 万元，财产损失责任限额为 2500 万元。特别约定：被保险人在出险后，必须立即向保险公司报案，否则造成事故无法认定或损失无法确定，保险人有权不予赔付；未交清保费，保险公司有权拒绝赔偿或解除本保险合同。之后，投保人某集团国际建设股份公司陆续交清了保险费。

2011 年 8 月 25 日，某县长江二桥工程建设有限公司（发包人）与某集团国际建设股份公司（承包人）签订《长江二桥土建工程第二标段施工合同》，约定某县长江二桥工程建设有限公司为实施长江二桥土建工程第二标段，已接受某集团国际建设股份公司对该项目第二标段施工的投标。第二标段为长江二桥土建工程除 2 号、3 号主墩基础之外的剩余工程部分。

某保险公司丰都支公司提交的《某保险公司建筑工程一切险条款（2009 版）》载明：第一部分物质损失保险部分第二条：本保险合同的保险标的为本保险合同明细表中分项列明的在列明工地范围内的与实施工程合同相关的财产或费用，属于本保险合同的保险标的。保险责任部分第五条：在保险期间内，本保险合同分项列明的保险财产在列明的工地范围内，因本保险合同责任免除以外的任何自然灾害或意外事故造成的物质损坏或灭失（以下简称"损失"），保险人按本保险合同的约定负责赔偿。第六条：在保险期间内，由于第五条保险责任事故发生造成保险标的的损失所产生的以下费用，保险人按照本保险合同的约定负责赔偿：（一）保险事故发生后，被保险人为防止或减少保险标的的损失所支付的必要的、合理的费用，保险人按照本保险合同的约定负责赔偿；（二）对经本保险合同列明的因发生上述损失所产生的其他有关费用，保险人按本保险合同约定负责赔偿。责任免除部分第七条：下列原因造成的损失、费用，保险人不负责赔偿：（一）设计错误引起的损失和费用；（二）自然磨损、内在或潜在缺陷、物质本身变化、自燃、自热、氧化、锈蚀、渗漏、鼠咬、虫蛀、大气（气候或气温）变化、正常水位变化或其他渐变原因造成的保险财产自身的损失和费用……第二部分第三者责任保险部分第十八条：在保险期间内，因发生与本保险合同所承保工程直接相关的意外事故引起工地内及邻近区域的第三者人身伤亡、疾病或财产损失，依法应由被保险人承担的经济赔偿责任，保险人按照本保险合同约定负责赔偿。第三部分通用条款责任免除第二十八条：下列原因造成的损失、费用，保险人不负责赔偿……（四）被保险人及其代表的故意行为或重大过失行为。保险条款释义部分对"自然灾害"定义为：指地震、海啸、雷击、暴雨、洪水、暴风、龙卷风、冰雹、台风、飓风、沙尘暴、暴雪、冰凌、突发性滑坡、崩塌、泥石流、地面突然下陷下沉及其他人力不可抗拒的破坏力强大的自然现象。"意外事故"定义为：指不可预料的以及被保险人无法控制并造成物质损失或人身伤亡的突发性事件，包括火灾或爆炸。一审庭审中，某建设公司陈述某保险公司丰都支公司未向其交付该保险条款，也未对保险条款的相关内容进行告知、说明。

2013年10月12日10时33分，案涉工程4号桥墩发生重大围堰坍塌事故，造成严重损失。

2014年1月10日，安监部门出具了《事故调查报告》，载明："一、基本情况：施工单位乙公司，经事故调查组调查，未发现该工程存在非法分包、转包、再转包情况……四、事故原因和性质：（一）直接原因：围堰结构与构造不合理、围堰结构应力超限、稳定性安全储备不足，在水压力作用下，钢围堰在隔舱混凝土顶部位置突发断裂，是造成本次坍塌事故的直接原因。（二）间接原因：1.施工单位乙公司企业主体责任不落实：（1）施工单位最初设计围堰计算水位155米时虽然编制了专项施工方案，但未按照《公路水运工程安全生产监督管理办法》（交通部令2007年第1号）、《重庆市公路水运工程安全生产强制性要求（试行）》（渝交委路〔2011〕110号）的规定组织专家进行论证，擅自组织施工；（2）施工单位对危险性较大的深水基础（水深大于5米）及围堰工程施工进行了变更，但没有编制变更后的专项施工方案，也没有按照《公路水运工程安全生产监督管理办法》《重庆市公路水运工程安全生产强制性要求（试行)》的规定组织专家进行论证，擅自组织施工；（3）围堰进行施工变更，项目部制定了度汛方案。但施工中，施工单位并没有严格按照度汛方案'隔舱混凝土浇筑150米高度'的要求进行浇筑，只是将混凝土浇筑到147米的高度，对钢围堰结构不利，整体抗浮力降低；（4）施工单位虽然建立了技术管理制度，但形同虚设。负责质量、技术的人员对公司承建的工程巡查、检查不够，特别是对危险性较大的工程专项施工方案的编制、审核、审批没有严格按照技术管理制度执行，缺乏监督机制，更没有认真落实；（5）施工单位及其项目部主要负责人督促、检查安全生产工作不到位，没有及时消除存在的上述安全事故隐患。2.监理单位某公路工程咨询集团有限公司履行安全监理职责不到位。3.甲公司督促、检查安全生产工作不到位。4.建设单位履职不到位。5.丰都某县交通质监站安全监督工作失职。6.某丰都县交委履行行业安全监管不力。7.某丰都县政府对安全生产督促检查不力。8.市交委质监局安全监督检查工作失职。（三）事故性质：通过对造成本次事故直接原因和间接原因的分析，认定本次事故是一起由于施工单位安全生产企业主体责任不落实、监理单位履行监理职责不到位、建设单位和相关监管部门履行项目管理和监督检查不到位等原因造成的生产安全责任事故，且施工单位存在谎报生产安全事故的行为。"

2014年10月22日，重庆市丰都县人民法院作出（2014）丰法刑初字第00212号刑事判决书，判决苏某、张某、彭某犯重大责任事故罪，并分别进行了量刑。该判决书审理查明：长江二桥项目经批准立项后，某公路工程咨询集团有限公司与某县长江二桥工程建设有限公司签订监理合同，授权其子公司某桥隧设计研究院有限公司进行管理，并任命高级工程师彭某为长江二桥总监办工程师。乙公司在承接长江二桥工程后，由长江二桥项目经理部负责施工管理，张某担任项目部经理，主持全面工作，苏某担任项目部总工程师，分管质检、技术管理工作。长江二桥项目开始进行施工建设后，丰都县政府成立丰都县城市建设资产经营有限责任公司长江二桥工程建设指挥部，负责长江二桥项目的统筹协调、建设管理和重点解决建设过程中的困难问题。2012年5月，时任项目总工程师祝某编著完整的施工方案并报乙公司审批、总监办彭某审批、业主方审批后，4号桥墩钢围堰开始施工，建造完成后，因长江水位上涨，4号桥墩钢围堰被水淹没。由于4号桥墩钢围堰原设计顶标高不能满足桥墩施工要求，2013年5月，指挥部副部长周某就此问题组织项目部、总监办及设计单位三方人员召开会议，会上各方均同意苏某提出的围堰接高方案。会后，苏某在对接高后的围堰结构进行手工验算时，考虑力学验算指标不全面，计算结果不能真实反映结构受力情况，并在此情形下，安排下属技术部工作人员汪某制作接高后的围堰设计图纸，后由苏某对该图纸进行审核。2013年6月7日，在未形成完整的施工方案、未履行相关审批手续的情况下，苏某安排资料员将4号桥墩围堰接高施工图纸发给项目部各部门组织施工。2013年6月11日，苏某在未形成完整的施工方案并附有计算书、安全专项方案的情况下，将围堰接高结构图纸附在《工程技术洽商单》后交由总监办彭某审批、指挥部周某审批及设计单位进行审批。彭某对《工程技术洽商单》的相关内容进行了审批，同意工程设计变更，在明知4号桥墩围堰接高施工属于危险性较大的工程，项目部未制作完整的施工方案并已经进行围堰接高施工的情况下，未按规定对项目部违规施工行为予以制止。张某作为项目部负责人，明知4号桥墩围堰接高工程已经开始施工的情况下，未询问苏某是否编制完整的施工方案并按程序进行审批，对苏某违规组织施工的情况监督不力、未予制止。2013年10月12日10时33分，4号桥墩围堰内10名工人正在进行施工作业时，在强大的水压作用下钢围堰突发断裂，冲击上浮，最终倾斜并沉没。事故发生后，张某决定上报事故原因系浮吊船起重臂断裂撞击钢围堰导致围堰下沉，事故失踪2人，受伤2人。经安监部门调查认定，造成事故的直接原因是围堰结构与构造不合理，围堰结构应力超限，稳定性安全储备不足。间接原因含施工单位未按规定编制专项施工方案并组织专家论证，整体抗浮力降低；监理单位对于施工单位擅自接高的施工行为未予制止等。事故造成3人死亡、8人失踪，2人轻伤，事故调查报告认定的直接经济损失为23589204元。

一审中，某保险公司丰都支公司提交了日期为2011年6月28日的《某保险公司工程保险投保单（2009版）》，载明：投保人和被保险人均为某集团国际建设股份公司长江二桥项目部，被保险工程名称为长江二桥土建工程第二标段。该投保单尾页投保人声明内容为："保险人已向本人提供并详细介绍了《工程一切险条款》及其附加险条款内容（若投保附加险），并对其中免除保险人责任的条款（包括但不限于责任免除、投保人被保险人义务、赔偿处理、其他事项等），以及本保险合同中付费约定和特别约定的内容向本人做了明确说明，本人已充分理解并接受上述内容，同意以此作为订立保险合同的依据，自愿投保本保险。"该投保单尾部加盖"甲公司长江二桥项目经理部"印章。一审中，某建设公司申请对该枚印章的形成时间进行司法鉴定，某保险公司丰都支公司申请对该枚印章的真实性进行鉴定。一审法院依法委托西南政法大学司法鉴定中心进行司法鉴定，该鉴定中心于 2018 年 8 月 9 日作出西政司法鉴定中心〔2018〕鉴字第 1216 号司法鉴定意见书，其意见为：1. 落款日期为"2011 年 6 月 28 日"的投保单尾页原件"投保人（签章）"处的"甲公司长江二桥项目经理部"印文与供检同名样本印文是同一印章盖印。2. 因未对上述投保单尾页进行相关检验，故不能确定其上"甲公司长江二桥项目经理部"印文的形成时间。某保险公司丰都支公司为本次司法鉴定垫付鉴定费 1000 元。

一审中，某建设公司提交的"印章刻制查询缴销证明"中载明：印章"甲公司长江二桥项目经理部"于 2012 年 10 月 24 日在丰都县公安局备案，该印章与某保险公司丰都支公司提交的日期为 2011 年 6 月 28 日的投保单尾页加盖的印章是同一枚印章。

另查明，2013 年 10 月 13 日，甲公司长江二桥项目经理部、某保险公司丰都支公司共同委托某保险公估有限公司进行现场查勘、损因鉴定、损失鉴定、理算。某保险公估有限公司于 2016 年 12 月 10 日作出《建筑工程一切险公估报告》，其结论为："1. 被保险方未提供事故的安监调查报告等资料，事故原因不清楚；双方的责任无法明确。我司根据双方委托及双方提供的资料，现从保险的角度对损失情况进行初步估算；2. 此次事故中钢围堰直接损失合计为 13518952.48 元，扣除钢围堰残值 650400 元，损失合计金额 12868552.48 元。"该报告对第三方人员死亡费用未予计算。一审中，某建设公司向法院提交书面说明，表示同意以公估报告作为认定本案损失的依据。对于第三者损失，某建设公司举示人民调解协议书、电子转账凭证、领条等证据予以证明。落款日期为 2013 年 10 月 16 日的丰都县三合街道办事处人民调解委员会作出的（2013）

丰都三合人调字第 363 号人民调解协议书载明："一、甲公司一次性赔偿欧某的亲属因欧某死亡所产生的各项费用 72 万元，该费用包括但不限于死亡赔偿金、丧葬费、交通费、被扶养人生活费、困难补助费、精神抚慰金等……三、甲公司与欧某的亲属一致同意本协议第一条约定的费用 72 万元由甲公司在本协议签订后分二次转账至冉某中国农业银行账户……"后甲公司长江二桥项目经理部分两次向冉某账户转账共计 72 万元。冉某于 2013 年 10 月 21 日出具《领条》，确认收到赔偿费用 72 万元。

一审法院认为，某集团国际建设股份公司就其承建的长江二桥土建工程第二标段向某保险公司丰都支公司投保建筑工程一切险及第三者责任险，某保险公司丰都支公司向某集团国际建设股份公司签发了相应的保险单，双方之间的保险关系合法有效，双方均应按照约定履行各自的义务。本案双方争议的焦点为：1. 某建设公司是否是适格原告；2. 如果某建设公司是适格原告，在某保险公司丰都支公司未对本案损失进行核定的情况下，某建设公司能否提起本案诉讼；3. 涉案事故是否属于保险事故；如果属于保险事故，某保险公司丰都支公司是否具有免赔情形，应否承担赔偿责任；4. 如果某保险公司丰都支公司应承担保险责任，则保险金额应如何确定。

关于争议焦点一。某建设公司举示的国资委办公厅《关于某建设公司发行 A 股股票暨换股吸收合并某集团国际建设股份公司有关事项的复函》、证监会《关于核准某建设公司吸收合并某集团国际建设股份公司的批复》等证据足以证明某建设公司通过发行 A 股股票吸收合并某集团国际建设股份公司的事实成立。根据《中华人民共和国公司法》第一百七十四条"公司合并时，合并各方的债权、债务，应当由合并后存续的公司或者新设的公司承继"之规定，某集团国际建设股份公司系被某建设公司吸收合并并注销，某建设公司应为某集团国际建设股份公司权利义务的承继人。甲公司作为某建设公司的全资子公司，仅仅是为完成某集团国际建设股份公司资产交割的执行人，并非某集团国际建设股份公司的承继人。本案系某集团国际建设股份公司与某保险公司丰都支公司之间因保险合同而引发的纠纷，某建设公司作为某集团国际建设股份公司的承继人，系本案适格原告。

关于争议焦点二。某保险公司丰都支公司辩称，发生保险事故后，其尚未核定相关损失，故某建设公司不能直接向人民法院提起诉讼。一审法院认为，双方因本案保险合同涉及的权利义务发生纠纷，在双方未明确约定诉讼之前需由某保险公司丰都支公司先核定损失的前提下，某建设公司提起本案诉讼并未违反法律法规的强制性规定，某保险公司丰都支公司的该项抗辩意见缺乏依据，一审法院不予采纳。

关于争议焦点三。本案中，某集团国际建设股份公司就案涉长江二桥土建工程分别以第一标段、第二标段（划分为2标-1和2标-2）向某保险公司丰都支公司投保了建筑工程一切险，且某保险公司丰都支公司分别签发了保险单，故应认定某保险公司丰都支公司与某集团国际建设股份公司之间就案涉项目工程存在多个保险合同关系，某保险公司丰都支公司在每个保险合同中均应履行相应的合同义务。

根据《中华人民共和国保险法》第十七条的规定，保险人负有提示和明确说明义务。经查，从某保险公司丰都支公司提交的第一标段的保险材料中可以看出，某保险公司丰都支公司向某集团国际建设股份公司长江二桥项目经理部交付了保单正本、保险条款（工程一切险）以及保险条款免责说明书，履行了法定的合同义务，某集团国际建设股份公司长江二桥项目经理部分别于2011年3月18日、2011年3月28日在投保单和《保险合同相关资料签收单》上签章确认。而在本案双方争议的保险合同关系中，某建设公司否认某保险公司丰都支公司向其交付了保险条款，并对保险条款内容及其中的免责条款进行了提示和明确说明。一审庭审中，某保险公司丰都支公司仅举示了2011年6月28日由"甲公司长江二桥项目经理部"加盖印章的投保单，拟证明2011年6月28日其向投保人介绍了保险条款的内容，并对其中的免责条款进行了提示和明确说明。一审法院审查认为，涉案保险关系的相对方系某集团国际建设股份公司与某保险公司丰都支公司，某集团国际建设股份公司系投保人，某保险公司丰都支公司理应向某集团国际建设股份公司提供保险条款并对免责条款进行提示和明确说明，而该投保单加盖的是"甲公司长江二桥项目经理部"印章，甲公司于2012年2月23日才成立，该枚"甲公司长江二桥项目经理部"印章于2012年10月24日才在丰都县公安局备案，对于该印章为何会加盖在2011年6月28日的投保单上，某保险公司丰都支公司未作出合理解释，一审法院认为该投保单的真实性存疑，故对该投保单的证明效力不予采信。某保险公司丰都支公司据此抗辩已向投保人介绍了保险条款的内容，并对其中的免责条款进行了提示和明确说明的理由不能成立。因此，案涉保险条款所涉及的免责条款对某集团国际建设股份公司及某建设公司不产生效力。

本案所涉保险合同的保险责任范围为意外事故，保险条款对"意外事故"定义为"指不可预料的以及被保险人无法控制并造成物质损失或人身伤亡的突发性事件，包括火灾和爆炸"，某保险公司丰都支公司据此提出案涉事故系生产安全责任事故，并非被保险人不可预料以及无法控制的意外事故。对此，一审法院认为，某保险公司丰都支公司的该项抗辩意见不能成立，理由如下：从（2014）丰法刑初字第00212号刑事判决书和《事故调查报告》的相关内容可以看出，该工程的施工单位系乙公司，该公司相关人员在对4号桥墩实施围堰接高方案时发生了案涉事故。对于案涉事故是否属于保险条款中载明的"意外事故"，应站在某建设公司的角度进行分析判断。本案中，某建设公司对乙公司的具体施工行为以及发生的案涉事故均是不可预料的，也是无法控制的，且某保险公司丰都支公司未举示证据证明某建设公司应当预料该事故发生而未预料到，应当制止该事故发生而未予制止的事实客观存在，故对于某建设公司而言，案涉事故即为意外事故，属于其不可预料也无法控制的突发性事件。

另外，某保险公司丰都支公司还提出，保险条款中"责任免除"条款约定因"设计错误引起的损失和费用"、因"被保险人及其代表的故意行为或重大过失行为"造成的损失，其不负责赔偿。一审法院认为，当事人对自己提出的主张，有责任提供证据。本案中，应由某保险公司丰都支公司举证证明施工单位对4号桥墩实施围堰接高方案时的施工变更而引发的损失属于保险条款中载明的"因设计错误引起的损失"，某保险公司丰都支公司还应举证证明造成该损失的主体系保险条款中载明的"被保险人的代表"。在某保险公司丰都支公司举证不能的情况下，对该格式条款存在两种以上解释的，应当作出不利于格式条款提供一方，即某保险公司丰都支公司的解释，故某保险公司丰都支公司以此为由提出不负责赔偿的抗辩主张不能成立。

一审法院还认为，保险合同是最大诚信合同，投保人投保的目的是最大限度地保障自己的财产损失得到救济。本案所涉保险合同的险种为"工程一切险"，从字面上理解就应是工程实施过程中出现的一切事故造成的财产损失，但合同中却将责任范围限缩为"意外事故"，并将人为过失造成的事故损失排除于责任范围之外，这与险种的名称明显不符，也很难使人相信这是投保人的真实意思，因为施工过程中发生的事故，纯属完全不可抗力或不能预见而没有任何人为因素的并不多见，投保人对这些风险很小的事故支付高额的保费，不符合经济原则。为此，对自己提供的格式合同免责条款，保险人具有更高的提示说明义务，让投保人真正理解条款内容并确信这是自己的真实意思，不能只让投保人签字盖章了事，同时，条款的内容也必须更加明确具体，不能让人产生任何歧义，否则，保险人不能用自己的单方意思来约束被保险人。

关于争议焦点四。根据某保险公估有限公司作出的公估报告，事故中钢围堰直接损失为13518952.48元，扣除钢围堰残值650400元，损失合计金额12868552.48元。一审法院确认以该公估报告作为认定本案物质损失的依据。因该公估报告未计算第三方人员死亡费用，而某建设公司举示的证据足以证明其实际已赔付第三人损失72万元，故某保险公司丰都支公司应在第三者责任限额30万元内承担赔偿责任。因此，某保险公司丰都支公司应赔偿某建设公司保险金13168552.48元（12868552.48元+300000元）。因公估报告的出具时间为2016年12月10日，某建设公司请求某保险公司丰都支公司支付该款从起诉之日即2017年7月14日起至清偿之日止按中国人民银行同期同类贷款利率计算的利息，符合法律规定，一审法院予以支持。

综上所述，经该院审判委员会研究决定，一审法院依照《中华人民共和国保险法》第十条、第十一条、第十三条、第十四条、第十七条，《中华人民共和国公司法》第一百七十四条，《中华人民共和国民事诉讼法》第六十四条规定，判决如下：一、某保险公司丰都支公司在判决发生法律效力后30日内赔偿某建设公司保险金13168552.48元及利息（利息计算方式：以13168552.48元为基数，从2017年7月14日起至清偿之日止按中国人民银行同期同类贷款利率计算）；二、驳回某建设公司的其他诉讼请求。本案案件受理费154106元，由某建设公司负担53295元，由某保险公司丰都支公司负担100811元；鉴定费1000元，由某建设公司负担。

本院二审期间，某保险公司丰都支公司围绕上诉请求依法提交以下证据：

第一组证据：1.2012年4月至2012年7月期间，某建设公司关于换股吸收某集团国际建设股份公司实施进展情况的公告（共4份）；2.2012年8月至2013年6月期间，某建设公司关于换股吸收某集团国际建设股份公司实施进展情况的公告（共 11 份）。拟证明：甲公司接收了某集团国际建设股份公司的全部业务、人员和资质。

第二组证据：1. 某证券公司关于某建设公司换股吸收合并某集团国际建设股份公司之持续督导工作报告书；2. 北京市某律师事务所关于某建设公司换股吸收合并某集团国际建设股份公司实施情况的法律意见书；3. 某证券公司关于某建设公司换股吸收合并某集团国际建设股份公司实施结果之专项核查意见；4. 某建设公司换股吸收合并某集团国际建设股份公司实施情况报告书。拟证明：某建设公司对某集团国际建设股份公司的吸收合并已经完成，本案案涉项目已移交给甲公司。

第三组证据：1. 丰都县城市建设资产经营有限责任公司成立长江二桥指挥部分公司的通知；2. 丰都县国有资产监督管理中心关于丰都县城市建设资产经营有限责任公司吸收合并重庆市丰都县某县长江二桥工程建设有限公司批复；3. 工商行政管理部门出具的证明。拟证明：丰都县城市建设资产经营有限责任公司为案涉项目的业主方。

第四组证据：1. 甲公司关于唐某等二人任职的通知（任职通知、变更表、简历表）；2. 长江二桥第二标工程项目部主要人员变更审批表（变更表、简历表、人员身份资料）；3. 交工验收证书。拟证明：案涉工程的施工单位为甲公司。

某建设公司提交以下证据：甲公司出具的情况说明。拟证明：某建设公司享有保险利益，是适格的理赔申请主体，甲公司不会重复向保险公司主张权利。

本院组织当事人进行了证据交换和质证。某建设公司对某保险公司丰都支公司举示的证据发表如下质证意见：第一组和第二组证据：根据某保险公司丰都支公司提供的网络查询路径，无法查阅到相关文件，因此对于该两组证据的真实性、合法性不予认可。即使该两组证据是真实的，对其证明目的也不予认可。根据公告的相关内容，某建设公司通过换股吸收合并某集团国际建设股份公司，某建设公司支付了对价，是某集团国际建设股份公司权利义务的最终承继者。第三组证据：对其真实性、合法性、关联性均予以认可。第四组证据：对其真实性、合法性予以认可，但该组证据无法达到其证明目的。第一，甲公司并非法律意义上的施工单位，甲公司是代某建设公司管理案涉工程。第二，该组证据的证据1、证据2的形成时间是2013年12月，而保险事故的发生时间是2013年10月，上述证据形成于保险事故发生之后，无法证明保险事故发生时某建设公司不享有保险利益。第三，该组证据的证据4无法证明是对本案所涉工程的验收，且如果认定某建设公司将案涉项目转让给了甲公司，则剥夺了业主方向某建设公司主张权利的合法权益。

某保险公司丰都支公司对某建设公司举示证据的质证意见为：对该份证据的真实性予以认可，但对其合法性和证明力不予认可，某建设公司是否享有保险利益，应当根据法律规定认定，而不能由甲公司自行决定。

综合双方当事人的质证意见以及证据与待证事实的关联性，本院认为，某保险公司丰都支公司举示的第一组、第二组、第四组证据与案件处理无关联性，不予采信。某保险公司丰都支公司举示第三组证据以及某建设公司举示的证据，其真实性、合法性、关联性均能够确认，且能够反映案件情况，与待证事实相关联，来源和形式符合法律规定，本院予以采信。

本院二审查明以下事实：

1. 2012年9月27日，某县长江二桥工程建设有限公司被吸收合并到某县城市建设资产经营有限责任公司。

2. 落款日期为2011年6月28日的投保单中，投保项目信息记载：特殊风险中的地震、海啸的保险金额和赔偿限额为总保额的80%，免赔额和免赔率为200万元或者损失金额的20%，以高者为准；台风、洪水、暴风、暴雨的保险金额和赔偿限额为总保额的80%，免赔额和免赔率为200万元或者损失金额的20%，以高者为准；第三者责任险每次事故人身伤亡每人总额30万元、财产损失5000万元，每次事故免赔额5000元，保险期限内第三者责任险限额共计5000万元。

3. 案涉保险单特别约定处载明：赔偿限额：（1）特殊风险：地震、洪水的赔偿限额为总保险金额的80%；（2）一切风险：赔偿限额为总保险金的60%。免赔：（1）地震、海啸导致的免赔额：200万元或者每次事故损失金额的20%，二者比较以高者为准。（2）洪水导致的损失：50万元或每次事故损失金额的10%，二者比较以高者为准。（3）其他事故导致的损失：10万元或每次事故损失金额的10%，二者比较以高者为准。（4）特种风险：暴风、暴雨导致的损失免赔10万元或每次事故损失金额的20%，二者比较以高者为准。第三者财产损失每次事故免赔5000元，人身伤亡无免赔。

4. 重庆市丰都县人民法院（2014）丰法刑初字第00212号刑事判决书中证据部分载明以下相关内容："证人陈某证实：2013年5月、6月的时候，他们发现安装好的4号墩围堰底部存在倾斜的问题。2013年7月下旬，项目部在钢围堰顶部通过安装符合高差的调节段，使后来加高的钢围堰顶部呈水平状态。证人李某证实：当时4号墩的钢围堰修好之后，凭肉眼都可以看出来有倾斜，但后来这个问题就解决了，但具体怎么解决的不知道。证人秦某证实：在发生事故前的安全检查中，他们发现4号桥墩施工现场存在小问题，当场提醒施工单位进行整改，施工单位也都进行了整改。"

5. 二审中，甲公司向本院出具情况说明，载明："某集团国际建设股份公司经过招投标程序成为土建项目的施工单位，某建设公司吸收合并某集团国际建设股份公司之后，合法承继某集团国际建设股份公司在土建项目上的权利义务。因吸收合并和资产重组后，某建设公司作为某建设集团公司业务的运营和管理主体，将逐渐退出具体项目的施工，而土建项目上的权利义务依法不可转让，某建设公司承接土建项目后转让我公司存在重大法律障碍。为确保生产经营平稳运行，根据国资委和主管部门文件精神以及某建设公司指示，由我公司代为管理建设土建项目，代为行使和履行部分权利义务，但土建项目所涉的所有权利义务以及法律责任最终依法应由某建设公司享有和承担。因此，土建项目发生保险事故，某建设公司是适格理赔申请主体，我公司不会重复主张。至于我公司与某建设公司之间的款项结算，将依据内部规定划转。"

本院对一审查明的其他事实予以确认。

本院认为，根据双方当事人在二审中的诉辩意见，本案争议焦点为：1. 某建设公司在保险事故发生时对保险标的是否具有保险利益；2. 案涉事故是否属于保险合同约定的保险责任范围；3. 保险人对于免责条款是否尽到提示和明确说明义务，免责条款是否发生法律效力；4. 案涉保险标的的危险程度是否显著增加。

焦点一，关于某建设公司在保险事故发生时对保险标的是否具有保险利益的问题。

《中华人民共和国保险法》第十二条第二款规定，财产保险的被保险人在保险事故发生时，对保险标的应当具有保险利益；第四十八条规定，保险事故发生时，被保险人对保险标的不具有保险利益的，不得向保险人请求赔偿金。

关于本案保险标的，案涉的投保单、保险单以及保险合同条款中均有相关内容记载。投保单载明了被保险工程名称和标段。保险单上载明物质损失部分的保险项目为建筑工程，包括永久和临时工程及所用材料。《某保险公司建筑工程一切险条款（2009版）》第二条明确载明保险标的为本保险合同明细表中分项列明的在列明工地范围内的与实施工程合同相关的财产或费用。

保险利益是指投保人或者被保险人对保险标的具有的法律上承认的利益。本案中，某集团国际建设股份公司作为承包人与发包人某县长江二桥工程建设有限公司签订建设工程施工合同。某集团国际建设股份公司作为投保人和被保险人向某保险公司丰都支公司投保建筑工程一切险，某集团国际建设股份公司对保险标的具有保险利益。之后，某建设公司经过国资委和证监会同意并核准，通过新增股份换股吸收合并某集团国际建设股份公司，根据《中华人民共和国公司法》第一百七十四条"公司合并时，合并各方的债权、债务，应由合并后存续的公司或者新设的公司承继"的规定，某集团国际建设股份公司被某建设公司吸收合并并注销，某建设公司当然成为某集团国际建设股份公司权利义务的承继人。某建设公司基于上述吸收合并的事实成为案涉建设工程的承包人，同时也成为保险法律关系中的投保人和被保险人。因此，在某建设公司吸收合并某集团国际建设股份公司主体资格之后，某建设公司作为案涉建筑工程的承包人对作为保险标的的建筑工程，具有法律上承认的利益。

某保险公司丰都支公司上诉认为，保险事故发生时，案涉工程的真正施工主体是甲公司，某建设公司对保险标的不具有保险利益。

某建设公司在审理中认可，案涉工程是由其全资子公司甲公司代管并实际施工，甲公司书面向本院作出情况说明，认可甲公司是代某建设公司管理案涉工程。根据安监部门就本案作出的《事故调查报告》查明的情况，案涉工程的施工单位是乙公司，该报告同时认定，未发现该工程存在非法分包、转包、再转包情况。本院认为，甲公司是某建设公司的全资子公司、乙公司是甲公司的全资子公司。某建设公司根据母子公司的职能划分，设立甲公司作为完成某集团国际建设股份公司资产交割的执行人并代其管理和执行案涉项目的建设，符合本案的实际情况。某建设公司的全资子公司甲公司代管案涉项目并处理相关事宜，并不表明某建设公司将案涉在建工程已经转包给甲公司并退出案涉项目的管理，也不表明本应当由某建设公司承担的相应责任，转由甲公司承担或者乙公司承担。因此，某保险公司丰都支公司的该上诉理由，本院不予支持。

焦点二，关于案涉事故是否属于保险合同约定的保险责任范围的问题。

关于保险责任范围，案涉投保单、保险单以及保险合同条款载明的相关内容如下：

投保单上没有明确记载关于保险责任范围的内容，但载明险种为建筑工程一切险以及保险标的的名称和地址。

保险单上载明险种为建筑工程一切险，并载明合同条款的全称为《某保险公司建筑工程一切险条款（2009版）》，在保险单的特别约定处未明确保险责任范围，仅约定"被保险人在出险后，必须立即向95518报案，否则造成事故无法认定或损失无法确定，保险人有权不予赔付；未交清保费，保险公司有权拒绝赔偿或解除本保险合同"。

《某保险公司建筑工程一切险条款（2009版）》第五条载明的保险责任范围为"在保险期间内，本保险合同分项列明的保险财产在列明的工地范围内，因本保险合同责任免除以外的任何自然灾害或意外事故造成的物质损坏或灭失，保险人按本保险合同的约定负责赔偿"。保险条款释义部分对"自然灾害"定义为：指地震、海啸、雷击、暴雨、洪水、暴风、龙卷风、冰雹、台风、飓风、沙尘暴、暴雪、冰凌、突发性滑坡、崩塌、泥石流、地面突然下陷下沉及其他人力不可抗拒的破坏力强大的自然现象。"意外事故"定义为：指不可预料的以及被保险人无法控制并造成物质损失或人身伤亡的突发性事件，包括火灾或爆炸。

某保险公司丰都支公司认为，保险责任范围应当按照《某保险公司建筑工程一切险条款（2009版）》载明的范围为依据；某建设公司认为保险责任范围应当按照保险单上载明的范围为依据，即除了特别约定不能赔偿的两种情形外，其他情形都应当赔偿。本院认为，本案的保险责任范围应当按照《某保险公司建筑工程一切险条款（2009版）》载明的范围确定。首先，本案中，投保人明确知晓投保的险种为建筑工程一切险，虽然保险单上未载明保险的具体条款，但明确载明了保险合同条款的名称为《某保险公司建筑工程一切险条款（2009 版）》。其次，从案涉工程第一标段的《保险合同相关资料签收单》载明的内容看，签收的资料包括保险合同条款，某集团国际建设股份公司在该份签收单上加盖印章，表明收到保险合同条款，而某建设公司作为某集团国际建设股份公司的权利义务承继人，应当视为收到该保险条款。最后，本案所涉的第二标段的保险险种和保险条款与第一标段完全一致，因此本院认定某建设公司应当收到案涉保险条款。

根据安监部门作出的《事故调查报告》，本案所涉事故属于生产安全责任事故，该事故并非是由自然灾害引起，因此认定案涉事故是否属于保险责任范围，考量核心在于案涉事故是否属于意外事故。首先，案涉工程的承包人和被保险人是某建设公司，某建设公司对于保险标的享有保险利益。乙公司作为某建设公司的二级子公司在实际施工过程中产生的责任，均应当由某建设公司承担。一审法院关于施工单位系乙公司而非某建设公司，因此某建设公司对于该事故不可预料且无法控制的认定，不符合建设工程中对责任承担的认定，也与本案保险利益归属关系的认定不相吻合。其次，案涉保险条款对意外事故的定义是"不可预料的以及被保险人无法控制并造成物质损失或人身伤亡的突发性事件"。该定义的重点在于事件"不可预料"和被保险人"无法控制"两个方面。案涉事故是一起生产安全责任事故。从"不可预料"的角度而言，本案中作为建设工程的施工单位未落实企业主体责任，具体包括未按照相关规定组织专家进行论证、擅自组织施工，没有严格执行技术管理制度，缺乏监督机制等，在该种情形下，施工单位应当预见到会有发生安全责任事故的可能性。从被保险人"无法控制"的角度而言，安全责任事故是在施工过程中发生的，而施工过程应当是施工单位可控的范围，作为被保险人的施工单位如果能够全面落实企业主体责任，严格执行各项安全措施和制度，严格监督和管理其工作人员，该起安全责任事故应当能够避免。也就是说，案涉事故既非"不可预料"，也非"无法控制"，不属于保险合同约定的意外事故，因此也不属于保险公司的保险责任范围。

焦点三，关于保险人对于免责条款是否尽到提示和明确说明义务，免责条款是否发生法律效力的问题。

由于本案所涉事故并非是保险责任范围的意外事故，因此免责条款并无适用的余地。但双方当事人在诉讼中就此形成焦点并展开辩论，本院对该问题认定如下：

《最高人民法院关于适用〈中华人民共和国保险法〉若干问题的解释（二）》第九条第一款规定：保险人提供的格式合同文本中的责任免除条款、免赔额、免赔率、比例赔付或者给付等免除或者减轻保险人责任的条款，可以认定为《保险法》第十七条第二款规定的"免除保险人责任的条款"。

关于免责条款，案涉投保单、保险单以及保险合同条款均记载了相关内容。

投保单在投保项目信息中明确记载了特殊风险赔偿金额的免赔率或免赔额、第三者责任险免赔额。该投保单尾页投保人声明内容为："保险人已向本人提供并详细介绍了《工程一切险条款》及其附加险条款内容（若投保附加险），并对其中免除保险人责任的条款（包括但不限于责任免除、投保人被保险人义务、赔偿处理、其他事项等），以及本保险合同中付费约定和特别约定的内容向本人做了明确说明，本人已充分理解并接受上述内容，同意以此作为订立保险合同的依据，自愿投保本保险。"

保险单在保险项目处载明建筑工程的保险金限额和事故免赔额，在特别约定处明确载明各种自然灾害、其他事故、特种风险等导致损失的免赔额和免赔率。

《某保险公司建筑工程一切险条款（2009版）》中记载的免赔条款有两项：一是设计错误引起的损失和费用；二是被保险人及其代表的故意行为或重大过失行为。

《中华人民共和国保险法》第十七条第二款规定：对保险合同中免除保险人责任的条款，保险人在订立合同时应当在投保单、保险单或者其他保险凭证上作出足以引起投保人注意的提示，并对该条款的内容以书面或者口头形式向投保人作出明确说明；未作提示或者明确说明的，该条款不产生效力。根据该条规定，保险人对于免责条款负有两项义务，一是要在投保单、保险单或者其他保险凭证上进行提示；二是要对免责条款进行明确说明。

案涉保险单记载了关于免赔额和免赔率的相关内容，并且在特别约定处，对于免赔额和免赔率作出了明确解释说明，因此根据保险单记载的内容，保险人对于涉及免赔额和免赔率的免责条款履行了提示和明确说明义务。

案涉投保单，在记载免赔额和免赔率的同时还记载了投保人的声明。某保险公司丰都支公司拟以该份投保单中投保人声明的内容证明其已经对全部免责条款履行了提示和明确说明义务。本院认为，首先，从投保单的内容看，仅有关于免赔额和免赔率的记载，没有其他免责条款内容的明确记载，更加没有对免责条款的概念、内容以及法律后果作出解释说明。其次，投保人声明中记载的合同名称为《工程一切险条款》，与保险单上载明的合同条款和保险人主张适用的名称不一致。最后，明确说明义务的指向应当明确。虽然经鉴定该份投保单上加盖的"甲公司长江二桥项目经理部"印章是真实的，但甲公司是于2012年2月23日才成立。本案投保人为某集团国际建设股份公司，2011年6月28日签署投保单之际，某建设公司对某集团国际建设股份公司的吸收合并尚未完成，某集团国际建设股份公司尚未注销，新设的公司也未成立，投保单上加盖的印章是尚未成立的甲公司的项目经理部的印章，与当时实际存续的主体不符。且该投保单上也无经办人的签名，无法指向甲公司的具体工作人员。因此，该份投保单不能证明某保险公司丰都支公司履行了对全部免责条款的提示和明确说明义务。

某保险公司丰都分公司还主张，本案投保人与同一保险人连续两次订立同种类的保险合同，根据最高人民法院研究室《关于对保险法第十七条规定的"明确说明"应如何理解的问题的答复》精神，对于明确说明义务的认定标准采取的是实质标准，因此应当认定本案中投保人对相关免责条款已完全理解。本院认为，某保险公司丰都支公司的该上诉理由不成立。首先，最高人民法院研究室《关于对保险法第十七条规定的"明确说明"应如何理解的问题的答复》的内容为《中华人民共和国保险法》第十七条规定的"明确说明"，是指"保险人在与投保人签订保险合同之前或者签订保险合同之时，对于保险合同中所约定的免责条款，除了在保险单上提示投保人注意外，还应当对有关免责条款的概念、内容及其法律后果等，以书面或者口头形式向投保人或其代理人作出解释，以便投保人明了该条款的真实含义和法律后果"。本案中，除免赔率和免赔额之外保险人在保险单上对其他免责条款并未作出任何提示，更加没有证据证明对相关免责条款进行了符合上述答复规定的解释和说明。其次，本案不涉及案涉工程第一标段的保险合同，未查明并核实第一标段的投保单、保险单的具体内容，也未查明某集团国际建设股份公司签收的保险条款免责说明书的相关内容，因此本案对保险人在订立案涉工程第一标段保险合同时是否履行了免责条款的提示和明确说明义务未作认定。最后，即使保险人在订立第一标段保险合同时履行了免责条款的提示和明确说明义务，投保人在与保险人就同一保险条款第二次订立保险合同时，不能当然推定投保人已经知道或者应当知道该免责条款的具体含义和法律后果。投保人签字确认的相关文件通常能够证明保险人履行了提示和明确说明义务，但证据本身并非客观事实，能够证明已经履行了提示和明确说明义务并不意味着投保人真正知悉相关免责条款的内容和法律效果。在第二次订立保险合同时，保险人免除提示和明确说明义务的前提是举证证明投保人确实已经明确知悉相关免责条款的内容和法律效果，例如在第一次投保期间，发生过保险理赔等情形。本案中保险人并未举示相关证据证明投保人确实明确知悉了解免责条款的内容和法律后果，不能就此免除保险人在订立新的保险合同时的提示和明确说明义务。况且本案保险险种涉及的保险标的价值巨大，保险条款复杂，在没有充分证据和理由的情况下，免除保险人的提示和说明义务，对投保人有失公允。

综上所述，保险人对于免责条款中的免赔率和免赔额未履行提示和明确说明义务，该相关条款不发生法律效力。某保险公司丰都支公司主张的《某保险公司建筑工程一切险条款（2009版）》中的其他免责条款，因保险人未履行提示和明确说明义务，不发生法律效力。

焦点四，关于案涉保险标的的危险程度是否显著增加的问题。

《中华人民共和国保险法》第五十二条规定：保险标的的危险程度显著增加的，被保险人应当按照合同约定及时通知保险人，保险人可以按照合同约定增加保险费或者解除合同。被保险人未履行前款规定的通知义务的，因保险标的的危险程度显著增加而发生的保险事故，保险人不承担赔偿保险金的责任。《最高人民法院关于适用〈中华人民共和国保险法〉若干问题的解释（四）》第四条规定在认定"危险程度显著增加"时，应当综合考虑保险标的用途的改变、保险标的使用范围的改变、保险标的所处环境的变化、危险程度增加持续的时间等相关因素。

某保险公司丰都支公司主张危险程度显著增加的理由是围堰在实施接高之前已经出现了倾斜，导致危险程度显著增加。本院认为，本案的保险标的是案涉建筑工地上的在建工程，包括永久和临时工程及所用材料。围堰的修建本身是一个过程，并非如其他物质性的保险标的从一开始就固定化或定型化，因此在认定危险程度显著增加时，要特别注意危险程度本身的重要性和持续性。危险程度的重要性要达到需要提高保费或解除合同的程度，即构成法律或合同基础所不能容忍的质变状态。持续性是要在危险发生之后，其状态持续不变存在一段时间。而从本案的情况看，钢围堰出现倾斜，施工方适时地进行了整改。该危险程度并未达到上述重要性的要求，其持续的时间也并非一直存在。而且，从安监部门作出《事故调查报告》以及重庆市丰都县人民法院作出（2014）丰法刑初字第00212号刑事判决书的内容看，并未作出案涉事故是由于围堰在实施接高之前就存在倾斜而导致的结论。因此，即使出现了保险人主张的危险程度的增加，该危险程度增加与案涉保险事故并无因果关系，即案涉事故并非是因为保险标的的危险程度显著增加而发生。某保险公司丰都分公司主张的保险标的危险程度显著增加，被保险人未履行通知义务，保险人不承担保险责任的上诉理由，不能成立。

综上所述，本案中除免赔额和免赔率之外的免责条款，由于保险人未尽到提示和明确说明义务，不发生法律效力。同时本案也不存在保险标的危险程度显著增加，被保险人未及时通知保险人，保险人不承担赔偿责任的情形。但由于本案中的案涉事故本身并非保险合同约定的保险责任范围，即并非不可预见的以及被保险人无法控制并造成物质损失或人身伤亡的突发性事件，因此保险人对于案涉事故造成的物质损失不承担赔偿责任。

关于第三者责任保险部分，保险合同条款第十八条明确约定，第三者责任保险的责任范围是指"在保险期间内，因发生与本保险合同所承保工程直接相关的意外事故引起工地内及邻近区域的第三者人身伤亡、疾病或财产损失，依法应由被保险人承担的经济赔偿责任，保险人按照本保险合同约定负责赔偿"。据此，承担第三者责任保险的前提是案涉事故是保险合同承保的意外事故，由于本案所涉事故并非保险合同约定的意外事故，相应的案涉事故所引起的第三者责任也并非保险人应当承担的保险责任范围。

综上所述，某保险公司丰都支公司的上诉请求成立，本院予以支持。经本院审判委员会讨论决定，依照《中华人民共和国公司法》第一百七十四条，《中华人民共和国保险法》第十条、第十二条、第十三条、第二十四条，《中华人民共和国民事诉讼法》第一百七十条第一款第二项规定，判决如下：

一、撤销重庆市第三中级人民法院（2017）渝03民初161号民事判决；

二、驳回某建设公司的全部诉讼请求。

一审案件受理费154106元,二审案件受理费105552元,鉴定费1000元,均由某建设公司负担。

本判决为终审判决。

审判长　达　某

审判员　肖　某

审判员　冯某某

二〇一九年十二月三十日

书记员　翁某某

评·析

(一) 核心争议焦点

本案为建筑工程一切险保险合同纠纷案件,核心争议焦点在于:一是涉案事故是否属于保险合同约定的保险责任范围,二是涉案事故是否属于免责情形、保险公司是否尽到免责条款提示说明义务,免责条款是否生效。

关于争议焦点一,我们认为,本案保险合同条款约定保险责任范围为"自然灾害"及"意外事故",很显然本案不属于自然灾害,考量的核心在于涉案事故是否属于"意外事故";保险条款对"意外事故"进行了解释,即指不可预料的以及被保险人无法控制并造成物质损失或人身伤亡的突发性事件,该解释符合专业意义的解释;根据《事故调查报告》、《刑事判决书》等证据,案涉事故属于被保险人应当预见而未预见,可以控制而未控制造成的,且属于严重犯罪行为造成的,不符合保险条款关于意外事故"不可预料"、"无法控制"两个构成要件,不属于保险合同约定的保险责任"意外事故",某保险公司丰都支公司无须承担赔偿责任。

关于争议焦点二,本案物质损失属于免责条款中的"设计错误"引起的损失和费用,物质损失及第三者责任均属于保险条款"被保险人及其代表的重大过失行为造成的损失或费用"免责情形;同时,案涉工程并非首次投保,同一投保人在3个月前以同样的险种、同样的条款、同样的投保单对该工程1

标段向同一保险人投保，投保资料完善，保险人对投保人就免责条款尽到提示和明确说明义务；对于明确说明义务的认定标准，根据最高人民法院研究室《关于对保险法第十七条规定的"明确说明"应如何理解的问题的答复》（法研〔2000〕5号）精神，采取的实质标准，也就是投保人是否理解，2011年3月投保人经保险人提示和明确说明对相关免责条款已完全理解，2011年6月同样的险种、同样的条款，投保人应当理解，某保险公司丰都支公司尽到了免责条款提示说明义务，免责条款应当生效。

（二）法院判决情况

一审法院站在原告的角度分析，认为涉案事故属于其不可预料也无法控制的突发性事件，同时还认为本案所涉保险合同的险种为"工程一切险"，从字面上理解就应是工程实施过程中出现的一切事故造成的财产损失，认定本案属于保险责任事故。同时，一审法院根据不利解释原则，认为本案免责条款有不同的理解，作出不利于保险人的解释；并且，认为保险人与某集团国际建设股份公司之间就案涉项目工程存在多个保险合同关系，某保险公司丰都支公司在每个保险合同中均应履行相应的合同义务，一标段的合同履行了免责条款提示说明义务，不等于二标段合同尽到免责条款提示说明义务，二标段某保险公司丰都支公司未举证尽到免责条款提示说明义务，免责条款不生效。

二审法院认为案涉工程的承包人及被保险人为某建设公司，施工单位作为某建设公司的二级子公司，在施工过程中产生的责任，均应当由某建设公司承担；其次，案涉保险条款对意外事故的定义包含了"不可预料"和被保险人"不可控制"两个方面，涉案事故是一起生产安全责任事故，作为被保险人的施工单位如果能够全面落实企业主体责任，严格执行各项安全措施和制度，严格监督和管理其工作人员，该起安全责任事故应当能够避免。认为案涉事故既非"不可预料"，亦非"不可控制"，不属于保险合同约定的意外事故，因此也不属于保险合同约定的保险责任范围。由于本案所涉事故并非保险责任范围的意外事故，因此免责条款并无适用的余地。但二审法院仍就保险人是否尽到免责条款提示说明义务予以评述，认为本案未查明涉案工程一标段的投保单、保险单、保险条款免责说明书的相关内容，未查明一标段保险合同保险人是否履行了免责条款的提示和明确说明义务。即使保险人在订立第一标段保险合同时履行了免责条款提示和明确说明义务，投保人在与保险人就同一保险条款第二次订立保险合同时，不能当然推定投保人已经知道或者应当知道该免责条款的具体含义和法律后果。

再审最高院认为，涉案事故系安全生产责任事故，不属于保险责任范围，且根据《保险法司法解释二》第九条规定，意外事故作为确定保险人承保范围的条款，是确定免除保险人责任条款的前提，不属于免除保险人责任的条款。某建设公司主张某保险公司丰都支公司未对意外事故定义条款履行明确说明义务，该定义条款不产生法律效力，缺乏依据，再审裁定驳回了原告的再审申请。

（三）分析意见

在保险合同纠纷案件中，被保险人往往会利用"不利解释"原则、"保险人未履行免责条款提示说明义务免责条款不生效"等"利器"主张索赔权益。司法实践中，法院尤其是基层法院，按照惯性思维倾向保护被保险人，大量援引前述规定判决保险公司败诉。根据《保险法》第三十条规定，"不利解释"必须是保险条款按通常理解后仍存在两种以上解释的，才适用"有利于被保险人和受益人"的原则进行解释；同时，根据《保险法司法解释二》第十七条规定，保险人在其提供的保险合同格式条款中对非保险术语所作的解释符合专业意义的，人民法院应予认可。此外，核定事故损失是否属于保险赔偿范围，应遵循基本逻辑，首先判断事故是否属于保险条款载明的保险责任范围，如果事故不属于保险责任范围，则无须进一步审查是否属于免责情形、免责条款是否生效；如果事故属于保险责任范围，则需要进一步审查事故是否属于免责范围及免责条款的效力。本案保险条款中关于"一切险"、"意外事故"等术语的解释符合国标（GB/T 36687—2018）保险术语解释，不应作出有利于被保险人的解释，同时本案属于重大安全责任事故，不属于"意外事故"保险责任范围，无须考量保险人是否尽到免责条款的提示说明义务。一审法院因为对于"一切险"、"意外事故"等保险概念存在误解，导致本案在法律适用方面出现了方向性错误；在保险公司据理力争的基础上，二审、再审法院回归理性，充分尊重了保险合同的约定，改判了保险公司不承担赔偿责任。该案最终的理性裁判，对保险公司援引"未发生保险条款约定保险责任事故"拒赔的案件处理提供了较好的借鉴意义。

同时，对于免责条款提示说明义务认定标准，本案一、二审法院都没有支持某保险公司丰都支公司的抗辩意见，一、二审法院均认为保险人与同一投保人以同一险种、条款签订多份保险合同，保险人在先签订的保险合同中履行了免责条款提示说明义务，不代表后签订的保险合同当然就履行了免责条款提示说明义务。这也提示保险人在经营中，应强化承保管控，应做到每份保险合同独立履行免责条款提示说明义务。

财产综合险中投保人未提供财产清单缴费保险合同是否成立的认定

广东省东莞市第三人民法院

（2020）粤1973民初11257号民事判决书

（2020年10月13日）

案·情

2019年12月间，案外人温某（某保险经纪公司东莞分公司负责人）与某保险公司东莞中心支公司刘某微信洽谈关于某有限公司的财产险投保事宜，并在洽谈过程中自行将"保险费"支付至某保险公司账户。

因某有限公司未提供投保所需材料，导致保险合同未成立。在此期间某有限公司发生火灾，其要求某保险公司支付保险赔偿金未果后起诉至法院，要求某保险公司承担保险责任。

一审法院经审理，驳回某有限公司全部诉讼请求，其最终未上诉。

判决书正文

原告：某有限公司，住所地：广东省东莞市清溪镇。
被告：某保险公司东莞中心支公司，经营场所：广东省东莞市南城街道。
被告：某保险公司广东分公司，经营场所：广东省广州市天河区。

原告某有限公司诉被告某保险公司东莞中心支公司、某保险公司广东分公司保险合同纠纷一案，本院立案受理后，依法适用简易程序，公开开庭进行了审理。原告到庭参加了诉讼，两被告到庭参加诉讼。本案现已审理终结。

原告某有限公司诉至法院,请求判令:1.两被告连带支付保险赔偿金1505万元以及利息(利息支付以1505万元为基数,按全国银行间同业拆借中心公布的贷款市场报价利率,自起诉之日起计算至实际履行完毕之日止);2.两被告承担本案全部诉讼费用。

两被告共同辩称,案外人温某是某保险经纪公司东莞分公司负责人,属于专业人士,在本案中代表原告和被告磋商投保事宜。被告的员工刘某一直向温某明确表示,投保人须填写书面的投保单、财产清单,但截至2019年12月20日,温某仍未向被告提供有效的投保单、财产清单。在原告未提交财产清单的情形下,被告无法确定保险标的范围、保险责任期限等,被告无法进一步作出具体的承诺。故双方没有达成协议,案涉保险合同尚未成立。案涉《某有限公司保险方案》属于要约邀请,且建立在假设基础上,该方案只是根据温某提供的A保险公司前一年出具的保险单所列明的信息假设未发生变化的前提下制作的方案,是一种预估和假设。双方也未对保险期限、保险范围等保险合同的核心要素达成合意,原告的转账行为,不能证明保险合同已成立,不等于被告同意投保。另外,原告主张的损失没有依据。仅凭其提供的3段视频,无法证明现场财产损失的具体情况。综上所述,请求法院驳回原告的诉讼请求。

经审理查明,2019年12月间,原告某有限公司通过案外人温某与被告某保险公司东莞中心支公司的员工刘某(职位为经代部经理)微信洽谈关于某有限公司的财产险投保事宜。

2019年12月17日,刘某向温某微信发送《某有限公司保险方案》,并告知"保费24080元、佣金3853元";在温某询问"投保需要什么材料"时,刘某告知其需提供"投保单及清单盖章",并发送需填写盖章的企财险类投保单、财产清单文档给温某;2019年12月18日,温某发送转款24080元的转账截图给刘某;2019年12月19日,当刘某询问"已转账的客户资料还没弄好吗?",温某后发送一张空白的投保单给刘某,刘某回应称:"晕,清单和投保单都没填的?那你的设备清单是什么设备?"温某未作回复;2019年12月20日上午8点21分,当温某向刘某询问"昨天那张单起保了没有哦",刘某回复称"某有限公司这笔吗?不,没出单,现在就等你那设备清单(790万元保额)呀,提供过来就可以出单了",温某表示"不知道是你们好彩,还是我倒霉"。2019年12月20日下午,刘某微信告知温某:"某有限公司的这笔保险业务通过微信转发过来的投保单内容空白,投保日期、投保项目、投保金额均未明确,投保人未发起投保要约,保险合同未成立。请告知客户"。2019年12月21日,刘某在微信告知温某"某有限公司那笔24080元的款昨天已原路返回客户的公司账户了,即退即到账的,请告知客户"。

2019年12月20日5时40分,某有限公司发生火灾事故。后与两被告发生争议,故以诉称请求起诉至本院。

另查明,温某的名片载明,其任职于某保险经纪公司广东分公司东莞运营中心,职务为东莞分公司负责人。

庭审中,原告确认案外人温某是保险中介方,在案涉保险交易过程中代表原告与被告进行磋商。

原、被告双方确认事项如下:1. 原告通过温某在微信中向被告提供的是加盖某有限公司公章的空白投保单及空白财产清单,案涉24080元的款项已全额退回给原告;2. 双方除温某及刘某之间的微信沟通外,未签订任何书面或口头协议。

以上事实,有微信聊天记录、转账记录等证据及本院庭审笔录附卷为证。

本院认为,本案系保险合同纠纷。

《中华人民共和国保险法》第十三条明确规定"投保人提出保险要求,经保险人同意承保,保险合同成立"。对照本案,案涉《某有限公司保险方案》属于要约邀请,而非要约。案涉双方确认真实性的微信聊天记录可证明,截至2020年12月20日,原告尚未将拟投保的财产清单发送给被告。在被告只收到原告盖章的空白投保单及空白财产清单的情形下,双方对拟投保的财产范围、投保金额、保险期限均未达成共识,不能视为被告已作出承保的意思表示。从案涉双方确认真实性的微信聊天记录中,被告也未要求原告先行转款,只是根据原告之前在其他保险公司投保的保单上载明的财产清单进行估算报价供原告参考,则原告在被告多次催告而均未提交明确财产清单。仅凭盖有某有限公司公章的空白投保单和财产清单,单方向被告转款24080元,不足以认定原、被告间已签订保险合同并成立。故原告诉求两被告支付保险赔偿金缺乏依据,本院对此不予支持。

综上所述,依照《中华人民共和国保险法》第十三条,《中华人民共和国民事诉讼法》第六十四条、第一百四十二条的规定,本院判决如下:

驳回原告某有限公司的全部诉讼请求。

本案受理费 56050 元,由某有限公司负担。

如不服本判决,可在判决书送达之日起十五日内,向本院递交上诉状,并按对方当事人的人数提出副本,上诉于广东省东莞市中级人民法院。

审判员　钟某某
二〇二〇年十月十三日
书记员　叶某某

评·析

(一) 案件点评

1. 本案的争议焦点之一为案涉保险合同是否成立。

《中华人民共和国保险法》第十三条规定:"投保人提出保险要求,经保险人同意承保,保险合同成立。"关于合同的成立,根据《中华人民共和国合同法》第十三条规定:"当事人订立合同,采取要约、承诺方式"、第十四条规定:"要约是希望和他人订立合同的意思表示,该意思表示应当符合下列规定:(一)内容具体确定"、第二十一条规定:"承诺是受要约人同意要约的意思表示"、第二十五条规定:"承诺生效时合同成立"。

根据前述法律规定,在保险合同的订立过程中,投保人提出保险要求属于要约,保险人同意承保属于承诺,保险合同在保险人承诺生效时成立;而且,投保人提出的要约内容应当具体确定。本案中,某有限公司应当通过向某保险公司提交其填写并盖章的书面的投保单、财产清单原件,向某保险公司发出内容具体确定的要约。在收到投保单、财产清单的基础上,某保险公司才能作出是否承保的决定;当某保险公司就某有限公司的要约所作出承诺生效时,案涉保险合同才成立。而某有限公司因未提供投保单、财产清单,导致其未向某保险公司发出有效的投保要约,某保险公司无法作出同意承保的承诺,故保险合同未成立。

2. 关于某保险公司出具《某有限公司保险方案》是否构成承诺。

根据前述法律规定,承诺是受要约人同意要约的意思表示,而本案中,某有限公司仅向某保险公司提供其他保险公司一年前的保险单，上面载明的财产仅能证明该保险合同成立时投保人及保险人认可的保险标的，无法真实反映一年后某有限公司的投保财产状况。

诉讼过程中，某保险公司向法院提交了相关聊天记录等证据材料，证明某有限公司一直没有向被告发出有效的要约，某保险公司也一直无法进一步作出同意承保的意思表示。某保险公司在双方前期洽谈中出具的《某有限公司保险方案》（以下简称"方案"）属于要约邀请，且某保险公司曾尝试确认投保财产的真实情况但未果，仅能参考保险经纪人提供的其他保险公司前一年出具的保险单所记载的信息并假设没有发生变化的前提下进行制作，纯属是一种预测和假设，并不构成要约或承诺。

3. 某有限公司的转账行为是否能证明保险合同已经成立。

根据《中华人民共和国合同法》第六十条的规定："当事人应当按照约定全面履行自己的义务。"当事人履行合同义务应当"按照约定"，而"约定"是指依法成立的合同当事人就合同具体内容所达成的合意。由此可知，合同成立是合同当事人履行合同义务的前提。无论合同当事人在协商订立合同过程中的沟通情况如何，合同具体内容在其成立时方最终确定。除非后续追认，否则在合同尚未成立之时，不存在履行合同义务的行为。

本案中，某有限公司在洽谈过程中自行将"保险费"支付至被告账户，该转账行为并非保险合同成立后其履行合同义务的行为，而是其在合同成立前的单方行为，不能证明某保险公司同意承保。某保险公司在双方前期洽谈中出具的方案所载金额只是一种预估，需核实某有限公司的投保单和财产清单，并现场勘查后才能得出最终的金额。因此，某有限公司的转账行为亦不能证明保险合同已经成立。

综上所述，法院根据《中华人民共和国保险法》等有关法律规定，采纳了某保险公司抗辩主张，认为不足以认定某有限公司与某保险公司之间已签订保险合同并成立，故某有限公司主张某保险公司支付保险赔偿金的诉讼请求缺乏依据，依法对此不予支持，判决驳回某有限公司全部诉讼请求。

（二）案件启示

1. 承保制度的科学设置及严格执行，是防范风险的基础。在本案中发挥了关键作用，直接决定了保险合同是否成立。

本案中，由于某保险公司承保制度及材料要求，工作人员在业务沟通过程中没有接到某有限公司不符合要求的投保材料，并明确告知其需按要求补充材料、否则无法承保、保险合同不成立等，是某保险公司主张获得法院支持的关键所在。

2. 根据《中华人民共和国民事诉讼法》等法律规定，在民事诉讼案件当中，在一般情况下"谁主张谁举证"，当事人应当提供证据证明其主张。留存证据材料，是还原事实的重要前提，否则负有举证责任的当事人将要承担举证不能的不利后果。

本案中，某保险公司的主张能得到法院支持，离不开某保险公司向法院提交的经公证的聊天记录、相关投保材料等证据材料的证明。而相关证据材料，均系某保险公司在诉讼案件发生前，甚至在前期业务沟通中便已留存，避免了诉讼发生后搜集证据的困难。

3. 此外，虽然某保险公司在本案中取得了胜诉结果，但经过对本案进行梳理，发现其中仍有需要完善之处，如在前期向对方发出方案时，应明确告知对方该方案仅基于预估、系要约邀请等，并不构成任何要约或承诺；在未承保前应避免将收款账户告知对方，避免被认定为要求对方支付保险费，导致公司在该类诉讼案件中面临风险。

沿海内河船东保障责任险中投保人未交纳保费保险人是否承担保险责任

浙江省高级人民法院
（2020）浙民终614号民事判决书
（2020年9月8日）

案·情

2016年10月26日，江苏某海运公司与广西某海运公司签订光船租赁合同，约定江苏某海运公司将其所有的T轮光租给广西某海运公司，由江苏某海运公司负责投保并承担保险费用，广西某海运公司一次性补贴保险费。

2018年2月1日，平潭某船务公司作为投保人向某保险公司宁波分公司投保沿海内河船东保障责任险，被保险人为广西某海运公司，保单记载船舶所有人、经营管理人为江苏某海运公司。该保单保费分三期支付，交纳期限分别为2018年3月2日、9月2日、12月2日。

2018年4月9日，由于平潭某船务公司一直未交纳第一期保费，保险公司向其发出书面交费通知，要求平潭某船务公司收到后于2018年5月20日前尽快办理交款手续。

2018年5月26日，T轮与第三者船发生碰撞（"事故"）。事故发生后第二日，平潭某船务公司交纳了第一期保费，后续也足额交纳了第二、第三期保费。

由于事故造成T轮上约561万元的货损，经法院调解，最终以江苏某海运公司向货物保险人支付334万元货物损失赔偿款结案，并由T轮拍卖款予以执行。船舶被拍卖后，江苏某海运公司认为保险公司应当承担保险责任，向法院提起诉讼，经过两审法院支持了江苏某海运公司的诉讼请求。

判决书正文

上诉人（一审被告）：某保险公司。住所地：浙江省宁波市鄞州区。

被上诉人（一审原告）：江苏某海运公司。住所地：江苏省南通市。

一审第三人：广西某海运公司。住所地：广西壮族自治区防城港市港口区。

一审第三人：平潭某船务公司。住所地：福建省平潭综合试验区。

上诉人某保险公司为与被上诉人江苏某海运公司、一审第三人广西某海运公司、平潭某船务公司海上保险合同纠纷一案，不服宁波海事法院（2019）浙72民初1077号民事判决，向本院提起上诉。本院于2020年6月17日受理后，依法组成合议庭，并于2020年7月23日召集各方当事人对本案进行了调查质证。上诉人某保险公司的委托诉讼代理，被上诉人江苏某海运公司的委托诉讼代理人参加调查质证。本案现已审理终结。

江苏某海运公司向一审法院提起本案诉讼，请求：判令某保险公司支付保险理赔款334万元及利息（自2019年4月30日起至实际履行之日止，按中国人民银行同期贷款基准利率计算）。

事实与理由：2018年5月26日，江苏某海运公司所属的T船与M船在浙江台州温岭海域发生碰撞，货物受损，损失金额为5616719元。经法院调解，江苏某海运公司向某保险公司大连市分公司支付334万元货物损失赔偿款。事故发生前，平潭某船务公司就T轮在某保险公司处投保了沿海内河船东保障和赔偿责任保险，被保险人为广西某海运公司，保险合同中约定提单或运单项下的货物责任，每次事故及年累计赔偿限额为800万元。事故发生后，某保险公司怠于履行赔偿义务，故诉至法院。

某保险公司在一审时答辩称：1.江苏某海运公司非保险合同项下被保险人，无权主张保险理赔款。根据涉案投保单和保险单记载，涉案保险合同的被保险人为广西某海运公司，江苏某海运公司非被保险人，其与某保险公司之间无海上保险合同关系。2.广西某海运公司未按约支付保费，某保险公司无须承担保险赔付责任。保险单中约定保费分三期支付，第一期保费为总保费的

1/3，于 2018 年 3 月 2 日前付清。某保险公司催收未果，直至碰撞事故发生后的次日，被保险人才支付第一期保费。根据保险合同约定，保险费逾期不支付的，保险人自欠费时起不承担本合同的赔偿责任，除非该延期支付事先征得保险人书面同意。第一期保费支付时间为 2018 年 3 月 2 日之前，某保险公司于 2018 年 4 月 9 日发出催缴通知，涉案事故发生在 2018 年 5 月 26 日，而广西某海运公司于 2018 年 5 月 27 日交纳第一期保费。广西某海运公司恶意拖欠保费行为显而易见，要求保险公司承担保险责任不公平，其结果会导致保险公司只承担责任不享受权利，扰乱了正常的保险市场秩序。3. 某保险公司主体不适格。涉案保单记载的保险人为某保险公司宁波分公司，而非某保险公司。4. 涉案事故为船舶碰撞，碰撞比例应依法审理确定，不应由货物保险公司与江苏某海运公司协商确定，江苏某海运公司遭受的损失应通过鉴定确定，其多承担的责任比例和损失金额属其好意施惠行为，不应由保险公司承担。同时，保险合同中约定有绝对免赔额，应从赔偿数额中扣减。

广西某海运公司在一审中陈述称：1. 其已支付全部保费，某保险公司应承担赔偿责任；2. 江苏某海运公司非被保险人，其虽与某保险公司大连分公司签订赔偿协议，但非实际承担人，不具有保险利益。2016 年 10 月 26 日，广西某海运公司与江苏某海运公司签订船舶光租合同，江苏某海运公司将 T 船光租给广西某海运公司，租期 5 年，2016 年 12 月 18 日双方完成船舶交付，船舶运营期间平潭某船务公司以广西某海运公司为被保险人就 T 船投保了沿海内河船东保障和赔偿责任保险。涉案事故发生在广西某海运公司光租船舶期间，保险公司理赔款应支付给广西某海运公司，而非江苏某海运公司。

平潭某船务公司在一审中陈述称：受广西某海运公司委托，为其就 T 船投保了沿海内河船东保障和赔偿责任保险，平潭某船务公司不存在任何过错，无须承担赔偿责任；被保险人为广西某海运公司，非江苏某海运公司，江苏某海运公司不具有保险利益。

一审法院审理查明：2016 年 10 月 26 日，江苏某海运公司与广西某海运公司签订光船租赁合同，约定江苏某海运公司将其所有的 T 船光租给广西某海运公司，租期为 5 年；江苏某海运公司负责租赁期内船舶和船上所有工作人员的相关保险，以上费用由江苏某海运公司承担，保险受益人为船舶和船上人员；租赁期限满三年，广西某海运公司一次性补贴保险费 12 万元给江苏某海运公司。2016年12月18日,江苏某海运公司与广西某海运公司签订船舶交接协议,江苏某海运公司在福建福安港将T船交付给广西某海运公司。2018年2月1日,平潭某船务公司作为投保人向某保险公司就T船投保沿海内河船东保障和赔偿责任保险,投保单载明投保人为平潭某船务公司,被保险人为广西某海运公司,船舶所有人、船舶经营/管理人均为江苏某海运公司;随附资料:1.船东、管理人和其他关系人的营业执照及证明文件。2.船舶资料,包括但不限于所有权证书、国籍证书、船舶检验证书。3.该船/船队过去5年赔付率;保险时间12个月,自2018年2月2日零时起至2019年2月1日二十四时止;承保险种为沿海内河船东保障和赔偿责任保险,承保责任包括提单或运单项下的货物责任,每次事故及年累计赔偿限额800万元,除人伤外每次事故绝对免赔额(率)为5万元或核定损失金额的10%,取高者;保费为112928元,分三期支付,第一期为总保费的1/3,于2018年3月2日付清,第二期为总保费的1/3,于2018年9月2日前付清,第三期为总保费的1/3,于2018年12月2日付清。某保险公司宁波分公司2018年2月1日签发编号P33020002432018000005的保险单,载明投保人为平潭某船务公司,被保险人为广西某海运公司,保险人为某保险公司宁波分公司,其他内容与投保单相同。在该保单保险条款部分载明,保险人是指某保险公司;被保险人要按与保险人约定的日期交付保险费;逾期不付的,保险人有权自欠费时起不承担本合同的赔偿责任,除非该延期支付事先征得保险人的书面同意。2018年4月9日,某保险公司宁波分公司向平潭某船务公司发出保费交付通知,称平潭某船务公司投保的T船的船舶险、保赔险、航运雇主责任保险的第一期保费为74372.67元,请在收到交费通知后,于2018年5月20日前尽快办理交款手续。广西某海运公司于2018年5月27日、2018年9月14日、2018年12月29日分别向平潭某船务公司支付T船保险费69143元、69142.67元、69142.67元。平潭某船务公司在广西某海运公司交费当日分别向某保险公司宁波分公司支付T船保险费74342.67元、69142.67元、69142.67元。

2018年5月26日01:45,装载着1万吨玉米的T船与林某所有的M船在浙江台州温岭海域发生碰撞。经台州玉环海事处认定,T船应承担事故的主要责任,M船承担事故的次要责任。某保险公司大连分公司作为T船装载货物的保险人向被保险人大连某粮油有限公司和大连某粮食有限公司进行了保险赔付,赔付金额为 5616719 元,遂将江苏某海运公司及林某诉至一审法院[(2018)浙 72 民初 1768 号],要求二者承担赔偿责任。经一审法院调解,某保险公司大连分公司、江苏某海运公司、林某达成调解协议:确认在 T 船与 M 船碰撞事故中,江苏某海运公司承担 70%的碰撞责任,林某承担 30%的碰撞责任;在林某设立的 814456.66 元 M 船海事赔偿责任限制基金中,15 万元支付给江苏某海运公司,江苏某海运公司放弃在(2019)浙 72 民初 264 号案件中的其他诉请,该基金中剩余金额及利息支付某保险公司大连分公司;江苏某海运公司向某保险公司大连分公司支付赔偿款 334 万元,分两期支付,第一期于 2019 年 4 月 30 日前支付 167 万元,第二期于 2019 年 5 月 15 日前支付 167 万元;若江苏某海运公司未按约支付赔偿款,其应向某保险公司大连分公司支付违约金 20 万元。达成调解协议后,江苏某海运公司未按约向某保险公司大连分公司支付赔偿款,某保险公司大连分公司向法院申请执行[(2019)浙 72 执 398 号],T 船被法院拍卖。江苏某海运公司认为某保险公司应承担保险赔偿责任,故诉至法院。

一审法院认为,本案系海上保险合同纠纷,双方争议的焦点在于:一是主体资格问题;二是保费支付与保险责任承担问题;三是赔偿数额问题。一审法院分别进行评析。

一、主体资格问题

关于原告主体资格。某保险公司认为,江苏某海运公司非被保险人;广西某海运公司、平潭某船务公司认为,广西某海运公司才系涉案保险合同的被保险人,某保险公司应向广西某海运公司支付保险理赔款。一审法院认为,第一,广西某海运公司与江苏某海运公司之间的光船租赁合同明确约定,租赁期间由江苏某海运公司负责办理船舶和船上所有工作人员的相关保险,保险受益人为船舶和船上人员。由此可见,船舶光租期间保险受益人为江苏某海运公司,由广西某海运公司对外签订保险合同,该行为应视为广西某海运公司为江苏某海运公司的利益,就涉案船舶代为订立保险合同。第二,广西某海运公司与江苏某海运公司之间的光船租赁并未在海事局登记,涉案投保单、保险单均载明船舶所有人、经营人/管理人为江苏某海运公司,投保时提交的随附资料包括船东、管理人及其他关系人的证明文件、船舶所有权证书、国籍证书、船检证书,同时涉案险种为沿海内河船东保障和赔偿责任保险,由此可见,在投保之时，某保险公司知晓涉案船舶权属情况，理应知晓江苏某海运公司是船舶所有人，而广西某海运公司与江苏某海运公司之间的光船租赁未经登记，船舶保险受益人非广西某海运公司。第三，涉案事故发生在广西某海运公司占有涉案船舶期间，T 船对涉案事故承担主要责任，江苏某海运公司作为船东代表涉案船舶对外达成调解协议，同时涉案船舶已经被法院拍卖，可见江苏某海运公司已经直接承担涉案事故造成的损失。广西某海运公司作为第三人参与到本案当中，其对涉案事故发生在其占有船舶期间、船舶对外承担赔偿责任、某保险公司应承担保险责任没有异议。综上所述，可以认定，广西某海运公司代江苏某海运公司，为涉案船舶利益，与某保险公司签订涉案保险合同，江苏某海运公司作为船舶所有人有权就涉案事故要求保险公司承担保险赔偿责任。

关于被告主体资格。某保险公司认为，保单载明的保险人为某保险公司宁波分公司，应由其承担保险赔偿责任。一审法院认为，根据查明的事实，虽然保单载明保险人为某保险公司宁波分公司，但保险条款载明保险人为某保险公司，二者对保险人的记载不一致，但保单及保险条款部分均是保险合同组成部分，二者在效力上并无适用先后之分。从最终责任承担的角度来看，根据《民法总则》第七十四条第二款规定，分公司的民事责任由总公司承担，可以认定保险人为某保险公司，应由其承担保险赔偿责任。

二、支付保费与承担保险责任

江苏某海运公司、广西某海运公司认为，其已经支付保费，某保险公司应承担保险责任。某保险公司认为，根据保险条款的约定，逾期支付保费的，保险人不承担保险责任。一审法院认为，第一，保险合同为诺成性合同，也系双务合同，双方意思表示达成一致，保险合同即成立并发生法律效力，涉案保险条款关于保费的约定并未将逾期支付保费设定为阻却保险合同生效的条件，某保险公司对涉案保险合同已经生效也无异议，故涉案保险合同在广西某海运公司与某保险公司意思表示达成一致之时就已成立并生效。第二，保险合同生效后，其效力止于合同终止。涉案保险条款关于保费的约定并未将逾期支付保费设定为终止保险合同的情形，亦未设定为解除合同的条件。在本案中，当投保人平潭某船务公司未按约支付第一期保费时，某保险公司未采取解除合同的相关措施，反而由某保险公司宁波分公司向平潭某船务公司发出催款通知，要求其于 2018 年 5 月 20 日前尽快办理缴款手续。因此，当出现逾期支付保费时，涉案保险合同依然有效，双方权利义务并未终止。第三，根据《海商法》第二百一十六条的规定，保险人的主要义务在保险合同成立后依约定承担保险责任，被保险人的主要义务在保险合同成立后依约支付保费，支付保费和承担保险责任是保险合同双方的主要义务，即使投保人未交纳保费，发生保险事故，保险人仍应当按照保险合同约定承担保险责任，同时有权要求投保人支付保费。涉案保险条款中关于逾期支付保费保险人不承担保险责任的约定，属免除保险人责任的条款，保险人某保险公司未举证证明对该条款的内容以书面或者口头形式向投保人作出明确说明，根据《保险法》第十七条第二款的规定，该约定不产生效力。因此，涉案保险合同在保险人与被保险人达成一致意思表示之时生效，不因被保险人未按时支付第一期保费而终止履行，不免除某保险公司的保险赔偿责任。

三、赔偿数额

某保险公司对赔偿数额有异议，对江苏某海运公司的损失提出了鉴定申请，认为江苏某海运公司对涉案保险事故承担70%的责任，属其好意施惠，同时在数额上未扣减绝对免赔额。一审法院认为，海事局对涉案事故责任进行了认定，由T船负主要责任，M船负次要责任，在（2018）浙72民初1768号案件调解过程中，关于江苏某海运公司、林某的责任比例认定并未违反海事局的事故认定报告，同时也综合考虑了T船、M船相互之间的责任问题，因此江苏某海运公司对涉案保险事故承担70%的责任，并无不当。同时涉案受损货物为玉米，某保险公司大连分公司已经进行了赔付，无再次鉴定的可能。因此，某保险公司关于再次鉴定及江苏某海运公司好意施惠的抗辩，不予采信。涉案保险合同约定绝对免赔额为5万元或核定损失金额的10%，取高者，故本案中某保险公司赔偿数额中应减去绝对免赔额334000元，为3006000元。根据（2018）浙72民初1768号民事调解书，江苏某海运公司应于2019年4月30日前向某保险公司大连分公司支付第一期赔款，其主张自该时间点起计算利息，不违反法律规定，予以支持。因2019年8月20日之后中国人民银行同期贷款基准利率不再适用，故将江苏某海运公司主张的利率调整为自2019年4月30日起至2019年8月19日按中国人民银行同期同档次贷款基准利率计算，自2019年8月20日至实际履行之日起按全国银行间同业拆借中心公布的贷款市场报价利率计算。

2021 年度保险诉讼典型案例报告

综上所述,江苏某海运公司诉请部分有理,予以支持。依照《中华人民共和国海商法》第二百一十六条第一款、第二百三十七条,《中华人民共和国保险法》第十七条第二款,《中华人民共和国民事诉讼法》第六十四条第一款的规定,一审法院于 2020 年 5 月 18 日判决:一、某保险公司于判决生效之日起十日内向江苏某海运公司支付保险赔款 3006000 元及利息(以 3006000 元为本金,自 2019 年 4 月 30 日起至 2019 年 8 月 19 日按中国人民银行同期同档次贷款基准利率计算,自 2019 年 8 月 20 日至实际履行之日起按全国银行间同业拆借中心公布的贷款市场报价利率计算);二、驳回江苏某海运公司的其他诉讼请求。如果未按判决指定的期间履行给付金钱义务,应当依照《中华人民共和国民事诉讼法》第二百五十三条和《最高人民法院关于执行程序中计算迟延履行期间的债务利息适用法律若干问题的解释》第一条的规定,加倍支付迟延履行期间的债务利息。一审案件受理费 33520 元,由江苏某海运公司负担 3352 元,由某保险公司负担 30168 元。

某保险公司不服一审判决,向本院提起上诉,请求:撤销一审判决,依法改判驳回江苏某海运公司的一审诉讼请求;由江苏某海运公司承担全部诉讼费用。

事实与理由:一、江苏某海运公司并非本案被保险人,没有资格作为原告起诉某保险公司索赔保险金。1. 根据涉案投保单和保险单记载,本案所涉保险合同项下的被保险人是广西某海运公司,而非江苏某海运公司。2. 一审判决认定"广西某海运公司代江苏某海运公司,为案涉船舶利益,与某保险公司签订案涉保险合同",明显违背事实和法律,并严重损害广西某海运公司和某保险公司的实体利益和程序利益。3. 一审判决以江苏某海运公司对案涉船舶存在保险利益为由,认定可以行使保险索赔权,这是对保险利益的曲解。4. 广西某海运公司正是作为光租人以自己的名义,为自己的利益投保,并为此提供了光船租赁合同,某保险公司完全按照光船承租人的标准来确定是否承保及收取费用。5. 保险合同关系中,合同双方经签署保险合同而确立双方之间详细而明确的权利义务关系,但本案中,江苏某海运公司未与某保险公司签署保险合同,其不是被保险人。二、江苏某海运公司并不会仅因不能行使保险索赔权而丧失其可能具有的合法权益,因为其遭受的损失可以通过在光租合同项下得到救济。三、某保险公司根据保险合同的约定,对逾期支付保费期间发生的保险事故造成损失予以拒赔,具有充分的合同基础。1. 案涉保险条款第16条是合同双方的合意,应予尊重和信守;2. 广西某海运公司经催促,迟迟未支付第一期保费,直至碰撞事故发生后的次日,才支付第一期保费。据此,保险人自 2018 年 3 月 2 日至 2018 年 5 月 27 日被保险人交纳第一笔保险费时止并不承担保险赔付责任;3. 一审判决认定当出现逾期支付保费时,案涉保险合同依然有效,双方权利义务并未终止不当。四、上海高院的生效判决支持"被保险人未按约定日期交付约定的保险费,保险人对自违约之日起所发生的任何事故损失和费用不承担赔偿责任"的保险条款有效,且保险人不负赔偿责任不以行使合同解除权为前提。五、某保险公司就保险条款第 16 条有关逾期支付保费期间,保险人不承担赔付责任之条款的内容已经向投保人作了明确说明,理应产生法律效力。1. 投保人在投保单上对有关责任免除条款等已作明确声明;2. 投保人对其不交纳保险费要承担的不利后果是充分理解的;3. 对保险条款是否属于免责条款的判定,显然应考虑被保险人及投保人的专业能力,不能等同于一般的自然人;4. 保险合同是要求投保人遵循最大诚信原则的合同;5. 从保险合同的最大诚信原则出发,应充分肯定保险条款第 16 条的有效性。六、一审判决所赖以确定赔偿数额的依据不足,明显夸大损失额度。1. 本案是碰撞引起的索赔,两船的碰撞比例应依法审理确定,而不应由货物某保险公司大连分公司与江苏某海运公司自行商定,这会损害某保险公司的利益。同样,损失数额的确定亦是如此。2. 江苏某海运公司与某保险公司大连分公司达成的和解协议所约定的赔付金额,并不能成为本案充足的定案依据。3. 一审法院支持江苏某海运公司越过广西某海运公司,直接向某保险公司追索,不但破坏了合同法之相对性铁律,也导致某保险公司无法援引广西某海运公司抗辩,从而扩大了江苏某海运公司的不当诉讼利益。

针对某保险公司的上诉请求、事实和理由,江苏某海运公司答辩称:一、本案是责任保险,保险的标的是船舶对外应当承担的赔偿责任,一审法院也确认涉案船舶对货主承担赔偿责任,现因某保险公司未提供担保,涉案船舶被拍卖,江苏某海运公司已对外承担赔偿责任,其虽不是被保险人,但不影响其索赔的权利。二、江苏某海运公司基于保险合同可以向某保险公司索赔,也可以选择向光租人索赔,这是江苏某海运公司的权利,某保险公司认为应向光船承租人广西某海运公司索赔于法于理均不成立。三、保费迟延交纳是事实,但某保险公司催交也是事实,其既未发解除通知,也没有退收交的保费,因此,迟延交保费并不影响保险合同的效力,也不影响某保险公司的责任。至于某保险公司提交的案例,并无参照价值。四、货物的损失是经一审法院调解确认,并不是货主和保险人、江苏某海运公司自行和解,现亦已按一审法院调解书确认的金额执行,涉案船舶已被拍卖,遭受损失的是江苏某海运公司,江苏某海运公司不是施恩施惠于他人。综上所述,请求驳回上诉,维持原判。

针对某保险公司的上诉请求、事实和理由,广西某海运公司述称:一、广西某海运公司认同一审判决结论,尤其是江苏某海运公司船舶已拍卖,从船舶拍卖款中清偿了某保险公司大连分公司的债权,一审法院(2019)浙72执398号之二、之三执行裁定书予以确认上述事实;二、某保险公司称由于投保人未及时支付保险费,不承担保险责任的理由不能成立。1. 根据保单约定,某保险公司承担保险责任并不以收到保费为条件。在保险合同已生效,且某保险公司已开始承担保险责任的情况下,保险合同中关于逾期支付保险费保险人不承担保险责任的条款,属于免除保险人责任条款,保险人未在投保单、保险单或其他保险凭证上作出足以引起投保人注意的提示,并未对该条款的内容以书面或口头形式向投保人作出明确说明,该条款不产生效力。2. 虽然碰撞事故发生时,投保人尚未支付保险费,但保险人于2019年4月4日致广西某海运公司的告知函,保险人仍履行赔偿T轮船船损、货损的义务。3. 在本案中,如果某保险公司认为在延期支付保费期间不承担保险责任,那么该期间的保险费就应相应扣减,但在保险合同中,没有对延期支付保费期间的保险费是否扣减作出约定。如果本案中保险人在延期支付保险费期间不承担保险责任,但保险人却享有要求支付该期间的保险费,这就造成了权利义务不对等。既然保险人有权要求支付逾期的保险费,那自然应承担该期限的保险责任。当保险合同出现两种解释时,应作不利于保险人的解释。

针对某保险公司的上诉请求、事实和理由,平潭某船务公司未陈述意见。

二审期间,平潭某船务公司未提交新的证据材料。某保险公司提交如下证据材料:证据1,船舶光租合同,拟证明涉案船舶由江苏某海运公司光租给广西某海运公司;涉案保险系基于光船租赁确立的船舶保险;广西某海运公司是被保险人。证据2,公估报告,拟证明经公估机构计算,货物的直接经济损失为3676737.80元。证据3,(2011)浙金商终字第729号判决,拟证明浙江省金华市中级人民法院在类似案件中判定：1. 此条款意思表示清楚，对被保险人履行交纳保费义务的期限作了约定，并且约定了不如期交纳保费的后果，双方基于合同而产生的是平等的权利义务。上述条款并非上诉人单方面减少或者免除自己的责任，因此不属免责条款；2. 保险合同是射幸合同，如果投保人在保险事故发生后，才支付保险费从而获得损失的全部或者大部分填补，将造成合同的信用无存。证据4，（2012）浙民申字第145号民事裁定书，拟证明浙江省高级人民法院在类似案件中裁定所涉争议条款仅是对被保险人交付保险费时间及保险责任发生时间的约定，如果被保险人依约履行了自己交付保险费的义务，则保险人依约承担其保险责任，并未免除保险人应承担的保险责任。故该条款不属于免责条款。

江苏某海运公司质证认为：证据1，形式真实性无异议，但该光租合同未到海事部门办理登记，不能对抗善意第三人，某保险公司大连分公司在赔付货物损失后扣押了涉案船舶，并以江苏某海运公司作为被告提起了诉讼。证据2，因无原件真实性无法确认；同时，该报告系某保险公司单方委托，既没有经过货主、货物保险人同意，也没有经过江苏某海运公司同意，公估师也没有出庭接受质询，对其三性不予确认。证据3、证据4，两个案例涉及的都是财产保险，而本案系责任险，且本案系海上保险合同纠纷，因此，前述案例与本案性质不一致，此外，本案与前述案例在事实上亦存在差异，不具有参照价值。

广西某海运公司提交书面质证意见认为：证据1，真实性、合法性及关联性无异议。证据2，三性无异议，事故发生后，保险人委托公估公司进行定损，说明保险人仍应履行理赔的义务。证据3、证据4，上述证据从哪个网站下载不清楚，真实性无法确认，且两案的案情与本案不一致，故对上述两份证据不予认可。

平潭某船务公司未提出质证意见。

江苏某海运公司提交宁波海事法院（2019）浙72执398号之二、三执行裁定书，拟证明某保险公司大连分公司通过拍卖T轮船获债权受偿3505673.9元，某保险公司应承担赔偿责任。

某保险公司质证认为：对证据的真实性、合法性无异议，但该裁定书是另案的执行裁定书，与本案无关，若据此认定本案保险人的赔付责任，是对本案保险人利益的侵害。

广西某海运公司、平潭某船务公司未提出质证意见。

广西某海运公司提交如下证据材料：证据1，宁波海事法院（2019）浙72执398号之二、三执行裁定书，拟证明江苏某海运公司T轮已被拍卖，从船舶拍卖款中清偿了某保险公司大连分公司的债权；证据2，告知函，拟证明某保险公司于2019年4月4日，致函广西某海运公司，要求就碰撞事故致T轮船损、货损提供相应材料，以便认定损失，这说明虽然碰撞事故发生时，投保人尚未支付保险费，但保险人仍履行赔偿T轮船损、货损的义务。

某保险公司质证认为：证据1，对证据的真实性、合法性无异议，但该裁定书是另案的执行裁定书，与本案无关，若据此认定本案保险人的赔付责任，是对本案保险人利益的侵害。证据2，真实性、合法性无异议，对于证明对象，某保险公司作为保险人，发出告知函是处理保险事故过程中的程序，发生了保险事故后，无论最终是否要承担责任，均会与被保险人沟通，均会发布相应的告知事项。另外该函从来没有保险人要承担保险责任的陈述，该函不能证明保险人对责任的承认。

江苏某海运公司质证认为：证据1，三性无异议。证据2，三性无异议，涉案事故发生后，保险人全程参与勘验、定损、理赔，在整个过程中没有发出拒赔通知、不予理赔通知，告知函应是其对保险责任的认可。基于对保险责任的认可保险人才发出告知函，指导广西某海运公司如何处理保险事宜，这是其对自己保险责任的一个确认。

平潭某船务公司未提出质证意见。

对某保险公司提交的证据，本院经审核认证如下：证据1，一审时广西某海运公司已作为证据提交，一审法院已组织各方当事人质证并已作出认定，故本院二审不再赘述。证据2，虽然广西某海运公司对该证据的三性无异议，但某保险公司未提供原件，且江苏某海运公司对其真实性亦未予确认，故对该证据的真实性无法确认。证据3、证据4，该两份证据系他案判决书及裁定书，案情与本案不尽一致，故不作为证据认定。

对江苏某海运公司提交的证据，本院经审核认为：因某保险公司对证据的真实性、合法性无异议，故对证据的真实性、合法性予以确认。根据该证据可以证明某保险公司大连分公司对江苏某海运公司享有的债权已在涉案船舶的拍卖款中得到受偿，至于该证据的待证目的结合其他证据综合予以认定。

对广西某海运公司提交的证据，本院经审核认为，证据1，因该证据与江苏某海运公司提交的证据相同，意见同前。证据2，因某保险公司、江苏某海运公司对证据的真实性、合法性无异议，故对证据的真实性、合法性予以确认，证明力结合其他证据综合予以认定。

经审理，一审查明的事实，有相关证据予以佐证，本院对一审查明的事实予以确认。

本院认为：根据各方当事人的诉辩意见，本案二审争议焦点为：一、江苏某海运公司作为原告主体是否适格；二、某保险公司是否应承担保险赔偿责任。各方当事人对本院归纳的争议焦点并无异议，对此分析如下：

一、江苏某海运公司作为原告主体是否适格

本案系海上保险合同关系，涉案投保单及保险单载明：投保人为平潭某船务公司、保险人为某保险公司，被保险人为广西某海运公司。为此，某保险公司认为江苏某海运公司并非本案海上保险合同的被保险人，其作为原告主体不适格。对此，本院认为：江苏某海运公司系涉案船舶的所有权人，该公司与广西某海运公司存在光船租赁合同关系，广西某海运公司系船舶的光租人，但涉案船舶的光船租赁未在海事部门登记。根据查明的事实及现有证据，江苏某海运公司与广西某海运公司签订的光船租赁合同第八条江苏某海运公司的权利义务第7项明确约定：江苏某海运公司负责办理租赁期限内对船舶和船上所有工作人员的相关保险，以上费用由江苏某海运公司承担，保险受益人为船舶和船上人员。涉案船舶投保时，投保单载明的船舶所有人、经营人/管理人均为江苏某海运公司，随附资料包括船东、管理人及其关系人的证明文件、船舶所有权证书、国籍证书、船检证书等，某保险公司签发的保险单亦明确载明船舶所有人及经营人为江苏某海运公司。因此，涉案船舶投保时，某保险公司作为专业保险机构对涉案船舶的权属情况及光船租赁未办理登记所产生的法律后果应当知晓。由于涉案船舶投保的险种为沿海内河船东保障和赔偿责任保险，属责任保险，其保险标的为约定的保险事故发生时船舶应承担的赔偿责任。根据查明的事实，广西某海运公司占有涉案船舶期间，因与他船发生碰撞，涉案船舶对事故应承担主要责任，江苏某海运公司作为船舶所有人通过涉案船舶的拍卖承担了货损赔偿责任，江苏某海运公司作为涉案船舶所有人在涉案保险合同下具有保险利益。故一审据此认定，广西某海运公司代江苏某海运公司为涉案船舶利益，与某保险公司签订涉案保险合同，江苏某海运公司作为船舶所有人有权就涉案事故要求某保险公司承担保险赔偿责任，有相应的证据证明。广西某海运公司作为涉案保险合同约定的被保险人，并作为光租人已参加本案诉讼，其对一审判决亦未持异议，某保险公司认为江苏某海运公司作为本案原告主体不适格的上诉理由不能成立。

二、某保险公司是否应承担保险赔偿责任

保险合同系诺成性、双务合同，投保人与保险人经过要约承诺，意思表示达成一致，保险合同即告成立，一般而言，合同一经依法成立即发生法律效力。根据《海商法》第二百一十六条的规定，海上保险合同成立后，支付保费和承担保险责任分别是投保人和保险人的主要义务。在合同没有约定的情况下，保险费的交付不对保险合同的效力产生影响，交纳保险费只是合同成立生效后投保人应当履行的合同义务。本案中，某保险公司对涉案保险合同成立并生效未持异议，虽然保险条款第十六条约定了逾期支付保费保险公司不承担赔偿责任，且平潭某船务公司系在涉案事故发生后支付保险费，属逾期支付保费行为，但涉案投保单、保险合同均未约定未支付保费作为合同生效条件，亦未将逾期支付保费作为终止或解除的条件，根据查明的事实，在投保人未按约定时间支付保费的情况下，某保险公司向投保人发出催款通知，要求投保人于2018年5月20日前尽快办理缴款手续，亦未要求解除或终止合同，因此，涉案保险合同不因投保人逾期交费未生效或终止，一审判决据此认定"当出现逾期支付保费时，涉案保险合同依然有效，双方权利义务并未终止"并无不当。此外，涉案保险条款第十六条属格式条款，根据该条款约定的内容，该条款为免除保险人责任条款，根据《保险法》第十七条第二款的规定，某保险公司应提供证据证明对该条款的内容以书面或口头形式向投保人作出明确说明，现仅凭投保人盖章的投保人声明不足以证明某保险公司已就前述条款的概念、内容、法律后果作出明确说明，一审判决认定涉案保险条款第十六条约定不产生效力，于法有据。某保险公司认为其无须承担保险责任的上诉理由不能成立。

三、一审判决认定的损失数额是否正确

T轮与林某所有的M船于2018年5月26日发生碰撞事故，经海事部门对

事故责任认定，T轮承担事故的主要责任，M船承担事故的次要责任。对此，某保险公司并无异议，依法予以确认。在（2018）浙72民初1768号案中，关于江苏某海运公司与林某对碰撞事故应承担的责任比例，各方当事人经协商达成和解协议，确认江苏某海运公司承担70%的碰撞责任，林某承担30%的碰撞责任。上述和解协议一审法院经审查后出具了相应的调解书。尽管某保险公司对此提出异议，但经查，生效调解书确认的责任比例符合海事部门对碰撞事故的责任认定，现亦无证据推翻前述责任比例存在不当之处，况且生效调解书确认的江苏某海运公司应承担的赔偿责任，已通过拍卖江苏某海运公司所有的涉案船舶得以履行，故一审判决据此确认本案的赔偿数额，有相应的证据证明，某保险公司认为一审判决确认的赔偿数额依据不足的上诉理由不能成立。

综上所述，某保险公司的上诉理由均不能成立，其上诉请求不予支持。一审判决认定事实清楚，适用法律正确。依照《中华人民共和国民事诉讼法》第一百七十条第一款第一项的规定，判决如下：

驳回上诉，维持原判。

二审案件受理费30848元，由某保险公司负担。

本判决为终审判决。

审判长　苗　某

审判员　黄　某

审判员　裘某某

二〇二〇年九月八日

评·析

本案的争议焦点之一，是保费支付与责任承担问题。即在保险条款约定不交纳保费不承担保险责任的情况下，保险人是否就能直接免责。

船舶保险的特性之一是保费大多分期支付，且可能不会在保单出具当日就支付第一期保费，因此实践中保费逾期支付情况较为频繁。就本案的保费与保险责任承担问题，涉及：保险条款中的保费支付条款效力问题，保费支付与保险合同效力问题。本案审理中，法院认定保险合同的生效不以保费交纳为要件，而涉案保单又没有明确表示逾期交纳保费会导致合同效力发生变化，并且保险人对免除保险责任的格式条款又未尽到解释说明义务，因此判定保险人仍需承担保险责任，对保费支付与保险合同效力问题具有一定指导意义。

（一）保费支付与保险合同生效无关

本案所涉保险条款中约定，"被保险人要按与保险人约定的日期交付保险费。逾期不付的，保险人有权自欠费时起不承担本合同的赔偿责任，除非该延期支付事先征得保险人的书面同意。"因此某保险公司在诉讼中主张，被保险人不交付保费时，保险人无须承担保险责任。但本案审理法院认为，保险合同是诺成性、双务合同，因此投保人与保险人经过要约承诺，意思表示达成一致，合同即告成立。且《海商法》第二百一十六条规定，海上保险合同成立后，支付保费和承担保险责任分别是投保人和保险人的主要义务。在合同没有约定的情况下，保险费的交付不对保险合同的效力产生影响。

此种思路在浙江省高级人民法院（2016）浙民终 513 号判决中亦有所体现。在该案中，保险公司主张，保单约定"分期交付保险费的，保险人按照保险事故发生前保险人实际收取保险费总额与投保人应当交付的保险费的比例承担保险责任，投保人应当交付的保险费是指截至保险事故发生时投保人按约定分期应该交纳的保费总额"，因投保人未足额交纳保险费，保险人至多赔付一半保险赔款，且该案中投保人在事故发生后才交纳了第一期保费，按保单约定，保险人无须承担保险责任。但法院认为，这种约定与保险法规定的交纳保险费与保险合同的效力无关的精神相悖，故不予支持。

更进一步说，根据《九民纪要》第九十七条规定，"当事人在财产保险合同中约定以投保人支付保险费作为合同生效条件，但对该生效条件是否为全额支付保险费约定不明，已经支付了部分保险费的投保人主张保险合同已经生效的，人民法院依法予以支持。"可以看出，仅约定支付保险费为保险合同生效条件，但未明确约定支付保险费的比例的，投保人已经支付部分保险费时，保险合同依旧是生效的。

在本案中，某保险公司并未约定保费交付是否影响合同生效，也未在投保人拖欠保费时向其明确作出解除合同的通知，反而是要求投保人于 5 月 20 日前办理缴款手续，因此法院认定，涉案保险合同并不因为投保人逾期交付保费而未生效或终止，保险人在合同下的义务也就没有解除。

（二）保险人对保险条款的提示说明义务

此外，虽然保险条款中有"不付保费，不承担保险责任"的相关约定，但因为该条款属于格式条款，且约定的内容为免除保险人的责任，因此该条款并不自然有效。根据《保险法》第十七条第二款的规定，"对保险合同中免除保险人责任的条款，保险人在订立合同时应当在投保单、保险单或者其他保险凭证上作出足以引起投保人注意的提示，并对该条款的内容以书面或者口头形式向投保人作出明确说明；未作提示或者明确说明的，该条款不产生效力。"在本案中，虽然某保险公司已经在投保单中对投保人声明条款进行加粗并要求投保人盖章，但法院认为保险人仅提供了投保人盖章的投保人声明，并不足以证明保险人已经向投保人解释说明了该免责条款的概念、内容和法律后果。并且值得注意的是，从《合同法》，到《九民纪要》，再到《民法典》，在格式条款的说明义务上，要求愈加严格。《民法典》第四百九十六条第二款规定，"采用格式条款订立合同的，提供格式条款的一方应当遵循公平原则确定当事人之间的权利和义务，并采取合理的方式提示对方注意免除或者减轻其责任等与对方有重大利害关系的条款，按照对方的要求，对该条款予以说明。提供格式条款的一方未履行提示或者说明义务，致使对方没有注意或者理解与其有重大利害关系的条款的，对方可以主张该条款不成为合同的内容。"这意味着，在采用格式条款时，要做到提示、说明，并且足以真正引起对方的注意，而非简单地进行加粗；而且如未履行提示和说明义务，很可能法院将认定该条款自始不存在于合同中，对合同无任何影响。

（三）本案体现的法院审判思路

1. 法院在审理保险合同案件时倾向于维护被保险方的利益。从本案以及相关案例来看，无论是从立法的角度还是从实际判例的角度，我国法院都倾向于维护保险合同的有效性，保护被保险人一方的利益。更进一步说，在责任险案件的审理中，法院更关注实体上是否有责任方因保险事故承担责任，即使其未体现在责任险保单上，但只要实际责任承担者对保险标的存在保险利益，法院也有可能支持保险人对实际责任承担者进行赔偿。

2. 保险人应尽到对保险条款的说明义务。在保险合同成立、生效的基础上，具体保险公司需要承担何种程度的责任，法院往往要求保险人在投保人投保时就在条款或保单中进行明确的约定，并且将该约定明确地告知投保人，使其完全理解其中的意思。而且这种说明的举证责任在保险人，因此保险人需要作出充分的准备，包括但不限于要求投保人手写承诺声明、录音录像等以应对一旦进入后续诉讼中保险人需要承担的举证责任。

3. 催缴保费行为可能会被认定为保险人认可合同持续有效。在投保人欠付保费的情形下，仅向投保人发出书面催缴保费函，又不在催款函中写明逾期交纳的后果，可能会令法院认定为保险人未主动行使合同解除权，并期望合同持续有效，投保人积极履行义务，相应地，保险人也应当继续履行合同中约定的义务性条款。

建工险中被保险人未履行出险后及时通知义务导致损失程度无法确定的责任界定

广东省深圳市中级人民法院
(2019)粤03民终11254号民事判决书
(2020年10月28日)

案·情

2008年7月1日,某房地产公司就某建设工程综合发展项目向某保险公司投保了建设工程一切险。保单约定被保险人为某房地产公司及关联或附属公司、工程承包人或分包人等,承保的内容包括机电工程在内;物质损失免赔额为自然灾害80000元,其他损失40000元。2012年6月8日,保单免赔额(每次事故)更改为物质损失自然灾害150000元,其他损失100000元。

2012年至2013年,工程承包人某机电公司先后五次向公安机关报案称项目敷设的电缆多次被盗,并向保险人索赔。保险人委托某甲保险公估公司对事故原因进行调查,某房地产公司与保险人共同委托某乙保险公估公司对事故的原因及损失进行公估。某甲公估公司经调查认为本次事故为一系列内部偷盗事件所导致,被保险人的统括报案行为造成单次偷盗事件的时间与损失无从查起。某乙公估公司认为保险人针对单次偷盗事件均享有40000元或100000元的免赔额,而此类偷盗事件的特征注定单次损失不会超过保单中就每次事故所约定的免赔额,因此保险人无须承担赔偿保险金的责任。

2017年2月17日,某机电公司提出起诉,要求保险人赔偿损失及利息共计11608679.34元。案件经一审、二审公开开庭审理,最终人民法院判决保险人依法不承担赔偿责任。

判决书正文

上诉人（原审原告）：某机电工程有限公司，住所地北京市东城区。

被上诉人（原审被告）：某保险公司深圳分公司，住所地广东省深圳市福田区。

上诉人某机电工程有限公司（以下简称机电工程公司）因与被上诉人某保险公司深圳分公司（以下简称某保险公司）财产保险合同纠纷一案，不服广东省深圳市福田区人民法院（2017）粤0304民初4298号民事判决，向本院提出上诉。

本院受理后，依法组成合议庭审理了本案。本案现已审理终结。

上诉人机电工程公司上诉请求：一、撤销一审判决；二、改判被上诉人向上诉人支付保险赔款9214862.77元，以及自2012年6月25日起至判决实际执行完成之日止的利息（暂计至2016年12月31日的利息为2393816.57元，本息合计11608679.34元）；三、本案一审、二审受理费由被上诉人承担。事实与理由如下：一、一审法院未查清上诉人已经履行了及时通知义务的事实。1.一审法院未查清工程保险合同的特殊性，错误判断上诉人的义务范围。涉案保险险种为工程保险，其特性为众多的"被保险人"，上诉人是众多被保险人之一。办理投保手续以及整个沟通的过程，均是在保险人与投保人之间进行。而分包商虽然作为被保险人之一，但并没有参与其过程，因此对理赔程序是不熟悉的。若保险人对于理赔程序给予分包商错误的指引，其后果亦应当由保险人承担。本案中，发现被盗事故均是现场的管理人员，他们马上向上级部门反映，同时向公安机关报案。上级部门接到现场报告才会向被上诉人报案。这个程序和时间是合理的。2.上诉人已经履行了及时通知的义务，但被上诉人要求提供不合理的报案材料，造成上诉人未及时通知的假象。公安机关拒绝提供立案证明，被上诉人要求上诉人提供公安机关的立案证明作为报案材料不合理。上诉人认为其已履行及时报案义务，但是被上诉人的无理要求，向上诉人作出理赔流程错误的指引，以及公安机关拒绝提供立案证明等原因，导致上诉人的报案不符合被上诉人的单方要求，造成了上诉人延迟报案的假象。二、对事故的性质、原因、损失程度，上诉人已经充分举证，被上诉人亦已经通过合理渠道获悉。即使存在上诉人报案延迟的情况，也没有对事故性质、原因、损失程度等有影响，不应当作为被上诉人拒赔的理由，也不应该作为一审驳回诉讼请求的理由。三、一审法院错误认定保险人不予赔付的条件。1. 一审判决对于"理赔时扣除每次事故的免赔额予以采信"的认定有误。根据双方认可的涉案保险合同明细表记载，涉案事故保险单对于是否适用"每次事故"是清楚区分的。保险合同约定了"免赔额"而不是"每次事故免赔额"。无论发生多少次保险事故，应当以"累计免赔"的方式扣除免赔。结合《保险法》第三十条的规定，对于"免赔额"的理解不一致，应当依照对被保险人有利的方式进行解释，认定为以"累计免赔"方式扣除免赔，即无论发生多少次事故，累计只扣除免赔额记载的金额。2. 本案不存在法定、约定的不承担赔偿责任事由。既然一审法院未查清上述事实一、事实二，那么一审判决引用《保险法》第二十一条，驳回上诉人诉求的法律依据不存在事实基础。综观整份保险合同，并不存在对于"延迟报案时保险人可拒赔"的约定或意思表示，不应当以延迟报案作为驳回诉讼请求的理由。涉案保险合同并无关于"先扣除免赔额再予以赔付"的约定或意思表示，一审法院不应当认定被上诉人扣除免赔的主张。四、一审判决未查清保险事故的发生次数以及每次保险事故的损失金额。1. 一审判决对"每次事故"的概念认定有误，本案应当认定为五次事故。目前保险市场对于"每次事故"的定义为："每次事故是指一次意外事故或者同一突发性事件引起的一系列意外事故。"这是根据保险基本原则之一"近因原则"而确立的。根据一审所认定的事故"发现"日期均为连续的日期，明显是一个盗窃事故而引起的系列事件多次被发现。虽然合同没有约定，但根据"近因原则"确定的"每次事故"定义，涉案事故应当以向公安机关报案次数为单位，认定为五次事故。一审判决未查清保险事故的"发生"次数，错误地引用被告证据，错误地以"发现"次数代替"发生"次数，认定"实际发生的偷盗事件造成的损失不会超过保单中就每次事故所约定的"免赔额"系认定事实错误。2. 一审法院对《保险法》第二十一条的适用错误，本案应当适用《合同法》第六十条、《保险法》第二十一条的"例外条款"以及第二十五条。综上所述，请求二审法院支持上诉人的上诉请求。

被上诉人某保险公司辩称，一、上诉人五次报警电缆被盗事故中涉及数十次单次盗窃事故，应当以每次盗窃事故作为认定一次保险事故的标准。本案投保人是上海某地产有限公司（以下简称地产公司），上诉人系投保人指定的被保险人之一。被上诉人在接到上诉人报案后，委托第三方某甲保险公估有限公司（以下简称甲公估公司）及某乙保险公估（中国）有限公司（以下简称乙公估公司）进行查勘、调查、估损和理算。两家公估公司出具的公估报告一致认为本案应当以每次被盗事故作为认定一次保险事故的标准。2012年12月20日，被上诉人与被保险人协商变更了保险合同并签发了批单。该批单约定："从2013年1月1日零时起，本保单的免赔额（每次事故）约定变更如下：第一部分——物质损失保险部分，自然灾害免赔额为150000元，其他损失免赔额为80000元"，本案保险合同约定的保险事故系指单次盗窃事故。上诉人此前在实际履行保险合同过程中每发现一次盗窃事故便报警报案，保险公估公司在理算时亦是将每次盗窃事故认定为一次保险事故，并据此每次扣除免赔额，上诉人对此无异议并予以确认，双方以实际履行合同的行为亦确认了单次盗窃事故为一次保险事故这一事实。根据乙公估公司最终认定，被上诉人认为其造成的损失应该不会超过保单中就每次事故所约定的免赔额，在没有实质性反证的情况下，保险人无须就本案对被保险人做出赔付。综上所述，上诉人在本案共提交了五次报警回执，相应地请求五次被盗所造成的损失。但事实上，上诉人并非每发现一次被盗后即报警和保险报案，而是将一段时间内的盗窃案件集中汇总统一报警和保险报案，上诉人五次报警涉及数十次单次被盗事故而非五次被盗事故。依据保险合同约定、双方委托的保险公估公司的认定以及双方实际履行情况，应当以每次被盗事故作为认定一次保险事故的标准，即单次被盗事故应当认定为一次保险事故，本案存在数十次保险事故而非五次保险事故。二、上诉人未及时向公安机关报案，亦未履行出险通知义务和防止损失扩大的合同义务，一审判决认定上诉人应当承担对其不利的法律后果是正确的。1. 出险通知义务是被保险人的法定义务和约定义务；2. 上诉人是否履行了出险通知义务，与其是否向公安机关报案，以及公安机关是否立案无关；3. 出险通知义务与保险人需要上诉人提供的理赔资料并不冲突；4. 答辩人一审提交的证据足以证明上诉人发现单次事故并未及时报案；5. 上诉人称其即使存在迟延报案也不影响事故性质、原因、损失程度的认定明显是错误的；6. 上诉人以其对理赔流程不熟悉为由主张免除被保险人应负的法定和约定义务，没有事实依据和法律依据。三、本案特约条款并非格式条款，不适用格式条款的解释原则，不应当适用格式条款有利于被保险人的解释原则。1. 免赔额系保险合同特别约定条款,本案批单约定的保单免赔额为每次事故。本案合同约定及合同的事实履行均可证明免赔额指单次事故,而非上诉人所述的"累计免赔";2. 特约条款非格式条款,不适用格式条款的解释原则;3. 本案是保险经纪业务,不存在专业的保险经纪公司对保险条款的理解歧义问题;4. 上诉人曲解了近因原则,本案为同一原因造成的保险事故,而非多原因所致。四、某乙公估公司作为投保人地产公司及某保险经纪公司与被上诉人共同委托的公估人,其做出的《公估报告》应当作为保险责任认定、损失核定以及理算的依据,一审法院采信某乙保险公估公司的公估报告于法有据。五、上诉人在保险合同履行过程中存在重大过失,即使涉案损失属于保险责任免除范围,被上诉人亦不负有赔偿保险金的责任。1. 被保险人违反法律禁止性规定安排施工工人在工地住宿,致使工人长期盗窃电缆是造成保险事故的根本原因;2. 被保险人未采取有效措施防止盗窃事故频发;3. 上诉人未履行出险通知义务,未向公安机关报案,存在明显过错;4. 上诉人在发现保险标的屡次被盗,但仍未履行保险标的危险程度增加的通知义务,未履行专业总承包商的基本注意义务,具有明显的过错。六、上诉人未履行保险标的危险程度增加的通知义务,剥夺被上诉人作为保险人选择解除合同或增加保费的权利,被上诉人不负有承担赔偿保险金的责任。综上所述,请求维持一审判决,驳回上诉人的上诉请求。

机电工程公司向一审法院起诉请求:某保险公司向其支付保险赔款9214862.77元及自2012年6月25日起至判决实际执行完成之日止的利息(暂计至2016年12月31日的利息为2393816.57元),并承担本案诉讼费。

一审法院认定事实:2008年7月1日,某保险公司签发了一份《建筑工程一切险保险单》,载明:建筑工程名称为某综合发展项目;被保险人为工程所有人(地产公司及其附属公司或联营公司)、工程承包人(承包商、分包商、供应商等);建筑工程地点为上海市静安区某地段;承保内容为所有某综合发展项目兴建工程,包括机电工程等;保险期限为2008年7月1日起至2012年6月30日止;保险金额包括物质损失(预计总合约金额31.5亿元)、第三者责任限额(每次事故5亿元,保险期内累计不限),其中物质损失免赔额为自然灾害80000元、其他40000元、设计师风险80000元或损失金额的10%(以较高者为准);责任范围为,保险期限内保险财产在列明的工地范围内因本保险单除外责任以外的任何自然灾害或意外事故造成的物质损坏或灭失及因发生上述损失所产生的有关费用,其中自然灾害指地震、海啸等人力不可抗拒的破坏力强大的自然现象,意外事故指不可预料的以及被保险人无法控制并造成物质损失或人身伤亡的突发性事件;总除外责任包括被保险人及其代表的故意行为或重大过失引起的任何损失、费用和责任及应由保险单明细表或有关条款中规定的应由被保险人自行承担的免赔额;被保险人应采取一切合理的预防措施,包括认真考虑并付诸实施某保险公司代表提出的合理的防损建议,谨慎选用施工人员,遵守一切与施工有关的法规和安全操作规程,由此产生的一切费用,均由被保险人承担;在发生引起或可能引起本保险单项下索赔的事故时,被保险人或其代表应立即通知某保险公司,并在七天或经某保险公司书面同意延长的期限内以书面报告提供事故发生的经过、原因和损失程度,采取一切必要措施防止损失的进一步扩大并将损失减少到最低限度,在某保险公司的代表或检验师进行勘查之前,保留事故现场及有关实物证据,在保险财产遭受盗窃或恶意破坏时,立即向公安部门报案。

2012年6月8日,某保险公司作出《批单》,将上述保单的"保险期限"延期至2012年12月31日。2012年12月20日,某保险公司作出《批单》,将上述保单作出批改,内容包括:保险延期,由2013年1月1日延期至2013年6月30日;从2013年1月1日起,本保险单免赔额(每次事故)约定变更为,物质损失保险部分自然灾害150000元、其他100000元、设计师风险80000元或损失金额的10%(以较高者为准)。

2012年7月17日,机电工程公司负责涉案投保的建筑工程中某工地二期南区安保的工作人员倪某向上海市公安局静安分局报警称,其从2012年6月6日至2012年6月14日开始检查,发现该区域(从会展裙房、主楼的主体房、地下室)工地自查发现多处电缆线被盗,被盗电缆线的各种名称、规格、数量、重量为(略)。该所出具了《上海市公安局案(事)件接报回执单》,记录了上述报警内容,并注明"以上内容尚未经公安机关核实"。2012年7月24日,上海市公安局静安分局作出《立案告知书》,对机电工程公司的上述报案决定立案。

2012年7月18日,机电工程公司工作人员杜某向上海市公安局静安分局报警称,其是机电工程公司负责某二期工地北区安全监管的工作人员,从2011年11月电缆施工开始至今,发现工地内(主楼、裙楼、地下室)电缆线和铜管被盗，被盗物品情况为（略，内容为被盗电缆线、铜管的各种规格、数量、重量及铜排30块）。该所出具了《上海市公安局案（事）件接报回执单》，记录了上述报警内容，并注明"以上内容尚未经公安机关核实"。

2012年8月24日，机电工程公司的工作人员倪某、杜某向上海市公安局静安分局报警称，当年7月23日、24日，其公司在对某工地二期南区工地电路检查时发现工地内多次已安装好的电缆线、铜母排被盗，经清点，被盗电缆线采购价格合计301468.96元，被盗铜母排采购价格合计9271.16元，两项共计310740.12元；当年8月1日、8月13日，公司工作人员巡查发现北区工地内多次电缆线被盗，经清点，被盗电缆线（四种电缆线的名称、规格、采购价格略）采购价格合计250936.08元。该所出具了《上海市公安局案（事）件接报回执单》，记录了上述报警内容，并注明"以上内容尚未经公安机关核实"。2012年8月24日，上海市公安局静安分局作出《立案告知书》，对机电工程公司的上述报案决定立案。

2012年11月12日，机电工程公司工作人员倪某向上海市公安局静安分局报警称，其从2012年10月中旬至11月12日会同公司相关负责人多次检查中发现某工地二期南区会展裙楼、主楼、主体房、机房等多处电缆线、铜排等物品被盗，被盗物品为（略，内容为被盗物品的各种型号、规格、数量、重量等）总价919712.58元。该所出具了《上海市公安局案（事）件接报回执单》，记录了上述报警内容，并注明"以上内容尚未经公安机关核实"。2012年11月16日，上海市公安局静安分局作出《立案告知书》，对机电工程公司的上述报案决定立案。

2013年4月8日，机电工程公司工作人员倪某向上海市公安局静安分局报警称，2012年11月至2012年12月之间，某保险公司在检查某二期工地的过程中陆续发现建材失踪，失踪的建材包括电缆线、铜母排接头、插座、开关等（型号、规格、数量、重量等略）。该所出具了《上海市公安局案（事）件接报回执单》，记录了上述报警内容，并注明"以上内容尚未经公安机关核实"。

机电工程公司就其于2012年7月17日、2012年8月24日、2012年11月12日报警的被盗损失向某保险公司索赔。某保险公司委托甲公估公司对上述报警所涉的被盗事故案进行调查，明确事故性质及被保险人在事故中的过错情况等。甲公估公司于 2013 年 3 月 21 日作出《关于××号保单项下被保险人地产公司及工程承包人"2012.7.17""2012.8.24""2012.11.12"电缆被盗事故案调查报告》。调查结论为："1. 被保险人某综合发展项目的业主方（地产公司）、总包方（上海某一建公司）、分包方（某乙机电工程有限公司）报称的关于某综合发展项目的电缆、铜材被盗系列案属实。事故发生时间在 2011 年 3 月 4 日至 2012 年 11 月 12 日期间。因涉案金额较大，公安机关已对本系列案立案侦查，暂未侦破。2. 某综合发展项目总包方上海某一建公司在施工期间违反国家及地方有关建设工程安全生产管理的相关法规及规章，让工人留宿在工地内，对进出工地的管理严重失职，并违反了合同的相关义务，其行为与本系列案的发生存在因果关系。"处理意见为："经查，某综合发展项目的电缆、铜材被盗系列案属实。总包方上海某一建公司在施工期间违反国家及地方有关建设工程安全生产管理的相关法规及规章，让工人留宿在工地内，对进出工地的管理严重失职，并违反了合同的相关义务，其行为与事故的发生存在因果关系。在施工现场多次发生被盗事故之后，被保险人总包方没有加强改善，继续安排工人居住在工地内，致使被盗事故屡禁不止。总包方不仅没有遵守法律法规对其较高的注意之要求，甚至连人们一般应该注意并能够注意的要求都未达到，其行为应属民法理论中的重大过失，本系列事故的发生与其重大过失行为之间存在因果关系。根据建筑工程一切险保单第二部分总除外责任第二条的约定：被保险人及其代表的故意行为或重大过失引起的任何损失、费用和责任，保险人不负责赔偿。鉴于本案尚未侦破，具体的犯罪事实暂不能核实，若作拒赔处理在或然的诉讼中存在风险，建议某保险公司与被保险人地产公司等对本案据理协商赔付。以上调查报告，供处理赔案时参考。"乙公估公司于 2015 年 5 月 4 日对机电工程公司于 2012 年 7 月 17 日、2012 年 8 月 24 日、2012 年 11 月 12 日报警的涉案工地南区被盗损失作出《保险公估最终报告》，其中第 5.0 条"事故原因"载明："5.1 以下关键信息点节选自某甲保险公估有限公司出具的调查报告（调查过程略）。5.2 综上所述，被保险人的工程资财损失实质上是由一系列工地内部施工人员在日常施工活动中趁机大范围、长时间的偷盗事件所导致。5.3 被保险人发现系列偷盗事件的损失后，统括在一起向警方报案，在收到警方出具的报警回执单后再向保险人报案，这也在事实上造成报案延迟。同时由于机电施工的特点，电缆一般先敷设到位，等待后面接线调试时发现电缆被盗割，实际上距离事发已经过去了很久，因此就本案的具体偷盗事件的次数及时间也就无从查起。"第7.0条"保单责任"载明："……7.7 本案由系列偷盗事件所引发，就每次偷盗事件本身而言，对于被保险人显然是一次意外事故，且保单中没有可以适用的除外责任条款，故针对此类工地施工人员所实施的偷盗事件，我方认为保单责任成立。7.8 但是本案的问题在于基于甲公估公司的调查，被保险人的工程资财损失实质上是由一系列工地内部施工人员在日常施工活动中趁机大范围、长时间的偷盗事件所导致。这种作案模式注定每位偷盗者每次所偷盗的工程资财的价值不会太高，否则就无法藏在工作服或工具箱中带出工地。7.9 考虑到保单中就每次偷盗事件约定的免赔额为40000元（后期2013年开始变更为100000元）。针对这些单一偷盗事件，我方分析认为其造成的损失应该不会超过保单中就每次事故所约定的免赔额。因此我方认为在没有实质性反证的情况下，保险人无须就本案对被保险人作出赔付。"

机电工程公司就其于2013年4月8日报警的被盗损失向某保险公司索赔。某保险公司委托甲公估公司对上述报警所涉的被盗事故案进行调查，明确事故性质及被保险人在事故中的过错情况等。甲公估公司于2015年4月28日作出《调查报告——关于××号保单项下地产公司或其附属、联营公司及主承包商、分包商、指定分包商、直接或专门分包商、供应商"2012.11.7""2012.11.8""2012.11.9""2012.11.10""2012.11.11""2012.11.12""2012.11.24""2012.11.25""2012.11.26""2012.11.27""2012.11.28""2012.11.29""2012.12.4""2012.12.6""2012.12.7""2012.12.8""2012.12.11""2012.12.28""2013.1.19""2013.3.2"电缆被盗事故系列案》，其中在"四、案件相关情况的核实（一）事故真实性、原因及事故性质问题的核实 4. 调查员向某综合发展项目南区项目部工作人员孙某了解了本次事故的相关情况"中载明："孙某称：他是山东人，在上海某劳务有限公司工作，是该司驻某综合发展中心项目部的一名电气工程师，主要负责某综合发展项目南区主系统的安装，包括电路线路的敷设及线路故障的排查、维修。在排查线路的过程中经常会发现一些区域的某一段线路的电缆被盗的情况，在发现这些情况后便会立即对被盗电缆部分进行拍照，并会将被盗电缆的长度、规格型号、分布区域位置等信息汇总后上报给某乙机电工程有限公司，随后其公司会安排人员对被盗的电缆线路进行重新敷设。每一次被盗电缆的发现时间、发现地点以及被盗电缆的规格型号、数量等情况具体包括：（略，内容）为20次发现被盗时间、被盗位置及被盗电缆或插座、开关、铜母排接头的型号、规格、数量，其中20次发现被盗时间分别为2012年11月7日、2012年11月8日、2012年11月9日、2012年11月10日、2012年11月11日、2012年11月12日、2012年11月24日、2012年11月25日、2012年11月26日、2012年11月27日、2012年11日28日、2012年11月29日、2012年12月4日、2012年12月6日、2012年12月7日、2012年12月8日、2012年12月11日、2012年12月28日、2013年1月19日、2013年3月20日"。上述调查报告中载明的调查结论、处理意见均与甲公估公司于2013年3月21日作出的《关于××号保单项下被保险人地产公司及工程承包人"2012.7.17""2012.8.24""2012.11.12"电缆被盗事故案调查报告》一致。乙公估公司于2015年5月4日对机电工程公司于2013年4月8日报警的涉案工地南区被盗损失作出《保险公布最终报告》，其中第8.0条"估损"第8.2款载明估损金额为799046.19元。第9.0条"理算"载明，甲公估公司估损出具的针对本案的独立的调查报告揭示在"2012.11.7""2012.11.8""2012.11.9""2012.11.10""2012.11.11""2012.11.12""2012.11.24""2012.11.25""2012.11.26""2012.11.27""2012.11.28""2012.11.29""2012.12.4""2012.12.6""2012.12.7""2012.12.8""2012.12.11""2012.12.28""2013.1.19""2013.3.2"共计发生被保险人电缆被盗窃20次，故根据保单约定计算免赔额为920000元，因此，理算后扣减免赔额之后的理算金额为0。机电工程公司就其涉案工地北区的被盗损失向某保险公司索赔。乙公估公司于2015年5月4日对涉案工地北区的被盗损失作出《保险公估最终报告》，其中第4.0条"事故经过"载明："4.3本报告涉及某综合发展项目北区工地全部此类盗窃案索赔。在此我方需强调的是虽然本报告中被保险人将系列盗窃案合并提出索赔，但这仅仅是被保险人自行统括划分，实际发生的盗窃次数远远大于被保险人所提出的索赔次数。"第5.0条"事故原因"载明："5.1以下关键信息点节选自甲公估公司出具的调查报告（调查过程略）。5.2综上所述，被保险人的工程资财损失实质上是由一系列工地内部施工人员在日常施工活动中趁机大范围、长时间的偷盗事件所导致。5.3被保险人发现系列偷盗事件的损失后，统括在一起向警方报案，在收到警方出具的报警回执单后再向保险人报案，这也在事实上造成报案延迟。同时由于机电施工的特点，电缆一般先敷设到位，等待后面接线调试时发现电缆被盗割，实际上距离事发已经过去了很久，因此就本案的具体偷盗事件的次数及时间也就无从查起。"第7.0条"保单责任"载明："7.7本案由系列偷盗事件所引发，就每次偷盗事件本身而言，对于被保险人显然是一次意外事故，且保单中没有可以适用的除外责任条款，故针对此类工地施工人员所实施的偷盗事件，我方认为保单责任成立。7.8但是本案的问题在于基于甲公估公司的调查，被保险人的工程资财损失实质上是由一系列工地内部施工人员在日常施工活动中趁机大范围、长时间的偷盗事件所导致。这种作案模式注定每位偷盗者每次所偷盗的工程资财的价值不会太高，否则就无法藏在工作服或工具箱中带出工地。7.9考虑到保单中就每次偷盗事件约定的免赔额为40000元（后期2013年开始变更为100000元）。针对这些单一偷盗事件，我方分析认为其造成的损失应该不会超过保单中就每次事故所约定的免赔额。因此我方认为在没有实质性反证的情况下，保险人无须就本案对被保险人作出赔付。"

另查，机电工程公司曾于2011年3月4日至2011年11月24日就涉案工地的电缆线、铜管、铜排等机电设备多次被盗向上海市公安局静安分局报案，上述报案均是每发现一次盗窃事故即报案一次，并向某保险公司提出索赔。某保险公司接到保险报案后即委托丙公估公司查勘现场，丙公估公司经过现场查勘、调查认定保险责任成立，则在理算时扣除了每次事故的免赔额40000元。其中，丙公估公司对机电工程公司于2011年10月22日、2011年11月24日的报案分别作出《保险公布最终报告》，对该两次保险事故定损后，分别扣除每次事故40000元的免赔额，确定深圳分公司应分别赔偿机电工程公司损失110543.35元、4397.88元。

2012年8月31日，某保险公司的理赔部向地产公司及上海市某建筑有限公司发出《风险提示函》，载明：某项目发生了一系列电缆丢失案，某保险公司已委托乙公估公司处理。公估人反馈目前某北区项目电缆已通电，南区近期准备重新敷设被割掉的电缆，敷设的施工流程如下：先安排工人将电缆改置于要重新敷设的地点，然后等待敷设工人来敷设，在敷设工人未敷设之前，该处电缆处于无人看管的状态。如按此流程施工，那么这些电缆很有可能在未敷设之前就再次被盗。如被保险人明知有风险存在且风险很大，却不采取任何防范措施，此种情况下电缆如被偷就不再是意外事故了，保险公司也难以对此种情况承担赔偿责任。因此，请告知相关各方并督促其尽到其该尽的义务，采取合理的施工流程和防范措施尽力去防止类似事故再次发生。

2012年9月7日，某保险公司的理赔部向地产公司发出《及时报案提示函》，载明：某项目近段时间很多工程险报案都属于延迟报案，一些案子的出险时间甚至是2011年。请地产公司与工程相关各方沟通，让其及时地向保险公司及公估公司报案，以便保险公司及公估公司及时介入处理，以避免因延迟报案导致责任和损失无法认定，因而不予受理相关案件。另外，请地产公司及工程相关方内部核实是否还有事故尚未向某保险公司报案，如有，让事故相关方在9月14日之前报给某保险公司，以便保险公司及公估公司一并处理。

2014年6月6日，某保险公司向机电工程公司出具一份《关于某项目电缆被盗事故理赔意见函》，载明："2011年11月至2013年3月期间贵司某项目发生多次电缆（及其他资财）被盗事故，经我司核实，事故为工地内工人长时间多次偷盗行为所致；贵司未能在每次事故发生时及时向我司报案，也无法区分每次事故具体偷盗数量。由于管理不善存在重大过失，其间多次发生盗窃事故，根据保单条款及每次事故免赔约定，我司认为，贵司的索赔未构成保险责任赔偿范围"。2014年6月18日，机电工程公司向某保险公司发出《有关〈某项目电缆被盗事故理赔意见函〉回复事宜》，要求某保险公司明确说明某保险公司在《关于某项目电缆被盗事故理赔意见函》中所根据的"保单条款及保单约定"。2014年7月1日，某保险公司向机电工程公司发出《关于某项目电缆被盗事故理赔条款说明函》，对保单条款及保单约定作出以下说明：涉案事故损失为违反国务院令《建设工程安全生产管理条例》及住建部公告《建设工程施工现场消防安全技术规范》在工地内居住人员长时间多次偷盗所致，与保单责任范围内意外事故定义中被保险人无法控制相抵触；机电工程公司发现多次被盗事故发生后，均未根据涉案保险条款"七、被保险人的义务"的约定及时通知某保险公司，采取必要措施防止损失进一步扩大，在某保险公司代表进行勘查之前保留事故现场，及时向公安部门报案。2014年7月9日，机电工程公司向某保险公司发出《〈关于某项目电缆被盗事故理赔条款说明函〉的回复》，要求某保险公司回复上述函件中的说明是否为某保险公司拒绝理赔的全部理由,如有其他原因请一并告知。某保险公司对机电工程公司的上述函件再次向机电工程公司发出一份《关于某项目电缆被盗事故理赔意见函》,载明:1.依据涉案保单总除外责任约定,"被保险人及其代表的故意行为或重大过失引起的任何损失、费用和责任"属于保险责任免除范围,某保险公司对此不负责赔偿。查勘调查表明事发工地保安管理混乱,进出工地的管理严重失职,且机电工程公司违反国家及地方有关建设工程安全生产管理的相关法规及规章,让工人留宿在工地内,并致使工地内工人长时间多次偷盗,机电工程公司对保险事故的发生明显具有重大过失;2.机电工程公司违反保单义务条款。保单义务条款约定被保险人应采取一切合理的预防措施,包括认真考虑并付诸实施某保险公司代表提出的合理的防损建议,谨慎选用施工人员,遵守一切与施工有关的法规和安全操作规程。机电工程公司对工地安全防范未尽到合理的注意义务,未采取必要的安全预防措施,更违反"遵守一切与施工有关的法规和安全操作规程"的约定,违法让工人留宿在工地内并引发电缆偷盗事故,机电工程公司明显未履行合同义务。保单义务条款约定,在发生引起或可能引起本保险单项下索赔的事故时,被保险人或其代表应立即通知某保险公司,并在七天或经某保险公司书面同意延长的期限内以书面报告提供事故发生的经过、原因和损失程度,采取一切必要措施防止损失的进一步扩大并将损失减少到最低限度,在某保险公司的代表或检验师进行勘查之前,保留事故现场及有关实物证据,在保险财产遭受盗窃或恶意破坏时,立即向公安部门报案。事故期间发生多起盗窃事故,但机电工程公司未在每次事故后依约向某保险公司报案,并书面报告提供事故发生的经过、原因和损失程度,在多次事故发生后,机电工程公司仍未采取有效措施防止事故再次发生,亦未在每次发现偷盗事故后立即向公安机关报案,造成某保险公司无法核实和确定每次保险事故的真实性、事故原因损失数量以及损失金额,机电工程公司应当对此承担全部法律后果。2015年6月4日,广东某律师事务所受机电工程公司委托向某保险公司发出《律师函》,要求某保险公司就涉案保险索赔事件进行协商,否则机电工程公司将通过法律途径解决。2015年6月15日,某保险公司向广东某律师事务所作出《律师函回函》,主张某保险公司不承担赔偿责任于法有据。

2016年12月29日,地产公司向某保险公司出具一份《关于同意某乙机电工程有限公司进行保险索赔的函》，载明：地产公司同意机电工程公司就涉案中向公安部门报案的 5 个盗窃案件的事故损失根据涉案保险单向某保险公司索赔，并同意涉案保险赔款直接支付给机电工程公司；机电工程公司就本次事故索赔完成后，地产公司不再就本次事故损失向某保险公司提出索赔或其他任何要求；盗窃事故所造成的损失（含电缆等材料的购买费用和安装费用）由机电工程公司承担，部分电缆由地产公司代为支付购买款项后，另行与机电工程公司结算；机电工程公司是 5 个盗窃事故发生地点的机电专业分包商，工程的总包是上海市某建筑有限公司。

2017 年 8 月 14 日，北京市工商行政管理局东城分局出具《名称变更通知》，核准机电工程公司名称由某乙机电工程有限公司变更为某机电工程有限公司。

2017 年 8 月 17 日，乙公估公司出具一份《关于某项目公估事宜情况说明》，载明：2012 年 4 月，保险经纪人指定乙公估公司自 2012 年 5 月起作为打包处理"某上海地区物业"（其中包括某保险公司承保的某项目建筑工程一切险在内）项目的公估人处理所涉保险事故的调查和理算工作，乙公估公司接受委托后，就某项目被盗事故进行调查和理算，并出具了相应的公估报告。

2017 年 8 月 21 日，地产公司作出一份《情况说明》，载明：2012 年 5 月至 2013 年 4 月，涉案保单下出险案件"某工地（南区、北区）系列电缆（及其他资财）被盗案"，某保险公司和地产公司委托乙公估公司处理本案的调查和理算工作。

某保险公司提交乙公估公司与某保险经纪有限公司工作人员于 2012 年 4 月 16 日至 2012 年 4 月 18 日之间的往来电子邮件，主张某保险经纪有限公司已按地产公司和机电工程公司的要求指定乙公估公司作为涉案保单项下保险事故的公估人，某保险经纪有限公司、地产公司均为某集团旗下公司，其中某保险经纪有限公司是地产公司涉案保险合同的保险经纪人。机电工程公司对上述证明目的不予确认。

某保险公司提交机电工程公司的员工徐某与某保险经纪有限公司的卢某于 2013 年 4 月 8 日至 2013 年 4 月 11 日的往来电子邮件，主张机电工程公司委托某保险经纪有限公司处理涉案事故，乙公估公司对涉案事故进行了公估。上述邮件内容显示，徐某于 2013 年 4 月 8 日向卢某发邮件，载明"我司从 2012 年

11月至12月之间发现,工地内多次电缆电线、铜母排等被盗。请立案并作出跟进,谢";其后双方对预约现场查勘时间进行了沟通;徐某于2013年4月11日向卢某发出邮件,载明"我司在拿到报案回执单后发现:报案回执单上写的偷盗时间有误。报案回执单上写的偷盗发生时间是'2012年11月至2012年12月之间',实际发生偷盗时间是'2012年11月至2013年3月之间',现该如何处理?"机电工程公司对上述证明目的不予确认,主张上述邮件不能构成民事法律行为中的委托,仅能说明机电工程公司对于本案发现被盗之后的报案及案件处理过程的沟通,并无体现出机电工程公司委托某保险经纪有限公司处理案件的意思表示,某保险经纪有限公司的行为仅为保险合同双方的居间行为,并非保险合同双方或一方的代理行为。

机电工程公司提交其自行制作的分别载明南区损失合计7136063.49元、北区损失合计2078799.28元的清单、上海某劳务服务有限公司出具的载明南区重新敷设被盗电缆工程量或修复连接电缆工程量的《工程结算对账单》、南区被盗部位清单及对应照片、关于南区修复采购电缆的结算协议书、关于南区电缆安装单价明细表(机电工程公司与上海市某建筑有限公司于2010年6月1日对涉案工程签订的专业分包合同附件的单价明细表)、南区电缆接头单价计算表及相关发票和送货单、机电工程公司分别与四川某建筑劳务有限责任公司、江苏某劳务有限公司关于电缆、铜管被盗事宜的《工作联系单》及被盗位置照片、北区被盗电缆所涉采购协议书、《给排水系统铜管及配件采购合同》、北区电缆安装单价明细表(机电工程公司与上海市某建筑有限公司于2011年3月28日对涉案工程签订的专业分包合同附件),主张其因涉案被盗事故的损失合计为9214862.77元。某保险公司对上述证据的证明目的均不予确认,主张相关损失应以乙公估公司的公估结论为准。

机电工程公司提交其于2011年12月19日与上海市某保安服务公司水上公司签订的《保安服务合同》、关于加强保安服务的《工作联系单》、关于购买防盗设备的发票及送货单、防盗门照片及布置图,主张其已采取了防盗措施,并通过加装监控、防盗门的方式加强防盗。某保险公司对上述证据的证明目的均不予确认,主张上述证据形成于2010年至2011年,不能证明与本案的关联性。

经机电工程公司申请开具律师调查令以向上海市公安局静安分局调查该局

对机电工程公司报案的立案情况，一审法院已向机电工程公司出具相关律师调查令，但尚未调取该局的后续处理情况。机电工程公司确认，上海市公安局静安分局对机电工程公司分别于 2012 年 7 月 17 日、2012 年 8 月 24 日、2012 年 11 月 12 日的报案决定立案后，尚未通知后续处理情况；上海市公安局静安分局对机电工程公司分别于 2012 年 7 月 18 日、2013 年 4 月 8 日的报案未予以立案。

一审法院认为，涉案《建筑工程一切险保险单》及《批单》是当事人之间的真实意思表示，内容没有违反法律和行政法规的强制性规定，双方之间保险合同依法成立，对双方当事人均具有法律约束力。涉案被盗事故发现于 2012 年 6 月 6 日至 2013 年 3 月，机电工程公司与某保险公司于 2014 年 6 月 6 日至 2015 年 6 月 15 日对保险理赔进行了多次沟通，其中广东某律师事务所受机电工程公司委托于 2015 年 6 月 4 日向某保险公司发出《律师函》，要求某保险公司就涉案保险索赔事件进行协商，系在本案起诉前最后一次向某保险公司主张索赔权利，故机电工程公司于 2017 年 2 月 14 日提起本案诉讼，没有超过当时施行的《中华人民共和国民法通则》第一百三十五条规定的两年诉讼时效，某保险公司关于机电工程公司提起本案诉讼超过诉讼时效的答辩意见依法不能成立，一审法院不予支持。

涉案保险事故为机电工程公司分别于 2012 年 7 月 17 日、2012 年 7 月 18 日、2012 年 8 月 24 日、2012 年 11 月 12 日、2013 年 4 月 8 日先后五次向公安机关报案的被盗事故，公安机关仅对机电工程公司于 2012 年 7 月 17 日、2012 年 8 月 24 日、2012 年 11 月 12 日的三次报案决定立案，对其他报案均未予以立案。上述五次报案，经一审法院向机电工程公司代理律师出具调查令向公安机关调取后续处理的相关证据均未果，目前未有证据显示公安机关已对涉案被盗事故涉及的违法犯罪事实进行认定。经专业的保险公估机构甲公估公司及乙公估公司进行调查公估，确定机电工程公司在涉案被盗事故中的工程资财损失实质上是由一系列工地内部施工人员在日常施工活动中趁机大范围、长时间的偷盗事件所导致，机电工程公司发现系列偷盗事件的损失后，统括在一起向警方报案，在收到警方出具的报警回执单后再向保险人报案，这也在事实上造成报案延迟；同时由于机电施工的特点，电缆一般先敷设到位，等待后面接线调试时发现电缆被盗割，实际上距离事发已经过去了很久，因此就本案的具体偷盗事件的次数及时间也就无从查起；被保险人将系列盗窃案合并提出索赔，但这仅仅是被保险人自行统括划分，实际发生的盗窃次数远远大于被保险人所提出的索赔次数；每个单一的偷盗事件造成的损失不会超过保单中就每次事故所约定的免赔额。在接受机电工程公司报案的公安机关对涉案保险事故的被盗事实及损失未作出权威认定的情况下，进行现场调查的甲公估公司、乙公估公司作出的上述调查公估内容相对于机电工程公司提交的其在被盗事故发生前后采购修复被盗机电设备的证据，更有证明力，机电工程公司对上述调查公估内容有异议，但未能提交足以反驳的证据，故一审法院对某保险公司提交的上述调查公估内容依法予以采信。机电工程公司曾于2011年3月4日至2011年11月24日就涉案工地的电缆线等机电设备多次被盗向公安机关报案，上述报案均是每发现一次盗窃事故即报案一次，并向某保险公司提出索赔，某保险公司接到保险报案后即委托公估机构查勘现场，在理赔时扣除了每次事故的免赔额。因此，某保险公司关于其与机电工程公司双方此前在保险理赔中均确认以每次发现的盗窃事故作为一次保险事故适用免赔条款扣除免赔额的主张依法予以采信。《中华人民共和国保险法》第二十一条规定："投保人、被保险人或者受益人知道保险事故发生后，应当及时通知保险人。故意或者因重大过失未及时通知，致使保险事故的性质、原因、损失程度等难以确定的，保险人对无法确定的部分，不承担赔偿或者给付保险金的责任，但保险人通过其他途径已经及时知道或者应当及时知道保险事故发生的除外。"机电工程公司在发现每次被盗事故后没有及时通知某保险公司，而是累积了多次被盗事故后一并告知某保险公司，导致涉案被盗事故的具体次数及损失无法确定，因此，机电工程公司的诉讼请求依法不能成立，一审法院不予支持。

综上所述，依照《中华人民共和国合同法》第八条，《中华人民共和国保险法》第十三条、第二十一条，《最高人民法院关于民事诉讼证据的若干规定》第七十三条，《中华人民共和国民事诉讼法》第一百四十二条，《最高人民法院关于适用〈中华人民共和国民事诉讼法〉的解释》第九十条的规定，一审法院作出如下判决：驳回机电工程公司的全部诉讼请求。案件受理费91452元，由机电工程公司负担。

二审中，上诉人向本院提交了三份证据：1. 保险公估公司在2012年6月10日的邮件，证明被上诉人在2012年6月10日之前已经收到了2012年6月6

日发现的案件的报案；2. 2012年8月2日的邮件；3. 2012年8月2日的附件（被上诉人出具的处理意见函）。证据2、证据3证明被上诉人违反保险合同的约定，单方加重被保险人的义务，要求要有公安机关立案回执单，否则不予受理。对于上述证据，被上诉人表示，三份证据不属于新证据。证据1无法确认其关联性，本案是在2012年7月17日之后才委托乙公估公司的，且邮件表述内容不能确认是上诉人所述2012年7月17日的报案。邮件附件中有被上诉人出具的处理意见显示为关于2012年6月25日所报电缆丢失案处理意见，上诉人的报案时间应该为2012年6月25日。即使上诉人提交的第一次报案与本案有关，证明上诉人也并不是在事故发生后的第一时间报案，6月6日发生的事故在6月25日才报案。被上诉人要求上诉人提交公安机关的立案证明是依据保险合同中约定的被保险人的义务，即涉案保险合同第七条第四款第4项，在财产保险遭受盗窃或者恶意破坏时立即向公安部门报案，被上诉人要求上诉人履行相应的被保险人的义务并不属于加重上诉人的责任。

一审法院所查明的其他事实属实，本院依法予以确认。

本院认为，本案为财产保险合同纠纷。结合双方的诉、辩意见以及二审法庭调查情况，归纳本案的争议焦点如下：一、上诉人是否及时履行出险通知义务；二、涉案保险事故的性质、原因、损失程度等是否存在无法确定情形；三、本案是否应以"累计免赔"方式扣除免赔额；四、"每次事故"如何认定问题；五、关于涉案公估报告的采信问题。

关于争议焦点一。根据《建筑工程一切险保险单》"被保险人的义务"第四款规定，在发生保险索赔事故时，被保险人应当立即通知保险人，并在七天或经保险人书面同意延长的期限内以书面报告提供事故发生的经过、原因和损失程度等。结合本案事实，上诉人并未在发现保险事故后立即向被上诉人报案，也未在事后七天或者在征得被上诉人书面同意延长的期限内以书面方式向被上诉人报告事故发生的具体情况。根据上诉人向公安机关五次报案记录来看，上诉人均是将一段期间内发生的多次保险事故集中汇总后向公安机关报案，之后再向被上诉人报案，客观上造成了报案迟延。上诉人所称其对理赔程序不熟悉并非报案迟延的免责理由。上诉人诉称由于被上诉人要求其提供公安机关的立案证明不合理，导致其报案不符合被上诉人的单方要求，事实上立案证明为被上诉人在理赔环节时要求出具的材料，而非履行出险通知义务时要求出具的材料。根据

《保险法》第十一条的规定以及涉案保险合同中"被保险人的义务"约定，保险事故发生后，被保险人应当及时通知保险人。被保险人的出险通知义务是其法定和约定义务。上诉人应在每次保险事故发生后及时通知被上诉人，方能认定履行及时出险通知义务，该义务的履行不受能否提供公安机关立案证明的影响。因此，上诉人此项上诉理由不能成立，本院不予支持。

关于争议焦点二。上诉人认为其已充分举证，被上诉人亦已通过合理渠道获悉，即使存在报案迟延，也没有对事故性质、原因、损失程度等造成影响，不应作为被上诉人拒赔的理由。事实上，因上诉人的集中报案模式，导致事故现场无法保留、还原，被上诉人不能及时赶赴现场进行事故勘验，公安机关亦无法及时侦查事故原因，致使被上诉人无法准确核实、确定每次事故发生的性质、原因以及损失程度。在上诉人集中报案后，被上诉人委托相关公估机构进行调查，调查报告中记录上诉人的工程资财损失实质上是由一系列工地内部施工人员在日常施工活动中趁机大范围、长时间的偷盗事件所导致，从而在报告中明确事故性质为偷盗，事故原因为施工人员大范围、长时间的偷盗。但是调查报告也同时记录由于机电施工的特点，电缆一般先敷设到位，等待后面接线调试时发现电缆被盗割，实际上距离事发已经过去了很久，因此就本案的具体偷盗事件的次数及时间也就无从查起。本案亦无其他证据能够证明具体偷盗事件的时间、次数以及损失金额。上诉人的迟延报案致使每次保险事故的发生时间、损失数量、损失程度、损失金额等均无法确定，尽管上诉人在本案提交系列证据主张其损失金额，但该损失金额为上诉人自行统计的金额，被上诉人对此并不确认，故上诉人此项上诉理由也不能成立。

关于争议焦点三。上诉人认为应以"累计免赔"的方式扣除免赔额，即无论发生多少次事故，累计只扣除免赔额记载的金额。上诉人该项主张能否成立，应先回归、立足本案的基础合同《建筑工程一切险保险单》，该保险单开篇明确本保单内容包括明细表、责任范围、除外责任、总则、特别条款等，还包括投保申请书及附件，以及本公司今后以批单方式增加的内容。其中，明细表在"免赔额"第一部分"物质损失"中约定，自然灾害的免赔额为80000元，其他物质损失的免赔额为40000元，设计师风险的免赔额为80000元或损失金额的10%，以较高者为准；2012年6月8日，被上诉人出具《批单》将上述保险单的保险期限延期至2012年12月31日止；2012年12月20日，被上诉人再次出具《批单》，将保险期限延期至 2013 年 6 月 30 日止，同时明确从 2013 年 1 月 1 日起，本保险单的免赔额（每次事故）约定变更为：自然灾害免赔额 150000 元，其他物质损失免赔额 100000 元，设计师风险免赔额 80000 元或损失金额的 10%，以较高者为准。尽管明细表中未明确标注其他物质损失的免赔额 40000 元为每次事故的免赔额，但是批单却以更改批注的方式确认明细表中的其他物质损失免赔额为每次事故发生时的免赔额，而非累计事故的免赔额。此外，从已赔付的案例来看，自 2011 年 3 月 4 日至同年 11 月 24 日期间发生的多起电缆线等设备被盗事件，上诉人亦是发现一起盗窃事件即报案一次，被上诉人接到报案后即委托公估机构进行现场查勘，理算时相应扣除每次事故的免赔额，上诉人对此并无异议。可见，双方以行为履行的方式确认于每次事故时扣除相应免赔额的合同约定，而非以"累计免赔"的方式扣除免赔额。因此，上诉人此项上诉主张也不能成立，本院不予采信。

关于争议焦点四。上诉人认为一审法院关于"每次事故"的认定有误，本案应以向公安机关报警次数为单位，认定为五次事故。上诉人五次报警电缆线等设备被盗事故中涉及数十起单次盗窃事故，实际上每一次报警均已涵括系列盗窃事故，若以五次报警次数认定为五次事故，则会否定事故发生的客观性，造成人为选择确定事故次数的结果，违背合同设定的初衷。上诉人关于以报警次数认定事故次数的主张，既无法律依据也无合同依据，本院不予采信。

关于争议焦点五。上诉人认为两家公估公司作出的公估报告不应作为法院采信的证据问题。针对涉案保险事故，甲公估公司与乙公估公司先后出具相应的公估报告。两家公估公司均为依法成立、具有业务资质的公估公司。两家公估公司均对涉案事故的性质、原因以及责任承担等方面出具其专业意见。尽管公估报告的内容中确有部分关于事实推定的陈述，但鉴于多次盗窃事故的现场已无法还原，公安机关亦未就涉案事故作出权威认定，因此对部分事实的推定陈述确属受客观条件所限。在上诉人未能就公估报告的内容提出实质性反证的情况下，公估报告中关于事故原因、事故性质的认定分析，可以作为法院采信的依据。但是公估报告中关于保险责任承担、保险责任范围认定问题，当属法律适用问题，应结合全案认定，此部分的公估结论不应亦不能直接作为法院采信的依据。且一审法院系依据《中华人民共和国保险法》第二十一条的规定，认定上诉人未及时履行出险通知义务，在累计多次被盗事故后方才一并告知被上诉人，导致涉案被盗事故的具体次数及损失无法确定，从而认定被上诉人不承担保险赔偿责任，驳回了上诉人的诉讼请求。一审判决认定并无不当，本院予以维持。

综上所述，上诉人提出的上诉请求和上诉理由均缺乏事实和法律依据，本院不予支持。一审判决认定事实清楚，适用法律正确，程序合法，本院予以维持。依照《中华人民共和国民事诉讼法》第一百七十条第一款第（一）项的规定，判决如下：

驳回上诉，维持原判。

二审案件受理费人民币 91452 元，由上诉人机电工程公司负担。

本判决为终审判决。

审判长　张　某

审判员　费　某

审判员　尚某某

二〇二〇年十月二十八日

书记员　叶某某

评·析

本案是被保险人未履行出险及时通知义务时，保险人如何进行保险赔付责任认定的一起经典案例。

依据《中华人民共和国保险法》第二十一条的规定，投保人、被保险人或者受益人知道保险事故发生后，应当及时通知保险人。故意或者因重大过失未及时通知，致使保险事故的性质、原因、损失程度等难以确定的，保险人对无法确定的部分，不承担赔偿或者给付保险金的责任，但保险人通过其他途径已经及时知道或者应当及时知道保险事故发生的除外。其立法原意，应为被保险人如未能及时将保险事故通知保险人，则因此导致的不利后果由被保险人承担。保险事故发生后，被保险人及时通知保险人，这既是保险人履行赔偿责任的一项先决条件，也对保险赔付责任确定具有重大意义：一是可以立即派员至现场查勘取证，为确定保险责任归属与损失程度范围提供重要依据；二是可以指导被保险人采取适当有效的措施,避免损失进一步扩大,或是督促被保险人采取相应行动以保护向第三人求偿的权利不受影响。

在本案中,被保险人的多项不妥当行为均可能涉及保险责任认定,如公估报告中指出,被保险人违反有关建设工程安全生产管理法规与规定,让工人留宿于工地内,对长期、连续、多次的偷盗事故发生可能存在重大过失,依据保险合同约定可能属于责任免除。但根据事实认定、证明难度、逻辑链条等因素综合判断,被保险人在保险事故发生后疏于及时采取措施并通知保险人,是本案的核心问题。

一、对于机电工程公司未就保险事故及时通知事实状态的确认固化

保险公司接报案后,即委托甲公估公司对保险事故进行调查,并委托乙公估公司进行公估。甲公估公司经详尽现场查勘发现,保险事故实质上是由工地内部施工人员在日常施工活动中大范围、长时间的一系列偷盗事件所导致。被保险人将系列盗窃案合并提出索赔,仅仅是被保险人自行统括划分,实际发生的盗窃次数远远大于被保险人所提出的索赔次数。由于机电施工的特点,电缆一般先敷设到位,等待后面接线调试时发现电缆被盗割,实际上距离事发已经过去了很久,因此具体偷盗事件的次数及时间也就无从查起。

公估人的调查工作为保险赔付责任的认定奠定了坚实的事实基础。

最终,法院认定,在机电工程公司未能就公估报告的内容提出实质性反证的情况下,公估报告中关于事故原因和性质的认定分析,可以作为法院采信的依据。

二、对机电工程公司未及时通知的法律后果进行逻辑清晰、论证闭环的法律抗辩

(一)依照保险合同约定,在发生保险事故时,被保险人应当立即通知保险人,并在七天或经保险人书面同意延长的期限内以书面报告提供事故发生的经过、原因和损失程度等。结合本案事实,机电工程公司并未在发现保险事故后立即向保险人报案,也未在事后七天或保险人书面同意延长的期限内以书面方式报告事故发生的具体情况。

因机电工程公司的集中报案模式,导致事故现场无法保留和还原,保险人不能及时赶赴现场进行事故勘验,公安机关亦无法及时侦查事故原因,同时,由于本案亦无其他证据能够证明具体偷盗事件的时间、次数以及损失金额,机电工程公司的迟延报案客观上致使每次保险事故的发生时间、损失数量、损失

程度、损失金额等均无法确定。对此造成的不利后果应归于机电工程公司。

（二）鉴于机电工程公司的迟延报案客观上致使每次保险事故的发生时间、损失数量、损失程度、损失金额等均无法确定，即使认为保险人的赔偿责任成立，在理算时亦仅能从既有调查结果与常理对每次偷盗事件的损失程度与金额予以推断，并结合保险合同约定的免赔额确定理算金额。

本案实质上是由工地内部施工人员在日常施工活动中大范围、长时间的一系列偷盗事件所导致。这种作案模式注定每位偷盗者每次所偷盗的工程资财的价值不会太高。针对这些单一偷盗事件，其造成的损失一般不会超过保单中就每次事故所约定的免赔额 40000 元或 100000 元。因此保险人无须对被保险人作出赔付。

（三）案件中其他支持性细节亦得以充分阐述，形成证据合围。

针对被保险人的迟延报案行为，保险人于 2012 年 8 月曾向被保险人发出《风险提示函》，提示被保险人对于敷设电缆的工程工序加强管理，督促其采取合理的施工流程和防范措施防止盗窃事故发生；于 2012 年 9 月曾向被保险人发出《及时报案提示函》，提示被保险人及时向保险公司报案，以便保险公司及公估公司及时介入处理，避免因迟延报案导致责任和损失无法认定。此类即时采取保后风控措施在诉讼中证明保险人已向被保险人作出必要提示；被保险人利益受损应归责于其疏于行使自身权利。

针对免赔额的解释与适用，机电工程公司曾于 2011 年 3 月 4 日至 2011 年 11 月 24 日多次就涉案工地的电缆线等机电设备被盗向公安机关报案，上述报案均是每发现一次盗窃事故即索赔一次，保险人理算时相应扣除每次事故的免赔额。可以证明，就每次事故扣除相应免赔额的合同约定的解释与运用，双方已通过实际履行行为予以确认。

本案判决结果维护了保险人的合法权益，抗辩思路可为同类案件带来重要的实务启发。被保险人未履行出险及时通知义务并非常见的拒赔原因，本身亦不必然导致保险人不承担赔偿责任。在实务中，如被保险人疏于履行保险合同义务，未按合同约定或法律规定的时限向保险人申报保险事故发生，保险人应充分调查，评估未及时通知对保险事故的性质、原因、损失程度等的确定所造成的影响，并及时通过理赔查勘人员或公估人员的工作锁定相关事实，为下一步的法律论证奠定基础。

机动车保险中拆除车辆座椅是否属于危险程度显著增加

江苏省无锡市中级人民法院

（2020）苏02民终1183号民事判决书

（2020年6月17日）

案·情

2018年12月15日，钱甲为其名下的苏B××号车辆向某保险公司以家庭自用车性质投保机动车损失险、车上司机责任险及不计免赔险。在保险期内钱乙驾驶苏B××号小型普通客车发生侧翻，造成车辆损坏、钱乙受伤的交通事故；经无锡市公安局新吴分局交通警察大队认定，本次事故钱乙负全部责任。

事故发生后，钱甲向保险人报案理赔，接报后查勘员赶赴现场查勘，经查勘确认：车辆苏B××号侧翻受损严重，车辆后座已拆除，车上有大量货物，经送货单确认为6箱1200个电动车控制器壳。标的车辆存在非法改装，同时家庭自用客车改变使用性质，存在危险程度显著增加的情形。保险人按照规范确定车辆损失后依法向车主发出拒赔通知。

钱甲不满拒赔向法院提起诉讼，一审法院经审理认为标的车的拆改未对车辆操作产生影响，未采信保险人危险程度显著增加的抗辩，判决保险人败诉。保险人不服一审判决，上诉至无锡中院，经积极应诉，最终二审法院采纳保险人观点，认可标的车拆改座椅运送货物属于保险法中保险标的危险程度显著增加而发生的保险事故，依法撤销一审判决，改判保险人不承担保险责任。

判决书正文

上诉人（原审被告）：某保险公司无锡分公司，住所地无锡市崇宁路。

被上诉人（原审原告）：钱甲，男，1975年9月21日生，汉族，住无锡市锡山区。

上诉人某保险公司无锡分公司（以下简称某保险公司）因与被上诉人钱甲财产损失保险合同纠纷一案，不服无锡市新吴区人民法院（2019）苏0214民初6205号民事判决，向本院提起上诉。本院于2020年3月18日立案后，依法组成合议庭审理了本案，现已审理终结。

某保险公司上诉请求：撤销原审判决，依法改判驳回钱甲诉讼请求；一、二审诉讼费用由钱甲承担。事实与理由：涉案车辆经钱甲改装、拆卸座椅，用于运送货物，使用性质从家庭自用转变成公司运货，保险标的的使用范围、用途均发生改变。经改装后车辆的操作性、制动性与车辆出厂核载参数不可保持一致，保险标的的危险程度显著增加，才导致在运货途中发生了事故，故本案不属于保险合同约定的赔偿范围。公司是独立法人，钱甲运输的是公司货物，不能等同于运输家庭自有货物，一审据此认定涉案车辆的使用范围、用途未改变，认定事实错误。

被上诉人钱甲辩称，一审认定事实清楚，适用法律正确，请求二审法院驳回上诉，维持原判。

钱甲向一审法院起诉请求：判令某保险公司支付车辆维修费30000元、拖吊施救费1300元、医药费511.65元，合计31811.65元并承担本案的诉讼费用。

一审法院认定如下事实：

2018年12月15日，钱甲为其名下的苏B××号车辆向某保险公司投保机动车损失险、车上司机责任险及不计免赔险，其中车辆损失险限额为54530元，车上司机责任险限额为10000元，保险期间自2018年12月15日起至2019年12月14日止。2019年7月1日15时30分许，钱乙驾驶苏B××号小型普通客车，在无锡市高浪路高架由北向南行驶至机场路段时，因避让车辆发生侧翻，造成车辆损坏、钱乙受伤的交通事故；经无锡市公安局新吴分局交通警察大队认定，本次事故钱乙负全部责任。

事故发生后，发生如下损失：1．无锡市某停车服务有限公司对事故车辆实施了救援，发生拖吊施救费用1300元；2．无锡某汽车销售服务有限公司对苏B××号车辆进行了修理，发生维修费用30000元；3．钱乙在无锡市人民医院进行治疗，产生医疗费用511.65元，钱乙于2019年10月14日出具情况说明，明确该索赔权益由钱甲向保险公司主张理赔。

一审中，某保险公司提供了向驾驶员钱乙所作的事故询问记录（复印件）和事故现场照片（复印件），钱乙在询问记录中陈述，其在2019年7月1日下午14时30分左右驾驶苏B××号车辆从某机车厂出发去华庄送货，当时车子后排椅子翻开，车上装了6箱（1200个）电动车控制器，行驶到高浪路过机场路高架，避让车辆时车子翻车，造成本次事故；事故现场照片显示，事故车辆后排座椅被拆除，送货单显示所送货物为1200个10A充电器铝壳共六箱。

一审法院认为，钱甲与某保险公司之间的保险合同关系成立，双方均应按约履行义务。钱甲投保的车辆在保险期间内发生保险事故，致使投保车辆损坏及人员受伤，钱甲因此支付相应拖吊施救费、修理费及医药费，某保险公司应依据保险合同的约定，在机动车损失险、车上司机责任险的保险范围内予以赔付。钱甲将车辆座椅拆除仅是为了运送自家货物，而非增加车辆乘客座位数，不应视为危险程度显著增加的车辆改装。某保险公司未提供证明座椅拆除产生车辆制动性及操控性问题的依据，亦未具体说明座椅拆除与车辆引发事故存在何种因果关系，故对某保险公司提出因案涉车辆改装造成车辆制动性、操控性产生问题，造成该起事故的抗辩，不予支持。钱甲陈述为其自家企业运送货物，这不同于以运输谋利的营运车辆，且某保险公司未提供家庭自用车不得运输自有货物的约定，因此不能由此确定保险车辆使用范围、用途进行了改变，故对某保险公司提出案涉车辆使用性质改变，危险程度显著增加的抗辩，不予采信。

综上所述，一审法院对钱甲要求某保险公司支付相应费用的主张，予以支持。依照《中华人民共和国保险法》第十四条、第二十三条第一款，《中华人民共和国民事诉讼法》第一百四十二条之规定，判决如下：某保险公司于判决发生法律效力之日起10日内支付钱甲车辆维修费30000元、施救费1300元、医药费511.65元，合计31811.65元。如果未按判决指定的期间履行给付金钱义务，应当依照《中华人民共和国民事诉讼法》第二百五十三条之规定，加倍支付迟延履行期间的债务利息。一审案件受理费596元，减半收取298元，由某保险公司负担（钱甲预交的诉讼费用由某保险公司向其直接支付，法院不再退还，由某保险公司在本判决发生法律效力之日起10日内向钱甲支付）。

一审查明事实正确，本院予以确认。

二审中，某保险公司提供一份其公司内部报价单，以证明其公司七座家庭自用车与最小吨位为2吨以下的企业非营业用车按投保100万元的机动车商业三者险相比，企业非营业用车的费率要高出300多元。钱甲经质证认为上述证据与本案并无关联，两种车辆没有可比性。

审理中，本院要求双方核实钱甲投保车辆在某保险公司投保期间的出险情况，某保险公司出具情况说明称钱甲自2014年12月14日至2019年12月14日期间的交强险，2014年12月15日至2019年12月15日期间的商业险，均由其公司承保。其中2016年4月20日、2017年3月11日出过两次险，均是简单碰擦、正常理赔，未显示车辆有载货情况。

钱甲陈述，涉案车辆是为其自己于2016年开设的一人有限公司运货，其公司还有辆货车，一般货物比较多时会用该货车运货，有时用涉案车辆运货。涉案车辆的座椅拆卸后可以再安装，其平常不运货以及运送少量货物都是不拆座椅正常使用。其此前出险均是简单碰擦，未有载货情形。本案中，事故发生时车辆虽有载货，但不能认为装载货物就影响了交通安全，且交警部门并未针对车辆超载作出处罚。车上装6箱共计1200个铝壳电动车控制器，不会很重，不能认定载货导致交通事故发生。

以上由报价单、情况说明、当事人陈述等在卷佐证。

本案二审争议焦点为：钱甲拆卸涉案客车座椅后用于运输公司货物，是否构成某保险公司免予承担保险责任的事由？

本院认为，保险合同依法成立后对双方具有约束力，发生保险事故的，保险人应当按照合同约定承担赔偿或给付保险金的责任。但是，在合同有效期内，保险标的危险程度显著增加的，被保险人应当按照合同约定及时通知保险人，否则因保险标的危险程度显著增加而发生的保险事故，保险人不承担赔偿或给付责任。本案的主要争议在于如何判定"危险程度显著增加"这一法定的被保险人通知义务发生条件。对此，首先应当考察法律、行政法规对被保险人在管理和使用保险标的过程中有无规范要求，特别是与安全有关的禁止规定或是技术规范，如果被保险人的相关行为存在明显的违法性，则应当对该违法行为是否与安全有关进行考察，并将此作为判断危险程度是否显著增加的重要标准。此外，《最高人民法院关于适用〈中华人民共和国保险法〉若干问题的解释（四）》第四条提出，应当从保险标的出现如用途、使用范围、所处环境、是否存在改装、使用人或者管理人、危险程度增加所持续时间以及其他可能导致危险程度显著增加的因素等几个方面的变化来综合考虑危险程度显著增加的事实是否成立。该规定同时明确，当保险标的危险程度增加属于保险合同订立时保险人预见或者应当预见的保险合同承保范围的，不构成危险程度显著增加。

本案中，根据一、二审已经查明的事实可知，案涉车辆的用途已被被保险人从小型普通客车改变成为自己所设立的公司运输货物，且该用途改变具有长期性，所涉方式具有多变性，即不运货以及运送少量货物不拆座椅正常使用，而载货较多则拆除座椅使用。案涉事故发生时，保险标的系处于拆除了座椅运输货物途中的状态。据此，对照是否构成"危险程度显著增加"评判标准，分别评述如下：

1. 从法律、行政法规对客车载货进行严格规范的应然性角度考察。《中华人民共和国道路交通安全法实施条例》第五十四条规定，机动车载物不得超过机动车行驶证上核定的载质量，装载长度、宽度不得超出车厢，并明确载客汽车除车身外部的行李架和内置的行李箱外，不得载货。根据《机动车运行安全技术条件》（GB 7258—2019）、《汽车、挂车及汽车列车外廓尺寸、轴荷及质量限值》（GB 1589—2016）、《机动车类型、术语和定义》（GA 802—2014）等国家标准及相关文件，客车设计和制造主要用于载运人员，而货车主要用于载运货物，故国家针对客车与货车在外廓尺寸、轴荷、质量限值、制动系统、安全防护等方面设置的强制性标准存在多种差异，厂商根据国家强制性标准和车辆使用的具体需求设计的客车与货车在装载空间、载质量、制动、操作功能等方面也存在明显差别。如擅自将客车非载货空间用于载货，从常理即可推知会不同程度改变客车的质量和空间使用状态，影响车辆行驶过程中的操作与制动，进而危及车内人员安全，且因机动车参与公共交通，该问题也会给公共交通安全带来隐患。因此，行政法规将此确定为禁止性行为。涉案车辆属于客车，除本身设置的行李架和行李箱外不得载货，而使用人将车辆座椅部位拆除用于装货，明显违背了条例关于安全性问题的禁止性规定，因此，该行为属于法律推定为危害行车安全的行为，如果钱甲认为该行为未危害保险标的的运行安全，应当对此负有反证责任。

2. 从客车违规载货与事故发生因果关系的实然性角度考察。根据交通事故责任认定书和交警部门的询问笔录，涉案车辆被拆除后排座椅并装载6箱（1200个）电动车控制器，在行驶过程中为避让车辆而翻车，导致车辆损坏、驾驶员受伤，交警部门认定车辆驾驶员对本次事故负全部责任。虽然交警部门并未明确装载货物对车辆翻车事故的影响，某保险公司也未提供其他证据证明两者之间有直接的因果关系，但从驾驶员被认定承担全部责任可知，翻车事故非他人道路交通违规行为或其他外力因素导致，此情形下推定事故发生是因驾驶员不当驾驶及车辆和载货因素引起符合常理。如果车辆的重量或重心发生与车辆原本设计所不符的变化，在驾驶员急速避让时车辆平衡与制动发生问题的概率将会增大。该判断符合一般的重力学原理。本案被保险人拆除客车全部后排座椅用于装载更多货物，且在事实上，翻车事故发生时保险标的恰恰装载了包装外形较大的6箱货物，导致行车安全存在上述不利因素。如前所述，实施私自拆卸车辆座椅并违法改变车辆用途的行为不涉及投保车辆的行驶安全的事实，应当由主张该事实成立的被保险人钱甲承担举证责任。在此情况下，钱甲如主张违规载货情形与本案翻车事故并无因果关系，应当提供相关证据证明，现其未能就该主张提供证据证明，因此，应当认定发生翻车并致人受伤、财产发生损失的保险事故发生与涉案客车违规载货存在一定的因果关系。

3. 从合理区分人为增加交通工具危险性程度的角度考察。行为人的行为是否属于在法律许可范围内合理利用交通工具最大化实现物尽其用原则是开展合理性评价的重要依据。人民法院在对日常生产生活中利用客车搭载货物的情形应根据使用目的、方式、状态等综合判断其合理性及人为增加危险性的程度。比如为家庭及工作生活需要，偶尔用自用客车座椅部位装载较少的家具、商品等，因为所用时间较短、发生次数较少、造成安全事故的可能性较低，故不宜以此认定为使得保险标的危险程度显著增加的行为。但是，如果为持续的商业用途需要在较长时间段内不定期或固定将客车用于载货,会使得车辆的安全隐患在较长时间内存在,可以认定为对车辆的不合理使用,使得车辆危险程度显著增加。本案中,钱甲将家用客车拆除座椅后在较长时间内不定期用于公司运输货物,且在载货期间发生了翻车的交通事故,该情形应当认定为车辆危险程度显著增加。

此外,虽然某保险公司与钱甲存在长期的交强险与商业险保险合同关系,且在2016年4月20日、2017年3月11日出险两次,但根据双方陈述一致,均是简单碰擦、正常理赔,未显示车辆有载货情况。因此,对于保险标的用于被保险人设立公司货物运输的增加危险不属于保险人预见或者应当预见的情形。据此,钱甲将客车座椅拆除后用于公司载货,使得车辆危险程度显著增加,但其并未通知某保险公司,且无证据证明某保险公司曾发现该情形并继续承保,故车辆因此发生交通事故后,某保险公司有权拒绝理赔。

特别需要指出的是,安全生产是经济发展的底线,在服务社会经济发展大局过程中,必须树牢安全发展理念,加强安全生产监督,切实维护人民群众生命财产安全。这就必然要求加强安全生产监管,分区分类加强安全监管执法,严肃执行法律、行政法规关于安全生产的有关规定。机动车作为日常交通工具,是社会经济发展的重要环节,其行车安全不仅事涉车辆使用人的生命健康和财产安全,也是公共安全的重要领域。从强化风险防控,从根本上消除事故隐患,有效遏制重特大事故发生的角度出发,就应当尽可能杜绝私自改装、违法变更机动车辆用途等行为。因此,从社会导向和执法效果考虑,对私自拆卸座椅变更机动车用途的行为亦应当作出不利评价。

综上所述,某保险公司的上诉请求成立,应予支持;一审判决认定事实清楚,但适用法律存在不当,应予纠正。依照《中华人民共和国保险法》第五十二条、《中华人民共和国道路交通安全法实施条例》第五十四条、《最高人民法院关于适用〈中华人民共和国保险法〉若干问题的解释(四)》第四条、《中华人民共和国民事诉讼法》第一百七十条第一款第二项之规定,判决如下:

一、撤销无锡市新吴区人民法院(2019)苏0214民初6205号民事判决;

二、驳回钱甲的诉讼请求。

一审案件受理费596元,减半收取298元,由钱甲负担;二审案件受理费596元,由钱甲负担(二审案件受理费已由某保险公司预交,因当事人已明确同意自行交接，故钱甲应当于本判决作出之日 10 日内直接向某保险公司支付）。

本判决为终审判决。

审判长　潘某某

审判员　毛某某

审判员　张某某

二〇二〇年六月十七日

法官助理　李　某

书记员　沈某某

评·析

正如二审法院所归纳，本案争议的焦点在于：拆卸涉案客车座椅后用于运输公司货物，是否构成保险人免予承担保险责任的事由。其中有两层意思：1. 保险人责任免除的原因；2. 如何认定危险程度显著增加。

就本案来看，确认保险人责任免除的原因至关重要。一般来说，责任免除包括法定免责和约定免责，法定免责是指《保险法》等法律直接规定在某些情形下保险公司无须承担赔偿责任，多见于某些较为严重的违法行为，以及对于保险责任的产生具有直接影响的不诚信行为。约定免责是指在保险条款中约定的除外责任及其他免除保险人责任的条款，主要是保险公司出于风险控制或行业惯例的考虑，以及根据厘定的费率与承担的风险相匹配的原则，将某些行为或情形排除在保险责任范围之外。实践中，两类责任免除在效力认定方面存在实质差异：法定免责只要符合法律规定的情形，可以直接适用；而约定免责必须要满足保险法规定的条件方能有效。《保险法》第十七条规定："对保险合同中免除保险人责任的条款，保险人在订立合同时应当在投保单、保险单或者其他保险凭证上作出足以引起投保人注意的提示，并对该条款的内容以书面或者口头形式向投保人作出明确说明；未作提示或者明确说明的，该条款不产生效力。"

上述限制的存在，令保险公司在某些案件中面临一个很重要的问题——免责事由的选择适用。惯常思维下，保险公司往往从保险条款入手，例如本案事实的描述符合《中国保险行业协会机动车综合商业保险示范条款 2014 版》

（以下简称示范条款）责任免除第九条第四款"违反安全装载规定"和第五款"被保险机动车被转让、改装、加装或改变使用性质……导致被保险机动车危险程度显著增加"。着眼点一般为改装、改变使用性质，或违反装载规定，均是立足于保险条款的责任免除条款。然而，如上所述，运用保险条款可能面对免责条款是否有效的实际困境，需要保险人证明已尽到法律规定的提示以及明确说明义务，实践中，针对个人的明确说明义务的履行在证据提供方面存在较大困难，经常不被法院认可，从而免责条款的效力亦不被认可。因此，在约定免责与法定免责之中，应当尽量选择法定免责。本案明显符合《保险法》第五十二条"在合同有效期内，保险标的的危险程度显著增加的，被保险人应当按照合同约定及时通知保险人，保险人可以按照合同约定增加保险费或者解除合同。保险人解除合同的，应当将已收取的保险费，按照合同约定扣除自保险责任开始之日起至合同解除之日止应收的部分后，退还投保人。被保险人未履行前款规定的通知义务的，因保险标的的危险程度显著增加而发生的保险事故，保险人不承担赔偿保险金的责任。"本案保险公司应诉策略完全避免了在保险条款上的纠缠，直接以保险法规定为抓手，取得了预期的良好效果。以法定免责为突破口简化了证据材料的审查，规避了投保单及后续签字、告知等一系列的问题，集中精力在案件事实上的审查，也使法院有精力关注案件本质问题，而非在各种程序上的徒耗。

选定抗辩方向后，争议的焦点集中在如何认定危险程度显著增加。《最高人民法院关于适用〈中华人民共和国保险法〉若干问题的解释（四）》第四条规定："人民法院认定保险标的是否构成《保险法》第四十九条、第五十二条规定的'危险程度显著增加'时，应当综合考虑以下因素：（一）保险标的用途的改变；（二）保险标的使用范围的改变；（三）保险标的所处环境的变化；（四）保险标的因改装等原因引起的变化；（五）保险标的使用人或者管理人的改变；（六）危险程度增加持续的时间；（七）其他可能导致危险程度显著增加的因素。保险标的的危险程度虽然增加，但增加的危险属于保险合同订立时保险人预见或者应当预见的保险合同承保范围的，不构成危险程度显著增加。"而如何在实务中认定，本案判决中法院也给予了明确的说明：考察法律、行政法规对被保险人在管理和使用保险标的的过程中有无规范要求，特别是与安全有关的禁止规定或是技术规范。如从事客运需接受运管部门监管并对车辆有更严格和高频次的审查检验；从事危化品运输需要特种车辆和资格审查等。本案中法院认为车辆按照国家强制性规范在设计时对车辆客运、货运做出了明确要求，属于安全性问题的禁止性规范。当事人应对改变车辆结构的行为提供证据证明未危害标的的运行安全。

同时，我们也要关注该条司法解释第二款的规定：保险标的危险程度虽然增加，但增加的危险属于保险合同订立时保险人预见或者应当预见的保险合同承保范围的，不构成危险程度显著增加。该条款的落实需要承保核保环节的把关。实务中，如车辆在投保时公司能预见或应当预见危险程度增加的，则后续保险人无法用此条款抗辩。如按照承保规范，投保时应当审查车辆状态，假如在投保时保险人已经了解到车辆刷上了快递的宣传，座位已拆除，那后续如果出险，就很难以此条款抗辩免责。在本案中，标的车前期多次出险均为正常状态，保险人无法预见其使用性质或环境的改变。这也提示我们，应对该类案件需要行业间的互助，建立行业间的信息互通能有效遏制车辆随意改变使用性质的情形，行业积极有效的自律有助于行业的健康发展。

船舶险中船方违规作业导致船舶危险程度显著增加的认定

最高人民法院

(2020)最高法民再 169 号民事判决书

(2020 年 9 月 28 日)

案·情

该案为某保险公司金坛支公司在最高人民法院的一则涉诉案件,先后经过武汉海事法院两次审理、湖北省高级人民法院两次审理,最终经最高院再审提审判决某保险公司金坛支公司赔偿某船务公司 40% 的损失,较原判免除 60% 的赔偿责任。

某保险公司金坛支公司 2015 年 2 月承保清远市某船务有限公司"××号轮"船舶险,附加船主对船员责任保险。2016 年 1 月 1 日,"××号轮"在深圳前海港区码头卸货作业时水泥罐体发生爆炸,造成船舶损失一百余万元,船员人伤医疗费用一万两千余元。经海事部门调查,事故发生的原因是船上气卸式散装储罐进气系统安全保护装置(安全阀)未安装,值班船员未按照《气卸式散装储罐操作规程》而是仍按照该类船气卸式散装储罐习惯做法操作,作业时使用的工作压力大于罐体压力,再加上罐体上的安全阀未工作,导致该轮第一水泥罐体内输入的空气压力大于罐体承受极限压力,造成罐体爆炸。经过某保险公司江苏分公司查勘发现,罐体的设计压力是 0.3MPA,最高允许工作压力是 0.28MPA,作业当时的罐体压力是 0.389MPA,作业前船方擅自将罐体上安全阀压力刻度调高至 0.4MPA,因此安全阀没有工作,起不到压力调节的作用。

事故发生后某船务公司向某保险公司江苏分公司要求理赔未果，2016年12月3日向武汉海事法院提起诉讼，要求赔偿船舶损失和船员医疗费。

判决书正文

再审申请人（一审被告、二审上诉人）：某保险公司金坛支公司（以下简称某保险公司），住所地：江苏省常州市金坛区。

被申请人（一审原告、二审被上诉人）：清远市某船务有限公司，住所地：广东省清远市。

再审申请人某保险公司因与被申请人清远市某船务有限公司船舶保险合同纠纷一案，不服湖北省高级人民法院（2018）鄂民终1400号民事判决，向本院申请再审。

本院于2019年9月27日以（2019）最高法民申3398号民事裁定提审本案并于2020年7月17日公开开庭进行了审理。再审申请人某保险公司的委托代理人，被申请人某船务公司的委托诉讼代理人到庭参加诉讼。本案现已审理终结。

某船务公司向武汉海事法院（以下简称一审法院）起诉请求：判令某保险公司支付保险赔款人民币1026612元（以下币种均为人民币，其中修理费840612元、船舱清理费186000元）、船员人身伤亡赔款26164元，共计1052776元，以及上述款项自2016年5月28日起，按中国人民银行同期贷款利率计算至实际赔付之日止的利息。

一审法院查明：2015年2月25日，某保险公司（保险人）向某船务公司（投保人、被保险人）签发《沿海、内河船舶保险单》。

该保险单载明：被保险人某船务公司，保险船舶××号轮，主险的险别一切险，保险金额300万元，附加船主对船员责任保险和四分之一碰撞、触碰责任保险，该两项附加险的赔偿限额分别为198万元、75万元，保险期限12个月（自2015年2月26日零时起至2016年2月25日二十四时止）。

该保险单背面的《某保险公司的沿海、内河船舶保险条款（2012）》（以下简称保险条款）中，某保险公司承担一切险的赔偿范围包括，火灾、爆炸、碰撞、搁浅、触礁等造成保险船舶的全部或者部分损失。

第五条除外责任包括……（四）投保人、被保险人及其代表（包括船长）的故意、过失行为或者违法犯罪行为；（五）被保险人及他人管理不善等。

该保险单正面特别约定内容是，船员与船舶应符合船检、海事要求，证书合格，适任适航，若船舶不适航，不承担保险责任。本保险船舶价值按出险时市场价确定。出险时若为不足额投保，按照比例赔付（含碰撞、触碰引起的船舶自身或第三者责任），但以保额为限。本船为散装水泥船，保险适用保单背后"沿海、内河船舶保险条款（2012）"；船东对船员责任险为，船员6人（船员不记名投保，出险时以最近一次海事签证簿上的船员为准），每人最高赔偿限额33万元（其中意外事故造成的死亡和残疾每人最高赔偿限额30万元，意外伤害医疗每人最高赔偿限额3万元）。

该保险单背面附保险条款中关于"爆炸"的释义为，物质由一种状态迅速转变成另一种状态，并在瞬间放出大量能量，同时产生具有声响的现象。

爆炸也可视为气体或蒸汽在瞬间剧烈膨胀的现象。

某保险公司提供了有某船务公司法定代表人签名的投保单，落款时间为2015年2月25日。

某船务公司称这是某保险公司于2016年8月2日提供投保单时要求倒签的时间。

投保单载明，本单位已经收到保险条款，保险人已经阅读该保险条款，特别是对免责条款进行提示和明确说明，本单位了解条款的内容和法律后果，予以确认。

2016年1月1日，某船务公司名下××号轮装载1520吨散装水泥抵达深圳前海港区某船舶临时作业点卸货。当日14:30时，该轮利用岸上压缩空气卸载水泥。当日15:08时，该轮第一水泥罐体（该轮共2个罐体）发生爆裂事故，造成罐体前端破裂，船首驾驶楼整体被破裂罐体钢板压塌，包括在该轮工作船员余某在内的4人轻伤，受伤人员随后被送往深圳市某医院接受治疗。某船务公司为余某住院治疗支出医药费12164元。

当月27日，××号轮船长代表某船务公司与余某订立和解协议，约定由某船务公司赔偿余某所有损失（包括但不限于医疗费、误工费、护理费、伙食费、交通费、精神损害赔偿金等）14000元，余某收到该赔款后，双方之间的一切权利义务和责任均告终结。2016年2月20日，某船务公司为便于船舶罐体维修，与案外人郑某、袁某订立××号轮水泥清舱协议书，约定清理该轮的破裂罐体内及该轮其他部位凝固的水泥和残品，包干费用186000元。清理完成后，某船务公司于2016年5月12日、7月5日两次向袁某共支付186000元。同年5月24日，某保险公司通过勘验××号轮船体及设施的损坏情况出具修理估损单，确认该轮此次事故的修理费为840612元。此后，某船务公司向某保险公司提出保险赔偿。

某保险公司以某作业点和非本船人员受伤不属于保险合同范围内的损失，及标的船损失属于保险合同第五条第四项、第五项规定的责任免除范围为由拒赔，于2016年8月1日向某船务公司发出拒赔（注销）案件通知书，决定不予保险赔偿。

另外，××号轮登记的所有人和经营人均为某船务公司，类型为运散水泥船。某保险公司已经核实，××号轮本航次有包括船长葛某、二副余某在内的4名船员在船。广东海事局在2015年9月2日对××号轮进行年度检验，查明其安全设备，船舶结构、机械及电气设备和无线电通信设备符合相应规范，认为该轮处于适航状态，准予航行A级航区（航线），并向某船务公司发出内河船舶检验证书簿，证书有效期至2020年8月28日止。该轮有两个水泥罐，每个罐体上装有进气安全阀及压力表各1个，水泥罐设计压力0.30MPA、最高允许工作压力0.28MPA。本次事故发生之前，××号轮的值班船员鉴于在允许工作压力下水泥卸出较慢且容易堵塞，将罐体安全阀压力表刻度调高至0.4MPA。

涉案事故发生地的南山海事局对本次事故调查后，于2016年5月3日作出《水上交通事故责任认定书》（以下简称事故认定书）认定本次事故发生的直接原因是，××号轮使用岸上空压机输送的压缩空气通过船上气卸式散装储罐进行卸载散装水泥作业过程中，船上气卸式储罐进气系统安全保护设备（安全阀）未安装，该轮值班船员未按照《气卸式散装储罐操作规程》操作，而是仍按照该类船气卸式散装储罐习惯做法操作，作业时使用的工作压力大于罐体设计压力，再加上罐体上的安全阀未工作，导致该轮第一水泥罐体内输入的空气压力大于罐体承受极限压力，造成该罐体爆裂。

南山海事局认定本次事故的间接原因是，岸上卸船管理人员明知该轮缺失气卸式储罐进气系统安全保护设备（安全阀），以及船员也未按照《气卸式散装储罐操作规程》卸货操作的情况下，还允许该轮使用岸上压缩空气卸货，且未指派专人对该轮作业的压缩机输出压力进行安全监护，亦未将空压机输出的压力调整到该轮水泥罐体设计压力以下，确保该轮在罐体设计压力内进行卸货作业。

因此，南山海事局对本次事故责任的认定结论为，××号轮负主要责任，某作业点负次要责任。

一审法院认为：本案系船舶保险合同纠纷。涉案投保单、保险单和保险单所附保险条款，构成双方之间的保险合同关系。××号轮罐体发生爆裂事故后，某船务公司、某保险公司对南山海事局认定的事故原因均不持异议，故一审法院以其作为处理本案纠纷的依据。南山海事局认定××号轮水泥罐体爆裂系输入罐体内的空气压力大于罐体承受极限压力所致。保险事故是指保险合同约定保险责任范围内的事故。根据涉案保险条款关于"爆炸"释义，可以判断该轮水泥罐体爆裂属于"爆炸"。该条款第四条一切险条款规定，由于爆炸造成保险船舶的全部或部分损失和费用属于保险责任。某保险公司为××号轮承保的主险为一切险，该轮发生爆炸事故属于一切险条款列明的事故。因此，一审法院认定××号轮发生的涉案事故属于约定的保险事故。

关于某保险公司是否有权向某船务公司拒赔的问题。

其一，从涉案船舶状况分析。××号轮具有适航证书，根据南山海事局最终认定结论，该轮水泥罐的安全阀未安装，不是某船务公司在投保后拆除从而增加危险程度。某保险公司称某船务公司在投保后增加危险程度，而违反告知义务没有证据证明，一审法院不予支持。其二，从免责条款效力分析。被保险人对船舶投保就是为了在遭受自然灾害或者过失行为造成损失时，保险人承担相应的赔偿责任。涉案保险条款中常见的碰撞、触碰和搁浅等事故都可能是过失，若如某保险公司所称被保险人的过失造成事故免赔，则上述情形都会拒赔，这与船舶保险的目的明显矛盾，事实上也与其他多个保险公司的船舶保险条款明显不同，因此涉案保险条款中的过失造成事故免赔明显是免除保险人应承担责任，而加重被保险人的责任。涉案保险单是某保险公司提供的格式合同，该格式化免责条款因违反合同法规定而属于无效条款。其三，从过失主体分析。保险法律关系中的船员与被保险人是独立的主体，涉案事故是值班船员过失造成没有争议，但值班船员的过失不等同于被保险人或其代表（含船长）

的过失，某保险公司以涉案保险条款第五条第四项的过失除外责任作为拒赔理由与本案事实不符，不予支持。因此，某保险公司应该向某船务公司承担保险赔偿责任，逾期赔偿应该承担相应的利息损失，且投保单何时签名不影响案件裁判结果。根据查明的事实，××号轮发生事故后产生修理费估损为840612元得到某保险公司认可，属于保险条款约定的损失赔偿范围。某船务公司为便于该轮顺利维修，支出清舱费186000元是涉案保险事故直接导致的损失和必要费用，也应属于保险赔偿范围。某保险公司辩称840612元是新罐费用，清舱费不是损失范围与事实不符，不予支持。××号轮在船工作的船员余某产生的医疗费12164元有医院盖章的正式票据证明，该损失属于涉案船东对船员附加险赔偿内容，予以支持。

某船务公司诉称的另外约定支出的14000元没有排除前述12164元，也不是医疗费用，故不予支持。

某船务公司2016年7月5日才支出最后一笔清舱费，故186000元清舱费利息应从2016年7月5日起计算。

综上所述，一审法院作出（2018）鄂72民初1397号民事判决：一、某保险公司向某船务公司赔偿船舶维修费840612元及利息（按中国人民银行同期贷款利率计算，自2016年5月28日起至判决指定的履行之日止），于判决生效之日起十日内一次性付清；二、某保险公司向某船务公司赔偿船舶清舱费186000元及利息（按中国人民银行同期贷款利率计算，自2016年7月5日起至判决指定的履行之日止），于判决生效之日起十日内一次性付清；三、某保险公司向某船务公司赔偿船员医疗费12164元及利息（按中国人民银行同期贷款利率计算，自2016年5月28日起至判决指定的履行之日止），于判决生效之日起十日内一次性付清；四、驳回某船务公司的其他诉讼请求。

如果未按判决指定的期间内履行给付金钱义务，应依照《中华人民共和国民事诉讼法》第二百五十三条的规定，加倍支付迟延履行期间的债务利息。一审案件受理费14282元，由某船务公司负担190元，某保险公司负担14092元。某保险公司不服一审判决，向湖北省高级人民法院（以下简称二审法院）提起上诉，请求：撤销一审判决，改判驳回某船务公司的一审诉讼请求。二审法院对一审法院查明的事实予以确认。

二审法院认为，案件争议焦点在于：1. 某保险公司能否主张保险船舶的危险程度显著增加而免责；2. 某保险公司能否根据保险条款中的除外责任而免责。

第一个焦点问题，某保险公司能否主张保险船舶的危险程度显著增加而免责。

某保险公司上诉认为，××号轮进气系统管路没有安装安全阀及船员将罐体安全阀压力值调高至0.4MPA而超过罐体承受压力最大值，属于保险标的的危险程度显著增加。

根据《水上交通事故责任认定书》认定结论，可见未安装进气系统安全阀并非罐体发生爆裂的原因。

只要值班船员装卸时，确保罐体压力不超承受极限值，就不会发生爆炸事故。

同时，某保险公司也未证明某船务公司对××号轮进行投保时装有进气安全阀，在事故发生前主动拆除该安全阀，故意增加保险标的的危险程度。《中华人民共和国保险法》第五十二条规定，在保险合同有效期内，保险标的的危险程度显著增加的，被保险人应当按照合同约定及时通知保险人，保险人可以按照合同约定增加保费或者解除保险合同。被保险人未履行前款规定的通知义务的，因保险标的的危险程度显著增加而发生的保险事故，保险人不承担赔偿保险金的责任。《最高人民法院关于适用〈中华人民共和国保险法〉若干问题的解释（四）》第四条规定，人民法院认定保险标的是否构成保险法第四十九条、第五十二条规定的"危险程度显著增加"时，应当综合考虑以下因素：（一）保险标的用途的改变；（二）保险标的的使用范围的改变；（三）保险标的所处环境的改变；（四）保险标的因改装等原因引起的变化；（五）保险标的使用人或者管理人的改变；（六）危险程度增加持续的时间；（七）其他可能导致危险程度显著增加的因素。涉案保险标的为××号轮，值班船员调整罐体安全阀压力值没有改变船舶的用途、使用范围和所处环境，也不属于船舶改装，只是短时间加快卸货速度，故罐体安全阀的压力值调高不构成标的的危险程度显著增加。某保险公司无权援引《保险法》第五十二条的规定而免责。保险条款第十八条和第二十条规定与《保险法》第五十二条规定内容一致，故对于某保险公司援引相关保险条款进行免责的分析，不再赘述。

第二个焦点问题，某保险公司能否根据保险条款中的除外责任而免责。

保险条款第五条属于除外责任规定，该条款第四项明确"投保人、被保险人及其代表（包括船长）的故意、过失行为和违法犯罪行为"，保险人不负赔偿责任。虽然除外责任条款用于明确保险人不承担保险赔偿责任的风险项目，与保险责任条款一并从正反两个角度对承保风险的范围进行明确约定，然而该条款将投保人和被保险人的过失行为造成的事故损失排除在保险责任范围之外。

某保险公司在诉讼中强调除外责任条款中的"过失"分为一般过失和严重过失，在严重过失的前提下保险人有权拒赔；××号轮的船员将罐体安全阀值调高导致爆炸事故属于严重过失，故保险人有权拒赔。

上述主张系某保险公司事故发生后拒赔的观点，未在某船务公司投保时予以说明，且该除外责任条款第四项笼统地将"被保险人的过失行为"造成的事故列为除外责任范围，加重了被保险人的责任。

通常而言，投保船舶如发生保险条款第四条所列明的碰撞或触碰、爆炸、火灾的保险责任，基本上都会出现被保险人的过失或者不当行为，此时保险人若援引上述除外责任条款进行拒赔，则违背了投保人对船舶进行投保时化解风险的初衷，排除了保险公司依法应负的责任。《保险法》第十九条规定，免除保险人依法应承担的义务或者加重投保人、被保险人责任的格式条款属于无效条款。保险条款第五条系保险公司事先拟定而反复使用的格式条款，因加重被保险人的责任，排除保险人的义务而无效。某保险公司无权援引该条款第四项内容进行免责。

综上所述，二审法院作出判决：驳回上诉，维持原判。

二审案件受理费14282元，由某保险公司负担。

某保险公司不服二审判决，向本院申请再审，请求：撤销一、二审判决，改判驳回某船务公司的一审诉讼请求。

事实与理由：（一）根据事故认定书，某船务公司的下列行为与爆炸具有直接因果关系，具有重大过失，使保险标的危险程度显著增加导致事故发生，某船务公司未提前通知某保险公司，某保险公司有权援引《保险法》第五十一条、第五十二条规定和保险条款第五条、第十八条、第二十条规定，不承担赔偿责任。

1. 罐体设计压力0.3MPA，最高允许工作压力为0.28MPA，安全阀设置最高压力不能超过 0.3MPA，但某船务公司改变船舶技术状况，将安全阀压力值调高至 0.4MPA，涉案事故发生时罐体压力达到 0.389MPA，直接导致事故发生。

2. 操作规程第 2 条、第 4 条是关于作业前进气系统管路上的相关部位、部件的操作规则和流程，均提到了安全阀、压力表，可以证明管路上是安装有安全阀的。

事故认定书关于事故直接原因明确记载"船上气卸式储罐进气系统安全保护设备（安全阀）未安装"，亦表明进气系统本该有安全阀却未安装。某船务公司曾解释称，进气系统上的安全阀是"码头上工作人员在事故发生后，海事管理机构调查之前，为了推卸责任要求某船务公司加装的"。故进气系统未安装安全阀的原因是此前被拆除，事后某船务公司为规避责任才重新装上。

3. 某船务公司值班船员违反操作规程，使罐体在 0.389MPA 的高压力下卸货到一半时发生爆炸，印证值班船员有重大过错，增加了保险标的的危险。

原判决过度保护某船务公司，会造成违规操作也能获赔的不良导向，有悖于人民法院支持合法行为，否定违法行径的裁判宗旨。

（二）保险条款第五条第四项约定"投保人、被保险人及其代表（包括船长）的故意行为、过失行为或者违法犯罪行为"免责，不能因为对"过失行为"有异议而认定该条款整体无效。

1. 条款中的"过失行为"包括重大过失行为，重大过失免责符合保险法第五十一条、第五十二条规定。

2. 《最高人民法院关于适用〈中华人民共和国保险法〉若干问题的解释（二）》第十三条规定，投保人对保险人履行了明确说明义务在相关文书上签字、盖章或者以其他形式予以确认的，应当认定保险人履行了该项义务。上述条款不存在晦涩难懂问题，且某船务公司法定代表人在投保单上签字确认，认可已经收到保险条款，某保险公司向其阅读了保险条款，对免责条款进行了提示和明确说明，其了解条款的内容和法律后果。故某保险公司有证据证明已经履行了法律规定的提示和明确说明义务。

3. 某船务公司的行为严重违反法律规定、操作规程，构成重大过失，应依据《保险法》第五十一条、第五十二条承担保险标的危险增加的不利后果。

某船务公司答辩称，某保险公司的再审申请主张没有事实和法律依据，应当驳回其申请，维持原判决。

第一，涉案保险标的××号轮并无危险程度显著增加的情形，某船务公司不负有法定的通知义务，某保险公司无权拒绝保险赔偿。

1. 涉案船舶系适航船舶，其《内河船舶检验证书簿》显示，船舶用途为散装水泥运输船，该船于2014年8月29日建造完工，2014年12月15日经广东海事局检验合格，颁发船舶相关证书，准许营运。

事故发生前，广东海事局于2015年9月2日对该轮进行了年检，该轮的安全设备、船舶结构、机械及电气设备和无线电通信设备均符合相应规范、规程，该轮处于适航状态。该轮出厂时，进气系统管道上只需要安装一个安全阀。直至2016年1月1日涉案事故发生时，另外两只安全阀从未安装，这符合船检规范，不存在出厂时安全阀已安装后被船员擅自拆除的情况。

2. 事故认定书将涉案事故的直接原因归结为三个方面，即船上进气系统有2只安全阀未安装、罐体上的安全阀未工作、某船务公司值班船员违规操作。

对此，即使进气系统未安装安全阀，亦符合船检规范，未显著增加保险标的风险。该轮卸载作业过程中，周围环境嘈杂，作业声响很大，船长未听到罐体发出的嗡鸣报警声，并非罐体上的安全阀未工作。在压力值调至0.4MPA的情况下，虽存在安全阀暂时不能正常工作的可能，但事发前该轮进行多次卸载作业均未出现问题。值班船员未按照操作规程作业并将压力表刻度调高至0.4MPA确系事故发生的直接原因，但本案船员是应码头要求尽快卸货，为加快卸货速度才将压力值调高，是船员在突发状态下的独立行为，某船务公司并不知情，故某船务公司亦没有法定的通知义务。

第二，某保险公司无权援引《保险法》第五十一条、第五十二条及保险条款第十八条、第二十条主张免责。

1. 某船务公司投保的初衷就是在过失行为受损时由保险人承担赔偿责任，保险条款中规定的碰撞、搁浅等事故都可能是过失产生的，若因某船务公司的过失造成事故就免赔，与船舶保险的目的明显矛盾。

涉案船舶保险条款中关于过失免责的规定系某保险公司提供的格式条款，加重了某船务公司的责任，因违反法律规定而无效。

2. 从过失主体分析，船员与某船务公司是独立的主体，涉案事故是值班船员过失造成的，且该过失并非重大过失，船员过失不等同于某船务公司的过失，故某保险公司无权据此主张免责。

同时，基于船舶不存在危险程度显著增加的情形，某保险公司也无权以《保险法》第五十一条、第五十二条的规定主张免责。本院经审理，对一、二审判决认定的事实予以确认。本院另查明，某保险公司在一审阶段提供的涉案船舶的照片上显示，进气系统管路有两处未安装安全阀的基座。某保险公司据此主张该基座上的安全阀系被某船务公司拆除。对此，某船务公司表示，涉案船舶出厂时，该基座上未安装相应的安全阀，不存在某船务公司主动拆除安全阀的事实。

本院认为，本案系船舶保险合同纠纷。

根据当事人的诉辩意见，双方对于一、二审法院关于涉案事故属于涉案保险合同列明的"爆炸"情形，涉案事故造成船舶维修费、船舶清舱费、船员医疗费的数额以及计息方式等认定未提出异议，本院予以确认。

现就双方当事人主要争议即某保险公司是否应承担涉案事故保险责任作如下分析。根据双方当事人的陈述及举证情况，涉案船舶专门从事散装水泥运输装卸作业，事故船方、船长以及作业船员知道或者应当知道相关安全生产操作规程并予以严格遵守。一方面，涉案船舶存在进气系统管路两处基座上未安装安全阀的情形，由于没有确切证据证明某船务公司在船舶出厂后有故意拆除该处安全阀的行为，某保险公司提出某船务公司在事故发生前拆除进气系统管路安全阀，增加保险标的危险程度的主张，依据不足。另一方面，船方、船长及船员等明知进气系统管路上未安装上述安全阀，应当提高安全意识和注意义务，更谨慎、合理、安全、规范地作业。但根据事故认定书，值班船员在明知进气系统安全阀未安装，也知道水泥罐体设计压力为 0.30MPA、最高允许工作压力为 0.28MPA 的情况下，仍违反《气卸式散装储罐操作规程》要求，将罐体安全阀的压力表刻度调高至 0.4MPA，超过罐体设计压力限值，罐体安全阀未能工作，导致罐体内空气压力大于承受极限压力，造成罐体爆裂。

上述违规作业行为，无论是某船务公司提出的船员个人擅作主张，还是某保险公司提出的船员接受船方或船长指令所为，均属船员在从事雇用活动中的职务行为。

船方或船长明显未尽到强化船员安全意识、规范船员安全生产等责任。在此情况下，某保险公司主张某船务公司违反《保险法》第五十一条关于"被保险人应当遵守国家有关消防、安全、生产操作、劳动保护等方面的规定，维护保险标的的安全"的规定，理据充分。从违规作业的过程、结果以及责任定性来看，船方、船长及船员应当意识到该作业行为将明显增加事故发生的可能性和严重性，事实上该作业行为也是造成涉案事故的直接原因。故某保险公司关于涉案违规作业行为导致船舶危险程度显著增加的主张成立，本院予以支持。

在具体评判涉案事故损失的责任承担问题时，本院注意到，涉案事故认定书就事故发生区分了直接原因和间接原因，相应认定××号轮负事故的主要责任，某作业点负次要责任。事故认定书也指出，值班船员是按照该类船气卸式散装储罐习惯做法操作。因此，虽然某保险公司关于适用《保险法》第五十二条规定的"在合同有效期内，保险标的的危险程度显著增加的，被保险人应当按照合同约定及时通知保险人……被保险人未履行前款规定的通知义务的，因保险标的的危险程度显著增加而发生的保险事故，保险人不承担赔偿保险金的责任"的免责主张可以成立，但涉案事故中他方次要责任的认定以及××号轮违规作业行为的过失程度等因素也应纳入损失承担的考量。

本院在一、二审判决认定的涉案事故损失数额即船舶维修费840612元、船舶清舱费186000元、船员医疗费12164元以及相应计息方式，且双方当事人对此未提出异议的基础上，酌定某保险公司承担上述费用的40%，某船务公司自行承担上述费用的60%。

某船务公司关于某保险公司承担涉案事故全部损失的主张，某保险公司关于其完全不承担涉案事故损失的主张，本院均不予支持。

另外，双方当事人亦就涉案保险条款第五条"除外责任包括……（四）投保人、被保险人及其代表（包括船长）的故意、过失行为或者违法犯罪行为"的效力问题存在争议。

上述条款系某保险公司提供的格式条款，从字面来看，该条款将"过失行为"纳入免责范畴，免除了保险人依法应承担的义务，明显加重了被保险人的责任。某保险公司在本案诉讼发生后就"过失行为"单方解读为重大过失行为，并不足以修正其拟定该项格式条款以及签约过程中未就条款含义作合理释明的过错。故某船务公司关于上述免责条款无效的主张于法有据，本院予以支持。

综上所述,某保险公司的再审请求部分成立,本院予以支持。

一、二审判决关于涉案保险标的危险程度未显著增加以及某保险公司承担全部事故损失赔偿责任的认定不当,本院予以纠正。

本院依照《中华人民共和国保险法》第五十二条,《中华人民共和国民事诉讼法》第二百零七条第一款、第一百七十条第一款第二项,《最高人民法院关于适用的解释》第四百零七条第二款之规定,判决如下:

一、撤销湖北省高级人民法院(2018)鄂民终1400号民事判决及武汉海事法院(2018)鄂72民初1397号民事判决;

二、某保险公司应于本判决生效之日起十日内向清远市某船务有限公司支付船舶维修费人民币336244.80元及利息损失(以人民币336244.80元为基数,自2016年5月28日起至2019年8月19日止,按中国人民银行同期贷款利率计算,自2019年8月20日起至实际履行之日止,按全国银行间同业拆借中心公布的贷款市场报价利率计算);

三、某保险公司应于本判决生效之日起十日内向清远市某船务有限公司支付船舶清舱费人民币74400元及利息损失(以人民币74400元为基数,自2016年7月5日起至2019年8月19日止,按中国人民银行同期贷款利率计算,自2019年8月20日起至实际履行之日止,按全国银行间同业拆借中心公布的贷款市场报价利率计算);

四、某保险公司应于本判决生效之日起十日内向清远市某船务有限公司支付船员医疗费人民币4865.60元及利息(以人民币4865.60元为基数,自2016年5月28日起至2019年8月19日止,按中国人民银行同期贷款利率计算,自2019年8月20日起至实际履行之日止,按全国银行间同业拆借中心公布的贷款市场报价利率计算);

五、驳回某保险公司、清远市某船务有限公司的其他诉讼请求。

如果未按本判决指定的期间内履行给付金钱义务,应依照《中华人民共和国民事诉讼法》第二百五十三条的规定,加倍支付迟延履行期间的债务利息。

本案一审案件受理费人民币14282元,由某保险公司负担人民币5712.80元,清远市某船务有限公司负担人民币8569.20元;二审案件受理费人民币

14282元，由某保险公司负担人民币5712.80元，清远市某船务有限公司负担人民币8569.20元；保全费人民币5000元，由清远市某船务有限公司负担。

审判长　杨某某

审判员　马某某

审判员　三某某

二〇二〇年九月二一八日

书记员　房某某

评·析

本案争议焦点之一为：保险标的危险程度是否明显增加，以及危险程度明显增加的情况下，船务公司并未根据法律规定通知某保险公司，某保险公司是否有权根据《保险法》第五十一条、第五十二条之规定免除相应的赔偿责任。

《保险法》第五十一条第一款规定："被保险人应当遵守国家有关消防、安全、生产操作、劳动保护等方面的规定，维护保险标的的安全。"第五十二条第一款规定："在合同有效期内，保险标的的危险程度显著增加的，被保险人应当按照合同约定及时通知保险人，保险人可以按照合同约定增加保险费或者解除合同。保险人解除合同的，应当将已收取的保险费，按照合同约定扣除自保险责任开始之日起至合同解除之日止应收的部分后，退还投保人。"第二款规定："被保险人未履行前款规定的通知义务的，因保险标的的危险程度显著增加而发生的保险事故，保险人不承担赔偿保险金的责任。"关于"危险程度显著增加"的认定标准，《最高人民法院关于适用〈中华人民共和国保险法〉若干问题的解释（四）》第四条作了规定，认定"危险程度显著增加"应当综合考虑保险标的用途的改变、使用范围的改变、所处环境的变化、因改装等原因引起的变化、使用人或者管理人的改变、危险程度增加持续的时间等因素。某保险公司为证明保险标的危险程度显著增加且船务公司未通知保险人，向法院提交了《水上交通事故责任认定书》、查勘笔录、《自卸式船舶操作规则》、船舶进气系统重新安装安全阀的照片、船舶罐体安全阀的照片、压力容器产品质量说明书，证明"华粤036轮"船员为了快速卸货，不顾罐体爆炸的危险，擅自调整安全阀，违反操作规则，明显具有重大过错，对罐体爆炸负有直接责任。安全阀是保障罐体安全，避免因罐体压力超过设计限值而爆炸的重要部件，本案中船员擅自调整安全阀，可以认为是对罐体这一重要部件的改装，使得安全阀失去了保障罐体安全的重要作用，不可避免地会增加罐体爆炸的风险。故根据《保险法》第五十一条、第五十二条之规定，某保险公司有充分的理由拒绝船务公司相应的赔偿请求。武汉海事法院（2018）鄂72民初1397号民事判决、湖北省高级人民法院（2018）鄂民终1400号民事判决忽视了保险标的承保风险对于保险合同的重要意义，没有注意到保险标的危险程度显著增加会打破保险合同当事人之间的利益平衡，过度保护了被保险人的利益，势必造成一种不良导向：违规操作也能获赔，这无疑将会使今后类似事故增加而非减少，使人民生命财产的损失增加而非减少，显然有悖于人民法院支持合法行为，否定违法行径的裁判宗旨。

本案争议焦点之二为：保险条款将被保险人及其代表的"过失行为"作为免责事项，是否违反《保险法》第十九条之规定而无效，另外该免责条款是否因保险公司未履行《保险法》第十七条规定的提示和明确说明义务不能生效。

《保险法》第十九条规定："采用保险人提供的格式条款订立的保险合同中的下列条款无效：（一）免除保险人依法应承担的义务或者加重投保人、被保险人责任的；（二）排除投保人、被保险人或者受益人依法享有的权利的。"第十七条规定："对保险合同中免除保险人责任的条款，保险人在订立合同时应当在投保单、保险单或者其他保险凭证上作出足以引起投保人注意的提示，并对该条款的内容以书面或者口头形式向投保人作出明确说明；未作提示或者明确说明的，该条款不产生效力。"过失包括一般过失和重大过失，单从字面理解，将所有过失行为均作为免责事由，客观上造成案涉保险合同仅承保自然灾害和纯粹是第三方原因造成的保险事故，对于被保险人轻微过失或者一般过失造成的事故不予赔偿，显然有免除保险人应该承担的保险责任之嫌，违反了《保险法》第十九条规定。如果将"过失行为"限定于重大过失，则与法律规定不悖，但是保险人应当在订立保险合同之时，按照《保险法》第十七条规定履行提示和明确说明的义务，明确向投保人说明条款中"过失行为"的具体内涵，否则该免责条款无法成为合同的一部分。本案某保险公司未曾在船务公司投保时明确"过失行为"仅限于重大过失，而不包括一般过失，故最高人民法院认为即使某保险公司在诉讼期间作了限制性解释也不能使"过失行为"免责成为保险合同的内容，并为保险公司所援引作为免责理由。

本案争议焦点之三为：根据事故原因的参与度合理分摊损失。造成保险事故的原因有多个，有承保原因，也有不予承保的原因，应当根据各个原因力的大小，在当事人之间合理分摊损失，以体现公平。

《保险法司法解释三》第二十五条规定："被保险人的损失系由承保事故或者非承保事故、免责事由造成难以确定，当事人请求保险人给予保险金的，人民法院可以按照相应比例予以支持。"根据上述司法解释，在非承保事故、承保事故、免责事由都参与并合力造成保险事故，而各个原因力无法确定的情况下，法院可以合理确定保险赔偿的比例。本案造成爆炸的原因有船务公司的直接原因和岸上作业点的间接原因，两个原因相互结合发生作用导致爆炸事故。最高人民法院认为船务公司应当承担主要责任，该部分损失由船务公司自行负责，某保险公司可以不予赔偿，但是岸上作业点的过错也是爆炸发生的原因，对此某保险公司应当负责赔偿，需要分摊损失的40%。判决某保险公司赔偿全部损失，或者驳回船务公司的全部诉讼请求，都不能体现公平，最高人民法院根据造成保险事故的各个原因力的大小，合理确定赔偿比例，公平合理地保护了各方当事人的利益，体现了司法公正。

2021 年度保险诉讼典型案例报告

财产一切险代位求偿权中违约和侵权如何选择

天津市第三中级人民法院
(2019)津 03 民终 1067 号民事判决书

(2019 年 9 月 29 日)

案·情

2016 年 4 月 1 日，某化工公司在某保险公司投保财产一切险和利润损失险，保险期限一年。2016 年 12 月 28 日，某燃气公司所属的天然气管道发生爆炸，该爆炸导致某化工公司的燃气供应中断，工厂被迫停工，本次事故给某化工公司存货、设备等造成了损失。某化工公司向某保险公司提出理赔申请。某保险公司委托公估人进行定损和理算后，最终确认本次保险事故损失金额为人民币约 147 万元，保险公司将上述赔款支付给被保险人后，向违约方某燃气公司提起保险代位求偿权诉讼。

判决书正文

上诉人（原审被告）：某燃气公司，住所地天津自贸试验区。

被上诉人（原审原告）：某保险公司，住所地江苏省南京市建邺区。

上诉人某燃气公司因与被上诉人某保险公司保险人代位求偿权纠纷一案，不服天津市滨海新区人民法院（2018）津 0116 民初 80521 号民事判决，向本院提起上诉。本院于 2019 年 7 月 17 日立案后，依法组成合议庭，开庭进行了审理。上诉人某燃气公司的委托诉讼代理人，被上诉人某保险公司的委托诉讼代理人到庭参加诉讼。本案现已审理终结。

某燃气公司上诉请求：撤销一审判决第一项，改判驳回某保险公司一审全部诉讼请求；一、二审诉讼费用由某保险公司负担。事实和理由：一审判决认定事实错误，适用法律错误。1. 某燃气公司中断向案外人某化工公司供应燃气，是属于履行法定义务的行为，也符合双方合同中约定的免责条款约定，不构成违约，不应承担违约责任。2. 一审判决据此认定案件损失数额依据的公估报告系某保险公司单方委托，一审公估人未出庭接受质询，该公估报告缺乏客观真实性，不应采信。3. 某保险公司依据诉争合同要求某燃气公司承担责任，一审判决没有适用合同法和民法总则的相关规定，属于适用法律错误。4. 一审判决存在程序错误，公估人没有出庭接受质询，属于程序错误。

某保险公司辩称，一审判决认定事实清楚，适用法律正确，应予维持。

某保险公司向一审法院起诉请求：判令某燃气公司赔偿某保险公司支付的理赔款1475080.44元及利息（按照中国人民银行同期贷款利率计算，自2017年8月19日至生效判决确定的给付之日止）、公估费47669.43元。

一审法院认定事实：某燃气公司和案外人某化工公司为供气合同关系，双方签订有《城市供用气合同》，约定由某燃气公司向该案外人供应天然气，用气性质为工业用气，燃气供应时间为24小时连续供气。双方在违约责任一节约定，由于供气人责任事故和质量事故造成的停气、气压降低，给用气人造成损失的，供气人应当承担赔偿责任；供气人在检修供气设施前未通报用气人，给用气人造成损失的，供气人应当承担赔偿责任；由于不可抗力原因或者政府行为造成停气，使用气人受到损失的，供气人不承担赔偿责任。

2016年12月28日10时38分许，案外人某液化公司在新建站内管线天然气置换氮气作业过程中发生天然气管道泄漏燃烧，并引燃了位于事故现场西北侧的某燃气集团公司调度指挥中心综合楼，同时致使天然气泄漏起火。该事故发生后，某燃气公司紧急暂停了燃气供应。2017年1月4日，某燃气公司经检修后恢复了燃气供应。对此，某燃气公司主张暂停原因为政府行为，并提供了天津临港经济区管委会公用事业局于2016年12月30日向某燃气公司发出的《通知》。该通知载明：2016年12月28日上午10时43分，鉴于贵公司（被告）临港高压站附近的中海油天津LNG临港分输站发生高压燃气泄漏事故，我局电话通知贵公司停止临港经济区范围内的燃气管网运行，关闭相关管道阀门,避免发生灾害。目前,事故现场已得到有效控制,请贵公司于2016年12月30日恢复燃气供应。某保险公司对该证据的真实性没有异议,但认为该《通知》正好解释了暂停供气的原因是避免发生灾害,与某燃气公司主张的政府决定关停不一致。

2017年4月11日,事故调查组作出了事故调查报告,分析了事故原因,并认定该事故属于生产安全责任事故。

案外人某化工公司在某保险公司处投保了财产一切险保单,保险期限自2016年4月1日至2017年3月31日止。上述中断燃气供应事件发生后,某化学公司向某保险公司报险,并申请理赔。某保险公司于2017年2月3日委托案外人某保险公估公司对理赔金额进行公估,经具备相应资质的公估师公估,该公司于2017年7月出具了保险公估最终报告。某保险公司向某保险公估公司支付了公估费47669.43元。该报告认定理算金额为1475080.44元。2017年8月18日,某保险公司根据该理算金额向某化工公司进行了实际赔付。当日,某化工公司向某保险公司出具了权益转让书,同意将已取得赔款部分保险标的的一切权益转给某保险公司,并同意某保险公司以自己的名义向责任方追偿。

公估报告计算的理算金额包括原材料损失895737.18元、设备损失657373.82元、停产期间动力损耗费0元、利润损失未做认定、残值375元、免赔额5%。对于上述损失,该报告详细阐述了计算依据及计算方法。同时,该报告认定事故原因为某燃气集团公司办公楼外侧的燃油管道因为发生爆裂而发生火灾爆炸,导致供气中断,进而某化工公司被动停产。关于第三方责任,该报告载明:根据我们的调查,供气人某燃气公司因燃气管道爆炸导致停气,由于没有查询到关于燃气公司爆炸原因的任何后续报道及正式报告,无法判定爆炸事故原因是否属于合同的违约责任,追偿的可能性需要根据实际情况具体分析,根据目前的状态,追偿成功的可能性较小。理赔过程中,某保险公司及某化学公司未向包括某燃气公司在内的相关方主张权利,亦未告知相关事宜。

案件审理过程中,对于某保险公司提供的公估报告,某燃气公司未就公估损失发表具体意见。经一审法院释明,某燃气公司表示损失客观上已不具备鉴定条件,无法进行重新鉴定。对此,某保险公司亦认为已不具备重新鉴定条件。

一审法院认为,《中华人民共和国保险法》第六十条第一款规定,因第三者对保险标的的损害而造成保险事故的,保险人自向被保险人赔偿保险金之日起，在赔偿金额范围内代位行使被保险人对第三者请求赔偿的权利。本案中，某化工公司就其公司财产向某保险公司投保，损失发生后经公估公司定损，某保险公司已向某化工公司理赔，并受让了向责任方追偿的相关权益。某化工公司与某燃气公司存在供气合同关系，该公司的损失系因某燃气公司突然中断燃气供应造成，故某保险公司有权向某燃气公司主张代位追偿权。关于某燃气公司主张的中断燃气系因政府行为，属于不可抗力，故应免责的抗辩意见，一审法院认为，不可抗力是指不能预见、不能避免并且不能克服的客观情况。本案中，某液化公司处发生的事故属于责任事故，该事故本身不属于不可抗力。同时，中断供气系基于该责任事故所采取的紧急处置措施，目的在于避免损害的扩大，相关部门亦是基于此，在自身职责范围内所行使的管理职责，该行为本身并非中断供气的根本原因。某燃气公司辩称中断燃气系因政府行为，属于对不可抗力的错误解读，其抗辩意见不成立。

某燃气公司作为某化工公司的供气方，对中断燃气造成的损失应承担赔偿责任。关于某保险公司代位求偿权的损失范围，一审法院认为，中断燃气对某化工公司造成的损失，不具有直接性、凸显性，如受损失方不予以告知，相关责任方不会当然知晓该损失后果。同时，该损失的确定具有较强的时效性。特定期间过后，重新对损失进行认定则缺乏相应的客观条件。某化工公司在损失发生后未向包括某燃气公司在内的利害关系方及时告知，某保险公司作为专业保险公司，在理赔及确定损失过程中亦未通知某燃气公司等利害关系方，导致包括某燃气公司在内的相关利害关系方未能及时了解、确定损失情况。在该情形下，对于损失无法重新鉴定的后果不能由某燃气公司单方承担举证责任。对此，应结合公估报告公平合理分配双方的举证责任。公估报告系某保险公司依据理赔程序委托具有相应资质的单位作出，某燃气公司对于公估报告认定的损失本身未提出具体异议，故评估报告可作为认定某保险公司求偿权损失范围的基础依据。但是，公估报告系某保险公司和某化工公司双方参与作出，缺少其他利害关系方作为第三方参与，使得报告在程序上存有瑕疵，进而该报告的公正性基础不足。由于无法重新鉴定的责任在某化工公司和某保险公司，对此，某保险公司应承担一定举证不能的后果。根据应然意义上参与方的三方主体，综合考虑案件情况，一审法院酌定在公估报告确定的理算金额的基础上扣减30%作为某保险公司的代位追偿范围。关于某保险公司主张的利息、公估费用,缺乏法律依据,不予支持。

综上所述,依照《中华人民共和国保险法》第六十条第一款,《最高人民法院关于适用〈中华人民共和国保险法〉若干问题的解释(二)》第十六条第一款,《中华人民共和国民事诉讼法》第六十四条第一款的规定,判决:"一、被告某燃气公司于本判决生效之日起十日内赔偿原告某保险公司的损失 1032556.30 元;二、驳回原告某保险公司的其他诉讼请求。如果被告未按本判决指定的期间履行给付金钱义务,应当依照《中华人民共和国民事诉讼法》第二百五十三条之规定,加倍支付迟延履行期间的债务利息。案件受理费 18504 元,由原告负担 5956 元,由被告负担 12548 元。"

本院二审经审理查明的其他事实与一审法院查明的事实一致,本院对一审法院查明的事实予以确认。

本院认为,本案的争议的焦点问题是某燃气公司停止向案外人某化工公司供气是否应承担违约责任。本案诉争用气合同约定由于不可抗力原因或者政府行为造成停气,使用气人受到损失的,供气人不承担赔偿责任。该免责条款系某化工公司和某燃气公司的真实意思表示,也未违反法律行政法规的禁止性规定,应属合法有效。因案外人某液化公司在新建站内管线天然气置换氮气作业过程中发生天然气管道泄漏燃烧,天津临港经济区管委会要求某燃气公司停止临港经济区范围内的燃气管网运行,关闭相关管道阀门,避免发生灾害,某燃气公司根据天津临港经济区管委会的指令停止向案外人某化工公司供气。天津临港经济区管委会下达停止供气指令是维护公共利益避免发生灾害事故的行政行为,某燃气公司停止供气是执行政府行政指令,符合双方约定的免责条款情形,某化工公司损失也是由于停止供气导致温度骤降造成的,故某燃气公司停止供气的行为因符合免责条款的约定不构成违约,无须向案外人某化工公司的损失承担违约责任,某保险公司代位要求某燃气公司承担违约责任的主张亦不成立,一审法院认定有误,本院予以纠正。

综上所述,某燃气公司的上诉请求成立,予以支持。依照《中华人民共和国合同法》第六十条、《中华人民共和国民事诉讼法》第一百七十条第一款第二项的规定,判决如下:

一、撤销天津市滨海新区人民法院(2018)津 0116 民初 80521 号民事判决;

二、驳回被上诉人某保险公司的一审全部诉讼请求。

一审案件受理费 18504 元,二审案件受理费 14093 元,由被上诉人某保险公司负担。

本判决为终审判决。

审判长　王某某

审判员　邓某某

审判员　毕某某

二〇一九年九月二十九日

评·析

(一)本案一、二审法院均遵守了保险人代位求偿权诉讼仅就基础法律关系进行了审理

保险人代位求偿权纠纷中,法院应仅就造成保险事故的第三人与被保险人之间的法律关系进行审理。虽然保险法律法规及司法解释并未以法律条文的形式体现,但该原则已由最高院的工作文件所明确。《关于当前商事审判工作中的若干具体问题》(2015 年 12 月 24 日,最高人民法院审判委员会委员民事审判第二庭庭长　杨临萍)关于保险合同纠纷案件的审理问题中,详述了保险代位求偿权案件的审理原则,即:

审理保险人向第三者主张权利的保险代位求偿权纠纷案件时,应正确区分保险合同法律关系与被保险人对第三者损害赔偿法律关系。有证据证明保险人已向被保险人赔偿保险金的,法院应仅就被保险人与造成保险人事故的第三者之间的法律关系进行审理。保险人是否应当赔偿保险金以及赔偿金额是否有误,属于被保险人与保险人之间的保险合同纠纷,无须审理。

该审理原则的法理依据来自《中华人民共和国保险法》第六十条之规定:因第三者对保险标的的损害而造成保险事故的,保险人自向被保险人赔偿保险金之日起,在赔偿金额范围内代位行使被保险人对第三者请求赔偿的权利。由此保险法中的赔偿请求权之转移属于法定、当然之转移,该权利有别于我国合同法上的权利转让,保险人只要依据保险合同约定支付了保险赔偿金,就直接享有对第三者索赔的权利。该权利转让无须通知债务人。而法律创设保险人代位求偿权目的是让被保险人损失及时得到弥补，而侵权方或违约方仍需承担自己应负的法律责任。因此，保险公司在支付了保险赔偿金后，实际取得的是被保险人基于侵权关系或合同关系而享有的赔偿请求权。而第三者作为赔偿义务人或违约方，其是否应承担赔偿以及赔偿数额多少，需要通过审查侵权关系或合同关系来确定，而不是审查保险人代位求偿权法律关系来确定。

目前的司法实践中，仍存在在保险代位求偿权纠纷中审查保险合同、保险责任的情况，均系对上述法理及法律的认识不足。但本案一、二审均遵循了仅审查基础法律关系的原则，体现出了金融保险审判业务的专业性。

（二）保险人代位求偿权诉讼的核心在于请求权基础的选择

如上所述，保险人代位求偿权纠纷案件的审理焦点为基础法律关系。故基础法律关系的识别和选择在保险人提起追偿之诉时至关重要。以往很多律师及法官将《保险法》第六十条规定的保险代位求偿权的权利范围理解为限于侵权损害赔偿请求权，认为核心是确定侵权人，而不存在选择的问题。最高院发布 74 号指导案例（中国平安财产保险股份有限公司江苏分公司诉江苏镇江安装集团有限公司保险人代位求偿权纠纷案），裁判要点为：因第三者的违约行为给被保险人的保险标的造成损害的，可以认定为属于《中华人民共和国保险法》第六十条第一款规定的"第三者对保险标的的损害"的情形。保险人由此依法向第三者行使代位求偿权的，人民法院应予支持。判决书中详细进行了释明。"将保险代位求偿权的权利范围理解为限于侵权损害赔偿请求权，没有法律依据。从立法目的看，规定保险代位求偿权制度，在于避免财产保险的被保险人因保险事故的发生，分别从保险人及第三者获得赔偿，取得超出实际损失的不当利益，并因此增加道德风险。将《保险法》第六十条第一款中的'损害'理解为仅指'侵权损害'，不符合保险代位求偿权制度设立的目的。故保险人行使代位求偿权，应以被保险人对第三者享有损害赔偿请求权为前提，这里的赔偿请求权既可因第三者对保险标的实施的侵权行为而产生，亦可基于第三者的违约行为等产生，不应仅限于侵权赔偿请求权。"

（三）本案保险公司选择"违约之诉"的原因以及启示

本案提起诉讼时，未能取得政府方面做出的事故调查报告。保险公司收集到的证据包括保险事故发生时的官方对某燃气公司办公楼发生燃气爆燃的通报，结合公估师查勘了解到的事实，判断某燃气公司发生管道泄漏事故进而导致某燃气公司停止供气，因此选择依据被保险人与某燃气公司签订的《城市供用气合同》主张违约之诉，有利于事实的查明且保险公司举证责任较轻。一审虽仅按公估报告理算金额的70%进行判决，但认定了保险公司的诉请具有事实和法律依据，也说明了选择违约之诉的合理性。但二审法院最终认为某燃气公司停气的行为构成约定的免责条件，符合《城市供用气合同》约定的政府行为，故判决保险公司败诉。虽我们坚持认为即使是生效判决，二审对政府行为的认定仍值得商榷，但二审改判的结果提示了保险代位求偿权案件选择违约之诉的风险点，即以合同之诉作为保险代位求偿权的基础法律关系，需重点考虑被保险人与导致保险事故的第三人的合同中对违约责任的约定。如违约责任的约定对被保险人明显不利，则不宜提起违约之诉。如未约定违约责任或并无明显不利，则应与侵权诉讼的举证责任等进行衡量，以做出选择。

诉讼中某燃气公司提交了政府事故调查报告，证明燃气爆燃事故系案外人某液化公司引发，据该公司陈述其虽系接受调查的一方，但一直也未能取得事故报告，系借本案诉讼才向相关政府部门多次申请获取了报告。也反映出保险公司在保险事故理赔查勘、调查取证过程中的困难。如在诉前能全面掌握事故情况，则有利于全面分析侵权之诉与违约之诉的风险，做出最佳选择。

货运险代位求偿权中"第三者"身份的界定

山东省威海市中级人民法院
(2020) 鲁 10 民终 1485 号民事判决书

(2020 年 8 月 21 日)

案　情

2018 年 7 月 20 日 20 点 58 分许，姬某运输货物发生交通事故导致车上货物受损，经交警部门认定，姬某负事故全部责任。车载货物系韩国某公司所有，该货物经某国际物流（天津）有限公司、威海某物流有限公司、威海某集装箱运输有限公司，最终挂靠在海迅公司名下的姬某实际进行运输。此批货物于 2017 年 8 月 10 日由威海某物流有限公司在保险公司投保了《货物险预约保险协议》，保险对象为电子原材料及其产品、电子元器件以及其他电子产品，保险金额为 4000000 元。因本次交通事故造成的车载货物损失属于保险理赔范围，故保险公司与威海某物流有限公司签订赔偿协议，约定赔偿货物损失。保险公司按赔偿协议赔付后提起民事诉讼，向第三方（威海某集装箱运输有限公司、姬某、姬某配偶娄某）发起追偿。

判决书正文

上诉人（原审原告）：某甲保险公司威海中心支公司，住所地威海经济技术开发区。

被上诉人（原审被告）：威海某集装箱运输有限公司，住所地威海经济技术开发区。

被上诉人（原审被告）：姬某，男，1978年5月20日出生，汉族，住威海市环翠区。

被上诉人（原审被告）：娄某，女，1981年2月18日出生，汉族，住威海市环翠区。

上诉人某甲保险公司威海中心支公司因与被上诉人威海某集装箱运输有限公司、姬某、娄某保险人代位求偿权纠纷一案，不服威海经济技术开发区人民法院一审民事判决，向本院提起上诉。本院于2020年5月21日立案后，依法组成合议庭进行了审理。本案现已审理终结。

某甲保险公司上诉请求：

1. 撤销一审判决，依法改判支持某甲保险公司威海中心支公司的诉讼请求或发回重审；2. 一、二审诉讼费用由被上诉人某公司承担。

事实和理由：

1. 被上诉人威海某集装箱运输有限公司不是货运险保险合同的相对人。威海某物流有限公司在某甲保险公司威海中心支公司处投保货运险，双方签订了《货运险预约保险协议》，某甲保险公司威海中心支公司为保险人，威海某物流有限公司为投保人和被保险人。之后，威海某物流有限公司与威海某集装箱运输有限公司签订货物运输合同，由威海某集装箱运输有限公司承担货物运输义务，最后由挂靠在威海某集装箱运输有限公司名下的姬某、娄某进行了运输。从法律上来看，威海某集装箱运输有限公司不是保险合同的投保人、被保险人，不属于合同相对人。若按照一审判决逻辑，在货运险合同中，只要参与运输的车辆均可以成为保险对象，那么中国境内所有运输车辆均可成为保险对象，显然对被保险人进行扩大解释的逻辑不成立；此外，按照一审判决逻辑思路，在保险公司投保货运险的结果就会形成被保险人不确定的情形，势必无限增加风险，显然对保险人极为不利，不符合保险目的和保险原则。2. 威海某集装箱运输有限公司属于"第三者"。事实上，威海某物流有限公司在保险事故发生后，向某甲保险公司威海中心支公司进行理赔的过程中，否认了威海某集装箱运输有限公司是被保险人的事实。此外，保险合同是保险人与投保人意思自治形成的，保险合同之外的当事人无权对已经生效的保险合同以合同当事人的身份进行介入。因此，威海某集装箱运输有限公司及姬某、娄某显然不属于被保险人，属于保险法规定的"第三者"。综上所述，某甲保险公司威海中心支公司在向被保险人威海某物流有限公司赔偿保险金后,在赔偿金金额范围内依法享有对威海某集装箱运输有限公司、姬某、娄某的保险人代位求偿权。3. 威海某物流有限公司、威海某集装箱运输有限公司及其委托诉讼代理人对于债权转让的事实知情,因此,即使某甲保险公司威海中心支公司与威海某物流有限公司之间不存在保险合同关系,威海某物流有限公司仍有权将其对威海某集装箱运输有限公司的债权转让给其他人,包括某甲保险公司威海中心支公司,某甲保险公司威海中心支公司基于债权转让也取得了对威海某集装箱运输有限公司的债权,因此上述债权转让与保险人代位求偿权形成了竞合,威海某集装箱运输有限公司应承担责任。

威海某集装箱运输有限公司辩称,1. 威海某集装箱运输有限公司系承运人,并非《保险法》第六十条第一款规定的第三者,某甲保险公司不享有向威海某集装箱运输有限公司追偿的权利。威海某集装箱运输有限公司系受威海某物流有限公司的委托,运输韩国某公司的货物,威海某集装箱运输有限公司与威海某物流有限公司存在合法的委托运输法律关系,威海某集装箱运输有限公司是代威海某物流有限公司履行运输货物的合同义务,运输行为应视为威海某物流有限公司运输行为的延伸,所以作为实际承运人的威海某集装箱运输有限公司并非《保险法》第六十条第一款规定的"第三者";威海某集装箱运输有限公司同威海某物流有限公司签订的《货运险预约保险协议》对于"运输方式/运输工具"明确约定为"汽车(公路运输);火车(铁路运输)",并且约定"保险责任从保险标的装上运输工具起至运抵目的地卸离运输工具止",也就是说,威海某物流有限公司无论选择使用其自有车辆运输,还是选择委托其他社会车辆运输,均符合保险协议约定,且保险协议对于运输车辆权属及禁止转运等方面未做明确约定。所以当运输中的货物发生保险事故造成损失后,某甲保险公司威海中心支公司作为承保货运险预约险的保险公司,理应承担保险责任,不能向同威海某物流有限公司之间存在合法委托运输关系的实际承运人行使追偿权,否则明显与保险责任、保险原则不相符。从保险法的体系看,《保险法》第五十八条至第六十四条的调整范围与财产损失保险高度契合,而第六十五条、第六十六条调整的范围为责任保险。因此,结合前后文来看,第六十条第一款的规定应当适用于财产保险而非责任保险,而本案某甲保险公司威海中心支公司与威海某物流有限公司签订的《货运险预约保险协议》,属于责任保险的范畴，某甲保险公司威海中心支公司不能依据《保险法》第六十条第一款的规定向威海某集装箱运输有限公司行使代位求偿权。2. 威海某集装箱运输有限公司与威海某物流有限公司为关联公司，某甲保险公司威海中心支公司对威海某集装箱运输有限公司不享有代位求偿权。威海某集装箱运输有限公司共有两名股东，分别为王某、张某，其中王某为威海某物流有限公司的法定代表人，职务为执行董事，张某系威海某物流有限公司的总经理，且威海某集装箱运输有限公司的法定代表人也在威海某物流有限公司任职，其社会保险也由威海某物流有限公司交纳。在威海某物流有限公司同某甲保险公司威海中心支公司签订《货运险预约保险协议》前，某甲保险公司威海中心支公司已经明确知晓威海某集装箱运输有限公司与威海某物流有限公司为关联公司，且该协议之所以由威海某物流有限公司同某甲保险公司签订，是因为威海某集装箱运输有限公司不符合投保货运险预约险的相应条件，故三方经协商最终由威海某物流有限公司作为投保人，与某甲保险公司威海中心支公司签订《货运险预约保险协议》。并且，无论从保险法的立法目的，还是从威海某物流有限公司购买保险的目的看，都是为了分担事故风险。威海某集装箱运输有限公司与威海某物流有限公司系关联公司，属于同一利益共同体，某甲保险公司威海中心支公司在向威海某物流有限公司理赔后又向威海某集装箱运输有限公司追偿的行为，相当于某甲保险公司威海中心支公司将理赔的款项又收了回去，从本质上还是导致投保人的利益受损，某甲保险公司威海中心支公司相当于收取了保险费后，却未承担任何保险责任和风险，最终导致威海某物流有限公司根本没有实现购买保险分担风险的目的，也与保险法的立法目的背道而驰。故某甲保险公司威海中心支公司无权向威海某集装箱运输有限公司追偿。3. 威海某物流有限公司与某甲保险公司威海中心支公司之间不存在债权转让的行为，威海某物流有限公司在办理保险理赔的过程中，为了配合某甲保险公司威海中心支公司理赔，按照某甲保险公司威海中心支公司要求提供了相应的文件，但是不包括债权转让的相关文件。

姬某、娄某辩称，姬某不是案涉事故的第三者，而是直接责任人，某甲保险公司威海中心支公司没有代位求偿权。姬某是案涉《货运险预约保险协议》中货物的实际承运人，该协议并未限定承运人，姬某的承运方式也符合该协议约定的货物运输方式。本次货损是因姬某违规驾驶原因导致，姬某是案涉事故的直接责任人,不是第三者。案涉《货运险预约保险协议》约定"保险责任从保险标的装上运输工具起至运抵目的地卸离运输工具止"等,即保险责任并未限定承运人,应当包括且不排斥威海某物流有限公司自运、委托他人承运,因此,某甲保险公司威海中心支公司的保险责任必然包括威海某物流有限公司将承运货物交付其允许的、合法的实际承运人威海某集装箱运输有限公司或姬某进行运输的风险。因姬某不是案涉事故的第三者,某甲保险公司威海中心支公司进行赔偿没有超过其保险责任,故某甲保险公司威海中心支公司对姬某、娄某没有代位求偿权。本案也不存在保险合同之外的债权转让法律关系。

某甲保险公司威海中心支公司向一审法院起诉请求:三被告连带支付保险理赔款 922757.31 元。

一审法院认定事实:2018 年 7 月 20 日 20 时 58 分许,姬某驾驶鲁 K872 号重型半挂牵引车－鲁 KA60 挂号车沿国道 309 由东向西行驶至午极镇上万口村路段时,与顺行在前的王某驾驶的辽 P704 号重型仓栅式货车追尾相撞,致两车损坏、两车车上货物受损、鲁 K872 号重型半挂牵引车－鲁 KA60 号车着火燃烧,造成事故,该事故经交警部门认定,姬某承担事故的全部责任。鲁 K872 号重型半挂牵引车－鲁 KA60 号车车载货物为偏光片等,货主为韩国某公司,经某国际物流(天津)有限公司、威海某物流有限公司、威海某集装箱运输有限公司,分别签订运输合同,最终由姬某实际运输,且姬某驾驶的鲁 K872 号重型半挂牵引车－鲁 KA60 号车挂靠在某公司名下进行经营。后经核损,威海某物流有限公司向日照某国际货运代理有限公司赔付 2240929.92 元。

2017 年 8 月 10 日,威海某物流有限公司与原告签订《货运险预约保险协议》,约定投保人和被保险人为威海某物流有限公司、保险人为某甲保险公司威海中心支公司,条款为国内水路陆路货物运输保险条款—基本险,保险标的为电子原材料及其他产品、电子元器件、其他电子产品,保险期间为 2017 年 8 月 15 日到 2018 年 8 月 14 日,保险人对保险标的每一次运输工具的每一航次/车次/班次所保最高责任限额为 4000000 元,保险责任从保险标的装上运输工具起至运抵目的地卸离运输工具止等。2017 年 11 月,威海某集装箱运输有限公司与某乙保险公司山东分公司签订物流责任保险合同,约定投保人为威海某集装箱运输有限公司,保险限额为 1000000 元/次,保险期间自 2017 年 11 月 25 日到 2018 年 11 月 24 日。后经上述两公司核赔,某甲保险公司威海中心支公司赔付 922757.31 元、某乙保险公司山东分公司赔付 1000000 元。现某甲保险公司威海中心支公司以其实际赔付投保人威海某物流有限公司保险金且三被告为涉案事故第三者为由将三被告诉至法院,要求行使保险人代位求偿权。

一审法院认为,按照法律规定,因第三者对保险标的的损害而造成保险事故的,保险人自向被保险人赔偿保险金之日起,在赔偿金额范围内代位行使被保险人对第三者请求赔偿的权利,据此可知,行使代位求偿权需满足两个条件:1. 保险事故系第三者造成的;2. 保险人已向被保险人支付保险金。从本案审理情况来看,原、被告对某甲保险公司威海中心支公司已支付货运险保险金没有异议,双方争议的焦点是本案三被告是否属于法律规定的"第三者",对此本院分析认定如下:

第一,案涉《货运险预约保险协议》约定"保险责任从保险标的装上运输工具起至运抵目的地卸离运输工具止"等,即保险责任并未限定承运人、运输工具和运输方式,应当包括且不排斥威海某物流有限公司自运、委托他人承运以及采取水路、陆路多式联运方式,因此,必然也包括威海某物流有限公司将承运的货物交付其允许的、合法的实际承运人进行运输的风险。本案中,发生货损事故后,威海某物流有限公司虽可向威海某集装箱运输有限公司、姬某等依次索赔,但某甲保险公司威海中心支公司是否享有向威海某集装箱运输有限公司、姬某行使代位求偿的权利,并不取决于威海某物流有限公司享有的可索赔的合同权利,而是案涉《货运险预约保险协议》的保险责任范围。根据《货运险预约保险协议》,威海某物流有限公司委托威海某集装箱运输有限公司承运保险货物,威海某集装箱运输有限公司指派挂靠本公司的姬某实际运输,并不违反合同约定,且没有超出保险责任约定的责任范围。某甲保险公司威海中心支公司向威海某物流有限公司理赔后又向威海某集装箱运输有限公司、姬某代位求偿的行为,显然与保险责任和保险原则不符。

第二,在保险合同中约定的被保险人和实际承运人相分离的情况下,将承运人限定为被保险人、实际承运人解释为保险人代位求偿权法律关系中的"第三者"是不妥的,一方面投保时保险人并未就承运人的内涵外延进行过约定并进行必要的提示和说明等,本案保险合同中亦无车辆号牌、车辆权属、禁止转运等方面的记载,不能当然推定投保时双方约定只有威海某物流有限公司实际承运的货物才是保险合同约定的保险标的;另一方面合法转运既是运输行业惯例，也未被案涉保险合同所禁止，实际承运人的运输行为应视为被保险人运输行为的延展，且并没有证据证明威海某集装箱运输有限公司、姬某、娄某有从业资质方面的瑕疵，存在可能增加保险标的的运输风险。

综上所述，本案货物运输保险协议保险人某甲保险公司威海中心支公司虽然已经实际向投保人支付了保险金，但三被告并不属于保险代位求偿权法律体系中"第三者"的范畴，原告无权主张赔偿，故依据《中华人民共和国民法总则》第七条、《中华人民共和国保险法》第六十条之规定，判决如下：驳回原告某甲保险公司威海中心支公司要求被告威海某集装箱运输有限公司、姬某、娄某承担责任的诉讼请求。案件受理费减半收取6514元，由原告某甲保险公司威海中心支公司负担。

本院二审期间，当事人围绕上诉请求依法提交了证据。本院组织当事人进行了质证。上诉人某甲保险公司威海中心支公司提交以下证据：1. 时间为2018年10月13日的律师函、时间为2019年6月14日的索赔权利转让书各一份，证实在事故发生后，山东某律师事务所接受威海某物流有限公司委托，指派律师全程介入理赔过程，威海某物流有限公司同意将运输合同中的权利转让给某甲保险公司威海中心支公司，而威海某集装箱运输有限公司对于该转让行为知情，说明威海某物流有限公司否认了威海某集装箱运输有限公司的被保险人身份，否认二者是同一主体，威海某集装箱运输有限公司属于"第三者"；2.（2019）鲁01民终5667号民事判决书、（2019）川01民终2156号民事判决书、（2017）桂民终148号民事判决书，证实在货运险合同中根据合同相对性原理，保险人只能向被保险人支付保险金，即使投保人作为实际承运人的车主，仍需要承担责任，还可以证实在实际货运人存在过错的情况下，属于"第三者"，即使合法转运，仍属于保险人代位求偿权的追偿对象。

经质证，威海某集装箱运输有限公司对律师函的真实性予以认可，但认为律师函可以证实在案涉保险事故发生后，某甲保险公司威海中心支公司经威海某物流有限公司多次催促，仍未对事故进行理赔，故山东某律师事务所才接受威海某物流有限公司委托，通过律师函的方式催促某甲保险公司威海中心支公司承担相应的赔偿责任；对于索赔权利转让书的真实性予以认可，但认为该份文件名为索赔权利转让书，并非债权转让，从内容上看，该转让书明确载明威海某物流有限公司自愿将该事故向责任相对方追偿的权利转让给某甲保险公司威海中心支公司，但本案中威海某集装箱运输有限公司是实际承运人，并非责任相对方，某甲保险公司威海中心支公司不能依据该份索赔权利转让书向威海某集装箱运输有限公司追偿。该索赔权利转让书不符合合同法关于债权转让的规定，并非债权转让文书。对三份民事判决书的真实性暂时无法确认，对证明目的不认可。姬某、娄某称对律师函的真实性无法确认，对证明目的不认可，且认为该证据不属于新证据，索赔权利转让书不属于债权转让合同，本案也不属于债权转让合同纠纷。对于证据2的真实性无法确认，对其证明目的亦不认可。

本院经审查认为，被上诉人威海某集装箱运输有限公司对证据1的真实性予以认可，本院对该证据的真实性予以认定，对于该证据及证据2的证明效力，本院将在判决说理部分予以阐述。

被上诉人威海某集装箱运输有限公司提交威海某集装箱运输有限公司工商登记网上查询资料、威海某物流有限公司工商登记信息网上查询资料及威海某集装箱运输有限公司法定代表人张某养老保险个人账户清单，证实威海某集装箱运输有限公司与威海某物流有限公司为关联公司，属于同一利益共同体，某甲保险公司威海中心支公司无权向威海某集装箱运输有限公司追偿。

经质证，上诉人某甲保险公司威海中心支公司对证据的真实性无异议，但认为投保时某甲保险公司威海中心支公司对威海某物流有限公司与威海某集装箱运输有限公司的关联关系并不知情，且两公司员工或者股东存在交叉任职属于正常现象，但两公司是独立法人主体。通过威海某物流有限公司与海迅公司签订的运输合同可以看出，双方利益并不一致。退一步讲，若二者是利益共同体，也应当作为共同投保人或者被保险人，但本案中被保险人为威海某物流有限公司，威海某集装箱运输有限公司不能利用关联关系来逃避应承担的责任。姬某、娄某对海迅公司提交的证据真实性没有异议，认为威海某集装箱运输有限公司与威海某物流有限公司存在关联关系。

本院经审查认为，某甲保险公司威海中心支公司、姬某、娄某对该证据的真实性无异议，对于该证据的真实性予以认定，对于该证据的证明效力，本院将在判决说理部分予以阐述。

本院二审审理查明，威海某物流有限公司与威海某集装箱运输有限公司就案涉货物签订的《运输合同》2.1.7条约定："威海某物流有限公司对交由威海某集装箱运输有限公司提供运输服务的产品，在威海某集装箱运输有限公司掌控期间，因威海某集装箱运输有限公司原因所造成货物短缺、丢失、损坏、污损等给威海某物流有限公司造成经济损失时，威海某物流有限公司有权要求威海某集装箱运输有限公司按货物实际价值进行赔偿，款项可在应付运费中直接扣除，不足部分，由威海某集装箱运输有限公司另行赔偿"；2.4.17条约定："威海某集装箱运输有限公司车辆在执行运输任务过程中发生交通事故或交通肇事，威海某集装箱运输有限公司应当自行承担一切风险和费用，及时协调、处理并采取一切可能的措施保证威海某物流有限公司货物安全和及时性地运抵或转运至目的地"；2.4.18条约定："为增强威海某集装箱运输有限公司的风险承担能力，威海某集装箱运输有限公司必须自行承担费用向保险公司投保陆运承运人责任险或货物运输险等保险，威海某集装箱运输有限公司投保上述保险，并不转移因其责任造成货物损坏或灭失而威海某物流有限公司的赔偿责任"。

本院认为，本案二审争议焦点为：被上诉人威海某集装箱运输有限公司、姬某、娄某是否属于《保险法》第六十条规定的"第三者"，某甲保险公司威海中心支公司能否向威海某集装箱运输有限公司、姬某、娄某行使保险代位求偿权。关于保险人的代位求偿权，《中华人民共和国保险法》第六十条第一款规定："因第三者对保险标的的损害而造成保险事故的，保险人自向被保险人赔偿保险金之日起，在赔偿金额范围内代位行使被保险人对第三者请求赔偿的权利。"第六十二条规定："除被保险人的家庭成员或者组成人员故意造成本法第六十条第一款规定的保险事故外，保险人不得对被保险人的家庭成员或者其组成人员行使代位请求赔偿的权利。"《最高人民法院关于适用〈中华人民共和国保险法〉若干问题的解释（四）》第七条规定："保险人依照《保险法》第六十条的规定，主张代位行使被保险人因第三者侵权或者违约等享有的请求赔偿的权利的，人民法院应予支持。"首先，根据上述法律规定，对"第三者"的限制仅为被保险人的家庭成员或者其组成人员，此外，被保险人之外的主体均可成为第三者。其次，威海某物流有限公司并不认可威海某集装箱运输有限公司的被保险人身份。案涉《货运险预约保险协议》明确约定被保险人为威海某物流有限公司，威海某物流有限公司与威海某集装箱运输有限公司签订的《运输合同》明确约定"威海某集装箱运输有限公司必须自行承担费用向保险公司投保陆运承运人责任险或货物运输险等保险"，因此，威海某集装箱运输有限公司并非案涉《货运险预约保险协议》的被保险人。威海某集装箱运输有限公司上诉主张因为威海某集装箱运输有限公司不符合投保条件，故威海某物流有限公司、某甲保险公司威海中心支公司、威海某集装箱运输有限公司三方协商由威海某物流有限公司投保案涉保险，对此某甲保险公司威海中心支公司不认可，威海某集装箱运输有限公司也未提交充分证据证实，应承担举证不能的法律后果。再次，本案中案涉货物因交通事故受损，某甲保险公司威海中心支公司在事故发生后根据保险合同已向被保险人威海某物流有限公司赔偿了保险金，而根据威海某物流有限公司与威海某集装箱运输有限公司签订的《运输合同》约定，因交通事故造成的损失由威海某集装箱运输有限公司负担，威海某物流有限公司有权要求威海某集装箱运输有限公司赔偿货物损失。因此，某甲保险公司威海中心支公司向威海某集装箱运输有限公司行使代位求偿权符合上述法律及司法解释的规定。另外，姬某与威海某集装箱运输有限公司系挂靠关系，根据《最高人民法院关于审理道路交通事故损害赔偿案件适用法律若干问题的解释》第三条"以挂靠形式从事道路运输经营活动的机动车发生交通事故造成损害，属于该机动车一方责任，当事人请求由挂靠人和被挂靠人承担连带责任的，人民法院应予支持"的规定，姬某应与威海某集装箱运输有限公司承担连带责任，而且根据交通事故认定书认定，姬某应对交通事故发生承担全部责任，故某甲保险公司威海中心支公司向姬某行使代位求偿权符合上述法律规定。最后，民事责任的免除必须于法有据。从威海某集装箱运输有限公司二审提交的证据看，威海某集装箱运输有限公司、威海某物流有限公司存在一定的人员交叉任职等关联关系，但威海某集装箱运输有限公司、威海某物流有限公司是独立的公司法人，具有独立的法人人格，威海某集装箱运输有限公司并不属于《保险法》第六十二条规定的被保险人的组成人员。从《货运险预约保险协议》约定看，虽然约定"运输方式＝汽车（公路运输）；火车（铁路运输）""保险责任从保险标的装上运输工具起至运抵目的地卸离运输工具止"，但并未明确约定保险人同意被保险人将货物交付他人运输，而保险代位求偿权系法律明确赋予保险人的权利，在合同无明确约定的情况下，不应剥夺保险人的该项权利。故本案中，某甲保险公司威海中心支公司向威海某集装箱运输有限公司、姬某行使保险代位求偿权符合法律规定，应予支持。娄某与姬某系夫妻关系，姬某从事货物运输，其收入用于家庭共同生活，姬某应承担的赔偿责任属于夫妻共同债务，因此某甲保险公司威海中心支公司有权向娄某行使代位求偿权。

综上所述，上诉人某甲保险公司威海中心支公司的上诉请求成立，予以支持。依照《中华人民共和国保险法》第六十条、第六十二条，《最高人民法院关于适用〈中华人民共和国保险法〉若干问题的解释（四）》第七条，《中华人民共和国民事诉讼法》第一百七十条第一款第二项规定，判决如下：

一、撤销威海经济技术开发区人民法院一审民事判决；

二、被上诉人威海某集装箱运输有限公司、姬某、娄某于本判决生效之日起十日内向上诉人某甲保险公司威海中心支公司支付货物损失赔偿款 922757.31 元。

如果未按本判决指定的期间履行给付金钱义务，应当依照《中华人民共和国民事诉讼法》第二百五十三条规定，加倍支付迟延履行期间的债务利息。

一审案件受理费 6514 元，二审案件受理费 13028 元，由被上诉人威海某集装箱运输有限公司、姬某、娄某负担。

本判决为终审判决。

审判长　葛某某
审判员　郭某某
审判员　王某某
二〇二〇年八月二十一日

评·析

本案争议的焦点是代位求偿权中"第三者"界定的问题。

一、代位求偿权的取得

代位求偿权是保险法中的一项基本制度，其宗旨是为被保险人提供双重保障，以确保被保险人的损失得以充分补偿，但同时也不至于因保险的存在而使被保险人过分受益，所以赋予保险人在保险补偿金额范围内代位行使对第三者请求赔偿的权利。保险人如何取得代位求偿权？目前归结起来主要有两种观点：一是"当然代位主义"，即保险人的代位求偿权的取得以保险人向被保险人履行保险合同中规定的赔偿义务为先决条件，只要保险人履行了向被保险人赔偿的义务后即自动取得代位求偿权;二是"请求代位主义",即在保险人履行向被保险人赔偿的义务后并不立即取得代位求偿权,还须有被保险人履行将其享有的向第三人的损害赔偿请求权转让给保险人这一行为。我国采用的是"当然代位主义",保险人理赔后必然取得代位求偿权。

《中华人民共和国保险法》第六十条规定:"因第三者对保险标的的损害而造成保险事故的,保险人自向被保险人赔偿保险金之日起,在赔偿金额范围内代位行使被保险人对第三者请求赔偿的权利。"法律中明确规定了代位求偿权及相应的条件,代位求偿权的取得首先要明确保险事故是由第三者的责任造成的,其次根据法律或合同规定,第三者对保险标的的损失负有赔偿责任,被保险人对其享有赔偿请求权。保险标的损失属于保险责任范围,即保险人负有赔偿义务。如果损失发生原因属于除外责任或者损失不在保险责任范围,那么保险人就没有赔偿义务,就不会产生代位追偿权。本案中威海某物流有限公司损失属于与保险公司签订的货运险保险合同的保险责任范围,本次事故的损失由实际承运人的全部责任导致,且保险人已依据保险合同及双方的约定实际支付赔款,故保险人在实际支付赔款金额的范围内取得了向责任方追偿的权利。

二、财产保险中代位求偿权的"第三者"如何界定

《中华人民共和国保险法》第六十二条明确规定:"除被保险人的家庭成员或者组成人员故意造成本法第六十条第一款规定的保险事故外,保险人不得对被保险人的家庭成员或者其组成人员行使代位请求赔偿的权利。"《保险法》虽对"第三者"的人员限制为被保险人的"家庭成员"或者"组成人员",但对于被保险人的"家庭成员""组成人员"没有明确的定义界定。

首先,保险人当然不能向被保险人本人行使代位请求赔偿的权利,当投保人与被保险人身份竞合时,保险人也当然不能向投保人代位行使请求赔偿。因为如果保险人向被保险人本人追偿,则被保险人所受损失无法得到保险的补偿,即被保险人需自行承担损失,那此时,保险就失去了原本存在的意义和作用。

其次,被保险人的家庭成员或者其他组成人员所造成保险标的损失,保险人也不享有代位求偿权,但如果是被保险人本人故意行为所造成的损失,保险人不负赔偿责任。对于被保险人的"家庭成员""组成人员"虽未有明确的定义界定,可尝试从本条款设置的立法本义上来理解。通常情况下,被保险人的

家庭成员或者其组成人员对保险标的具有与被保险人共同的利益，是同一个利益共同体，如果家庭财产或者企业财产受损，那么所有家庭成员或者企业以及职工的利益势必会受到影响。因此，可以理解《保险法》第六十二条设置的本意是避免保险人因行使代位求偿权而最终致被保险人的利益受损而设置。

再次，对于被保险人的"组成人员"，当被保险人为机关等法人及其他非法人组织时，被保险人的"组成人员"是其员工或雇员，因为企业、事业等组织与其员工存在着类似于家庭成员间的共同利益。对于关联企业是否属于法人的"组成人员"，不应对"组成人员"做宽泛理解，关联企业的共同利益属广义的生产经营范围，并不能完全等同于共同利益，特别是在法律上具有建立在财产独立基础上的独立人格的关联企业，其损失不会损害其他主体的共同利益，同时，为了遵循保险合同双方的意思表示，保护保险合同双方的权益，关联企业不应作为法人的"组成人员"。

最后，《最高人民法院关于适用〈中华人民共和国保险法〉若干问题的解释（四）》中第八条对投保人可以被代位求偿做了明确的规定：投保人和被保险人为不同主体，因投保人对保险标的的损害而造成保险事故，保险人依法主张代位行使被保险人对投保人请求赔偿的权利的，人民法院应予支持，但法律另有规定或者保险合同另有约定的除外。在货运险实务中，承运人可能会根据托运人的委托，仅作为投保人购买货物运输险并且支付保险费，如果一旦发生货物毁损或者灭失的情况，保险人在向托运人赔偿后仍然得以获得代位求偿权，而向实际承运人追偿所赔付的保险金。如果承运人作为投保人也作为被保险人购买保险，如果发生货物毁损或者灭失的情况，保险人在赔偿后是不能再向被保险人行使代位追偿权的。

本案二审法院从法律规定和保险合同约定的角度分别阐述、分析了"第三者"范围，深入剖析分析该案件中两家公司的关系，虽具有关联关系且两家公司员工或者股东也存在交叉任职，但两家公司都是独立法人主体，依法应独立承担民事责任，且两家公司签订协议，明确约定了损失的承担等内容，故保险人行使代位求偿权时不仅未损害被保险人的利益，而且保护了被保险人与实际承运人订立协议的初衷。二审法院从实际出发，对两公司实际情况作出认定，尊重事实和保险合同、协议的约定，对"第三者"作出了合理的判断和认定。

财产综合险代位求偿中因被保险人过错导致损失发生的部分能否追偿

广东省中山市中级人民法院
(2019)粤20民终4210号民事判决书
(2020年8月14日)

案·情

2017年5月15日,投保人(亦为被保险人)向保险人投保财产综合险,保险项目包括流动资产、机器设备、建筑物、仓储物品,保险期限为一年。2017年9月1日,被保险人承租的仓库发生火灾。保险公估公司认定事故造成仓储物品损失571.97万元,保险人根据保单约定向被保险人赔付475万元。

起火厂房所有权人为区某和袁某,两人于2014年9月将厂房出租给某公司使用,租期至2018年6月止。袁某与某公司签订的《厂房租赁合同》显示,如因某公司使用不当造成厂房损坏、破灭等责任,由某公司负责维修或赔偿,在租赁期间如因建筑结构原因造成的厂房损坏等责任,由出租方负责及时维修。2015年12月,被保险人合并某公司。2017年8月23日,厂房顶棚在台风中发生损坏,区某聘请杨甲修复厂房顶棚,后杨甲将项目转包给杨乙,杨乙在顶棚修复过程中因焊点熔渣掉落引燃了厂房内存放的货物。

保险人赔付后提起代位求偿诉讼,一审判决认定维修责任在出租方,出租方在履行维修义务过程中引发火灾,应赔偿被保险人财产损失,保险人依法取得代位求偿权,由出租方向保险人支付赔款金额475万元。出租方不服一审判决,申请上诉。二审法院经审理认为被保险人未搬走仓库中的易燃货物,未尽到承租人应尽的防火注意义务,应自行承担损失的30%,故改判出租方向保

2021 年度保险诉讼典型案例报告

险人支付赔款 332.5 万元。

判决书正文

上诉人（原审被告）：袁某，男，1979 年 10 月 12 日出生，汉族，住广东省中山市。

上诉人：欧某某（本案原上诉人、原审被告区某之子），男，2017 年 3 月 24 日出生，汉族，住广东省中山市。

法定代理人：何某，女，1983 年 7 月 27 日出生，汉族，住广东省中山市，系欧某的母亲。

上诉人：吕某（本案原上诉人、原审被告区某的岳母），女，1950 年 9 月 16 日出生，汉族，住广东省中山市。

上诉人：蔡某（本案原上诉人、原审被告区某的岳父），男，1947 年 2 月 5 日出生，汉族，住广东省中山市。

被上诉人（原审原告）：某保险有限公司中山中心支公司，住所地广东省中山市。

原审第三人：中山市某灯饰有限公司，住所地广东省中山市。

上诉人袁某、区某（已死亡）因与被上诉人某保险有限公司中山中心支公司（以下简称某保险中山支公司）、原审第三人中山市某灯饰有限公司（以下简称某公司）保险人代位求偿权纠纷一案，不服广东省中山市第一人民法院民事判决，向本院提起上诉。本院于 2019 年 6 月 24 日立案后，上诉人区某于 2019 年 12 月 22 日死亡，本院依法中止本案诉讼。后区某的继承人欧某、吕某、蔡某明确表明愿意以上诉人身份继续参加本案诉讼，本院依法恢复本案诉讼，并依法组成合议庭，公开审理了本案。

上诉人袁某上诉请求：撤销一审判决，改判袁某不必承担任何责任。事实和理由：

（一）一审判决认定事实不清。1. 一审判决对本案所涉法律关系认定失当，除袁某与某公司之间的租赁合同关系、某保险中山支公司与某公司之间的保险合同关系外，本案尚需查明导致火灾事故的杨乙与袁某、某保险中山支公司之间为何种法律关系。在杨甲的证言中，其表述为"某公司总经理区某"，其实际所指，应理解为虽然具体经手人是区某，但因区某本是受某公司所委托，故在杨甲的理解而言，以为区某本身就是某公司的工作人员，他们所接的维修工程，系为某公司发包。杨甲转包/分包给杨乙，在法律上应界定为承揽关系，而非雇用或劳务关系。一审法院对此视而不见，在"本院认为"部分仅简单陈述为"由被告区某找杨甲，而杨甲找杨乙维修，故认定维修系由被告袁某、区某负责"，并认为"被告袁某、区某主张受某公司委托找杨甲维修没有提交证据证实"，明显前后矛盾，且过于简略。2. 一审判决忽视涉案火灾发生原因，未评价涉案各方过错。结合现场人员、设备等因素，涉案火灾事故系杨乙和某公司共同过错所致。某公司作为投保人及生产经营者，应依法依约履行必要的防火措施，例如配备足够且有效的消防设备、拥有足够多的接受过消防训练的人员、易燃物的放置地点应与明火作业区保持足够距离、易燃物附近有明火作业时应至少指派一人以上受过消防训练并配备灭火器材的人员在场。但火灾发生后，某公司并未履行前述义务或责任。故其对火灾发生有明显过错，导致损失严重扩大。3. 一审判决对涉案火灾事故的损害结果认定失当。本案中消防部门首先出具了一份《火灾损失统计表》，认定损害后果为2960043.40元。某公司实际经手人许某证言陈述的损失金额为"大约就是300万元"，与消防部门出具的损失金额基本一致。而某保险中山支公司委托的深圳市某保险公估有限公司（以下简称公估公司）于2018年6月作出的公估报告中，涉案损失金额被夸大成5719670.59元，一审法院以"公估公司作为具有专业资质的公估机构和独立第三方"为由采信了这份公估报告。袁某认为该报告对火灾过火面积统计严重失当，且某保险中山支公司一直拒不提供报告附件，导致无法重新评估，该报告还可能存在自行委托弄虚作假等问题。

（二）一审判决法律适用错误。1. 一审判决对案由法律关系判断不清。首先是按侵权行为损害赔偿纠纷进行起诉，后又将案由改为违约，最后判决时，又表述为借款及违约金。2. 一审判决没有按照过错区分责任。若将本案定为侵权行为，则侵权人应为杨甲；若论违约责任，袁某已将厂房交由某公司正常使用数年，因台风导致厂房损坏，本身可界定为不可抗力，并非违约。即便区某受某公司代为联系第三方杨甲、杨乙对厂房进行维修，最多存在一定的选人过失，相较于杨乙等人操作不当、某公司未尽到安全防护责任等，袁某和区某的过失是非常小的。而任一损害后果的发生，均可从原因力角度予以识别判断。一审法院完全不管涉案各方过错过失，却将所有损害后果均判令由袁某、区某承担，于法无据。综上所述，一审认定事实不清，适用法律错误，直接导致错判，请求二审法院重新审理后驳回某保险中山支公司的相关诉求。

上诉人欧某某、吕某、蔡某（按原上诉人区某的意见）上诉请求：撤销一审判决，改判区某无须承担某保险中山支公司的损失及利息，驳回某保险中山支公司的全部诉讼请求。事实和理由：（一）区某不是造成保险标的损害的第三者，在租赁合同履行过程中也不存在任何违约行为。某保险中山支公司无权就货物损失向区某追偿。1. 涉案货损由杨乙造成，其也因此受到了刑事处罚。2. 区某不是侵权行为人，也不是合同违约方。袁某（甲方）与某公司（乙方）的合同中明确了在租赁期间，由乙方依法经营，依法管理，并负责厂区及公共区安全、防火、防盗等工作。如发生违约行为或灾害性事故，均由乙方负责，如给甲方或第三方造成损失，也由乙方负责赔偿。乙方应按国家政策正当使用该厂房，不得堆放及储存易燃易爆及剧毒物品。从杨甲的询问笔录可以看出区某是以某公司（被保险人）的名义对外联系维修事宜，区某的行为应为表见代理，实际也是某公司在履行维修的义务。某公司没有尽到足够的管理义务，是明显的违约方。依照国家消防安全相关规定，某公司作为承租人、管理人，不仅违反了合同的约定义务，更违反了法定义务。3. 双方合同原文为"在租赁期间如因建筑结构造成的厂房损失等责任，由甲方及时维修"，"如发生违法行为或灾害性事故，均由乙方及时负责"。不应把屋顶的损坏视为建筑结构的损坏，台风造成的事故应属于灾害性事故。杨乙的违法行为也同样明确由某公司负责。4. 退一步讲，即使区某有维修义务，但合同并未要求区某亲自维修，区某把维修工程承揽给有焊工证资质的杨甲不属于违约行为，也不存在选人过错。（二）从某公司工作人员的笔录得知，某公司没有把用纸箱和泡沫包装的货物和明火作业区保持足够的距离，在进行烧焊作业时，没有人员在现场，没有按照维修人员要求搬离易燃物。依据某公司和某保险中山支公司签订的《财产综合险保险单》第八条特别约定第二款"消防保证条款（B）"，某公司并未实施相关防火措施，某保险中山支公司无须向某公司承担赔偿责任，在免责的前提下实际赔付不符合双方合同约定，因此某保险中山支公司不能取得代位求偿权。某保险中山支公司违约违规理赔，其损失不应由区某来承担。某保险中山支公司不能因为自己的非法不当行为来获取利益。

(三) 某保险中山支公司据此理赔的《公估报告》严重失实,不符合证据规则,依法不应采信。1. 公估报告起火面积不实,某公司索赔烧毁的仓库建筑物约为4000平方米,而火灾认定书已明确为2800平方米。2. 某公司仓储索赔金额8610660.3元,而中山市公安消防支队《火灾损失统计表》中为2960043.4元。3. 公估报告中,某公司索赔的灯具零配件20321件在现场没有清点到,索赔的灯具成品15403件在现场只清点到3938件,最终公估报告认定受损的灯具成品为11886件。此数据不可能做到客观真实,其中7948件(11886－3938＝7948)只能是某公司自报的,没有其他证据佐证。根据证据规则,应优先采信税务机关的数据来确定实际损失。4. 某保险中山支公司和某公司未向区某提供完整的《公估报告》原件进行质证,一直拒绝提供陈件清单,无法认定该公估报告的真实性和合法性。公估公司的法定代表签名与法定要求不符,出具报告时该公估公司负责人并不是李某。且公估报告的使用范围严格限定为"本报告仅供保险理赔参考之用,除本公司书面另行同意外,不做其他任何证明"。既然报告只能作为某公司向某保险中山支公司理赔的参考,就不能作出某保险中山支公司向区某代位求偿的证据,报告中的排他条款已明确了该报告在本案中本身就没有证明力。且该《公估报告》在杨乙失火罪刑事案件的判决中也未作出判定损失的依据。故该公估报告不能作为某保险中山支公司向区某代位求偿的证据。5. 区某收到某保险中山支公司起诉时提交的不完整的《公估报告》后,就发觉该《公估报告》严重失实,于2018年8月22日向出具该报告的公估公司出具律师函,告知其《公估报告》记载的过火面积、定损数额严重失实,请求其审慎确定保险事故损失。同日向某保险中山支公司发送律师函,告知其《公估报告》严重失实的情况,请求其审慎确定保险事故损失及理赔,以避免不必要的损失。因此,涉案《公估报告》不完整、不客观,内容严重失实,与其他证据严重冲突,某保险中山支公司和某公司一直没有就此做出合理的解释,一审刻意回避区某的质疑,对此没有做出任何评价,依法不应采信。综上所述,某保险中山支公司保险追偿权的来源不具有合法性,《公估报告》严重失实,保险合同理应拒赔的情况下违法理赔,后再向区某追偿没有事实及法律依据,请求二审法院依法改判。

被上诉人某保险中山支公司针对袁某、欧某某、吕某、蔡某的上诉答辩称:(一)关于一审法院审理的程序问题。某保险中山支公司在起诉后根据我国《合同法》第一百二十二条规定且经一审法院的阐明，就竞合的请求权明确为合同违约请求权的选择符合法律规定。该案在一审时是数次开庭审理的，第一次开庭是 2018 年 8 月 30 日在中山市看守所审问室，因条件所限只进行简单开庭。第二次开庭是 2018 年 10 月 29 日在中山市某法庭，开庭时法院就某保险中山支公司的诉讼请求及请求权竞合问题进行了阐明，某保险中山支公司当庭即明确案由为租赁合同纠纷，选择以违约要求其承担赔偿责任。鉴于此，法院要求某保险中山支公司庭后提交书面的变更要求，另行安排第三次开庭审理时间为 2018 年 11 月 27 日，该次开庭是根据某保险中山支公司变更请求权确定案由为租赁合同纠纷进行审理的。第四次开庭是根据袁某、区某的调查取证申请安排在 2019 年 1 月 11 日进行。我国《合同法》第一百二十二条规定，因当事人一方的违约行为，造成对方人身、财产权益的，受损害方有权选择依照本法要求其承担违约责任或者依照其他法律要求其承担侵权责任。《最高人民法院关于适用〈中华人民共和国合同法〉若干问题的解释（一）》第三十条规定，"债权人依照合同法第一百二十二条的规定向人民法院起诉时作出选择后，在一审开庭以前又变更诉讼请求的，人民法院应当准许。"上海市高级人民法院民事审判第五庭《关于审理保险代位求偿权纠纷案件若干问题的解答一》五的规定，"被保险人因同一法律事实，依据不同法律规定，可以向同一第三者主张两个以上请求权，而这些不同的请求权又不能同时得到满足的，属于请求权竞合。根据《合同法》第一百二十二条、《最高人民法院关于适用〈中华人民共和国合同法〉若干问题的解释（一）》第三十条的规定，保险人依据保险代位制度行使原属被保险人的上述竞合的请求权时，法院应当予以释明，要求保险人进行选择。保险人经法院释明后明确选择的，法院按照保险人确定的请求权进行审理。释明后，保险人未作选择的，法院应根据最有利纠纷解决的原则依职权确定"。因此，某保险中山支公司起诉后依照法律规定明确以袁某、区某违约行为要求其承担违约责任是符合法律规定的。（二）关于保险代位求偿权的适用范围是否限于侵权损害赔偿请求权的问题。袁某、区某依据《中华人民共和国保险法》第六十条"因第三者对保险标的的损害而造成保险事故的，保险人自向被保险人赔付保险金之日起，在赔偿金范围内代位行使被保险人对第三者请求赔偿的权利"的规定，认为其不是造成保险标的的损害的第三者，某保险中山支公司无权就保险标的的损害对其行使代位求偿权。某保险中山支公司认为,袁某、区某的观点是错误的,是对该法律条文的误解。《中华人民共和国保险法》第六十条第一款规定:"因第三者对保险标的的损害而造成保险事故的,保险人自向被保险人赔付保险金之日起,在赔偿金范围内代位行使被保险人对第三者请求赔偿的权利。"该款使用的是"因第三者对保险标的的损害而造成保险事故"的表述,并未限制规定为"因第三者对保险标的的侵权损害而造成保险事故"。将保险代位求偿权的范围理解为限于侵权损害赔偿请求权,没有法律依据。从立法的目的看,规定保险代位求偿权制度,在于避免财产保险的被保险人因保险事故的发生,分别从保险人及第三者获得赔偿,取得超出实际损失的不当利益,并因此增加道德风险。将《中华人民共和国保险法》第六十条第一款中的"损害"理解为仅指"侵权损害"不符合保险代位求偿权制度设立的目的。故保险人行使代位求偿权,应以被保险人对第三者享有损害赔偿请求权为基础,这里的赔偿请求权既可因第三者对保险标的实施的侵权行为而产生,也可基于第三者的违约行为等产生,不应仅限于侵权赔偿请求权。《最高人民法院关于适用〈中华人民共和国保险法〉若干问题的解释(四)》第七条明确规定,保险人依照《中华人民共和国保险法》第六十条的规定,主张代位行使被保险人因第三人侵权或者违约等享有的侵权赔偿的权利的,人民法院应予支持。本案某保险中山支公司是基于区某、袁某在租赁合同中的违约行为而非侵权行为行使代位求偿权,因此,某保险中山支公司向区某、袁某主张权利,主体适格。(三)关于案涉厂房的维修义务主体及袁某、区某的违约责任的问题。《厂房租赁合同》第九条规定,"在租赁期间,乙方不得随意拆改建筑物、设施,如乙方需要改建或维修建筑,须经甲方同意方能实施。如乙方使用不当造成厂房损坏、破灭等责任,由乙方负责维修或赔偿,在租赁期间如因建筑结构原因造成的厂房损坏等责任,由甲方负责及维修"。该约定对厂房的维修责任划分已经很明确,即因乙方使用不当造成的损坏由乙方负责;除此之外由厂房的产权人即甲方负责维修。根据查明的事实,案涉厂房的损坏不是由乙方的使用不当造成的,是先因台风吹倒了厂房屋顶(星铁皮屋顶)致厂房损坏,后由甲方自行聘请的维修人员在维修过程中失火致乙方的其他财产损害。台风过后的厂房连屋顶都没有了,应属于合同约定的"因建筑结构原因造成的厂房损坏",维修的义务主体应属于甲方。袁某、区某上诉中提到,如乙方必须负责厂区内及公共的防火等工作。

若发生违法行为或灾害性事故,均由乙方负责,给甲方或第三方造成损失,也由乙方负责赔偿。乙方应该按国家政策正当使用,不得堆放及储存易燃易爆及剧毒物品。如承租者应在其使用、管理范围内履行消防安全职责、采取并落实相应的消防安全设施等。某保险中山支公司认为,袁某、区某的这些观点是偷换了概念、颠倒了前提,明显是错误的。案涉的财产损失不是"灾害性事故"造成的,是风灾后袁某、区某聘请的维修人员在维修的过程中失火造成的。因此,维修过程中有关的防火管理责任应是袁某、区某而不是某公司。本案是租赁合同纠纷,根据双方签订的租赁合同的约定及租赁合同的性质,出租方有义务保障承租方的财产安全。根据查明的事实,袁某、区某在风灾事故后自行聘请维修人员在维修厂房过程中发生火灾致某公司库存灯饰损害(烧毁),应认定为违约行为,应承担该财产损失的赔偿责任。(四)关于应否采信深圳市某保险公估有限公司《公估报告》的问题。该份《公估报告》是保险人与被保险人根据双方签订的保险合同的约定,在保险事故发生后,双方依据有关规定、程序且双方同意委托深圳市某保险公估有限公司依法作出的公估报告,具有合法性、时效性。袁某、区某如没有提供充分有效的反证推翻《公估报告》的话,法院应采信该份《公估报告》。

原审第三人某公司未向本院提交二审诉讼意见。

被上诉人某保险中山支公司向一审法院起诉请求:1.判令袁某、区某向某保险中山支公司连带支付代偿赔款4750000元及利息33137元(利息暂计至2018年6月28日,其中100万元自2017年12月22日起算,以3750000元自2018年6月5日起算,均按中国人民银行同期同类贷款利率计付至实际清偿之日止);2.判令袁某、区某向某保险中山支公司连带支付公估费及差旅费108799.50元。

一审法院认定事实:2014年9月,袁某作为出租方(甲方),某贸易公司作为承租方(乙方),签订厂房租赁合同,约定:甲方将中山市板芙镇某工业区一块厂房给乙方使用,厂房建筑面积6580平方米,租赁期限为3年10个月,承租日期从2014年9月1日至2018年6月30日止。从2014年9月1日至2016年6月30日厂房租金按9元/平方米,乙方每月向甲方支付租金人民币为59220元,从2016年7月1日至2018年6月30日,厂房租金按10元/平方米,乙方每月向甲方支付租金65800元,签订合同时支付押金150000元,在租赁期间，乙方应保持乙方（应为厂房）的原貌，不得随意拆改建筑物、设施，如乙方需改建或维修建筑，须经甲方同意方能实施，如因乙方使用不当造成厂房损坏、破灭等责任，由乙方负责维修或赔偿，在租赁期间如因建筑结构原因造成的厂房损坏等责任，由甲方负责及时维修。合同还约定了其他事项。合同甲方落款处，签袁某名，乙方落款处，盖某贸易公司印章。

2015年12月25日，某公司合并某贸易公司办理工商核准登记。

2017年5月15日，某公司向某保险中山支公司投保财产综合险：保险标的地址为广东省中山市板芙镇；保险项目：主险包括流动资产、机器设备、建筑物（含装修）、仓储物品（存货——半成品、成品）、建筑物（含装修），附加险条款/特约条款为仓储物防水保证条款，其中仓储物品（存货——半成品、成品）的保险金额为人民币10000000元；总保险费15000元；保险期间自2017年5月16日0时起至2018年5月15日24时止。

2017年9月1日，某公司仓库发生火灾。同日，某公司向某保险中山支公司发出《出险通知书》，载有上述保单情况以及出险原因、经过等。

2017年9月6日，杨乙接受中山市公安消防支队某大队询问，其陈述中有如下主要内容：杨丙打电话给我，讲明有某公司这样一宗工程，工价是35元一平方米，我打电话联系了我的老乡白某、韦某、晏某三人，考虑到工具是我出的，我就报了30元一平方米的工价给他们，杨丙、杨丁、白某、韦某、晏某他们也同意了我的方案。2017年9月1日上午10点左右，我开始上屋顶烧焊，10:10左右，我在屋顶烧焊时火星引燃了下方厂区里的一块泡沫板，于是我赶紧叫在厂区地面工作正在打杂的韦某灭火，我看着他拿了干粉灭火器，很快就将火扑灭了。后来上午10:30左右，因为天气炎热我就休息了，停工后我们在工厂内聊天停留至11:40左右，停留的目的是防止焊渣起火复燃。离开前我还特意检查了那块燃烧过的泡沫发现无燃火迹象，我们就一起离开了某公司，下班吃饭去了。当天上午除了我没有其他人从事过烧焊工作，没有其他人从事过切割工作。

2017年9月8日，杨甲接受中山市公安局询问，其陈述有如下主要内容：2017年8月28日，我经朋友介绍以45元/平方米的价钱，承接了某公司仓库顶棚拆除重建工程，当时我是直接和某公司总经理区某谈好的，但双方只是口头谈好的，没有签订正式合同（顶棚），总面积约1700平方米，因为台风吹开了,需要拆除重建。我将工程接下来后,再以 35 元/平方米的价钱,将工程交给杨乙负责。当时我和杨乙也是口头协议的,然后我再帮杨乙打工,并收 300 元/日的工资,工程全部由杨乙负责,需要多少工人或什么技术工人全部由他去管理,他安排我做什么就做什么。后杨乙找来了晏某、杨丁、陶某、韦某四人进行重建工作。在开工的当日,我还叫公司的人员(是公司的保安,但不知道姓名)通知公司将仓库的货物搬走,但他们没有搬走仓库的货物,只是通知某公司的人员搬走仓库的物品。

2017 年 9 月 8 日,中山市公安消防支队某大队作出火灾事故认定书(山公 D 消火认字(2017)第 0001 号),认定起火时间为 2017 年 9 月 1 日 12 时 25 分,起火部位为某公司 A 区仓库内,起火原因是杨乙在某公司 A 区仓库屋顶烧焊作业掉落的电焊熔渣引燃仓库内的可燃物蔓延成灾。

2017 年 9 月 11 日,区某接受中山市公安局询问,其陈述中有如下内容:某公司仓库所有人是我,我于 2014 年 9 月 1 日将该厂房租给某贸易公司做厂房,但不知他们怎么将厂房用作仓库,我不清楚某贸易公司与某公司的关系,仓库里存放着一些灯饰。2017 年 8 月,我租给某贸易公司的厂房仓库的铁棚被台风吹倒了,至 2017 年 8 月 28 日,我将铁棚拆除重建的工作承包给杨甲,当时还没有签订正式合同,叫杨甲与某贸易公司的许某做好仓库的交接工作,在杨甲进入重建时,我还安排公司员工刘某量好铁棚的平方米数报给保险公司。

2017 年 9 月 11 日,刘某接受中山市公安局询问,其陈述中有如下内容:我工作的地方在某灯饰厂,该厂房是区某老板的,2015 年区某请我帮他看厂房,某灯饰对厂区有什么疑问如水电方面,就向我反映,我就向区某汇报。仓库倒塌后,厂方要求区某尽快修理,区某找了一伙人回来,他对我说那伙人是杨甲负责,我对杨甲说了施工期间不能用焊机及风割,遇到困难就用吊机拆。我 2017 年 9 月 1 日 8 时左右到工厂,至 11 时 40 分最后一次回到仓库检查,这时施工队已下班,我到厂里转了一圈,没有什么异常就离开了厂房,到 12 时 47 分许,吴庆义打电话通知我说某灯饰厂起火了。

2017 年 9 月 12 日,被告袁某、区某出具说明,内容为:出租给某贸易公司的,位于中山市板芙镇金钟顺景工业区面积为 6580 平方米的厂房是属于区某和袁某共同所有,区某和袁某为合伙人关系。同日,某公司出具《某公司与某贸易公司与袁某租赁关系的情况说明》，内容为：兹有某贸易公司与袁某于2014年签得租赁合同一份，租期2014年9月1日至2018年6月30日，2015年因业务发展需要，某贸易公司被某公司吸收合并，合并后，某贸易公司解散，某公司存续，原某贸易公司的一切债权债务均由某公司继承。

2017年9月18日，许某接受中山市公安局询问，其陈述中有如下内容：我是某灯饰厂的行政经理，仓库被吹倒后，我通知了袁总，袁总带人过来看，8月28日7时许，有另外一伙人过来开工，我为他们准备了灭火器，还叫他们工作时要小心，能移开的货我都移开了，剩下的压在棚下的我没办法移了（也考虑到安全问题）。9月1日8时许，我去到仓库见他们在拆右边，到了12时许，我接到廖某某的电话说仓库失火。评估公司过来看，他们照了相片，发给了我，我发现其中一张相片里拍下了他们操作时使用了焊机，也就是后来消防认定起火点的地方使用了焊机。

2017年9月18日，袁某接受中山市公安局询问，其陈述中有如下内容：我和区某购买了位于中山市板芙镇深湾村××路一个大约6580平方米的厂房，2014年9月1日以我的名字与某贸易公司签订了一份3年10个月的租赁合同。在2017年8月23日，厂房内的一个大约2000平方米的仓库被台风吹倒，后来租赁方要求我们去维修，因为我自己的厂房也被吹倒，所以关于那个厂房的事都由区某去负责。厂房平时由刘某负责收水和电的费用。

2017年11月28日，中山市公安局出具山公诉字（2017）03914号起诉意见书，其中有如下内容：2017年9月1日13时许，火势蔓延到厂区内的另一个大约2000平方米的仓库，仓库内的成品灯饰全部被烧毁，火灾造成锌铁棚大约2800平方米被烧毁（损失合计420000元），仓库内的成品灯全部烧毁（损失合计2960043.4元），共计损失3380043.4元。

2018年2月2日，某公司起诉袁某，案件号：（2018）粤2071民初2711号，要求袁某双倍返还押金30万元，支付违约金50万元，赔偿财产损失20万元。2018年6月5日，中山市第一人民法院作出（2018）粤2071民初2711号民事调解书，主要内容为：双方一致同意由袁某向某公司退还押金150000元，某公司向袁某支付厂房占用费20000元，对此，袁某需向某公司退还130000元以了结双方租赁合同关系。

2018年4月16日，许某接受中山市公安局询问，其陈述中有如下内容：

火灾后消防部门要求我们公司先报一个数字上去，我们当时就将烧毁的仓库内A、E、H、I区报了上去，金额大约就是300万元，事实上仓库里的F、G、J区也被烧毁了，台风后从B、C、D区接了货进去F、G、J区，A区的全部被压住了，评估公司在现场看了，以被火烧的算是火灾，其余算进风灾里。

2018年5月23日，某公司出具《权益转让书》，载有：……立书人（被保险人）及受益人同意：保险人支付以上金额的赔偿后，受损保险标的的相应权利归于保险人，如保险事故是因第三方对保险标的损害引起的，保险人自向立书人赔偿保险金之日起，在上述赔偿金额范围内依法取得代位求偿权，并可以保险人或立书人的名义向责任方追偿，立书人将提供一切必要的协助。

2018年6月5日，深圳市某保险公估有限公司作出公估报告，核定仓储物损失为：仓储物定损金额＝（成品部分报损金额＋零部件报损金额）/增值税×损失准确率＝（6474904.24元＋724681.12元）/1.17×92.95%＝5719670.59元，赔付金额4750000元。同日，某保险中山支公司通过银行向某公司转账3750000元，另外，2017年12月22日，某保险中山支公司已向某公司预付1000000元。

2018年8月14日，中山市第一人民法院作出刑事判决书，查明：2017年9月1日中午12时许，被告杨乙在承接中山市板芙镇深湾村××路中山市某灯饰有限公司仓库维修工程的施工过程中，在烧焊作业时掉落的电焊熔渣引燃仓库内可燃物，杨乙指使工友韦某使用简易灭火器将明火扑灭，后在未查清是否仍有火种的情况下离开仓库，致使电焊熔渣引燃仓库的可燃物并蔓延成灾，火灾致使中山市某灯饰有限公司仓库的成品灯饰被烧毁及仓库锌铁棚被烧毁（经中山市公安消防支队某大队初步统计火灾损失为人民币3380043.4元；经深圳市某保险公估有限公司评估，本案烧毁的成品灯饰定损金额为人民币5719670.59元，厂房定损金额为人民币1550730.89元，残值人民币38105.19元）。案发后，杨乙自行赶至现场，并主动接受公安机关的询问，并如实供述了上述罪行。事故发生后，杨乙取得了上述仓库物业所有人的谅解。判决如下：杨乙犯失火罪，判处有限徒刑二年。

一审法院认为，根据袁某与某贸易公司签订的厂房租赁合同的约定，袁某与某贸易公司形成租赁合同关系，某公司合并某贸易公司后，某贸易公司的债权债务由某公司继承，袁某与某公司形成租赁合同关系，租赁的厂房属于区某和袁某共同所有，区某和袁某为合伙人关系，故某公司与区某和袁某形成租赁合同关系。根据租赁合同的约定，如因乙方使用不当造成厂房损坏、破灭等责任，由乙方负责维修或赔偿，在租赁期间如因建筑结构原因造成的厂房损坏等责任，由甲方负责及时维修。根据上述合同约定，使用不当造成的维修由乙方负责，建筑物本身的原因造成的损坏由甲方负责。台风造成厂房损毁后，亦由区某找杨甲，而杨甲找杨乙维修，故认定维修系由袁某、区某负责。袁某、区某主张受某公司委托找杨甲维修没有提交证据证实，某公司不予确认，故对袁某、区某的该主张不予认定。袁某、区某在履行维修义务的过程中发生火灾，造成某公司的财产损失，应予赔偿。关于支付金额，根据深圳市某保险公估有限公司作出的公估报告，核定仓储物损失为：仓储物定损金额 =（成品部分报损金额 + 零部件报损金额）/增值税 × 损失准确率 =（6474904.24 元 + 724681.12 元）/1.17 × 92.95% = 5719670.59 元，赔付金额 4750000 元。某保险中山支公司根据上述报告核定的损失，分别于 2017 年 12 月 22 日、2018 年 6 月 5 日向某公司支付共计 4750000 元。《中华人民共和国保险法》第六十条第一款规定："因第三者对保险标的的损害而造成保险事故的，保险人自向被保险人赔偿保险金之日起，在赔偿金额范围内代位行使被保险人对第三者请求赔偿的权利。"据此，某保险中山支公司有权代位行使某公司请求袁某、区某赔偿的权利。故对某保险中山支公司要求袁某、区某支付代偿赔款 4750000 元的诉讼请求，一审予以支持。另外，袁某、区某主张《公估报告》严重失实，案涉火灾损失金额是经深圳市某保险公估有限公司进行公估后所确定，符合《中华人民共和国保险法》第一百二十九条："保险活动当事人可以委托保险公估机构等依法设立的独立评估机构或者具有相关专业知识的人员，对保险事故进行评估和鉴定"的规定。深圳市某保险公估有限公司作为具有专业资质的公估机构和独立第三方对案涉火灾事故损失作出认定并出具公估报告，但袁某、区某不能举证证明该公估程序违法或其他严重失实的情况，故一审对袁某、区某的主张不予采信。

关于利息，某保险中山支公司主张从其支付保险金之日起计算，该主张缺乏法律依据，且经本案审理确定袁某、区某的赔偿责任，故利息应从某保险中山支公司起诉次日即 2018 年 7 月 17 日起，至赔偿款付清之日止，按中国人民银行同期同类贷款利率计算。

关于公估费以及差旅费，依照《中华人民共和国保险法》第六十条第一款以及第六十四条："保险人、被保险人为查明和确定保险事故的性质、原因和保险标的的损失程度所支付的必要的、合理的费用，由保险人承担"的规定，某保险中山支公司主张的公估费以及差旅费不属于保险法规定的保险金赔偿范围，故一审对某保险中山支公司该诉讼请求不予支持。

综上所述，依照《中华人民共和国合同法》第一百零八条，《中华人民共和国保险法》第六十条第一款、第六十四条、第一百二十九条，《中华人民共和国民事诉讼法》第六十四条第一款之规定，判决如下：一、袁某、区某应于判决生效之日起七日内向某保险中山支公司偿还借款4750000元及违约金（计算方式：以4750000元为本金，从2018年7月17日起按中国人民银行同期同类贷款利率计算至清偿之日止）；二、驳回某保险中山支公司的其他诉讼请求。如果未按判决指定的期间向原告履行给付金钱义务，应当依照《中华人民共和国民事诉讼法》第二百五十三条之规定，加倍支付迟延履行期间的债务利息。案件受理费45935元，由某保险中山支公司负担1135元，由袁某、区某负担44800元。保全费5000元，由袁某、区某负担。

本院二审期间，区某向本院补充提交了2份律师函，拟证明区某对公估报告不认可，因公估报告存在与事实不符的问题，不应作为理赔依据。袁某质证后认为：对该证据的真实性、合法性、关联性予以确认。某保险中山支公司质证后认为：1.该律师函是发给公估公司的，不确定公估公司有无收到，某保险中山支公司不确认真实性；2.对该证据的关联性不确认，公估报告是在保险事故发生以后，是保险人与被保险人根据我国有关法律的规定按照相关程序，是双方同意委托公估公司做出的公估报告，某保险中山支公司认为该报告合法有效，在此报告中，区某不是当事人，故这两份律师函与报告没有关联性。

双方当事人对一审查明的事实没有异议，本院予以确认。

另查，某公司就超出某保险中山支公司赔偿部分，以租赁合同纠纷另案起诉了袁某、区某，一审法院作出广东省中山市第一人民法院民事判决，袁某、区某不服向本院提起上诉，本案因此中止审理。本院于2019年11月6日作出民事裁定，驳回某公司的起诉，该案已于2019年11月25日生效。经某保险中山支公司申请，本案于2019年12月10日恢复审理。二审期间，区某、袁某认为公估报告及附件存在报损面积不实、定损金额矛盾、火灾损失与风灾损失重复计算、公估人员执业证有效期、公估报告负责人签名等问题存在诸多疑点，本院于2019年8月15日向深圳市某保险公估有限公司广州分公司发出调查函，对区某、袁某提出的上述问题进行调查。深圳市某保险公估有限公司广州分公司于2019年8月21日向本院提供调查函的回复：一、过火区为A/E/F/G/H/I/J直接过火区，储物室是F区靠墙位置单独的有砖墙隔开的小房间，内部存放有部分灯具配件，事故中储物室的墙壁未倒塌，有过火痕迹，内部灯具配件受高温烘烤及消防水淋湿影响，已全部受损。B/C/D区，在风灾事故中，仓库屋顶备货区一侧完全倒塌，备货区底部的成品灯具被屋顶材料压住，B/C/D区一侧屋顶向备货区一侧倾斜，未完全倒塌，风灾事故后，某公司将B/C/D区的成品灯具全部转移至I及H区，已避免损失扩大，故B/C/D区的成品灯具也在火灾事故中受损；二、关于风灾事故受损的仓储物，某公司提供详细的损失清单，火灾受损仓储物主要是成品灯具，均是被淋湿，具备完整的包装，公估师查看时进行了逐一辨识（风灾受损灯具与火灾受损灯具从外观即可完全区分），风灾报损清单与现场实际受损一致，有详细的查看记录及照片，不存在风灾损失与火灾损失混淆；三、公估师陶某的执业资格证是2015年6月15日发证，2018年6月14日换证，公估报告正式出具时间为2018年6月5日，故附件中附的职业资格证有效期对应报告出具时间。李某为深圳市某保险公估有限公司副总经理，负责所有财产险公估报告的最终审核，《保险公估机构管理规定》第四十八条："保险公估报告必须由保险公估机构总经理、副总经理或合伙企业主要负责人签署方能生效"，故公估报告上均有公司副总经理李某的签章。

本院另查明，2019年12月22日，本案原上诉人区某及妻子范某、儿子女儿共6人在火灾中死亡，欧某某系区某与何某的非婚生子，蔡某、吕某系范某的父母、区某的岳父母。

本院认为，本案为保险人代位求偿权纠纷，根据《最高人民法院关于适用〈中华人民共和国民事诉讼法〉的解释》第三百二十三条第一款的规定，第二审人民法院应当围绕当事人的上诉请求进行审理。当事人未提出上诉请求的事项，本院不作审查。本案中，一审认定涉案租赁厂房属于区某和袁某共同所有，区某和袁某为合伙人关系，某公司与区某、袁某形成租赁合同关系，某公司租赁的厂房于 2017 年 8 月 23 日遭受台风"天鸽"损坏，涉案租赁厂房在维修过程中于 2017 年 9 月 1 日发生火灾，某公司在涉案火灾中遭受损失并已从某保险中山支公司得到赔偿等事实，双方当事人没有异议，本院予以确认。根据双方当事人的诉辩主张，本案争议的主要焦点是：一、涉案租赁厂房的维修义务在于出租方还是承租方；二、袁某、区某和某公司在损害赔偿关系中的责任问题；三、某保险中山支公司承担赔偿责任后是否有权向袁某、区某行使代位求偿权。现分析如下：

一、关于涉案租赁厂房的维修义务在于出租方还是承租方的问题。双方的厂房租赁合同约定，在租赁期间，乙方（承租方某公司）应保持厂房的原貌，不得随意拆改建筑物、设施，如乙方需改建或维修建筑，须经甲方（出租方袁某、区某）同意方能实施，如因乙方使用不当造成厂房损坏、破灭等责任，由乙方负责维修或赔偿，在租赁期间如因建筑结构原因造成的厂房损坏等责任，由甲方负责及时维修。涉案租赁厂房于 2017 年 8 月 23 日遭受台风"天鸽"损坏，属于不可抗力造成建筑物本身的损坏，并非某公司使用不当造成厂房损坏，故涉案厂房因台风遭受损坏的维修义务应由出租方承担，而本案中事实上也是区某找杨甲，杨甲找杨乙对涉案厂房进行维修。因此，袁某、区某在本案中提出的其不应承担涉案厂房的维修义务、其受某公司委托找杨甲维修等主张，均理据不足，本院不予采纳。

二、关于袁某、区某和某公司在损害赔偿关系中的责任问题。袁某、区某在维修涉案厂房过程中发生火灾，是造成某公司财产损失的主要原因，应当承担相应的赔偿责任。但某公司作为承租方及涉案损坏货物的所有人，应当对涉案货物尽到谨慎管理义务。从杨甲在公安机关的询问笔录来看，杨甲在维修当日有通知某公司将涉案仓库的货物搬走，但某公司未能完全履行搬走货物的义务，在维修地点留下了易燃材料，未尽到承租人应尽的防火注意义务，应对这起火灾事故造成的重大损失承担次要责任，因此，某公司应自行承担其财产损失的 30%。

三、关于某保险中山支公司承担赔偿责任后是否有权向袁某、区某行使代位求偿权的问题。首先，袁某、区某主张《公估报告》严重失实，但案涉火灾损失金额是经深圳市某保险公估有限公司进行公估后所确定，符合《中华人民共和国保险法》第一百二十九条"保险活动当事人可以委托保险公估机构等依法设立的独立评估机构或者具有相关专业知识的人员,对保险事故进行评估和鉴定"的规定。深圳市某保险公估有限公司作为具有专业资质的公估机构和独立第三方对案涉火灾事故损失作出认定并出具公估报告,未有证据显示某保险中山支公司与深圳市某保险公估有限公司存在恶意串通的情形,袁某、区某也不能举证证明该公估程序违法或其他严重失实的情况,故一审对袁某、区某的主张不予采信,并无不妥,涉案的《公估报告》可以作为本案认定事实的依据。其次,某保险中山支公司按照涉案《公估报告》已经向某公司赔偿4750000元,并以租赁合同为基础法律关系提起本案的代位权诉讼,符合《中华人民共和国保险法》第六十条第一款"因第三者对保险标的的损害而造成保险事故的,保险人自向被保险人赔偿保险金之日起,在赔偿金额范围内代位行使被保险人对第三者请求赔偿的权利"的规定,某保险中山支公司有权代位行使某公司请求袁某、区某赔偿的权利。基于本院上述认定,某公司应自行承担其财产损失的30%,故本院确定袁某、区某应向某保险中山支公司支付代偿赔款3325000元（4750000元×70%）,对超出部分,本院不予支持。关于利息问题,因中国人民银行贷款基准利率标准已于2019年8月20日取消,本院调整利息计算方式为：以3325000元为基数,按中国人民银行同期同类贷款基准利率自2018年7月17日起计算至2019年8月19日止,按全国银行间同业拆借中心公布的贷款市场报价利率自2019年8月20日起计算至赔偿款全部清偿之日止。

因区某在上诉期间死亡,其法定继承人欧某某、吕某、蔡某自愿以上诉人的身份继续参加,符合法律规定,欧某某、吕某、蔡某应在继承区某的遗产范围内对本案债务承担清偿责任。

综上所述,袁某、欧某某、吕某、蔡某的上诉请求,有理的部分,本院予以支持,理据不足的部分,本院不予支持。一审认定事实部分不清,适用法律错误,实体处理欠妥,本院予以改判。依照《中华人民共和国合同法》第一百二十条、第一百二十二条、第二百一十二条、第二百二十条,《中华人民共和国保险法》第六十条第一款、第六十四条、第一百二十九条,《中华人民共和国继承法》第二条、第六条、第十条、第三十三条,《中华人民共和国民事诉讼法》第六十四条第一款、第一百七十条第一款第二项规定,判决如下：

一、撤销广东省中山市第一人民法院（2018）粤 2071 民初 14496 号民事判决第二项。

二、变更广东省中山市第一人民法院（2018）粤 2071 民初 14496 号民事判决第一项为：上诉人袁某应于本判决生效之日起七日内向被上诉人某保险公司中山中心支公司支付赔偿款 3325000 元及利息（利息计算方式：以 3325000 元为基数，按中国人民银行同期同类贷款基准利率自 2018 年 7 月 17 日起计算至 2019 年 8 月 19 日止，按全国银行间同业拆借中心公布的贷款市场报价利率自 2019 年 8 月 20 日起计算至赔偿款全部清偿之日止）；上诉人欧某某、吕某、蔡某在继承区某的遗产范围内对上述债务承担共同清偿责任。

三、驳回被上诉人某保险公司中山中心支公司的其他诉讼请求。

如果未按本判决指定的期间向原告履行给付金钱义务，应当依照《中华人民共和国民事诉讼法》第二百五十三条之规定，加倍支付迟延履行期间的债务利息。

本案一审案件受理费 45935 元，由被上诉人某保险公司中山中心支公司负担 12535 元，上诉人袁某负担 33400 元；保全费 5000 元，由上诉人袁某负担。二审案件受理费 44800 元，由被上诉人某保险公司中山中心支公司负担 11400 元，上诉人袁某负担 33400 元。上述上诉人袁某负担的诉讼费用，上诉人欧某某、吕某、蔡某在继承区某的遗产范围内共同负担。

本判决为终审判决。

审判长　姜某某
审判员　阮某某
审判员　蔡某某
二〇二〇年八月十四日
书记员　黄某某

评·析

为了实现保险的补偿功能、禁止被保险人不当得利，同时实现对造成损害第三者的民事惩罚目的，我国保险法中设置了保险人代位求偿制度。同时，该制度亦可保护保险人权利,一定程度上降低了实际保险给付数额。该制度也可间接地降低保险费率,从而减轻投保人负担,更好地保护投保人利益。

一、代位求偿权的行使对象

(一) 既可向侵权责任人追偿,也可向违约方追偿

《保险法》第六十条规定:因第三者对保险标的的损害而造成保险事故的,保险人自向被保险人赔偿保险金之日起,在赔偿金额范围内代位行使被保险人对第三者请求赔偿的权利。"保险法司法解释四"第七条规定:保险人依照《保险法》第六十条的规定,主张代位行使被保险人因第三者侵权或者违约等享有的请求赔偿的权利的,人民法院应予支持。故保险人赔付后,既可以依法选择向侵权责任人行使赔偿请求权,也可以依法选择向违约人行使赔偿请求权。

(二) 本案中的责任方为房屋出租人

本案中的追偿对象首先应为造成保险标的损害而造成保险事故的,这就要分析本案火灾发生的责任主体是谁。《合同法》第二百二十条规定,出租人应当履行租赁物的维修义务,但当事人另有约定的除外。本案中,袁某与某公司签订《厂房租赁合同》,两者形成租赁合同关系,被保险人合并某公司后,某公司的债权债务由被保险人继承,即袁某与被保险人形成租赁合同关系。租赁的厂房属于区某和袁某共同所有,区某和袁某为合伙人关系,故被保险人与区某和袁某形成租赁合同关系。根据租赁合同约定,在租赁期间,如因乙方(某公司)使用不当造成厂房损坏、破灭等责任,由乙方(某公司)负责维修或赔偿;在租赁期间如因建筑结构原因造成的厂房损坏等责任,由甲方(出租方)负责及时维修。涉案厂房遭受台风"天鸽"损坏,属于不可抗力造成建筑物本身的损坏,并非被保险人使用不当造成厂房损坏,故涉案厂房因台风遭受损坏的维修义务应由出租方承担。而本案中事实上也是出租方区某找杨甲,杨甲转包给杨乙对厂房进行维修。根据《民法通则》第三十四条,合伙负责人和其他人员的经营活动,由全体合伙人承担民事责任。因此,出租方袁某、区某应承担涉案房屋的维修责任。

《合同法》第一百二十二条规定,因当事人一方的违约行为,造成对方人身、财产权益的,受损害方有权选择依照本法要求其承担违约责任或者依照其他法律要求其承担侵权责任。上海市高级人民法院民事审判第五庭《关于审理保险代位求偿权纠纷案件若干问题的解答一》五的规定,"被保险人因同一法律事实,依据不同法律规定,可以向同一第三者主张两个以上请求权,而这些不同的请求权又不能同时得到满足的,属于请求权竞合。故本案中,被保险人(由保险人代位)可以根据上述条款要求袁某和区某承担违约责任或侵权责任。但无论如何,房屋出租方均为追偿对象。

本案中,保险人向被保险人赔付 475 万元后,选择以租赁合同为基础法律关系提起代位权诉讼,要求房屋出租人袁某和区某承担租赁合同违约责任。两审法院均支持了保险人的该项主张。

二、代位求偿权的范围

(一) 以第三者的责任为限

根据《保险法》第六十条规定,保险人行使代位求偿权的前提是第三者对保险标的的损害而造成保险事故的,且被保险人因此享有对第三者的赔偿请求权。而保险人的代位求偿权的范围也应以保险人对第三者的赔偿请求为限,也就是说应当以第三者承担对被保险人承担的赔偿责任为限。

本案中,二审法院认为,《合同法》第一百二十条规定,当事人双方都违反合同的,应当各自承担相应的责任。出租方袁某、区某聘请的工人在维修厂房过程中因操作不当引发火灾,是造成被保险人财产损失的主要原因。但被保险人作为承租方及涉案损坏货物的所有人,应当对涉案货物尽到谨慎管理义务。杨甲在维修当日曾通知被保险人将涉案仓库的货物搬走,但被保险人未能完全履行搬走货物的义务,在维修地点留下了易燃材料,未尽到承租人应尽的防火注意义务,故被保险人应对这起火灾事故造成的重大损失承担次要责任。因此,二审法院判定袁某和区某与被保险人的财产损失责任分配比例为 7∶3。据此,二审法院将房屋出租方袁某、区某对保险人的赔偿责任调低至 332.5 万元。

(二) 是否可以向第三者主张利息损失

虽然《保险法》第六十条规定"保险人自向被保险人赔偿保险金之日起,在赔偿金额范围内代位行使被保险人对第三者请求赔偿的权利。"但司法实践中很多地区的法院也是会支持保险人就利息损失的主张。如浙江省高院在"中国人民财产保险股份有限公司上海市分公司与中远航运股份有限公司定期租船合同纠纷、保险代位求偿权纠纷二审〔案号:(2009)浙海终字第 145

号]"中认为"人保上海分公司从支付保险赔偿金之日起,相应的利息损失已客观存在,故原审判令中远公司向人保上海分公司支付保险赔偿金实际赔付之日起按照银行活期存款计算的利息,并无不当"。又如《广东省深圳市中级人民法院关于审理财产保险合同纠纷案件的裁判指引(试行)》(2015年12月28日深圳市中级人民法院审判委员会民事行政执行专业委员会第21次会议讨论通过)第二十一条规定:"保险人行使代位求偿权,就其支付的保险金向第三者主张利息的,人民法院应予支持,利息应自保险人实际支付保险金之日起计算。"

三、代位求偿权的行使主体

原来对于代位求偿权的行使主体是保险人还是被保险人存在一定争议,"保险法司法解释二"对此进行了明确,其第十六条规定:保险人应以自己的名义行使保险代位求偿权。

本案中,保险人也是以自己的名义对房屋出租方提起保险代位求偿权之诉。

四、行使代位求偿权的其他注意事项

(一)保险人需在承保时询问被保险人是否放弃对相关方的赔偿权利

"保险法司法解释四"第九条规定:在保险人以第三者为被告提起的代位求偿权之诉中,第三者以被保险人在保险合同订立前已放弃对其请求赔偿的权利为由进行抗辩,人民法院认定上述放弃行为合法有效,保险人就相应部分主张行使代位求偿权的,人民法院不予支持。保险合同订立时,保险人就是否存在上述放弃情形提出询问,投保人未如实告知,导致保险人不能代位行使请求赔偿的权利,保险人请求返还相应保险金的,人民法院应予支持,但保险人知道或者应当知道上述情形仍同意承保的除外。

据此,保险人在承保时对被保险人在保险合同订立前是否已放弃对第三者请求赔偿的权利尤为重要。

(二)保险人赔付后需告知相关赔偿责任人

"保险法司法解释四"第十条规定:因第三者对保险标的的损害而造成保险事故,保险人获得代位请求赔偿的权利的情况未通知第三者或者通知到达第三者前,第三者在被保险人已经从保险人处获赔的范围内又向被保险人作出赔偿,保险人主张代位行使被保险人对第三者请求赔偿的权利的,人民法院不予支持。保险人就相应保险金主张被保险人返还的，人民法院应予支持。保险人获得代位请求赔偿的权利的情况已经通知到第三者，第三者又向被保险人作出赔偿，保险人主张代位行使请求赔偿的权利，第三者以其已经向被保险人赔偿为由抗辩的，人民法院不予支持。

  据此，保险人赔付保险金后应当及时通知对保险标的损害而造成保险事故的第三者，以便能够正常行使对第三者追偿的权利。否则，保险人向被保险人赔付后，第三者亦向被保险人赔付的，将增加保险人的诉累。

雇主责任险中雇员已获赔保险人是否仍应承担保险金赔偿责任

黑龙江省哈尔滨市中级人民法院
(2020) 黑01民终6218号民事判决书
(2020年11月13日)

案·情

某公司通过互联网为其劳务人员投保了某保险公司的雇主责任险，某保险公司出具了《雇主责任险》电子保险单，保险单载明投保人及被保险人均为某公司、雇员清单为史某，保险期间自2018年9月25日00：00：00至2018年9月25日23：59：59，其中每人身故、残疾赔偿限额60万元。保险条款约定：被保险人已经从有关责任方获得赔偿的，保险人赔偿保险金时，可以相应扣减被保险人已从有关责任方取得的赔偿金额。

2018年9月25日，雇员史某作为送餐骑手送餐途中被案外人房某驾车撞伤，房某驾驶的事故车辆在某某保险公司黑龙江分公司投保了交强险，该事故经哈尔滨市公安局交通警察支队道外大队认定，房某承担全部责任。2019年3月6日史某、房某与某保险公司黑龙江分公司在哈尔滨市道外区人民法院主持下达成和解，史某共计获得赔偿款145606.6元。2019年11月28日，某公司与史某自行达成和解，约定一次性赔偿史某伤残赔偿金等60000元；2020年4月29日，史某为原告出具收条，内容为："今收到某公司伤残理赔款3万元整"。2020年7月14日，某公司向法院起诉，要求某保险公司支付伤残赔偿金3万元。一审、二审法院均认为史某已经从责任方获得了赔偿，某公司向某保险公司主张的理赔款应当扣除史某已经获得赔偿的部分，不予支持某公司的主张。

判决书正文

上诉人（原审原告）：某公司。

被上诉人（原审被告）：某保险公司。

上诉人某公司因与被上诉人某保险公司责任保险合同纠纷一案，不服哈尔滨市香坊区人民法院（2020）黑0110民初4526号民事判决，向本院提起上诉。本院于2020年10月19日立案后，依法组成合议庭，以询问的方式进行了审理。本案现已审理终结。

某公司上诉请求：1.撤销一审判决，改判某保险公司给付某公司伤残赔偿金3万元；2.一、二审诉讼费由某保险公司承担。事实和理由：1.双方保险合同属于人身保险而非财产保险，不适用损失补偿原则。某公司在某保险公司投保的是雇主责任险，为雇员投保的是人身意外险。2.原审适用法律错误。原审适用《保险法》第五十六条、第六十条限制财产保险重复投保规定错误，应适用《保险法》第四十六条规定，被保险人有向侵权的第三者主张赔偿的权利。3.案涉保险合同第三十三条约定被保险人已经从有关责任方取得赔偿金时，可以相应扣减被保险人已从有关责任方取得的赔偿金，该约定内容违反《保险法》第四十六条规定，应为无效条款。

某保险公司未到庭答辩，亦未出具书面答辩意见。

某公司向一审法院起诉请求：1.判令某保险公司给付某公司伤残赔偿金30000元；2.诉讼费由某保险公司承担。

一审法院认定事实：2018年9月25日21时50分许，案外人房某驾车在哈尔滨市道外区东北新街由西向东行驶至100号门前附近时，将案外人史某撞倒致伤。经哈尔滨市公安局交通警察支队道外大队哈公交（外）认字〔2018〕第2301040107号道路交通事故认定书确认，房某负事故的全部责任，史某无事故责任。房某驾驶的事故车辆在某保险公司黑龙江分公司投保了交强险，事故发生后，史某、房某与某保险公司黑龙江分公司在哈尔滨市道外区人民法院主持下达成和解，该院于2019年3月6日作出（2019）黑0104民初280号民事调解书：一、某保险公司黑龙江分公司于2019年4月6日前向史某赔偿医疗费、误工费、护理费、住院伙食补助费、交通费、残疾赔偿金、精神损害抚慰金、牙齿继续治疗费用、营养费等共计 95606.60 元；二、房某于 2019 年 3 月 12 日前向史某赔偿医疗费、误工费、护理费、住院伙食补助费、交通费、残疾赔偿金、精神损害抚慰金、牙齿继续治疗费用、营养费、鉴定费等共计 5 万元；三、案件受理费 1638 元，由史某负担。

2019 年 11 月 28 日，某公司与史某自行达成和解，约定某公司一次性赔偿史某伤残赔偿金、误工费、护理费、营养费、伙食费、康复费、抚恤金等 60000 元；某公司在协议签订之日立即支付史某 20000 元，史某在收到 20000 元赔偿后，将因交通事故受伤产生的病历、票据、伤残鉴定等书面材料交给某公司，史某立即前往香坊区劳动部门工伤科撤案，此事终结。2020 年 4 月 29 日，史某为某公司出具收条，内容为：今收到某公司伤残理赔款 3 万元整。

某公司在某保险公司处投保了雇主责任险，雇员为史某。保险期间为 2018 年 9 月 25 日 00：00：00 起至 2018 年 9 月 25 日 23：59：59 止，承保范围为医疗费、伤残赔偿金、死亡赔偿金。保险合同第十三条约定：被保险人已经从有关责任方取得赔偿的，保险人赔偿保险金时，可以相应扣减被保险人已从有关责任方取得的赔偿金额。

一审法院认为，双方均向法庭举示了保险合同作为证据，即双方在合同成立时均对合同内容充分知悉。保险合同中已经约定，被保险人已经从有关责任方取得赔偿的，保险人赔偿保险金时，可以相应扣减被保险人已从有关责任方取得的赔偿金额。史某已经从交通事故责任方处获得了伤残赔偿金赔偿，故某公司向某保险公司主张理赔时，该部分费用为应当扣除部分，现某公司向某保险公司主张赔偿伤残赔偿金，与合同约定不符，对某公司的诉请，原审法院不予支持。判决如下：驳回某公司的诉讼请求。案件受理费 550 元（某公司已预交），由某公司自行负担。

二审期间，双方均未举示证据。

二审查明的事实与一审一致，本院予以确认。

本院认为，本案争议焦点为某保险公司应否赔付某公司伤残赔偿金 3 万元。某公司向某保险公司投保雇主责任险，某保险公司出具保险单，双方建立保险合同关系，双方应按保险合同履行各自义务。根据某公司与某保险公司签订的《雇主责任保险条款》第三十三条第二款约定：被保险人已经从有关责任方取得赔偿的，保险人赔偿保险金时，可以相应扣减被保险人已从有关责任方取得的赔偿金额。某公司为雇员史某投保残疾赔偿限额60万元，经鉴定史某的损伤评定为10级伤残，残疾赔偿金应为3万元。某公司雇员史某发生交通事故后，经法院调解，史某与侵权人房某及其投保的保险公司达成和解，史某得到包括残疾赔偿金在内的赔偿金合计14万余元。故原审法院据此确认史某已经从责任方获得了伤残赔偿金赔偿，某公司向某保险公司主张理赔时，该部分费用为应当扣除部分，对某公司的诉请原审不予支持正确。

某公司上诉主张原审适用重复保险的法律规定属于适用法律不当，某保险公司应赔付其伤残赔偿金3万元。本院认为，某公司该上诉主张无事实和法律依据，亦不符合双方保险合同约定，对某公司该上诉主张，本院不予支持。

综上所述，某公司的上诉请求不能成立，应予驳回；一审判决认定事实清楚，适用法律正确，应予维持。依照《中华人民共和国民事诉讼法》第一百四十四条、第一百六十九条、第一百七十条第一款第一项规定，判决如下：

驳回上诉，维持原判。

二审案件受理费550元，由某公司负担。

本判决为终审判决。

审判长　王　某
审判员　于　某
审判员　杨某某
二〇二〇年十一月十三日
书记员　胡某某

评·析

本案的争议焦点在于：某保险公司应否赔付某公司伤残赔偿金。

（一）雇主责任险是否适用补偿原则

雇主责任保险是指被保险人所雇用的员工在受雇过程中从事与保险单所载明的与被保险人业务有关的工作而遭受意外或患与业务有关的国家规定的职业性疾病，所致伤、残或死亡，被保险人根据《中华人民共和国劳动法》及劳动合同应承担的医药费用及经济赔偿责任，包括应支出的诉讼费用，由保险人在规定的赔偿限额内负责赔偿的一种保险。从实质上看，雇主责任保险是以雇主应当承担的赔偿责任为保险标的，雇主投保的目的是弥补因向雇员进行赔偿遭受的财产损失，属于财产保险。财产保险的核心原则是补偿原则，本案所涉保险合同第三十三条约定"被保险人已经从有关责任方取得赔偿金时，可以相应扣减被保险人已从有关责任方取得的赔偿金"正是这一原则的体现。该约定是保险合同双方的真实意思表示，也不违反法律法规的强制性规定，合法有效。

（二）相互独立的请求权竞合的情况下，雇主责任险项下赔偿金的厘定要根据保险合同的约定判断

本案中雇员史某在完成工作的过程中遭受交通事故，对方负事故全部责任。史某向事故方房某主张赔偿的基础是房某的侵权行为，而房某依据其与某保险公司黑龙江分公司签订的机动车辆第三者责任保险合同将风险进行了部分转移，由某保险公司黑龙江分公司向史某赔偿各项费用共计95606.60元，不足部分由房某再行赔付5万元。史某向某公司主张工伤赔偿的基础是其与某公司存在的劳动关系（或事实劳动关系），某公司与史某自行达成和解，约定某公司一次性赔偿史某伤残赔偿金、误工费、护理费、营养费、伙食费、康复费、抚恤金等60000元，某公司赔偿后，史某履行和解协议撤销工伤案件。某公司向某保险公司主张赔偿的基础是双方签订的雇主责任保险合同。在这一事件中，侵权损害赔偿请求权、基于工伤保险的请求权、基于责任保险合同的请求权分别隶属于不同的法律关系，彼此之间既相互独立又发生竞合。

个人因他人的侵权行为导致健康权受损害，依据《中华人民共和国民法典》等法律法规相关规定，受害者有权请求侵权人赔偿损失。工伤保险待遇是劳动者依法享受的劳动保障，是国家给予劳动者的基本权利。雇主责任保险是用人单位为了填补雇员因完成工作任务致伤、致残、身故或患职业病的情况下、单位承担赔偿义务所导致的财产损失，是一种用人单位自愿的投保商业保险合同的民事行为。在没有特别约定的前提下，前二者的损害赔偿金或保险金给付不影响雇主责任保险项下的行使，同样雇主责任保险合同也并不排除和限制损害赔偿请求权的行使和工伤保险待遇的获取。但是在雇主责任保险合同明确约定"被保险人已经从有关责任方取得赔偿金时，可以相应扣减被保险人

已从有关责任方取得的赔偿金"的情况下，鉴于史某已经获得某保险公司黑龙江分公司、房某合计 14 万余元的赔偿，远远超出基于雇主责任保险合同计算的理赔金 3 万元，某保险公司主张予以扣减后不予赔付，获得一审、二审法院支持。某公司未经某保险公司事先认可与史某达成和解协议并支付的赔偿款由某公司自行承担。

（三）工伤保险的认定不是雇主责任保险责任成立的必要条件

在司法实践中出现过雇员在受雇期间因公导致人身损害，但并未认定为工伤，导致出现雇主责任险理赔纠纷的案例。雇主责任险的保险标的为被保险人依照法律规定或合同约定应向雇员承担的赔偿责任，这一责任的存在不必然以工伤的认定为前提。工伤保险作为社会保障体系的重要组成部分，属于劳动者依法应享有的社会福利，具有强制性。为保障劳动者的权利得到平等的保护，社会保险行政部门要求将工伤和劳动能力的鉴定前置，并执行严格的程序和标准。而雇主责任保险是具备完全民事行为能力的平等市场主体之间合意签署的商业保险合同，赔付条件、标准应当按照合同条款的约定履行。在保险合同没有明确约定的情况下，没有认定工伤并不意味着免除用人单位作为雇主的其他经济赔偿责任，也不应免除保险公司的理赔责任。

对于保险公司来说，雇主责任保险产品和条款的设计需要充分考虑复杂情形下各种请求权竞合的处理。如果雇主责任保险产品设计初衷是作为工伤保险的补充或部分替代，无意重复赔偿，则保险公司应当重点关注保险合同是否有补偿原则以及对于其他渠道的赔偿予以扣减的相关约定。从用人单位的角度看，应当认识到雇主责任保险的赔偿条件、标准并不完全等同于工伤保险，不能完全替代工伤保险，只能起到补充赔偿、减轻自己赔偿责任的作用。用人单位投保时应当从自己的实际需要出发选择合适的产品，仔细阅读保险合同条款，尤其是关于赔偿条件/标准、责任免除、补偿原则等方面的约定，避免自身合法利益受到损害。

交通事故中的乘客能否转化为"第三者"的认定

四川省高级人民法院
(2020) 川民再 295 号民事判决书

(2020 年 11 月 2 日)

案·情

2016 年 1 月 26 日，驾驶员王甲驾驶车辆在乡村道路路口倒车时，因操作不慎，标的车坠下路边悬崖。在坠落过程中，乘客付某、张乙甩出车外后被车辆碾轧，造成两人抢救无效死亡的交通事故。交警判定驾驶员王甲不按规定倒车，承担本次事故全部责任。死者家属与车辆承保保险公司就本案死者应认定为"车上人员"还是"第三者"，能否成为交强险和商业三者险的赔偿对象产生争议，多次协商调解无果，最终诉至法院。一、二审法院均认为本案死者应认定为"第三者"，判决保险公司在交强险及商业三者险承担赔偿责任。保险公司申请再审，再审法院认为本案死者仍属于"车上人员"，改判保险公司不承担交强险及商业三者险赔偿责任。

判决书正文

再审申请人（一审被告、二审上诉人）某保险公司达州市中心支公司，住所地四川省达州市通川区。

被申请人（一审原告、二审被上诉人）：余甲，男，1976 年 1 月 19 日出生，汉族，住四川省达州市达川区。

被申请人（一审原告、二审被上诉人）：余乙，男，1999年8月2日出生，汉族，住四川省达州市达川区。

被申请人（一审原告、二审被上诉人）：余丙，男，2004年7月17日出生，汉族，住四川省达州市达川区。

被申请人（一审被告、二审被上诉人）：王甲，男，1987年8月17日出生，汉族，住四川省通江县。

被申请人（一审被告、二审被上诉人）：张甲，女，1975年6月18日出生，汉族，住四川省巴中市巴州区。

再审申请人某保险公司达州市中心支公司因与被申请人余甲、余乙、余丙、王甲、张甲机动车交通事故责任纠纷一案，不服四川省巴中市中级人民法院（2018）川19民终292号民事判决，向本院申请再审。本院于2019年10月9日作出（2018）川民申6203号民事判决，提审本案，本院依法组成合议庭，开庭审理了本案。再审申请人某保险公司达州市中心支公司的委托诉讼代理人，被申请人余甲、余乙、余丙的委托诉讼代理人到庭参加诉讼，被申请人王甲、张甲经传票传唤，无正当理由拒不到庭参加诉讼。本案现已审理终结。

某保险公司达州市中心支公司申请再审称，没有证据证实死者张乙是被甩出车外后又被该车碾轧致死，不能认定张乙已从"车上人员"转化为"第三人"，不应当适用三者险，原判赔偿标准和金额错误。依据《中华人民共和国民事诉讼法》第二百条的规定申请再审。请求：1.撤销四川省巴中市中级人民法院（2018）川19民终292号民事判决；2.改判或发回重审，某保险公司达州市中心支公司不承担赔偿责任；3.本案一审、二审、再审费用由被申请人承担。

余甲、余乙、余丙辩称，1.某保险公司达州市中心支公司超过了判决生效六个月内的申请再审期限；2.张乙是在跳出车外逃生时被车辆碾轧致死，没有证据证明二人在车内时即已死亡，故二人属于三者险赔偿的范围，对方亦认可死者是从车内人员转化为车外人员，且自愿给付了40万元，有一审调解笔录佐证。3.对方赔付的29万余元已用于了生活开支，改判将给被申请人生活造成极大困难。二审判决认定事实清楚、适用法律正确，请求驳回再审申请，维持二审判决。

余甲、余乙、余丙向一审法院起诉请求：1.判令某保险公司达州市中心支公司赔偿原告直系亲属张乙因交通事故死亡的死亡赔偿金 524100 元，丧葬费 25233 元，被抚养人生活费 50000 元、精神抚慰金 30000 元，共计 629333 元；2. 某保险公司达州市中心支公司承担本案诉讼费。

一审法院认定事实：一、事故基本情况：2016 年 1 月 26 日王甲驾驶车牌号为川 SE×××号的小型轿车，搭乘付某、王乙、张乙由达州市城区往通江县芝苞乡方向行驶，16 时 30 分，该车行至通江县芝苞乡中东汇村（高梯子三岔路口）处倒车时操作不当，致该车坠入道路悬崖下严重受损，造成王乙从车内摔出受轻伤，王甲在车内受伤，付某、张乙从车内摔出后被坠落的川 SE×××号小型轿车碾轧，付某、张乙被村民从车下救出后送医院抢救无效死亡的交通事故。事故发生后，通江县公安局交通警察大队认定王甲承担本次事故全部责任，付某、张乙、王乙无责任。王乙在事故中因受伤轻微，未产生医疗费和其他损失。二、张乙基本情况：张乙，女，1977 年 1 月 20 日出生，汉族，户籍地四川省万源市玉带乡，生前经常居住地四川省达州市达川区。余甲与张乙于 1998 年 9 月 7 日登记结婚，1999 年 8 月 2 日生育长子余乙，2004 年 7 月 17 日生育次子余丙。三、车辆登记及保险情况：王甲驾驶的川 SE×××号小型轿车登记所有人为张甲，2015 年 6 月 6 日，王甲与张甲签订了车辆买卖合同购买了川 SE×××号小型轿车并陆续支付了购车款。川 SE×××号小型轿车在某保险公司达州市中心支公司投保了交强险和三者险，三者险限额 500000 元。一审法院判决：一、付某死亡损失 626678.83 元，由某保险公司达州市中心支公司在伤残死亡赔偿限额内赔偿 57200 元，在三者险内赔偿 260000 元；王甲赔偿 309478.83 元；二、驳回余甲、余乙、余丙其他诉讼请求。一审案件受理费 5047 元，由王甲负担。

某保险公司达州市中心支公司不服一审判决，上诉请求：1. 撤销（2017）川 1921 民初 2205 号民事判决；2. 改判某保险公司达州市中心支公司在乘坐险范围内理赔，不应当在三者责任险内赔付；3. 一、二审诉讼费由余甲、余乙、余丙承担。

经四川省巴中市中级人民法院二审审理查明的事实与原判一致，四川省巴中市中级人民法院认为，公民的生命、健康权受法律保护。王甲驾驶川 SE×××号小型轿车因操作不当发生交通事故，同车的付某、张乙、王乙被甩出车外，导致张乙在事故中死亡。经公安机关作出交通事故责任认定确认王甲负本次事故的全部责任，故应当由王甲赔偿张乙的近亲属因本次交通事故受到人身损害而造成的损失，并由某保险公司达州市中心支公司在保险责任范围内进行理赔。某保险公司达州市中心支公司上诉认为死者是乘客，不应适用三者险进行赔付。本次事故发生时，死者张乙虽然乘坐事故车辆，但在事故中从车内被甩出车外，在此情况下已转化为车外人员，成为"第三者"，同时，某保险公司达州市中心支公司在一、二审中均未举出证据证明死者是在车内受伤死亡，且在一审中已有证人证明本次事故发生时，两死者是在事故汽车下被施救的，因此，原审适用交强险和三者险进行赔付并无不当。故某保险公司达州市中心支公司的上诉理由不能成立，不予支持。关于死亡赔偿金应当适用农村标准的上诉理由，经查，死者张乙虽是农村户口，但是经常居住地在城镇，适用城镇标准并无不当。综上所述，原审认定事实清楚，适用法律准确，但本案一审判决中判项存在笔误，应当予以更正。二审法院判决：一、维持四川省通江县人民法院（2016）川1921民初2205号民事判决第二项；二、变更四川省通江县人民法院（2016）川1921民初225号民事判决第一项，即"付某死亡损失626678.83元，由某保险公司达州市中心支公司在伤残死亡赔偿限额内赔偿57200元，在三者险内赔偿260000元；王甲赔偿309478.83元"为"余甲、余乙、余丙亲属张乙死亡损失626678.83元，由某保险公司达州市中心支公司伤残死亡赔偿限额内赔偿57200元，在三者险内赔偿260000元；王甲赔偿309478.83元"。二审案件受理费5047元，由某保险公司达州市中心支公司负担。

本院再审审理查明的事实与四川省巴中市中级人民法院二审判决认定的事实一致。

本院认为，1.关于本案再审是否超过六个月期限的问题。经查，某保险公司达州市中心支公司的委托诉讼代理人于2018年5月4日签收二审判决书，于2018年10月24日提起本案再审，该期间未超过民事诉讼法关于二审判决生效六个月内申请再审的规定。2.关于某保险公司达州市中心支公司是否应当在交强险和商业三者险中承担赔偿责任的问题，涉及"车内人员"与"第三者"的转化问题。《机动车交通事故责任强制保险条例》第三条规定："本条例所称机动车交通事故责任强制保险，是指由保险公司对被保险机动车发生道路交通事故造成本车人员、被保险人以外的受害人的人身伤亡、财产损失，在责任限额内予以赔偿的强制性责任保险",第二十一条规定:"被保险机动车发生交通事故造成本车人员、被保险人以外的受害人人身伤亡、财产损失的,由保险公司依法在机动车交通事故强制保险责任限额范围内予以赔偿。道路交通事故的损失是由受害人故意造成的,保险公司不予赔偿",交强险条款第五条规定:"交强险合同中的受害人是指因被保险机动车发生交通事故遭受人身伤亡或者财产损失的人,但不包括被保险机动车本车车上人员、被保险人"。案涉某保险公司达州市中心支公司商业第三者责任保险条款第一章第一条规定,在保险期限内,被保险人或其允许的合法驾驶人在使用保险车辆过程中发生意外事故,致使第三人遭受人身伤亡和财产的直接损毁,依法应由被保险人承担经济赔偿责任。因此,机动车交通事故中的"受害人"是指本车人员、被保险人以外的受害人,交强险中的"第三人"不包括本车车上人员。第三人的范围涉及强制保险制度的整体,需要通盘考虑各种因素。机动车第三者责任强制保险具有一定的社会公益目的,其保护的是确定的利益群体,立法者对此已经作出了明确的限定,扩大该利益群体的范围将可能影响机动车第三者责任强制保险制度及其功能的发挥,应当慎重对待。机动车第三者责任强制保险的赔偿限额是一定的,如果把本车人员在特殊形态下也纳入第三者的范围予以赔偿,则势必相应减少本车直接侵害的第三者的赔偿数额,有悖于机动车第三者责任强制保险的设立目的。如果不当扩大第三者的范围,可能会造成整个制度的不堪重负,反而不利于多数受害人的赔偿。故对"第三者"的范围不宜作扩展性解释。2012年12月21日,最高人民法院发布实施《最高人民法院关于审理道路交通事故损害赔偿案件适用法律若干问题的解释》(法释〔2012〕19号),该司法解释第十七条也仅对特殊情形下的投保人可转化为第三者做了规定。本院认为,"车上人员"与"车外人员"在非特定情况下,身份相对固定,因交通事故的撞击等原因导致车上人员脱离本车的,不存在"转化"为第三人的问题,其在本质上仍属于"车上人员",不应由交强险予以赔偿。本案中,张乙在事故过程中从所乘坐车辆内甩出并被本车碾轧致死,不是交强险及商业三者险中的"第三者",不属于交强险及商业三者险赔偿对象,某保险公司达州市中心支公司不应对张乙的死亡承担赔偿责任,原审认定某保险公司达州市中心支公司应当对张乙的本次交通事故所造成的损失承担赔付义务,属于适用法律错误,余甲、余乙、余丙因张乙死亡而造成的损失

626678.83 元，应由王甲予以赔偿。

综上所述，某保险公司达州市中心支公司上诉请求成立，本院予以支持。依照《中华人民共和国民事诉讼法》第二百零七条第一款、第一百七十条第一款第二项，《机动车交通事故责任强制保险条例》第三条、第二十一条的规定，判决如下：

一、撤销四川省巴中市中级人民法院（2018）川 19 民终 292 号民事判决及四川省通江县人民法院（2017）川 1921 民初 2205 号民事判决；

二、王甲于本判决生效后三十日内赔偿余甲、余乙、余丙因张乙死亡而造成的损失 626678.83 元；

三、驳回余甲、余乙、余丙的其他诉讼请求。

如果未按本判决指定的期间履行给付金钱义务，应当依照《中华人民共和国民事诉讼法》第二百五十三条之规定，加倍支付迟延履行期间的债务利息。

一审案件受理费 5047 元，二审案件受理费 5047 元，均由王甲负担。

本判决为终审判决。

审判长　马某某
审判员　何　某
审判员　冯某某
二〇二〇年十一月二日
法官助理　陈某某
书记员　韩　某

评·析

本案主要争议焦点是，付某、张乙应认定为"车上人员"还是"第三者"，能否成为交强险和商业三者险的赔偿对象。一、二审法院认为，本次事故发生时，付某、张乙虽然乘坐事故车辆，但在事故中从车内甩出车外，已转化为车外人员，成为"第三者"。故付某、张乙是交强险和商业三者险的赔偿对象。再审法院认为，第三人的范围涉及强制保险制度的整体，需要通盘考虑各种因素。机动车第三者责任强制保险具有一定的社会公益目的,其保护的是确定的利益群体,立法者对此已经作出了明确的限定,扩大该利益群体的范围将可能影响机动车第三者责任强制保险制度以及其功能的发挥,应当慎重对待。机动车第三者责任强制保险的赔偿限额是一定的,如果把本车人员在特殊形态下也纳入"第三者"的范围予以赔偿,则势必相应减少本车直接侵害的"第三者"的赔偿数额,有悖于机动车第三者责任强制保险的设立目的,最后反倒不利于多数受害人的赔偿,故对第三者的范围不宜作扩展性解释。同时,再审法院认为"车上人员"与"车外人员"在非特定情况下的身份相对固定,因交通事故的撞击等原因导致车上人员脱离本车的,不存在"转化"为第三人的问题,对交通事故中类似人员身份转化争议问题具有一定指导意义。

(一)国家实行机动车第三者责任强制保险制度的目的

根据国务院颁布的《机动车交通事故责任强制保险条例》第一条,制定该条例的目的是保障机动车道路交通事故受害人依法得到赔偿,促进道路交通安全。同时,该条例第三条规定,"本条例所称机动车交通事故责任强制保险,是指由保险公司对被保险机动车发生道路交通事故造成本车人员、被保险人以外的受害人的人身伤亡、财产损失,在责任限额内予以赔偿的强制性责任保险"。可见,第三者责任强制保险制度的目的主要是保障机动车交通事故中本车人员、被保险人以外的受害人依法得到赔偿。即该条例以立法的方式明确了保护的利益群体是机动车本车人员、被保险人以外的"第三人",不能随意扩大该利益群体。

机动车交通事故责任强制保险实行统一的保险条款和基础保险费率。国务院保险监督管理机构按照机动车交通事故责任强制保险业务总体上不盈利不亏损的原则审批保险费率。若随意扩大机动车第三者责任强制保险保护的利益群体,与立法目的相悖,也易于造成该强制保险产品的严重亏损,破坏其收支基本平衡的原则,影响其正常的赔偿及保险费率的厘定,无论对于交通事故中的受害第三者还是机动车方都是不利的。也不利于第三者责任强制保险制度功能的发挥及良性运转。

(二)第三者责任保险中"第三者"的定义

根据《保险法》第十六条,保险事故是指保险合同约定的保险责任范围内的事故。在机动车辆商业保险条款中对机动车第三者责任保险保险责任的约定为：保险期间内，被保险人或其允许的驾驶人在使用被保险机动车过程中发生意外事故，致使第三者遭受人身伤亡或财产直接损毁，依法应当对第三者承担的损害赔偿责任，且不属于免除保险人责任的范围，保险人依照本保险合同的约定，对于超过机动车交通事故责任强制保险各分项赔偿限额的部分负责赔偿。

机动车辆商业保险条款中对第三者的约定为：本保险合同中的第三者是指因被保险机动车发生意外事故遭受人身伤亡或者财产损失的人，但不包括被保险机动车车上人员、被保险人。本保险合同中的车上人员是指发生意外事故的瞬间，在被保险机动车车体内或车体上的人员，包括正在上下车的人员。可见，在商业险条款中约定的第三者为意外事故发生的瞬间，不在车体内或车体上的人员。

同时，根据《机动车交通事故责任强制保险条款》第五条，交强险合同中的受害人是指因被保险机动车发生交通事故遭受人身伤亡或者财产损失的人，但不包括被保险机动车本车车上人员、被保险人。《最高人民法院关于审理道路交通事故损害赔偿案件适用法律若干问题的解释》第十七条规定，投保人允许的驾驶人驾驶机动车致使投保人遭受损害，当事人请求承保交强险的保险公司在责任限额范围内予以赔偿的，人民法院应予支持，但投保人为本车上人员的除外。本条司法解释仅对特殊情形下的投保人转化为第三者做了规定，且投保人转化为第三者的前提是事故发生时非本车车上人员。

从而，无论从机动车辆商业保险条款、机动车交通事故责任强制保险条款还是最高法司法解释来看，第三者明确了不包含本车车上人员，即不包含本车上驾驶员及乘客。

（三）本案中付某、张乙是否应认定为"第三者"

本案一审和二审法院认为保险事故发生的瞬间不是危险发生的瞬间，而应该是受害人受到伤害的瞬间，实质是忽视了保险事故是一个持续的过程，既然有发生的瞬间就应该有结束的时间。根据通常解释，"危险"指有受到伤害或者失败的可能。本案标的车在悬崖边的转弯坡道上倒车，这个行为属于"危险"，但这个危险的发生不一定会导致车辆坠落悬崖。本案所涉交通事故包含从离开路基开始坠落到坠落崖底停滞不动的整个过程。付某、张乙是在事故的发生过程中被甩出车外，其是固定的本车上人员的身份，不应按"第三者"

进行界定。

本案再审法院最终认定，车上人员与车外人员在非特定情况下，身份相对固定，因交通事故的撞击等原因导致车上人员脱离本车的，不存在转化为"第三者"的问题，仍属于"车上人员"，判决保险公司不承担交强险及商业三者险赔偿责任。

交通事故中被保险人能否作为第三者获得第三者责任险保险金赔偿

山东省青岛市中级人民法院
(2020) 鲁02民终9485号民事判决书

(2020年10月26日)

案·情

2019年12月12日,某保险公司接到青岛市黄岛区人民法院传票,原告杨某将某保险公司诉至法院主张损失200000元。案件历经一审、二审后判决驳回杨某的诉讼请求。

原告杨某在某保险公司青岛分公司西海岸支公司为其车辆投保交强险,保险期间为2008年6月1日至2009年5月31日;商业第三者责任险20万元及不计免赔,保险期间为2008年4月1日至2009年3月31日,被保险人为原告杨某。2008年5月1日,张甲驾驶被保险车辆在青岛市黄岛区临港经济区建筑工地倒车时撞到被保险人杨某,事故造成杨某受伤。经原胶南市交警大队勘查,认定事故非道路交通事故,未判定事故责任。该事故发生在商业险保险期间内。

事故发生后,杨某入院治疗。2018年12月,杨某以生命、健康、人身权纠纷为由将某保险公司诉至青岛市黄岛区人民法院。

判决书正文

上诉人(原审被告):某保险公司青岛分公司,住所地青岛市市南区。

被上诉人(原审原告):杨某,男,1963年7月3日出生,汉族,住青岛市黄岛区。

原审被告:张甲,男,1961年3月12日出生,汉族,住青岛市黄岛区。

上诉人某保险公司青岛分公司与被上诉人杨某、原审被告张甲保险合同纠纷一案,不服青岛市黄岛区人民法院(2019)鲁0211民初12021号民事判决,向本院提起上诉。本院于2020年8月7日受理后,依法公开开庭进行了审理。本案现已审理终结。

某保险公司青岛分公司上诉请求:1. 请求二审法院依法撤销(2019)鲁0211民初12021号民事判决书,改判驳回杨某的诉求;2. 上诉费用由杨某承担。事实与理由:一审法院认定事实不清,适用法律错误,判决依据不足。首先,对于诉讼时效期限法院认定依据不足。一审法院按照杨某提供的2017年12月30日之后产生的医疗费等证据判决认定其诉讼时效符合《民法总则》第一百八十八条第一款之规定但该条第二款规定"诉讼时效期间自权利人知道或者应道知道权利受到损害以及义务人之日起计算"。本案事故发生于2008年5月1日,而自2010年2月起至2017年12月长达7年的时间,被上诉人仅凭一张由黄岛区某医院于2019年1月出具诊断证明来证明其治疗的连贯性明显依据不足。另外,杨某系涉案车辆的被保险人和投保人,其在2008年5月1日就知道保险事故已经发生。但其并没有提供证据证明其在事发后已向保险人进行了通知并申请赔偿,也无证据证明本案诉讼时效存在中断的事实。因此,杨某的诉求属于超出了诉讼时效,其依法应承担举证不能的不利后果。其次,对于杨某提供的证据一"诊断证明",虽然一审法院认定该证据本身已构成了单位证明材料形成的要件,但其仅凭一张诊断证明来证明杨某自2010年2月至2019年1月17日,9年的时间在该医院治疗,而事实是,自2010年2月至2017年12月,长达7年的时间并无任何证据可以支持其持续治疗。所以,该证据无法证明杨某持续治疗的真实性,且该证明中引用了"几乎"字眼,此不符合法律的严谨性,也无法与证据二"住院病案"等材料来有效地衔接治疗过程。因此,杨某提供的证据对所证明的事项依据不足,一审法院认定的治疗合理性、关联性依据不足。再次,一审法院最终认定本案属于保险合同纠纷,并再次确认赔偿险别为第三者责任保险,且对第三者责任保险的赔偿范围进行了解释,并引用《道路交通安全法》第七十六条的规定。而《道路交通安全法》第七十六条的规定虽未区分第三者是否为被保险人，但《保险法》第六十五条规定"责任保险是指以被保险人对第三者依法应负的赔偿责任为保险标的的保险"，即在责任保险中，被保险人是责任主体，第三者是权利主体，二者相互对立，同一主体在同一责任保险中不能既是被保险人又是第三者。最高人民法院民事审判第一庭编著的《〈中华人民共和国保险法〉保险合同章条文理解与适用》一书中记载，在同一个责任保险事故中，被保险人不能成为第三者。"因为被保险人不能成为自己的侵权人，也就是构成责任保险事故基础的侵权法律关系并不存在，所以，因被保险的机动车事故导致的被保险人人身或者财产损失，不能作为本车的机动车责任保险受害人向保险人请求赔偿，否则就违反了责任保险的最基本原则。"但一审法院却刻意规避了此项事实，曲解了《道路交通安全法》和《保险法》的立法本意。综上所述，原判我司承担赔偿责任属于适用法律错误。因此，恳请二审法院依法驳回杨某诉求，望判如所请。

杨某答辩称：原审法院认定事实清楚、适用法律正确，请求依法驳回上诉，维持原判。第一，杨某的诉讼请求并未超出诉讼时效。侵权责任由损害行为、损害结果等要件构成，本案中虽然侵权行为的发生已经有十余年，但后期的医疗费支出，即损害结果的发生时间不超过3年诉讼时效，从而请求权未超出诉讼时效。第二，杨某自事故发生后已经全身瘫痪，住院治疗十多年，其间虽因医院住院手续登记问题多次重复办理出入院手续，但杨某本人从未离开过医院病床。对此事实，可随时到黄岛区某医院调查。第三，保险法从未将被保险人排除在第三者责任保险的保障范围，第三者责任保险是为不特定第三者利益而订立的合同，给予被保险人及其家庭成员与受害第三者同等保护，保险公司将被保险人排除在外的条款是霸王条款，违反《保险法》第十九条的规定，该条款当属无效。所以，上诉人的上诉请求不应成立，请驳回上诉，维持原判。

杨某一审诉讼请求：1. 某保险公司青岛分公司在商业第三者责任险内赔偿杨某损失20万元；2. 某保险公司青岛分公司承担本案诉讼费用。

一审法院认定事实：号牌号码为鲁××号四轮农用普通车，登记的车主为杨某。杨某作为被保险人在保险公司处为案涉车辆投保车辆损失险、第三者责任险、不计免赔特约险、车上人员责任险（驾驶员），其中第三者责任险的保险金额为20万元，保险期间自2008年4月1日零时起至2009年3月21日二十四时止。

2008年5月1日上午，在原胶南市临港经济区某建筑工地发生非道路交通事故。2008年5月2日，杨某在某附属医院住院治疗，入院诊断为颈髓损伤、颈椎脱位、双肺挫伤、右腓骨骨折、多处软组织损伤。杨某于2010年2月3日出院，出院诊断为气管切开术后、颈髓损伤、颈椎脱位、双肺挫伤、右腓骨骨折、多处软组织损伤、左腓骨骨折。杨某支出医疗费378630.74元。

2010年5月14日，原胶南市公安局交通警察大队出具交通事故证明，编号为南公交证字〔2010〕第0182号，载明的调查得到的情况：2018年5月1日9时50分，胶南市公安局110接警中心接群众电话报案称：在天伦制衣门口，货车撞行人。经询问，报警人张乙反映（节选）："……当时料场有个收料员要算算我拉了多少沙子，我就把车停在了那条东西的土路边上，然后我和杨某还有那个收料员就站在车边上量东边挡板的高度，这时，张甲就开着鲁××号农用车沿东西土路由西向东倒车，我刚开始也没注意，后来，车快到跟前了，我才发现，我就一下子推了那个收料员一下，俺俩个人就都倒地上了，杨某没发现车结果就被撞倒了，我赶紧吆喝张甲让他停车，又跑到杨某跟前一看，杨某被撞得很厉害，我就拿手机打了电话报了警……"经询问，杨某反映（节选）："……我看车进了工地后，就下了我开的车走进了工地里，到了卸沙的地方，找到那个收料员，这时张乙开的鲁××号农用车先把沙卸下后，张乙也到了我跟前，俺三个人就在那条东西路上说话，当时俺三个人站着面朝东，这时，张甲就开着鲁××号车沿路由西向东倒车想往下卸沙，结果，张乙就一把把那个收料员拉到了一边上，结果我躲避不及就被鲁××号车压在了车底下，当时，我还清醒就让张乙打电话报警……"经询问，杨某之妻董某反映（节选）："……杨某就下了车走进了工地里，我在车上等着，大约过了几分钟，张乙就用手机打电话跟我说出事了，让我快进去，我下车后，就往工地里走，刚进工地里大门就看见张乙在鲁××号车的后面拖着一个人，我就赶紧跑过去一看，地上躺着的是杨某，张乙抱着他，鲁××号农用车停在一条东西的土路上，沙还没卸，杨某就倒在车后面，我问怎么回事，他们也没说什么，只想着救人了……"经询问，山东某建筑集团项目经理隋某反映（节选）："……我公司在胶南市临港经济区给某公司建厂房，当时是出事的那个杨某给我工程工地供料。2008年5月1日那天，杨某的车在工地上倒车时把杨某撞倒了，当时我正好在工地上安排活，出事我正好看见……"

诉讼过程中，因张甲下落不明，本院依法向其公告送达了起诉状副本、应诉通知书、举证通知书、合议庭组成人员通知书及开庭传票等诉讼文书，其无正当理由在法定期限内未到庭参加诉讼。法庭审理中，杨某另提交了如下证据：

证据一：落款日期为2019年1月17日的诊断证明一份，加盖"青岛市黄岛区某医院医务科"印章，并由经办人签名，病情摘要载明"患者杨某，男，55岁，于2010年2月至今几乎在我院住院治疗，特此证明"，诊断载明"颈部受伤伴截瘫"。杨某欲证明其自2010年2月至2019年在青岛市黄岛区某医院住院治疗。某保险公司青岛分公司质证称：对该证据的真实性无法确定，所证明的事项不认可，该证据所要证明的事项依据不足。证据二：住院病案、住院费用明细汇总表、医疗住院收费票据各八份，载明的医疗费分别为36829.69元、397337元、37809.47元、22252元、36045.7元、23672.79元、3236.39元、22234.73元，欲证明其自2017年12月30日至2019年10月23日一直在青岛市黄岛区某医院住院治疗，共计594天，支出医疗费251816.67元。某保险公司青岛分公司质证称：对该证据本身的真实性无异议，但所要证明的事项因与事发间隔时间太长、中间无有效佐证支持，无法确定其住院的合理性，故不予认可。

对此本院认为，杨某提交的证据一加盖了医疗机构的印章并由经办人签名，符合单位出具证明材料的形式要件，结合其提交的证据二，能够佐证其治疗经过，本院予以认定，同时某保险公司青岛分公司未提交证据推翻杨某所主张用药（或治疗费用）的合理性与关联性，故本院对上述医疗费251816.67元依法予以确认。

原审法院认为，根据杨某选择的诉讼请求权基础，本案的案由应当定性为保险合同纠纷。当事人争议的焦点问题为：杨某主张的损失20万元是否属于第三者责任保险的理赔范围。所谓第三者责任保险，是指被保险机动车发生意外事故，致使第三者遭受人身伤亡或财产损失，依法应当由被保险人承担经济赔偿责任时，由保险人负责赔偿或支付保险金的一种保险。第三者责任保险旨在确保第三者因意外事故受到人身伤亡或财产损失时能够从保险人处获得救济，是为不特定的第三者利益而订立的合同。《中华人民共和国道路交通安全法》第七十六条规定："机动车发生交通事故造成人身伤亡、财产损失的，由保险公司在机动车第三者责任强制保险责任限额范围内予以赔偿……"，该规定并未区分第三者是否为被保险人。给予被保险人及其家庭成员与受害第三者同等保护，乃《中华人民共和国道路交通安全法》与《中华人民共和国保险法》的立法本意。本案中，杨某就其所有的案涉车辆向某保险公司青岛分公司投保商业第三者责任险，双方之间形成保险合同关系，合法有效，当事人均应当按照约定全面、诚实信用地履行自己的义务。案涉车辆登记车主为杨某，张甲驾驶该车辆发生非道路交通事故，造成杨某受伤，杨某为治疗而支出2017年12月30日之后医疗费251816.67元中的20万元，属于保险公司的保险理赔范围，该公司应予赔付。《中华人民共和国民法总则》第一百八十八条第一款规定："向人民法院请求保护民事权利的诉讼时效期间为三年。法律另有规定的，依照其规定。"杨某于2019年7月2日提起本案民事诉讼，故保险公司关于诉讼时效的抗辩意见，于法无据，本院不予采纳。张甲经本院合法传唤未到庭参加诉讼，不影响本案依法审理，本案事实已查清，可以缺席判决。

综上所述，依照《中华人民共和国保险法》第十四条、第二十三条，《中华人民共和国道路交通安全法》第七十六条，《中华人民共和国民法总则》第一百八十八条第一款，《中华人民共和国民事诉讼法》第六十四条第一款、第九十二条、第一百四十二条、第一百四十四条规定，判决如下：某保险公司青岛分公司于本判决生效之日起十日内给付杨某保险金20万元。如果未按本判决指定的期间履行给付金钱义务，应当依照《中华人民共和国民事诉讼法》第二百五十三条规定，加倍支付迟延履行期间的债务利息。案件受理费4300元，由某保险公司负担。公告费，杨某自愿负担。

本院对一审查明的事实予以确认。

本院认为，杨某与某保险公司青岛分公司签订的保险合同依法成立，具有法律约束力。依据保险法规定责任保险是以被保险人对第三者依法应负的赔偿责任为保险标的的保险。由此可见，责任保险中保险人承担赔偿责任的前提和基础，是以被保险人对他人应负赔偿责任为要件，无责任无保险。本案中杨某作为被保险人其自身伤害系由他人造成，其作为受害人并不是责任主体，对他人不负有法律上的赔偿责任。被保险人杨某的损害并不是第三者责任险约定的承保范围，因此，杨某主张某保险公司青岛分公司承担赔偿责任，无法律依据，其请求本院不予支持。上诉人某保险公司青岛分公司的上诉理由成立，本院予以采信。

综上所述，原判认定事实清楚，法律适用错误，应当予以改判。依照《中华人民共和国保险法》第六十五条第四款，《中华人民共和国民事诉讼法》第一百七十条第一款第（二）项的规定，判决如下：

一、撤销青岛市黄岛区人民法院（2019）鲁0211民初12021号民事判决；

二、驳回杨某的诉讼请求。

一审案件受理费4300元；二审案件受理费4300元，均由杨某负担。

本判决为终审判决。

审判长　王某某
审判员　汪某某
审判员　张某某
二〇二〇年十月二十六日
书记员　王　某

评·析

本案的争议焦点在于，被保险人允许的驾驶员在使用标的车时发生意外事故，被保险人作为其投保车辆的被侵权人，能否主张第三者责任险赔偿其损失。

1. 第三者责任险赔偿范围：

第三者责任保险，是指被保险机动车发生意外事故，致使第三者遭受人身伤亡或财产损失，依法应当由被保险人承担经济赔偿责任时，由保险人负责赔偿或支付保险金的一种保险。

《机动车交通事故责任强制保险条例》第三条规定："本条例所称机动车交通事故责任强制保险，是指由保险公司对被保险机动车发生道路交通事故造成本车人员、被保险人以外的受害人的人身伤亡、财产损失，在责任限额内予以赔偿的强制性责任保险。"保险赔偿范围排除本车人员及被保险人。

某保险公司《机动车综合商业保险条款》总则第三条约定："本保险合同

中的第三者是指因被保险机动车发生意外事故遭受人身伤亡或者财产损失的人，但不包括被保险机动车本车车上人员、被保险人。"保险赔偿范围亦排除本车人员及被保险人。

《中华人民共和国保险法》第六十五条第四款规定："责任保险是指以被保险人对第三者依法应负的赔偿责任为保险标的的保险。"订立责任保险合同的目的，实际上是由保险人担负被保险人对第三者的损害赔偿责任。保险是当事人之间就分担意外事故损失达成的一种合意，《保险法》明确将被保险人与第三者的法律身份进行区分，有利于划分赔偿责任、使得合法权益受到侵害的第三者有多种可选择的途径获得赔偿。

机动车交通事故责任强制保险、第三者责任险均属于责任保险，应依据法律适用责任保险的规定。保险行业内普遍在《机动车第三者责任保险条款》中约定第三者不包括投保人、被保险人、保险人和保险事故发生时被保险机动车本车上的人员。被保险人就其所有的车辆向保险公司投保商业第三者责任险，双方之间形成保险合同关系，合法有效，当事人均应当按照约定全面、诚实信用地履行自己的义务。将被保险人认定为第三者，明显扩大了责任保险的赔偿范围、加重了承保保险公司的赔偿责任，违背了《中华人民共和国保险法》的立法本意，有违民法典公平原则。

2. 保险责任认定：

侵权行为从法理上构成要件包括加害行为、有损害事实的存在、加害行为与损害事实间构成因果关系、行为人有主观过错，行为人构成侵权需明确将加害行为指向一个具体存在的被侵权人。在机动车交通事故中侵权行为通常表现为被保险人或其允许的驾驶人在使用被保险机动车过程中发生意外事故，致使第三者遭受人身伤亡或财产直接毁损的情形。

责任保险是指保险人在被保险人依法应对第三者负赔偿民事责任，并被提出赔偿要求时，承担赔偿责任的财产保险形式。责任保险以被保险人对他人依法应负的民事赔偿责任为保险标的。责任保险仅承保被保险人的过失侵权民事责任，对故意行为造成的损害不负责任。由此可见，责任保险中保险人承担赔偿责任的前提和基础，是以被保险人对他人应负赔偿责任为要件，无责任无保险。

本案中，杨某作为被保险人，自身伤害由他人造成。杨某作为被侵权人应要求侵权人张甲承担人身损害赔偿责任，其并不属于责任保险的责任主体，对他人不负有法律上的赔偿责任。

被保险人杨某的损害并不属于法律规定的责任保险赔偿范围，亦不符合某保险公司《机动车综合商业保险条款》中关于机动车第三者责任保险约定保险责任的构成要件，即被保险人或其允许的驾驶人依法应当对第三者承担损害赔偿责任。第三者责任险已明确约定了承保范围，本案不属于保险责任，因此杨某作为被保险人主张甲保险公司青岛分公司承担赔偿责任，无法律依据。一审法院有选择性地摘取对原告有利的法律条文片段，规避对原告不利法条全文及相关司法解释，所做出的判决明显属于适用法律错误。

张甲驾驶鲁××号车在青岛市黄岛区（原胶南市）临港经济区某建筑工地上倒车时不慎将杨某撞倒，导致杨某受伤。因事故为非道路交通事故，交警未判定事故责任。按照《中华人民共和国民法典》第一千二百零九条关于机动车交通事故责任规定："因租赁、借用等情形机动车所有人、管理人与使用人不是同一人时，发生交通事故造成损害，属于该机动车一方责任的，由机动车使用人承担赔偿责任；机动车所有人、管理人对损害的发生有过错的，承担相应的赔偿责任。"《中华人民共和国道路交通安全法》第七十六条规定："机动车发生交通事故造成人身伤亡、财产损失的，由保险公司在机动车第三者责任强制保险责任限额范围内予以赔偿；不足的部分，按照下列规定承担赔偿责任：（二）机动车与非机动车驾驶人、行人之间发生交通事故，非机动车驾驶人、行人没有过错的，由机动车一方承担赔偿责任；有证据证明非机动车驾驶人、行人有过错的，根据过错程度适当减轻机动车一方的赔偿责任；机动车一方没有过错的，承担不超过百分之十的赔偿责任。"因无证据证明作为行人及机动车所有人的杨某有过错，应由机动车一方承担责任，属于该机动车一方责任的，由机动车使用人承担赔偿责任，本案杨某无过错，张甲承担事故全部责任。杨某应要求机动车使用人张甲直接承担赔偿责任。

缴纳保费追认代签的投保单是否视为保险人对免责条款已尽提示义务

四川省宜宾市中级人民法院

（2020）川15民终1373号民事判决书

（2020年7月21日）

案·情

2020年1月10日，曾某驾驶川Q38号普通两轮摩托车与川E7号车发生碰撞，造成曾某受伤，两车受损的交通事故。交警认定曾某负该次事故主要责任。

出险后经调查，曾某持F证，出险时驾驶的是普通摩托车，F证准驾车型为轻便摩托车，根据《驾驶人员平安险》条款第7条第3款，该行为属于无有效驾驶证驾驶，属于保险条款除外责任。曾某治疗出院后被评定为8级伤残，向保险人提出索赔，保险人依据前款规定告知其该次事故属于保险除外责任，保险人不予赔付。随后，曾某向法院提起诉讼，要求保险人按照责任限额赔付其人身损失35000元。

判决书正文

上诉人（原审被告）：某财产保险股份有限公司宜宾中心支公司。住所地：四川省宜宾市翠屏区。

被上诉人（原审原告）：曾某，男，1952年5月25日出生，汉族，住四川省宜宾市南溪区。

2021 年度保险诉讼典型案例报告

上诉人某财产保险股份有限公司宜宾中心支公司（以下称某财保宜宾支公司）因与被上诉人曾某人身保险合同纠纷案，不服四川省宜宾市翠屏区人民法院（2020）川 1502 民初 2252 号民事判决，向本院提起上诉。本院于 2020 年 7 月 9 日立案后，依法组成合议庭对本案进行了审理，现已审理终结。

某财保宜宾支公司向本院上诉请求：1. 撤销四川省宜宾市翠屏区人民法院（2020）川 1502 民初 2252 号民事判决，发回重审或依法改判某财保宜宾支公司不承担保险责任；2. 一、二审案件受理费由曾某负担。

事实和理由：1. 一审判决认定事实清楚，但适用法律不当，某财保宜宾支公司已尽到提示和明确说明义务，属于保险免责范围，曾某驾驶与驾驶证准驾车型不符的机动车，在性质上属于无证驾驶，无证驾驶违反了《中华人民共和国道路交通安全法》等法律规定；2. 曾某提交的保险单上载明，投保人确实收到了本保单条款且对责任免除情况已阅读并充分理解，根据《最高人民法院关于适用〈中华人民共和国保险法〉若干问题的解释（二）》第三条、第十条的规定，本案中，保险公司已完全尽到提示和明确说明义务，不应承担保险责任。

曾某称，1. 保险公司在一审中向法院提交了投保单，投保单上面载明的曾某签字笔迹与曾某起诉状、现场书写的笔迹明显不一致。且曾某当庭申请对笔迹进行鉴定，而保险公司明确表示无须鉴定，相应的法律责任应当由保险公司承担。2. 一审判决认定保险公司未尽到提示或告知义务，认定事实清楚、适用法律正确，请求驳回上诉，维持原判。

曾某向一审法院起诉请求：判令某财保宜宾支公司赔偿伤残保险金 30000元、医疗保险金为 5000 元。本案诉讼费用由某财保宜宾支公司负担。

一审法院认定事实如下：对双方无争议的投保情况、事故情况、曾某因伤构成八级伤残情况等事实，依法予以确认。

另查明，1. 保险条款约定：被保险人遭受意外伤害，并自该意外伤害之日起一百八十日内因该意外伤害导致身体伤残的，本公司根据《人身保险伤残评定标准（行业标准）》的规定，按本合同约定的保险金额乘以该处伤残的伤残等级所对应的保险金给付比例给付伤残保险金，其中八级伤残对应赔付比例为 30%。2. 保险条款第七条约定（条款加黑加粗）：被保险人在下列期间遭受伤害导致身故、残疾、烧烫伤的，保险人也不承担给付保险金责任：(三) 被保险人酒后驾车、无有效驾驶证驾驶（本款驾驶学员除外）、或驾驶无有效行驶证的机动车期间。3. 曾某事发时其驾驶证载明准驾车型为"F"，事发时驾驶需要"E"照才具有驾驶资质的普通两轮摩托车属准驾不符。

一审法院认为，曾某向某财保宜宾支公司投保人身意外险，双方人身保险合同关系成立。曾某在保险期间发生事故，某财保宜宾支公司应在保险限额内进行理赔。

本案争议的焦点：1. 投保单上投保人签字（签章）处签名是否为曾某本人所签；2. 无有效驾驶证驾驶属免责情形之一条款、比例赔付条款是否产生法律效力，分析如下：

焦点1，庭审中，曾某不认可签名的真实性并申请鉴定，某财保宜宾支公司明确表示签名无须鉴定，相应法律后果由其公司承担，故推定签名并非曾某本人所签，某财保宜宾支公司亦未提供进行条款提示、告知的其他证据，故应承担举证不能的责任，依法确认某财保宜宾支公司就保险条款未向曾某提示、告知。

焦点2，（1）无有效驾驶证驾驶机动车行为，虽该行为属违反法律、法规禁止性规定的行为，但根据《最高人民法院关于适用〈中华人民共和国保险法〉若干问题的解释（二）》第十条规定："保险人将法律、行政法规中的禁止性规定情形作为保险合同免责条款的免责事由，保险人对该条款作出提示后，投保人、被保险人或者受益人以保险人未履行明确说明义务为由主张该条款不生效的，人民法院不予支持。"该行为保险免赔的前提为保险人需对该条款尽到提示义务，但如上分析，因某财保宜宾支公司并未尽到条款提示义务，故无有效驾驶证驾驶属免赔条款未产生法律效力。（2）比例赔付条款。根据《最高人民法院关于适用〈中华人民共和国保险法〉若干问题的解释（二）》第九条第一款规定："保险人提供的格式合同文本中的责任免除条款、免赔额、免赔率、比例赔付或给付等免除或者减轻保险人责任的条款，可以认定为《保险法》第十七条第二款规定的'免除保险人责任的条款'。"故本案所涉比例赔付属于免除保险人责任的条款。根据《中华人民共和国保险法》第十七条规定："订立保险合同，采用保险人提供的格式条款的，保险人向投保人提供的投保单应当附格式条款，保险人应当向投保人说明合同的内容。对保险合同中免除保险人责任的条款，保险人在订立合同时应当在投保单、保险单或者其他保险凭证上作出足以引起投保人注意的提示，并对该条款的内容以书面或者口头形式向投保人作出明确说明；未作提示或者明确说明的，该条款不产生效力。"及《最高人民法院关于适用〈中华人民共和国保险法〉若干问题的解释（二）》第十条规定："保险合同订立时，保险人在投保单或者保险单等其他保险凭证上，对保险合同中免除保险人责任的条款，以足以引起投保人注意的文字、字体、符号或者其他明显标志作出提示的，人民法院应当认定其履行了《保险法》第十七条第二款规定的提示义务。保险人对保险合同中有关免除保险人责任条款的概念、内容及其法律后果以书面或者口头形式向投保人作出常人能够理解的解释说明的，人民法院应当认定保险人履行了《保险法》第十七条第二款规定的明确说明义务。"第十三条第一款规定："保险人对其履行了明确说明义务负举证责任。"本案中，某财保宜宾支公司既未在保单中对比例赔付条款作出足以引起投保人注意的提示，又未举证证明已向投保人对上述条款尽到了明确说明义务，故认定某财保宜宾支公司对上述条款未尽到提示、明确说明义务，该条款不生效。

综上所述，准驾不符免赔条款、比例赔付条款均不产生法律效力，故对曾某诉请的伤残保险金30000元、医疗保险金5000元，共计35000元，依法予以支持。依照《中华人民共和国保险法》第十三条、第十七条，《最高人民法院关于适用〈中华人民共和国保险法〉若干问题的解释（二）》第九条第一款、第十条、第十一条、第十三条第一款，《最高人民法院关于适用〈中华人民共和国民事诉讼法〉的解释》第九十条之规定，判决如下：某财保宜宾支公司于判决生效之日起十日内向曾某赔付35000元。如果上述义务人未按判决指定的期间履行给付金钱义务，应当依照《中华人民共和国民事诉讼法》第二百五十三条之规定，加倍支付迟延履行期间的债务利息。一审案件受理费675元，减半收取为337.5元，由某财保宜宾支公司负担。

二审中，当事人未提交新证据，本院对一审查明且各方当事人在二审中均无异议的要素事实予以确认。

本院认为，结合双方当事人的二审诉讼主张和一审查明事实，对本案的争议要素确定为：某财保宜宾支公司能否因曾某驾驶证准驾车型与实际驾驶车辆不符而免除其保险赔付责任。

发生事故时曾某实际驾驶的车辆与其驾证的准驾车型不一致,其行为有违《中华人民共和国道路交通安全法》的禁止性规定。因"无证驾驶免赔"的保险条款将法律中的禁止性规定情形作为免责事由,故保险人应向投保人履行提示义务否则该条款不产生法律效力。就本案而言,保险合同中"无证驾驶免赔"条款虽已通过加黑的形式予以标注提示,但曾某否认其收到保险条款,因此,为证实保险人已就免责条款履行提示义务,某财保宜宾支公司仍需举证证明已向曾某出示或交付保险条款。某财保宜宾支公司提供的"投保人声明栏"有"曾某"字样的签名,但该签名与曾某本人在其他资料中的签字明显不一致,在曾某否认签名真实性并同意笔迹鉴定的情况下,某财保宜宾支公司明确表示无须鉴定,故某财保宜宾支公司需进一步提供证据证明"投保人声明栏"中的签名系曾某本人书写。某财保宜宾支公司未能提供其他证据证明前述事实,故依据《最高人民法院关于适用〈中华人民共和国民事诉讼法〉的解释》第九十条"当事人对自己提出的诉讼请求所依据的事实或者反驳对方诉讼请求所依据的事实,应当提供证据加以证明,但法律另有规定的除外。在作出判决前,当事人未能提供证据或者证据不足以证明其事实主张的,由负有举证证明责任的当事人承担不利的后果"之规定,某财保宜宾支公司应当承担举证不能的不利后果,本院确认"投保人声明栏"中的签名非曾某本人书写。需要指出的是,"投保人已经交纳保险费的,视为其对代签字或者盖章行为的追认"的规定,不及于"投保人声明栏"处的代签章。以订约人(要约人)的身份在投保单相应部分签章和在"投保人声明栏"处签章的目的和意义不同,在发生代签名现象后认定投保人以交纳保险费的形式追认的效果亦不同投保人交纳保险费的,仅表明其愿意订立该保险合同,是对代签保险合同行为的追认,保险合同对其生效。但不能因此认为投保人认可保险人已经向其履行了保险免责条款的明确说明义务,因为保险人是否已经向其履行了保险免责条款的明确说明义务是个事实问题,应当实事求是地认定,如果保险人事实上并未向其履行该项义务,不能仅因为投保人交纳了保险费而推定保险人向其履行了该项义务。因此,本院确认某财保宜宾支公司未能向曾某就涉案免责条款履行提示义务,该条款尚未生效,某财保宜宾支公司应当依约承担保险赔付责任。

综上所述,某财保宜宾支公司的上诉请求不能成立,应驳回;一审判决认定事实清楚，适用法律正确，应予维持。依照《中华人民共和国民事诉讼法》第一百七十条第一款第一项规定，判决如下：

驳回上诉，维持原判。

二审案件受理费 675 元，由某财保宜宾支公司负担。

本判决为终审判决。

审判长　王某某

审判员　陈　某

审判员　张某某

二〇二〇年七月二十一日

法官助理　李某某

书记员　李　某

评·析

一、他人代投保人在投保单上签字后，投保人交纳保费，保险条款中的免责条款是否生效

根据《中华人民共和国保险法》司法解释（二）第三条的规定：投保人或者投保人的代理人订立保险合同时没有亲自签字或者盖章，而由保险人或者保险人的代理人代为签字或者盖章的，对投保人不生效。但投保人已经交纳保险费的，视为其对代签字或者盖章行为的追认。保险人或者保险人的代理人代为填写保险单证后经投保人签字或者盖章确认的，代为填写的内容视为投保人的真实意思表示。代签名的保险合同属于效力待定的合同类型，需要投保人的追认才能生效。而现实生活中，投保人的追认一般通过交纳保险费的形式来体现。

本案中，投保单上的签名并非原告所签。但是，事后投保人按照保险合同的约定向保险人交纳了保费，那么就导致该保险合同从效力待定状态进入成立生效状态，这也是其在出险后可以向保险人索赔的重要依据。而根据保险法及其司法解释的相关规定，保险合同生效了，但是其中的免除或减轻保险人责任的条款，在保险人尚未履行提示说明义务的情况下，这些条款仍然处于效力待

定的状态,保险人不能因为上述司法解释的存在,就想当然地认为免责条款也通过投保人的事后交费行为而生效了。

二、保险条款的比例赔付条款也是一种"免责条款",需要提示说明才能生效

在通常的理解中,只有在保险条款中处于"免责条款"部分的保险条款,属于需要保险人履行提示说明义务才能生效的。但是根据相关保险法司法解释的规定,在保险条款其他部分如"投保人,被保险人义务""赔偿处理"等部分存在的诸如"不足额投保,比例赔付""投保人、被保险人未履行相关义务比例赔付""伤残比例赔付"等也属于免责条款,此类条款也需要保险人通过加粗、加黑来提示,通过书面或口头等方式向投保人说明其概念、内涵及法律后果后,方能生效。对于将法律禁止性规定作为保险条款免责情形的,保险人只需要向投保人履行提示义务就可以生效。

三、不能承担举证责任的,需要承担不利后果

在本案中,投保单上原告的签字是否为原告自己所书写,关系到保险条款中免责条款是否能生效。为此,原告否认该签名为自己所书写,并且申请司法鉴定,而保险人却主张该签名是原告自己所书写,不需要鉴定,相关法律后果由保险人承担。依据《最高人民法院关于适用〈中华人民共和国民事诉讼法〉的解释》第九十条"当事人对自己提出的诉讼请求所依据的事实或者反驳对方诉讼请求所依据的事实,应当提供证据加以证明,但法律另有规定的除外。在作出判决前,当事人未能提供证据或者证据不足以证明其事实主张的,由负有举证证明责任的当事人承担不利的后果"之规定。在该签名与原告其他签名字迹明显不同,而保险公司又不能提供其他可以证明该签名是原告所书写的证据的情形下,本来可以通过鉴定的方式来确定该签名是否为曾某亲自书写,曾某也同意做签名字迹鉴定,而保险公司却拒绝做鉴定。在未对该签名进行鉴定的情况下,法院推定该签名不是原告所书写,由保险公司承担举证不利的法律后果,既符合法律规定,也符合社会常理。

诉讼保全责任险中保全行为的合理性及适当性的认定

四川省成都市中级人民法院
(2020) 川01民终16507号民事判决书

(2020年12月8日)

案·情

2017年3月至7月,某房地产公司与某网络科技公司签订《某商品房项目协助销售协议》及《某商品房物业销售推荐合同》,双方约定由某网络科技公司负责该商品房项目销售推介。后双方因发生合作纠纷,某网络科技公司以某房地产公司为被告向成都市武侯区人民法院提起居间合同纠纷诉讼,请求判决某房地产公司支付佣金3079700元及相应利息,并支付违约金100万元。同时某网络科技公司向成都市武侯区人民法院提交财产保全申请,由某保险公司四川分公司提供保单保函作为担保,要求对某房地产公司价值310万元的财产进行诉中财产保全措施。经成都市武侯区人民法院裁定,对某房地产公司价值310万元的财产予以冻结。

原诉居间合同纠纷诉讼案件经成都市武侯区人民法院、成都市中级人民法院一审、二审判决,某房地产公司均不承担任何责任。2019年12月12日武侯区人民法院下达民事裁定书,解除对某房地产公司310万元的查封。

2020年3月5日,某房地产公司向成都市武侯区人民法院提出诉讼:请求判决某网络科技公司承担因恶意财产保全错误查封给其公司造成的经济损失费合计161.3818万元,同时要求某保险公司四川分公司在财产保全保单保函的赔偿限额内承担连带赔偿责任。

本案经成都市武侯区人民法院、四川省成都市中级人民法院一审、二审判决，依法驳回某房地产公司的全部诉讼请求，判决某网络科技公司、某保险公司四川分公司均不承担赔偿责任。

判决书正文

上诉人（原审原告）：四川省某房地产开发有限公司，住所地四川省成都市武侯区。

法定代表人：陈甲，董事长。

被上诉人（原审被告）：成都某网络科技有限公司，住所地四川省成都市金牛区。

法定代表人：陈乙，执行董事。

被上诉人（原审被告）：某保险公司四川分公司，营业场所四川省成都市青羊区。

责任人：何某。

上诉人四川省某房地产开发有限公司（以下简称某房地产公司）因与被上诉人成都某网络科技有限公司（以下简称某网络科技公司）、某保险公司四川分公司因申请诉中财产保全损害责任纠纷一案，不服成都市武侯区人民法院（2020）川0107民初3870号民事判决，向本院提起上诉。本院于2020年10月22日立案受理后，根据《全国人民代表大会常务委员会关于授权最高人民法院在部分地区开展民事诉讼程序繁简分流改革试点工作的决定》，依法适用第二审程序，由审判员独任审理，于2020年11月18日公开开庭审理了本案。上诉人某房地产公司法定代表人陈甲及委托诉讼代理人赵某，被上诉人某网络科技公司委托诉讼代理人武某，被上诉人某保险公司四川分公司委托诉讼代理人文某到庭参加诉讼。本案现已审理终结。

某房地产公司上诉请求：1.撤销原判，判令某网络科技公司赔偿某房地产公司因财产保全错误查封给某房地产公司造成的经济损失费131.63万元（以310万元为基数，从2018年3月15日查封之日起暂计至2019年12月12日，共637天，折合21.23个月，以某房地产公司实际支付的借款利息月利率2%计算：310万元×21.23个月×2%＝131.63万元）；2.判令某网络科技公司赔偿某房地产公司因此而产生的原案诉讼律师费 16 万元、本案律师代理费 8 万元、鉴定费 30918 元，三项共计 270918 元；3. 判令某网络科技公司向某房地产公司支付银行四倍贷款利息（以 150.72 万元为基数，以银行同期贷款利率的四倍为计算标准，从 2019 年 12 月 13 日起至付清款项之日止）；4. 判令某保险公司四川分公司在财产保全保单保函的赔偿限额内承担赔偿责任，并对全部赔偿费用承担连带赔偿责任；5. 一、二审诉讼费用由被上诉人承担。事实和理由：1. 某网络科技公司在居间合同纠纷案件中提供的证据存在瑕疵，明显系伪造。成都市武侯区法院（2018）川 0107 民初 2066 号判决（以下简称 2066 号判决）及本院（2019）川 01 民终 10369 号判决（以下简称 10369 号判决）对此均有认定，且驳回某网络科技公司诉讼请求，上述证据均能证明某网络科技公司请求冻结某房地产公司 310 万元财产保全申请存在明显错误。2. 某网络科技公司与某房地产公司居间合同审理过程中，某房地产公司审签以案外人名下高于保全标的 4 倍的营业铺面作为置换保全财产等多项救济措施，一审认为"置换财产是案外人提供的不动产，不便于执行"而未予支持置换保全财产的观点有误。3. 某网络科技公司错误查封某房地产公司名下流动资金 310 万元，造成某房地产公司经营困难，某房地产公司为正常经营对外借款而产生的经济损失应获赔偿。某房地产公司将借款打入被查封账户系因该账户为发放工资、缴纳税款的政府监管账户，在补齐 310 万元查封款之后的其余款项可以正常用于公司对外经营。4. 因某网络科技公司恶意诉讼造成某房地产公司支出鉴定费 30918 元及应诉产生的律师费 24 万元均为某房地产公司直接经济损失，应由某网络科技公司承担。5. 某保险公司四川分公司因向某网络科技公司出具保单保函，应当承担相应民事责任。

某网络科技公司辩称，1. 某网络科技公司基于与某房地产公司居间合同纠纷提起民事诉讼，申请财产保全有合法依据，且经法院审查裁定，不存在侵害某房地产公司权利的情形。2. 某网络科技公司诉某房地产公司居间合同纠纷立案后，某房地产公司提起反诉，基于同一法律关系主张某网络科技公司应退还其已支付的佣金，该反诉经审理后亦被判决驳回诉讼请求，说明某网络科技公司提起的诉讼有相应的事实和法律依据。3. 双方居间服务合同纠纷生效判决未认定某网络科技公司提交的证据系伪造，且某网络科技公司因对 10369 号判决不服，四川省高级人民法院已裁定提审该案，某网络科技公司不存在虚假诉讼或者故意保全某房地产公司财产造成其损失的主观恶意。一审判决认定事实清楚,适用法律正确,请求予以维持。

某保险公司四川分公司辩称,1.某房地产公司未提交证据证明其主张以310万元为基础,按照637天计算损失费用的依据。2.某房地产公司主张的银行四倍贷款利息、律师费、鉴定费没有法律依据,且与某保险公司四川分公司不具关联性。3.某保险公司四川分公司不是案涉居间服务合同的相对方,某保险公司四川分公司依法出具保函,不应当承担连带责任。

某房地产公司向一审法院起诉请求:1.判决某网络科技公司赔偿某房地产公司因恶意财产保全错误查封给某房地产公司造成的经济损失费134.29万元(以310万元为基数,从2018年2月28日查封之日起至2019年12月12日解封之日止,共650天,折合21.66个月,以某房地产公司实际支付的借款利息月利率2%计算:310万元×21.66个月×月利率2%=134.29万元);2.判决某网络科技公司赔偿某房地产公司因其恶意起诉而产生的律师费16万元、本案律师代理费8万元、鉴定费3.0918万元,三项共计27.0918万元;3.判决某网络科技公司向某房地产公司支付银行四倍贷款利息(以161.3818万元为基数,以银行同期贷款利率的四倍为计算标准,从2019年12月13日起至付清款项之日止);4.判决某保险公司四川分公司在财产保全保单保函的赔偿限额内承担向某房地产公司的赔偿责任,并对第1项、第2项、第3项诉讼请求的费用承担连带赔偿责任。

一审法院认定事实:2017年3月,经案外人郭某引荐,某房地产公司与某网络科技公司签订《某商品房项目协助销售协议》,约定由某网络科技公司作为某房地产公司的某商品房项目渠道总分销,利用其自身资源为某房地产公司推荐客户,指引客户购买某商品房项目。协议还对推荐销售流程、佣金支付比例及违约责任进行了约定。2017年7月1日,某网络科技公司与某房地产公司再度签订《某商品房物业销售推荐合同》一份,对推荐销售流程、佣金结算方式、佣金支付比例及违约责任重新进行了约定。后某房地产公司与某网络科技公司因佣金结算和支付问题发生纠纷,某网络科技公司作为原告以某房地产公司为被告向一审法院提起居间合同纠纷诉讼,请求判决某房地产公司支付佣金3079700元及相应利息,并支付违约金100万元。案件审理期间,某网络科技公司向一审法院提交财产保全申请,要求对某房地产公司的财产在价值

310万元的范围内采取保全措施。某保险公司四川分公司为某网络科技公司申请保全提供保单保函作为担保。一审法院根据某网络科技公司提供的财产线索，于2018年2月28日作出（2018）川0107民初2066号民事裁定书，裁定如下：一、对某房地产公司在成都银行股份有限公司双流支行0201×××0019账户内的款项予以冻结（冻结期限二年）；二、对某房地产公司在中国农业银行股份有限公司崇州支行2286×××9969账户内的款项予以冻结（冻结期限二年）；三、对某房地产公司在中国农业银行股份有限公司羊马支行2286×××1152账户内的款项予以冻结（冻结期限二年）；四、上述财产在限额310万元的范围内予以冻结；五、某保险公司四川分公司提供保单保函作为担保。

2018年3月5日，中国农业银行股份有限公司崇州支行羊马分理处的冻结回执载明：某房地产公司在我行（处）的2286×××1152账户存款（金额）应冻结310万元，已冻结23135.72元。中国农业银行股份有限公司崇州支行的冻结回执载明：某房地产公司在我行（处）的2286×××9969账户存款（金额）应冻结310万元，已冻结4636.34元。成都银行的冻结回执载明：某房地产公司在我行（处）的0201×××0019账户存款金额应冻结310万元，已冻结0元。2018年3月13日，某房地产公司账号为2286×××1152的账户进款7万元；2018年3月15日，某房地产公司的上述账户进款3090000元，至此某房地产公司实际被冻结存款310万元。2018年12月18日，某房地产公司向一审法院提交书面申请，请求以案外人四川某建筑劳务有限公司名下位于崇州的某商业用途房屋置换被保全财产，某网络科技公司也向一审法院提交了反对置换被保全财产的书面意见，最终一审法院未同意某房地产公司要求置换被保全财产的申请。

2019年3月27日，一审法院作出2066号判决，认定某网络科技公司提交的三份《交接单》虽然落款日期不同，但经鉴定未能检测出不同笔书写的特征，反映以某网络科技公司提交的核心证据存在重大瑕疵，不能作为认定销售房屋数量的证据为由，判决驳回某网络科技公司的诉讼请求。某网络科技公司不服该判决，向本院提起上诉。2019年11月12日，本院作出10369号民事判决书，判决如下：驳回上诉，维持原判。

上述事实，有当事人身份信息，成都市武侯区人民法院作出的（2018）

川 0107 民初 2066 号民事裁定书、《协助冻结存款通知书》，及冻结回执三份、《请求法院尽快批准置换变更保全财产的紧急申请书》、某房地产公司活期存款明细、2066 号民事判决书、10369 号民事判决书等证据及当事人陈述记录在案，予以证实。

一审法院认为，根据《中华人民共和国民事诉讼法》第一百零五条"申请有错误的，申请人应当赔偿被申请人因保全所遭受的损失"以及《中华人民共和国侵权责任法》第六条"行为人因过错侵害他人民事权益，应当承担侵权责任"的规定，申请保全错误赔偿的归责原则适用过错原则。认定财产保全申请是否有错误，需综合考量诉讼的合理性和保全行为的适当性。只要申请人基于现有事实和证据提出诉讼合理且申请保全适当，即使法院判决最终没有支持其诉讼请求，也不能认定财产保全申请错误。只有申请人出于故意或重大过失，致使诉讼请求与法院生效判决产生不合理的偏差，该差额诉讼请求范围内的财产保全申请才属于有错误，由此给被申请人造成损失的，申请人才应当依法给予赔偿。本案中，某网络科技公司因与某房地产公司在履行《某商品房项目协助销售协议》过程中就佣金结算和支付问题发生纠纷，而向一审法院提交诉讼财产保全申请，其诉讼具有事实依据。某网络科技公司申请保全的财产范围，也没有超出其诉讼请求标的，其保全行为具有适当性。该案一、二审判决未支持某网络科技公司的诉讼请求，是因为某网络科技公司提供的证据存在瑕疵未被采信，并不能够归责于某网络科技公司的故意或重大过失，并就此认为某网络科技公司存在恶意诉讼行为。对某网络科技公司不同意某房地产公司申请置换保全财产问题，根据《最高人民法院关于适用〈中华人民共和国民事诉讼法〉的解释》第一百六十七条的规定："财产保全的被保全人提供其他等值担保财产且有利于执行的，人民法院可以裁定变更保全标的物为被保全人提供的担保财产"，变更保全标的物须以价值相等且有利于执行为前提，然而某房地产公司申请置换的被保全物系案外人提供的不动产，相比于现金并不利于执行，某网络科技公司就此提出反对置换被保全物的意见合理，一审法院未同意某房地产公司的申请符合法律规定。综上所述，某网络科技公司对某房地产公司提起居间合同纠纷诉讼及申请财产保全主观上不存在故意或重大过失，不属于申请保全确有错误之情形，某网络科技公司不应承担损害赔偿责任，对某房地产公司要求某网络科技公司赔偿其经济损失费 134.29 万元、律师费 24 万元的诉讼请求不予支持。关于某房地产公司主张某网络科技公司支付其鉴定费，因鉴定费的产生与某网络科技公司申请财产保全无关，不予支持。某房地产公司主张某网络科技公司支付以 1613818 元为基数，从 2019 年 12 月 13 日起按银行同期贷款利率的四倍计算至付清款项之日止的利息的诉讼请求，于法无据，不予支持。鉴于某网络科技公司不应承担损害赔偿责任，某房地产公司要求出具保函担保的某保险公司四川分公司承担连带赔偿责任，没有事实和法律依据，不予支持。

据此，依据《中华人民共和国侵权责任法》第六条，《中华人民共和国民事诉讼法》第六十四条、第一百零五条规定。判决如下：驳回某房地产公司的诉讼请求。案件受理费 19324 元，减半收取 9662 元，由某房地产公司负担。

本院经二审查明的事实与一审查明的事实一致；本院对一审查明的事实予以确认。

本院认为，一、申请保全的合法性及恰当性问题。因申请诉中财产保全损害责任纠纷属于一般侵权责任纠纷。在法律没有明确规定该类纠纷应适用无过错原则或者过错推定原则的情况下，应适用过错责任原则。根据《中华人民共和国民事诉讼法》第一百零五条之规定，申请人应对被申请人因保全所遭受损失予以赔偿的前提是申请确有错误，对此，因当事人对法律知识、举证能力、对法律关系的分析判断能力各不相同，其对诉争事实和权利义务的判断结果与法院的实体裁判结果未必一致。如果仅以保全申请人的诉讼请求是否最终得到支持作为依据判断是否对其申请保全尽到注意义务并以此归责，必然会对善意当事人依法通过诉讼保全程序维护自己合法权益造成妨碍，影响诉讼保全制度功能的发挥。根据《中华人民共和国侵权责任法》第六条的规定，侵权行为以过错原则为归责原则，申请保全错误，须以申请人存在主观过错为要件。本案中，双方当事人先后就居间合同履行提起诉讼，且根据某网络科技公司二审提交的四川省高级人民法院（2020）川民申 2323 号民事裁定书、（2020）川民再 466 号再审案件受理通知书等证据，至本案二审审理过程中，双方居间合同纠纷已进入新的审理程序。某房地产公司为证明某网络科技公司在诉讼中恶意串通某房地产公司原工作人员存在伪造、变造证据，虚假陈述，滥用诉权，提交双方在 2066 号案件中已经提交质证的《某商品房项目协助销售协议》及《某商品房物业销售推荐合同》《授权代表委托书》《关于尽快申报某商品房二期成功推介客户的函》及《交接单》等证据，上述证据已经2066号案件审理并认定居间合同签订及履行的相关事实，根据2066号及10369号民事判决书认定，双方就某网络科技公司推介并最终成交的客户数量、某房地产公司所付款项性质以及某网络科技公司应提取佣金金额等争议具有事实基础，上述主张仅是某房地产公司的怀疑，其提交的现有证据尚无法有效证明某网络科技公司滥用诉权，同时，2066号民事判决书虽认定《交接单》因具有人为处理痕迹的重大瑕疵无法进行笔迹生成时间的鉴定，但现有证据不足以证明上述瑕疵系某网络科技公司恶意或故意行为所致，故在双方签订居间合同并实际履行的情况下，某网络科技公司据此提起诉讼并在诉争标的范围内对某房地产公司的银行账户申请查封，系依法行使法律赋予的诉讼权利。

二、保全损失问题。某房地产公司有关置换财产保全的申请未予准许是否损害公司权益。对此，法院采取的强制措施并不会导致某房地产公司财产的减少，同时，某房地产公司提供的置换财产并非公司责任财产，不符合《最高人民法院关于适用〈中华人民共和国民事诉讼法〉的解释》第一百六十七条规定有关等值性及执行便利性的客观标准，原审法院对此不予准许并无不当。因某网络科技公司对保全申请行为不具有过错，某房地产公司相关损失请求均不具有事实基础，原审法院不予支持并无不当。

综上所述，某房地产公司的上诉请求不能成立，应予驳回；一审判决认定事实清楚，适用法律正确，应予维持。依照《中华人民共和国民事诉讼法》第一百七十条第一款第一项规定，判决如下：

驳回上诉，维持原判。

二审案件受理费19324元，由某房地产公司负担。

本判决为终审判决。

审判员　邱　某
二〇二〇年十二月八日
法官助理　刘　某
书记员　宋　某

评·析

本案争议焦点为：某网络科技公司申请财产保全行为是否违法及其在申请财产保全行为的过程中是否存在主观上的故意或重大过失。

本案中，某网络科技公司因与某房地产公司在履行《某商品房项目协助销售协议》过程中就佣金结算和支付问题发生纠纷，进而发生诉讼，并向法院提交诉讼财产保全申请，其诉讼具有事实依据。财产保全申请经原案审理法院依法审查并裁定予以执行。因此某网络科技公司申请财产保全的行为并没有违反法律的相关规定，不具有违法性。同时，某房地产公司因前诉居间合同纠纷案件审理中，经原审法院认定相关证据因具有人为处理痕迹的重大瑕疵，认为某网络科技公司存在故意和重大过失，其发起居间合同纠纷之诉并提出诉讼财产保全行为的目的具有主观恶意。

本案中，双方签订居间合同并实际履行的情况下，某网络科技公司据此提起诉讼并在诉争标的范围内对某房地产公司的银行账户申请查封，系依法行使法律赋予的诉讼权利。财产保全申请经原案审理法院依法审查并裁定予以执行。因此某网络科技公司申请财产保全的行为并没有违反法律的相关规定，不具有违法性。

对于某房地产公司认为某网络科技公司存在故意和重大过失的相关问题。在双方居间合同纠纷诉讼案件中，因个别涉案证据具有人为处理痕迹的重大瑕疵无法进行笔迹生成时间的鉴定，法庭无法判断该证据实际形成时间，未对该证据进行采纳。法庭仅对该项证据的形成时间是否涉及双方合约期内的问题进行审理，并未明确该项证据是否为伪造，故某房地产公司认为某网络科技公司存在故意和重大过失的行为，无充分依据。

因申请诉中财产保全损害责任纠纷属于一般侵权责任纠纷。在法律没有明确规定该类纠纷应适用无过错原则或者过错推定原则的情况下，应适用过错责任原则。根据《中华人民共和国民事诉讼法》第一百零五条之规定，申请人应对被申请人因保全所遭受损失予以赔偿的前提是申请确有错误，对此，因当事人对法律知识、举证能力、对法律关系的分析判断能力各不相同，其对诉争事实和权利义务的判断结果与法院的实体裁判结果未必一致。如果仅以保全申请人的诉讼请求是否最终得到支持作为依据判断是否对其申请保全尽到注意义务并以此归责,必然会对善意当事人依法通过诉讼保全程序维护自己合法权益造成妨碍,影响诉讼保全制度功能的发挥。根据《中华人民共和国侵权责任法》第六条的规定,侵权行为以过错原则为归责原则,申请保全错误,须以申请人存在主观过错为要件。本案中,双方当事人先后就居间合同履行提起诉讼,且根据某网络科技公司二审提交的四川省高级人民法院(2020)川民申2323号民事裁定书、(2020)川民再466号再审案件受理通知书等证据,至本案二审审理过程中,双方居间合同纠纷已进入新的审理程序。某房地产公司为证明某网络科技公司在诉讼中恶意串通某房地产公司原工作人员存在伪造、变造证据,虚假陈述,滥用诉权,提交双方在2066号案件中已经提交质证的《某商品房项目协助销售协议》及《某商品房物业销售推荐合同》《授权代表委托书》《关于尽快申报某商品房二期成功推介客户的函》及《交接单》等证据,上述证据已经2066号案件审理并认定居间合同签订及履行的相关事实,根据2066号及10369号民事判决书认定,双方就某网络科技公司推介并最终成交的客户数量、某房地产公司所付款项性质以及某网络科技公司应提取佣金金额等争议具有事实基础,上述主张仅是某房地产公司的怀疑,其提交的现有证据尚无法有效证明某网络科技公司滥用诉权,同时,2066号民事判决书虽认定《交接单》因具有人为处理痕迹的重大瑕疵无法进行笔迹生成时间的鉴定,但现有证据不足以证明上述瑕疵系某网络科技公司恶意或故意行为所致,故在双方签订居间合同并实际履行的情况下,某网络科技公司据此提起诉讼并在诉争标的范围内对某房地产公司的银行账户申请查封,系依法行使法律赋予的诉讼权利。

根据《中华人民共和国民事诉讼法》第一百零五条"申请有错误的,申请人应当赔偿被申请人因保全所遭受的损失"以及《中华人民共和国侵权责任法》第六条"行为人因过错侵害他人民事权益,应当承担侵权责任"的规定,申请保全错误赔偿的归责原则适用过错原则。认定财产保全申请是否有错误,需综合考量诉讼的合理性和保全行为的适当性。只要申请人基于现有事实和证据提出诉讼合理且申请保全适当,即使法院判决最终没有支持其诉讼请求,也不能认定财产保全申请有错误。只有申请人出于故意或重大过失,致使诉讼请求与法院生效判决产生不合理的偏差,该差额诉讼请求范围内的财产保全申请才属于有错误,由此给被申请人造成损失的,申请人才应当依法给予赔偿。

诉讼保全责任险中保全行为与损失之间因果关系的认定

天津市高级人民法院

(2020)津民终 1242 号民事判决书

(2020 年 12 月 16 日)

案·情

2017 年 11 月 6 日,天津某甲有限公司(以下简称某甲公司)因合资、合作开发房地产合同纠纷向天津市第二中级人民法院起诉天津某乙有限公司(以下简称某乙公司),请求法院判令某乙公司支付利润 2.038 亿元及利息,同时申请法院保全某乙公司 2.04 亿元财产。经一、二审判决驳回某甲公司的诉讼请求。某保险公司天津分公司在一审中为某甲公司申请诉讼保全向法院出具保函,保险金额为 2.04 亿元。

某甲公司败诉后,某乙公司于 2019 年 7 月 5 日以因申请诉中财产保全损害责任纠纷为由,向天津市第二中级人民法院起诉某甲公司和某保险公司,请求法院判令某甲公司和某保险公司共同赔偿原告经济损失 3131 万元。

某保险公司收到起诉状和传票后,积极联系被保险人,收集证据并应诉,一审向法院提交 28 项共计 188 页证据,用于证明被保险人申请保全无过错。一审法院经审理认为某甲公司申请保全不存在过错,驳回原告的诉讼请求。原告不服上诉至天津市高院,二审法院于 2020 年 12 月 16 日驳回上诉,维持原判。

第二部分 财产保险诉讼案例

判决书正文

上诉人（一审原告）：某乙公司。

被上诉人（一审被告）：某甲公司。

被上诉人（一审被告）：某保险公司天津市分公司。

某乙公司上诉请求：1. 撤销天津市第二中级人民法院（2019）津02民初529号民事判决；2. 依法改判某甲公司、某保险公司一次性共同赔偿某乙公司经济损失3131万元；3. 本案诉讼费用全部由某甲公司、某保险公司承担。事实和理由：1. 一审判决认定事实不清，天津市高级人民法院（2019）津民终24号民事判决书，驳回了某甲公司的诉讼请求，证明某甲公司在提起诉讼并申请保全的过程中未能尽到合理注意义务，存在过错。某甲公司在无任何事实和法律依据的情形下，对某乙公司提起诉讼，并申请冻结某乙公司银行存款2.04亿元将近两年之久，给某乙公司造成了巨大的经济损失，应予以赔偿。2. 某保险公司应当按照其出具的保函与某甲公司共同对某乙公司的损失承担赔偿责任。

某甲公司辩称：1. 某甲公司在保全的过程中没有错误、过错，不存在主观故意或过失，也不存在恶意诉讼，不应当承担某乙公司主张的赔偿责任；2. 某乙公司主张的损失不成立，某甲公司不应当承担赔偿责任；3. 某甲公司在保全过程中，提供了合法的责任险担保，即使出现问题，也应当由保险公司承担相应责任，某乙公司不能要求某甲公司与保险人共同承担赔偿责任。综上所述，请求驳回某乙公司上诉请求。

某保险公司辩称：不同意某乙公司的诉讼请求，请求法院驳回其上诉请求。

某乙公司向一审法院提出诉讼请求：1. 判令某甲公司、某保险公司立即一次性共同赔偿某乙公司经济损失3131万元；2. 本案诉讼费用由某甲公司、某保险公司负担。

一审法院认定事实：某甲公司于2017年11月6日起诉某乙公司合资、合作开发房地产合同纠纷案件，案号为：（2017）津02民初822号。某甲公司在该案中的诉讼请求为："1. 判令某乙公司支付利润2.038亿元或者等值的房屋；2. 诉讼费用由某乙公司承担。"诉讼中某甲公司变更诉讼请求为："1. 判令某乙公司向某甲公司支付合作开发项目阶段性利润分配款 2.038 亿元（以实际审计项目利润的 50%为准）及利息（自 2017 年 11 月 6 日起至应付利润分配款实际给付之日止，按中国人民银行同期贷款利率计算）；2.某乙公司承担本案诉讼费和保全费。"该案查明事实为："原告提供的《房地产项目合作开发协议书》记载，甲方：某乙公司，乙方：某甲公司，经友好协商，一致同意合作开发位于天津市宁河县某区商品房开发项目事宜，一、定义，……3.房地产项目：指甲乙双方共同投资，共享利润，共担风险，产权登记在甲方名下的位于天津市宁河县某区××商品房开发项目……二、合作背景，3.本协议中房地产项目用地位于天津市宁河县某区，项目用地面积为 93415.9 平方米，合作双方取得所有土地的使用权需要投入约 2.2 亿元人民币的资金，甲乙双方各投入 50%，甲乙双方按投资额享有取得的土地使用权。三、项目合作内容及期限……十四、争议的解决：1.合作开发对外的全部债权债务由甲方承担，乙方的权利责任在盈余分配结算时一并结算……某乙公司在甲方处盖章，某甲公司在乙方处盖章，日期：2012 年 1 月 6 日。签订地点：天津市大港区。被告某乙公司对于原告某甲公司提供的《房地产项目合作开发协议书》真实性不予认可，申请对《房地产项目合作开发协议书》中被告某乙公司的印章真伪及盖印形成的时间进行鉴定。经质证，《房地产项目合作开发协议书》（以下简称《协议书》）的提供方原告某甲公司自认《协议书》上的盖印是 2017 年 6 月加盖，不是《协议书》记载的 2012 年 1 月 6 日。后被告请求对《协议书》中被告某乙公司印章的真伪进行鉴定。天津市第二中级人民法院经摇号选定鉴定单位，依法委托天津市中慧物证司法鉴定所对原告某甲公司提交的《协议书》上'某乙公司'印章的真伪进行鉴定。2018 年 5月 25 日，天津市中慧物证司法鉴定所出具司法鉴定意见书，鉴定意见：2012年 1 月 6 日《协议书》末页（第 9 页）中盖有的'某乙公司'印文与样本中盖有的'某乙公司'印文是同一枚印章所盖印。

"《往来款项核对函》记载，某甲公司与某乙公司对 2012 年 1 月至 2017 年6 月 19 日往来款项进行核对：一、2012 年 1 月至 2014 年 11 月，某甲公司（包含某电力管道（天津）有限公司、天津市某房地产开发有限公司、高某、王某）向某乙公司（包含天津某投资有限公司、程某）投入 46200000 元整。二、2015 年 3 月至 2017 年 6 月，某乙公司向某甲公司（不限于某甲公司、天津市某房地产开发有限公司）支付了 30700000 元。三、截至 2017 年 6 月 19 日，双方对以上往来款给予确认。日期为 2017 年 6 月 26 日，原告某甲公司、被告某乙公司均盖章。被告某乙公司对该函件中的印章不持异议。……天津市第二中级人民法院在审理过程中，某乙公司作为原告另案起诉本案原告某甲公司要求撤销双方合作协议书，已在天津市第二中级人民法院立案，案号为（2018）津 02 民初 591 号，某乙公司认为本案涉及的争议问题应以（2018）津 02 民初 591 号案件的审判结果为依据，申请中止本案的审理。原告不同意被告的中止审理申请。2018 年 8 月 20 日，天津市第二中级人民法院作出（2018）津 02 民初 591 号民事裁定，以'在双方之间的合资、合作开发房地产合同纠纷案件尚在审理过程中，某乙公司基于同一事实提出本案诉讼，违反民事诉讼一事不再审理原则，属于重复诉讼'为由，裁定驳回原告某乙公司的起诉。现该民事裁定书已生效。本案未中止审理。"天津市第二中级人民法院于 2018 年 11 月 26 日作出（2017）津 02 民初 822 号民事判决，判决驳回某甲公司的诉讼请求。后某甲公司提出上诉，天津市高级人民法院进行了审理，天津市高级人民法院查明的事实基本与天津市第二中级人民法院查明的事实一致，并于 2019 年 5 月 31 日作出（2019）津民终 24 号民事判决，判决驳回上诉，维持原判。

另查，（2017）津 02 民初 822 号案件审理过程中，某甲公司于 2017 年 11 月 6 日向一审法院提出财产保全申请书，请求依法扣押、查封、冻结被申请人银行存款为 2.04 亿元或等值其他财产，为此提供了某保险公司出具的《某保险公司诉讼财产保全责任保险保函》，保险责任中约定"保全申请人某甲公司与被申请人某乙公司因合资、合作开发房地产合同纠纷一案，案号为：（2017）津 02 民初第 822 号，向贵院提出财产保全申请，申请事宜：查封、冻结被申请人的银行账户存款人民币 2.04 亿元或查封、扣押被申请人相当于人民币 2.04 亿元的财产。我公司承诺：本保函效力不受申请人与我公司之间合同效力或纠纷影响。申请人申请保全错误，造成被申请人或他人财产损失，经法院判决由申请人承担的损害赔偿责任，我公司将在保险金额范围内无条件进行赔偿。"保险金额为 2.04 亿元。一审法院于 2017 年 11 月 14 日作出（2017）津 02 执保 292 号民事裁定书，裁定："冻结被申请人某乙公司银行存款人民币 2.04 亿元或查封、扣押其相应等值财产。"

一审法院认为，本案争议焦点为某甲公司在（2017）津 02 民初 822 号案件中提出财产保全申请是否存在过错，某甲公司、某保险公司是否应赔偿某乙公司经济损失。当事人对自己提出的诉讼请求所依据的事实或者反驳对方诉讼请求所依据的事实有责任提供证据加以证明，没有证据或者证据不足以证明当事人的事实主张的，由负有举证责任的当事人承担不利后果。本案为因申请诉中财产保全损害赔偿纠纷，某乙公司向某甲公司、某保险公司主张赔偿损失，应以某甲公司、某保险公司是否存在过错作为判定标准，即某甲公司在（2017）津 02 民初 822 号民事案件的财产保全申请是否存在过错，某甲公司提起（2017）津 02 民初 822 号案件的诉讼，虽然被两审法院驳回起诉，但当事人对自身权利的衡量与人民法院最终认定之间存在差异，由于当事人的法律知识、对案件事实的举证证明能力、对法律关系的分析判断能力各不相同，因此当事人对诉争事实和权利义务的判断未必与人民法院的裁判结果一致，如果仅以当事人的诉讼请求是否予以支持作为提起诉讼或申请执行是否错误的认定依据，必然会对善意当事人依法通过诉讼程序维护自身权利造成妨碍，故（2017）津 02 民初 822 号案件的裁判结果不能直接作为本案的定案依据，对某甲公司就（2017）津 02 民初 822 号民事案件申请保全，某甲公司提供了某保险公司的保函，其提起诉讼及申请保全均符合法律程序，现有证据不能证实某甲公司提起（2017）津 02 民初 822 号案件诉讼和财产保全申请中存在过错，故某乙公司的诉讼请求，依据不足，不予支持。综上所述，判决如下："驳回原告某乙公司的诉讼请求。案件受理费 198350 元，由原告某乙公司负担。"

二审期间，某乙公司提供了新证据，本院组织双方当事人进行了质证。

某乙公司提供证据如下：

证据一：法院司法保全的笔录，证明目的为某甲公司恶意诉讼和保全；

证据二：银行转账凭证，证明目的为某甲公司恶意诉讼和保全；

证据三：土地出让金专用票据，证明目的为某甲公司恶意诉讼和保全。

某甲公司质证意见：对上述证据证明目的均不认可。

某保险公司质证意见：对上述证据证明目的均不认可。

经查，审理期间，某乙公司名称变更为天津某乙置业有限公司。一审法院查明的其他事实无误，本院予以确认。

本院认为，本案的争议焦点是：一、某甲公司在（2017）津02民初822号案件中提出财产保全申请是否存在过错；二、某甲公司、某保险公司是否应赔偿某乙公司经济损失。

一、关于财产保全是否存在过错问题

首先，在因申请诉中财产保全损害赔偿纠纷中，因申请保全错误致被申请人遭受损失属于侵权行为的范畴，法律并未专门规定适用过错推定或者无过错责任原则，因此该行为属于一般侵权行为，应当适用过错责任原则。依据谁主张谁举证之举证责任分配规则，保全损害赔偿请求人应就申请保全行为具备一般侵权行为要件进行充分举证。其次，结合本案，某乙公司向某甲公司、某保险公司主张赔偿损失，应以某甲公司、某保险公司是否存在过错作为判定标准，即某乙公司应举证证明某甲公司在（2017）津02民初822号民事案件的财产保全申请是否存在过错，某甲公司在（2017）津02民初822号民事案件保全过程中提供了某保险公司的保函，其提起诉讼及申请保全符合法律程序，某乙公司未能提供充分证据证实某甲公司提起（2017）津02民初822号案件诉讼和财产保全申请中存在过错，根据《最高人民法院关于适用〈中华人民共和国民事诉讼法〉的解释》第九十条的规定，某乙公司应承担举证不能的不利后果。最后，虽然某甲公司在（2017）津02民初822号案件的诉请，最终未得到法院支持，但由于当事人在法律知识、举证能力、对法律关系的分析把握等方面存在差异，故当事人的诉讼请求未必与人民法院的裁判结果一致，如果仅以当事人的诉讼请求是否予以支持作为提起诉讼或申请执行存在过错的认定依据，必然会对善意当事人依法通过诉讼程序维护自身权利造成妨碍，故不能将案件"败诉"结果直接等同于一方当事人存在过错。综上所述，某乙公司主张某甲公司提出财产保全申请存在过错，依据不足，一审法院不予支持并无不当。

二、关于是否应赔偿某乙公司经济损失问题

如前所述，在无法认定某甲公司提起（2017）津02民初822号案件诉讼和财产保全申请中存在过错的前提下，某甲公司无须承担赔偿责任，某保险公司作为保函出具方，亦无须承担赔偿责任。

综上所述，某乙公司的上诉讼请求依据不足，本院不予支持。依照《中华人民共和国民事诉讼法》第一百七十条第一款第一项规定，判决如下：

驳回上诉,维持原判。

审判长　宫　某
审判员　郝　某
审判员　左　某
二〇二〇年十二月十六日
书记员　刘　某

评·析

（一）渊源

诉讼财产保全责任保险是指投保人与保险公司签订保险合同,约定以保险公司向法院出具保单保函,对诉讼当事人（被保险人）的财产保全行为进行担保,当被保险人申请保全错误依法应承担经济赔偿责任时,由保险人根据约定的赔偿限额负责赔偿或者先行垫付,继而实现诉讼保全担保的目的。

申请诉讼财产保全责任保险作为一种保险创新产品最早产生于2012年,由云南省保监局批准诚泰财产保险股份有限公司作为一种创新险种推出,之后在全国各省市的保险公司纷纷推出。2016年12月1日起施行的《最高人民法院关于人民法院办理财产保全案件若干问题的规定》第八条中,明确认可了诉讼财产保全责任保险可以作为财产保全的担保方式。保险公司的诉讼财产保全责任保险产品因为办理手续便捷、担保成本低、赔付能力有保障等优势,更受法院和当事人的青睐。

（二）法律关系分析

诉讼保全损害赔偿责任的法律依据是《中华人民共和国民事诉讼法》第一百零五条,申请有错误的,申请人应当赔偿被申请人因保全所遭受的损失。

最高人民法院在2018年第10期公报案例,"青岛中金实业股份有限公司与滨州市中金豪运有限责任公司侵权责任纠纷"一案中认为,申请保全错误的赔偿在性质上属于侵权责任,判断申请财产保全是否存在错误,不仅要看申请人的诉讼请求是否得到支持,还要看是否存在故意或重大过失。判断是否存在故意和重大过失,要根据诉讼请求及所依据的事实理由等考察其提起的诉讼是否合理，或者结合申请保全的标的额、对象及方式等考察其申请财产保全是否适当。该案例对全国法院审理诉讼保全损害赔偿纠纷案件具有指导意义。目前各地法院对于该类纠纷基本都按照侵权责任纠纷处理。故申请保全错误的认定应适用过错责任原则，其构成要件包括申请人主观上的过错、保全行为的违法性、被申请人的损失、保全行为与被申请人损失之间的因果关系，四要件缺一不可。其中申请人申请保全时主观上是否存在过错是认定侵权责任成立的关键因素，并不能机械地直接以基础案件中申请人的诉讼请求是否获得法院支持作为判断依据，而是需要结合申请人诉讼请求是否有正当的权利基础，申请保全数额、保全对象、是否尽到合理注意义务等方面来考虑。本案例正是从当事人对法律知识、举证能力、对法律关系的分析和法官的专业判断存在差异的角度分析，论证了申请人申请保全时并无过错，如果仅以当事人的诉讼请求是否获得法院支持作为提起诉讼或申请保全时存在过错的认定依据，必然会对善意当事人依法通过诉讼程序维护自身权利造成妨碍，最终天津市两级人民法院均判决被保险人申请保全不存在过错，驳回了原告要求赔偿的诉讼请求。

诉讼财产保全责任保险中，投保人（申请人）与保险公司签订保险合同，二者之间是保险合同关系。保险公司向法院提供保单保函作为担保凭证。从保单保函的形式上来看，具备了保证担保的一些特征，但本质上并非保证担保关系。一是保险人并不以保证人的身份出现，保单保函赔付费用的性质属于保险索赔；二是保险合同中一般有大量的免责条款，与保单保函中无条件承担赔偿责任的承诺相冲突，不符合保证担保的基本要求。正是由于这种特殊的关系，目前关于诉讼财产保全责任保险的性质是保证担保还是责任保险，理论界和实务界均有不同观点。基于对诉讼财产保全责任保险产品的不同理解，实务中各地法院的判决并不一致，有按照保险合同，与申请保全损害赔偿纠纷合并审理，判决承担保险责任的；也有按照连带责任保证合同，判决承担连带责任的。无论哪种方式，对于保险公司来说都需要根据判决承担赔偿责任。

（三）存在的问题

我国《保险法》为避免道德风险、平衡保险人与投保人、被保险人之间的权利，明确规定了保险人在多种情况下有权解除保险合同且不承担赔偿责任。诉讼财产保全责任保险项下，保险人向法院提供的保单保函是没有任何附加条件或抗辩理由的，保单保函的出现使得保险合同法律关系上叠加了担保法律关系，同时，保单保函实质上也架空了保险合同中关于保险期限、责任免除等条款的约定。

目前法院审判实务中将诉讼保全损害赔偿责任认为是一般侵权责任，即申请人申请保全时主观上具有故意或重大过失时承担赔偿责任，而责任保险的产品条款中，一般会将"故意或重大过失"列为免责条款，导致一旦法院认为侵权责任成立，保险公司按照保单保函需承担赔偿责任，而不能按照责任保险产品设计的初衷主张免责，这必然在一定程度上与保险原理和商业保险运营风险控制存在相悖之处。

（四）建议

保险公司在现有产品属性基础上，结合现行法律法规对产品进一步研究和完善，在兼顾自身风险和满足司法保全需求的前提下，消除保险与担保的差异，实现"保单"与"保函"的无缝对接。

诉讼保全责任险中诉讼请求与裁判结果之间存在差异是否构成保全错误

辽宁省大连市中级人民法院
(2020) 辽02民终2940号民事判决书
(2020年7月6日)

案·情

2017年8月，常州某劳务有限公司以建设工程施工合同纠纷起诉大连某置业公司及大连某建筑工程公司，要求两公司连带支付工程款7806703.3元及利息（以下简称"建设工程施工合同纠纷案"）。2018年12月3日，常州某劳务公司申请财产保全，请求对大连某置业公司在某银行大连支行的存款7357303元予以冻结或者查封大连某置业公司名下的坐落于某商贸城2072平方米的房产。常州某劳务公司向某保险公司大连分公司投保诉讼保全责任保险（以下简称"诉责险"）。2018年12月，法院裁定冻结了某置业公司在某银行大连支行账户中的存款7357303元。

建设工程施工合同纠纷案历经一审、二审，大连市中级人民法院判决某大连置业公司向常州某劳务公司给付工程款3123084.6元及利息；驳回某劳务公司的其他诉讼请求。后大连某置业公司以因申请诉中财产保全损害责任纠纷起诉常州某劳务公司及某保险公司大连分公司，要求常州某劳务公司赔偿因申请保全多冻结存款给其造成的利息损失。本案一审法院认定某劳务公司申请保全错误，判决其向某置业公司赔偿经济损失，某保险公司大连分公司对上述债务承担连带赔偿责任。后某劳务公司及某保险公司大连分公司提起上诉，最终二审法院认定一审法院法律适用错误，判决驳回某置业公司的诉讼请求。

判决书正文

上诉人（原审被告）：常州某劳务有限公司，住所地常州市金坛区。

上诉人（原审被告）：某保险公司大连分公司，营业场所大连市中山区。

被上诉人（原审原告）：大连某置业有限公司，住所地庄河市徐岭镇。

上诉人某保险公司大连分公司（以下简称某保险公司）、常州某劳务有限公司（以下简称某劳务公司）因与被上诉人大连某置业有限公司（以下简称某置业公司）因申请诉中财产保全损害责任纠纷一案，不服庄河市人民法院（2019）辽0283民初8307号民事判决，向本院提起上诉。本院于2020年4月16日立案后，依法组成合议庭审理了本案。本案现已审理终结。

某劳务公司上诉请求：一、请求法院依法撤销（2019）辽0283民初8307号民事判决，依法改判驳回被上诉人某置业公司的诉讼请求；二、被上诉人某置业公司承担本案全部诉讼费用。事实和理由：一审法院认定上诉人某劳务公司申请财产保全存在过错是错误的。申请财产保全的数额是以当事人主张的诉讼请求为依据，是为了保障生效判决得以执行，而非以法院判决支持的金额为准，更不能以判决金额低于保全数额为由，认定申请保全错误。由于当事人的法律知识、对案件事实的举证证明能力、对法律关系的分析判断能力各不相同，通常达不到司法裁判所要求的专业水平，因此当事人对诉争事实和权利义务的判断未必与人民法院的裁判结果一致。如果仅以保全申请人的诉讼请求是否得到支持作为申请保全是否错误的依据，必然会对善意当事人依法通过诉讼保全程序维护自己权利造成妨碍，影响诉讼保全制度功能的发挥。《中华人民共和国侵权责任法》第六条、第七条规定，申请保全错误，须以申请人主观存在过错为要件，不能仅以申请人的诉讼请求未得到支持为充分条件，本案中上诉人的诉讼请求虽未全部得到支持，但主观上并不存在故意或重大过失。上诉人申请保全被上诉人的财产并不存在故意或重大过失过错。申请财产保全错误，本质上属于民事侵权行为，财产保全申请人应当承担过错责任。认定财产保全申请是否有错误，应审查申请人是否尽到了合理注意义务。在申请人基于现有事实和证据提出诉讼请求，并确实尽到了合理注意义务的情形下，即使法院判决最终没有支持或仅支持其部分诉讼请求，也不能认定财产保全申请有错误。只有申请人出于故意或者重大过失，致使其诉讼请求与法院生效判决之间产生不合理的偏差,该差额诉讼请求范围内的财产保全申请才属于有错误,由此给被申请人造成损害的,申请人才应当依法给予赔偿。本案中上诉人某劳务公司不存在主观上恶意查封过错,不应当承担侵权责任。上诉人起诉被上诉人建设工程施工合同纠纷不是恶意诉讼,不存在故意或重大过失。首先,被上诉人拖欠上诉人某劳务公司工程款,上诉人为了维护自身的合法权益起诉被上诉人,另案大连中院作出(2019)辽02民终2788号民事判决支持了上诉人主张的工程款和利息的诉讼请求,上诉人提起诉讼不属于恶意诉讼并不存在故意和重大过失。其次,上诉人在另案2788号中诉讼请求依据是《某国际商贸城劳务分包合同》、三方《协议书》《某国际商贸城结算清单》等证据,且对诉讼请求已经尽到了注意义务,主观上并不存在恶意。最后,上诉人某劳务公司申请法院查封并未超出起诉金额,并不存在超标查封的行为。上诉人的诉讼请求未全部得到支持,是因为建设工程案件复杂、被上诉人为达到拖延支付上诉人工程款的目的,迟迟未与上诉人对已付工程款数额对账,双方对已付工程款金额争议较大等,上诉人某劳务公司依据已经收到的款项计算诉讼并不存在故意或重大过失。被上诉人对案涉工程款的支付管理混乱,被上诉人支付工程款未经上诉人某劳务公司确认,被上诉人存在私自支付案外人刘某、王甲、王乙、外墙保温王丙93万元的工程款、诉讼中才主张扣减税费86万元,并将该部分工程款主张支付给上诉人某劳务公司,上诉人某劳务公司不知情。被上诉人某置业公司与实际施工人王丁对上诉人某劳务公司的付款存在重复,三方也没有对账,另案庭审中王丁也是缺席审理,上诉人某劳务公司依据已经收到的款项计算诉讼并不存在故意或重大过失。原一审法院遗漏查明被上诉人某置业公司欠付工程款的数额为4930078元,由此可见,上诉人的申请保全也不存在重大过失。上诉人某劳务公司申请保全并未给被上诉人造成损失,一审法院以被上诉人主张以上诉人执行的银行贷款利息5.29%计算损失没有任何法律依据,是错误的。上诉人在执行中是按照逾期三年的同期贷款利率4.75%计算而非5.29%,事实上,查封被上诉人账户的利息也在被上诉人的账户里,被上诉人也未向银行贷款,其单方主张的贷款损失与上诉人申请保全没有因果关系。本案大连中院作出的(2019)辽02民终2788号民事判决书中已经明确地认定被上诉人某置业公司恶意拖欠上诉人巨额工程款,并判决被上诉人承担了相应的利息,其在2788号案件为建设工程施工合同纠纷案件,本案是极其复杂的,涉及王丁、某工程公司、上诉人及某置业公司法律关系的认定，及上诉人与王丁之间的何种法律关系，王丁与某工程公司的挂靠法律关系，还涉及王丁的女婿夏某向某置业公司请款，某置业公司向上诉人支付工程款数额的认定，工程质保期的认定等众多法律问题，上诉人不可能准确地预见到大连中院最终的判决金额。

某保险公司上诉请求：一、请求二审法院依法撤销（2019）辽0283民初8307号民事判决，依法改判驳回被上诉人的诉讼请求，上诉人不承担连带赔偿责任。二、被上诉人承担诉讼费用。事实与理由：一审法院判决上诉人承担连带赔偿责任事实不清、证据不足、依法无据。因被上诉人故意拖欠原审被告工程款，在诉讼过程中原审被告申请财产保全措施，并就诉中财产保全在上诉人处投保了诉讼财产保全责任保险，保险金额为2207190.9元。该案经大连市中级人民法院审理并作出（2019）辽02民终2788号民事判决，判决被上诉人给付原审被告工程款3123084.6元。上诉人承保的原审被告诉讼财产保全责任险金额低于（2019）辽02民终2788号民事判决的判决数额，并已对原审被告在大连市中级人民法院作出的（2019）辽02民终2788号民事判决，判决被上诉人给付原审被告工程款3123084.6元中的2207190.9元履行了担保责任。一审法院在审理期间对相关事项进行了查证，特别是在一审法院经审理确定的事实中，已对原审被告请求依法对被上诉人相关财产予以冻结或查封时提交的上诉人为其出具的财产保险保单保函，且保险金额为2207190.9元。但一审法院在未查明上诉人在大连市中级人民法院作出的（2019）辽02民终2788号民事判决中，已履行了担保责任的情况下，依据被上诉人的申请判令上诉人承担连带赔偿责任，属于事实不清、证据不足，所做判决依法无据。某劳务公司不存在过错。被上诉人某置业公司与第三人王丁就案涉工程一直未进行结算。原一审时原告称，起诉被告某工程公司的目的，是查清本案相关事实。重审时，原告称某置业公司和第三人王丁合计给付18743700元。由于《建设工程施工协议》是某置业公司与王丁签订的，某劳务公司只是与王丁签订了《某国际商贸城项目劳务分包合同》，根据合同相对性和工程的复杂性以及案件事实，某劳务公司不可能准确地知道《建设工程施工协议》内容和履行情况。某劳务公司只能根据《最高人民法院关于审理建设工程施工合同纠纷案件适用法律问题的解释》第二十六条的规定，追究发包方某置业公司在欠付的工程价款范围内对实际施工人某劳务公司承担责任。法院确认某劳务公司根据《某国际商贸城结算清单》载明的内容计算得出工程价款 26101003 元的事实；由于某置业公司与第三人王丁就案涉工程一直未进行结算，以及合同签订和履行的相对性，某劳务公司用工程价款减去已收到的价款（26101003 元－18743700 元＝7357303 元）并无不当，某劳务公司并无过错，只是由于建设工程本身的复杂性以及某置业公司管理不规范，在诉讼前诉讼中某置业公司都不和某劳务公司对账，某置业公司向案外人支付工程款也不告知某劳务公司，才导致某劳务公司部分主张没有被法院支持，某劳务公司正在申请再审以期维护其合法权利。关于某置业公司是否也存在保全错误以及是否适用利息冲抵的问题。被上诉人某置业公司一审主张某劳务公司赔偿 184659.49 元的利息损失，但一审只判决了 16 万元。按照某置业公司代理人的观点来看，某置业公司有代理人进行了 6 个回合的诉讼程序，其具有法律知识，举证能力、对法律关系的研究和评判能力达到相当专业的水平，但其诉讼请求的金额并未全部得到支持。综上所述，上诉人认为一审判决及被上诉人的逻辑是错误的，因案件诉请金额和判决金额不一致，就认定上诉人保全有过错，那么绝大多数案件的保全都是错误的，诉讼保全制度的目的也将落空。

某置业公司辩称，不同意两位上诉人的上诉请求，同意原审判决，请求法院予以维持。

某置业公司向一审法院起诉请求：1. 判令被告某劳务公司赔偿利息损失 184659.49 元，被告某保险公司承担连带保证责任；2. 由二被告承担本案诉讼费用。

一审法院认定事实：某劳务公司诉某置业公司、某工程公司建设工程施工合同纠纷一案，一审法院于 2017 年 8 月 4 日立案。某劳务公司在该案中向一审法院提出如下诉讼请求：1. 请求判令某置业公司、某工程公司连带支付工程款 7806703.3 元，并承担自 2014 年 9 月 18 日起至付清欠款之日止按银行同期贷款利率计算的利息；2. 诉讼费由某置业公司和某工程公司全额负担。诉讼中，一审法院追加王丁为本案第三人。2017 年 12 月 4 日，一审法院作出（2017）辽 0283 民初 5574 号民事判决书，判决驳回某劳务公司的诉讼请求；案件受理费 66446 元，由某劳务公司负担。某劳务公司不服该判决，向大连市中级人民法院提起上诉。该院于 2018 年 4 月 23 日作出（2018）辽 02 民终

1346号民事裁定书，裁定如下：一、撤销一审法院（2017）辽0283民初5574号民事判决；二、本案发回一审法院重审。一审法院于2018年5月25日立案重审。重审时，某劳务公司提出如下诉讼请求：1.判令某置业公司和某工程公司连带支付拖欠的工程款7357303元，并承担自2015年9月7日起至工程款付清之日止按银行同期贷款利率计算的利息；2.案件受理费由某置业公司和某工程公司负担。2018年12月3日，某劳务公司申请财产保全，请求对某置业公司在某银行大连支行的存款7357303元予以冻结或者查封某置业公司名下的坐落于某商贸城2072平方米的房产。某劳务公司为被告某保险公司出具的财产保全保单保函提供担保。一审法院于2018年12月4日作出（2018）辽3544号民事裁定书，裁定冻结了某置业公司在某银行大连支行账户中的存款7357303元。原告支付保全费5000元。2018年12月1日，一审法院作出（2018）辽0283民初3544号民事判决书，判决驳回某劳务公司的诉讼请求；诉讼费71466元（其中含案件受理费66446元，保全费5000元）由某劳务公司负担。某劳务公司不服该判决，再次向大连市中级人民法院提起上诉。该院于2019年9月17日作出（2019）辽02民终2788号民事判决书，判决如下：一、撤销一审法院（2018）辽0283民初3544号民事判决；二、某置业公司于判决发生法律效力起十五日内向某劳务公司给付工程款3123084.6元及利息（自2016年11月28日起至判决确定给付之日止，按照中国人民银行发布的同期同类贷款利率计算）；三、驳回某劳务公司的其他诉讼请求；一审案件受理费66446元、保全费5000元，合计71446元，由某劳务公司负担38539元，某置业公司负担32907元；二审案件受理费66446元，由某劳务公司负担38539元，某置业公司负担27907元。该案进入执行程序后，本院依据大连市中级人民法院（2019）辽02民终2788号民事判决书，于2019年10月29日分别作出（2019）辽0283执3671号和3671号之一民事裁定书，分别裁定划拨原告某置业公司在某银行庄河支行账户中的存款3665483元和解除对该账户的冻结。原告某置业公司通过本院冻结划拨支付给被告某劳务公司工程款及利息、案件受理费、保全费等合计3665483元（其中184659.4元因某置业公司申请财产保全而被一审法院冻结）。原告被执行的款项3665483元中包括判决的工程款3123084.6元、2016年11月28日至2019年10月29日期间的利息481584.4元（按照年利率

5.29%计算)、案件受理费及申请保全费60814元。另查明,银行活期存款年利率为0.3%。本案在诉讼过程中,原告某置业公司向本院提出财产保全申请,请求对某劳务公司在一审法院的执行款184695.4元予以冻结,并提供其在某银行大连支行存款6万元作担保。一审法院于2019年12月4日作出(2019)辽0283民初8307号民事裁定书,裁定冻结某劳务公司在一审法院(2019)辽0283执3671号执行案件中的执行款184659.4元。某置业公司支付保全费1443元。

一审法院认为,《中华人民共和国民事诉讼法》第一百零五条规定:"申请有错误的,申请人应当赔偿被申请人因保全所遭受的损失。"《中华人民共和国侵权责任法》第六条规定:行为人因过错侵害他人民事权益,应当承担侵权责任。被告某劳务公司在其诉原告某置业公司建设工程施工合同纠纷一案中的诉讼请求及申请诉讼保全数额均为7357303元,其得到大连市中级人民法院(2019)辽02民终2788号民事判决支持的工程款数额仅为3123084.6元(不含利息及承担的案件受理费、保全费)。根据(2019)辽02民终2788号民事判决,原告支付工程款、利息及诉讼费用等合计为3665483元。显而易见,某劳务公司的诉讼保全数额和最终得到支持的数额相差巨大,二者相差3691820元(7357303元-3665483元)。被告某劳务公司和原告某置业公司为建设工程施工合同经过多次庭审,通过各方当事人在庭审中的陈述及出示的证据,被告某劳务公司应当预见到判决结果,因其疏忽大意或者过于自信而没有预见到,导致某置业公司的巨额存款被无故冻结,其行为构成重大过失。因而可以认定某劳务公司在向一审法院申请保全过程中存在过错,造成原告某置业公司损害,属于申请错误,应当赔偿某置业公司的经济损失。被告某劳务公司的行为造成原告某置业公司的巨额存款被冻结,其间虽然取得了存款利息,但影响了资金周转,客观上给某置业公司造成经济损失。原告主张按照其在前案中被执行的利率和存款利率差额计算经济损失并无不当,一审法院予以支持。原告被超额冻结的存款为3691820元;冻结期限自2018年12月4日起至2019年10月29日止,原告按照319天计算经济损失没有超过上述期限,一审法院予以支持。综上所述,某劳务公司应赔偿某置业公司经济损失161004.82元[3691820元×(5.29%-0.3%)×319天÷365天]。被告某保险公司为某劳务公司的诉讼保全行为提供担保,故应对某劳务公司的侵权之债承担连带赔偿责任。依照《中华人民共和国侵权责任法》第六条、第十五条第一款第六项，《中华人民共和国民事诉讼法》第一百条、第一百零五条之规定，判决如下：被告常州某劳务有限公司于本判决产生法律效力后十日内赔偿原告大连某置业有限公司经济损失161004.82元；被告某保险公司大连分公司对上述债务承担连带赔偿责任。诉讼费3440元（其中含案件受理费1997元、保全费1443元）由原告承担441元，由二被告承担2999元。

二审中，被上诉人某置业公司提交辽宁省高级人民法院（2020）辽民申417号民事裁定书，证明上诉人常州某劳务有限公司对大连市中级人民法院2788号民事判决申诉被驳回，确认大连市中级人民法院（2019）辽02民终2788号判决是正确的。上诉人某劳务公司、某保险公司对该证据的真实性没有异议。二审经审理查明，一审查明的事实属实，本院予以确认。

本院认为，当事人在诉讼中向人民法院申请财产保全是法律赋予的权利，但权利的行使应当依法进行，不得以行使权利故意损害他人合法权益，否则应依法承担损害责任。《中华人民共和国民事诉讼法》第一百零五条对申请保全错误的损害赔偿责任承担作出了规定，该规定的立法本意是防止当事人滥用诉讼权利不当损害他人合法权益。对于申请保全错误的认定，不能简单以申请人的诉讼请求与法院的裁判结果之间存在的差异进行评判，还应当结合申请人行为是否违法及主观上是否存在故意或重大过失等因素进行综合判断，即法律规定的申请财产保全错误损害赔偿责任，应当适用一般侵权责任的过错归责原则，而不能仅依据裁判结果来认定侵权责任的成立与否。上诉人某劳务公司起诉被上诉人某置业公司建设工程施工合同纠纷之诉中，均提供了基础证据。上诉人某劳务公司起诉被上诉人某置业公司拖欠工程款依据《某国际商贸城劳务分包合同》《协议书》《某国际商贸城结算清单》等证据，上述证据已经本院（2019）辽02民终2788号民事判决确认有效。上诉人某劳务公司申请财产保全的目的是保障其诉讼后的裁决能够得到顺利执行，并提供相应的担保。通过上诉人某劳务公司此前的诉讼情况看，其申请保全行为不具有违法性，亦不存在主观上的故意或者重大过失等过错。一审判决仅依据本院（2019）辽02民终2788号民事判决部分支持上诉人某劳务公司诉讼请求即认定上诉人某劳务公司申请保全存在故意或重大过失，属于法律适用错误，由此导致判决结果错误，本院予以纠正。综上所述，某劳务公司、某保险公司的上诉请求成立，

本院予以支持。依照《中华人民共和国民事诉讼法》第一百七十条第一款第二项规定,判决如下:

一、撤销庄河市人民法院(2019)辽0283民初8307号民事判决;
二、驳回被上诉人某置业公司的诉讼请求。

一审案件受理费3440元,(其中含案件受理费1997元、保全费l443元)、二审案件受理费6224元,均由被上诉人某置业公司承担。

本判决为终审判决。

审判长　富某某
审判员　毛某某
审判员　缪　某
二〇二〇年七月六日
书记员　陈某某

评·析

本案的争议焦点在于:某劳务公司申请保全是否存在过错。

本案一审法院认为,某劳务公司与某置业公司的建设工程施工合同纠纷案经过多轮庭审,某劳务公司通过各方当事人在庭审中的陈述及出示的证据,应当能够预见到判决结果,但因其疏忽大意或者过于自信而没有预见到,导致某置业公司的巨额存款被无故冻结,其行为构成重大过失,故认定某劳务公司在向一审法院申请保全过程中存在过错,造成了某置业公司损害,属于保全申请错误,应当赔偿某置业公司的经济损失。而某保险公司为某劳务公司的诉讼保全行为提供担保,故应对某劳务公司的侵权之债承担连带赔偿责任。

本案二审法院认为,当事人在诉讼中向人民法院申请财产保全是法律赋予的权利,但权利的行使应当依法进行,不得以行使权利故意损害他人合法权益,否则应依法承担损害责任。《民事诉讼法》第一百零五条对申请保全错误的损害赔偿责任承担作出了规定,该规定的立法本意是防止当事人滥用诉讼权利,不当损害他人合法权益。对于申请保全错误的认定,不能简单以申请人的诉讼请求与法院的裁判结果之间存在的差异进行评判,还应当结合申请人行为是否违法及主观上是否存在故意或重大过失等因素进行综合判断。某劳务公司为起诉某置业公司拖欠工程款提供的《某国际商贸城劳务分包合同》《协议书》《某国际商贸城结算清单》等证据均已被（2019）辽02民终2788号民事判决确认有效，其起诉行为具有基础证据。某劳务公司申请财产保全的目的是保障其诉讼后的裁决能够得到顺利执行，并提供相应担保。通过某劳务公司先前的诉讼情况可以判断其申请保全行为不具有违法性，亦不存在主观上的故意或者重大过失等过错。一审判决仅依据原判决部分支持某劳务公司的诉讼请求即认定某劳务公司申请保全存在故意或重大过失，属于法律适用错误，应予以纠正，最终判决驳回了某置业公司的诉讼请求。本案二审法院的审判思路具有很强的指导意义。

现行有效的法律规定中，《民事诉讼法》第一百零五条是关于申请诉讼保全错误的损害赔偿责任的基本规定，与此相关的司法解释有《最高人民法院关于当事人申请财产保全错误造成案外人损失应否承担赔偿责任问题的解释》，该司法解释释明了关于申请财产保全错误造成案外人损失引发的赔偿纠纷案件的法律适用问题。由此，申请财产保全错误的赔偿在性质上属于侵权责任，根据原《侵权责任法》第六条和第七条规定①，侵权行为以过错责任为原则，无过错责任必须要有法律依据，但《侵权责任法》所规定的无过错责任中并不包含申请保全错误损害赔偿责任。那么，可以理解为，申请保全错误损害赔偿责任为一般侵权，适用过错原则，承担责任应具备一般侵权的四个要件：1. 申请人主观存在过错；2. 申请人保全行为存在违法性；3. 有损害事实的存在；4. 申请人的保全行为与损害后果之间有因果关系。综上所述，只有在申请人对出现财产保全的错误存在故意或重大过失的情况下，方可认定为申请人的申请有错误。鉴于当事人的法律知识、对案件事实的举证证明能力、对法律关系的分析判断能力各不相同，通常达不到司法裁判所要求的专业水平，因此当事人对诉争事实和权利义务的判断未必与人民法院的裁判结果一致。如果仅以保全申请人的诉讼请求是否得到支持作为申请保全是否错误的依据，必然会对善意当事人依法通过诉讼保全程序维护自己的权利造成妨碍，影响诉讼保全制度功能的发挥。

---

① 现为《民法典》第一千一百六十五条及第一千一百六十六条。

如申请人的起诉明显不具有合理性，申请保全明显不适当、未尽到合理的注意义务，或者申请保全的目的明显并非为了保证判决顺利执行等，可以视为因申请人故意或者重大过失，由此导致生效判决与申请人诉请产生不合理偏差，该差额范围内的财产保全申请属于保全错误，申请人应当承担相应的损失赔偿责任。反之，单以法院生效判决与保全申请人的诉讼请求具有巨大差额就判定保全错误，是对法律的错误适用。

回归本案，某劳务公司在起诉某置业公司支付工程款时，有一系列双方签订的工程建设相关协议及来往文件作为基础依据，并不存在恶意诉讼，诉请金额与申请保全的金额也不存在不匹配或超额保全的情况，即无证据证明某劳务公司在申请保全时存在故意或重大过失。虽然终审判决判定的赔偿金额与诉请金额有较大差异，但从《侵权责任法》中过错责任原则的适用出发，确认保全申请人在申请财产保全时是否存在错误的关键，并非仅以保全申请人的诉讼请求未得到支持为充分条件，而须以保全申请人主观存在过错为要件。二审法院从诉讼保全制度的功能出发，以《侵权责任法》的过错责任原则适用为依据，对保全申请人的权利与义务作出了适当的判定。

本案的判决最终确认保全申请人不存在过错，保险公司也无须承担保险责任。但对保险人诉责险的核保也有较强的指导意义。保险人在承保环节就应重点审查投保人的诉讼行为是否具有合理合法的依据，申请保全的行为是否适当、是否尽到了合理的注意义务等，尽可能排除恶意保全、重复保全、超额保全、保全标的错误等情形，降低承保风险，积极维护自身的合法权益。

诉讼保全责任险中主观过错的认定

中华人民共和国最高人民法院
（2020）最高法民申4899号民事判决书

（2020年9月27日）

案·情

2014年5月19日，倪某以借款合同纠纷为由，将借款人樊某、担保人某置业公司诉至法院，请求判令两被告连带清偿借款本金2780万元及借款利息2001.6万元，合计4781.6万元。经投保人倪某申请，某保险公司芜湖市分公司向芜湖中院出具了《诉讼财产保全责任保险单保函》，保险金额3000万元。2017年10月13日，安徽省高级人民法院作出生效判决，判令某置业公司对借款本金70.17万元及利息承担连带清偿责任。2017年11月30日，芜湖中院解除了对某置业公司的财产保全。

某置业公司诉求：某置业公司认为借款合同纠纷的终审判决法院仅支持了倪某70余万元的诉请及利息。其认为倪某和樊某通过变造的《担保合同》，试图侵占某置业公司的财产，导致某置业公司向芜湖市某典当、某小贷借款，产生借款利息362.42万元，不能缴纳国家1312.15万元的税收，产生滞纳金804.35万元，合计诉请1100万元，要求某保险公司芜湖市分公司在1100万元的范围内承担赔偿责任。

2019年8月21日，芜湖市中院作出（2018）皖02民初90号判决，驳回原告诉讼请求。原告对一审不服，提起二审并提出新证据，2020年4月7日安徽省高级人民法院作出（2019）皖民终992号判决，驳回上诉，维持原判。后原告提起再审申请，最高院于2020年9月27日作出判决（2020）最高法民申4899号，驳回再审申请。

第二部分 财产保险诉讼案例

判决书正文

再审申请人（一审原告、二审上诉人）：芜湖某置业有限公司，住所地安徽省芜湖县。

被申请人（原审被告，二审被上诉人）：倪某，男，1977年7月7日出生，汉族，住安徽省芜湖市镜湖区。

被申请人（原审被告，二审被上诉人）：某保险公司芜湖市分公司，住所地安徽省芜湖市镜湖区。

被申请人（原审被告，二审被上诉人）：某保险公司，住所地北京市朝阳区。

再审申请人芜湖某置业有限公司（以下简称某置业公司）因与被申请人倪某、某保险公司芜湖市分公司、某保险公司申请诉中财产保全损害责任纠纷一案，不服安徽省高级人民法院（2020）皖民终992号民事判决，向本院申请再审。本院依法组成合议庭进行了审查，现已审查终结。

某置业公司申请再审称，依据《中华人民共和国民事诉讼法》第二百条第一项、第二项、第三项之规定，申请再审。事实与理由：原审判决以倪某保全没有过错而驳回某置业公司的诉讼请求，认定事实和适用法律错误。倪某、樊某利用虚假诉讼实施诈骗某置业公司财产的犯罪，2014年4月25日，倪某向芜湖市中级人民法院起诉樊某、某置业公司，要求樊某支付借款本金2780万元，支付借款利息2001万元，某置业公司对上述两项承担连带责任。与此同时，倪某申请对某置业公司3000万元待售房产的诉讼保全。诉讼中，根据倪其转款至樊某的5张银行卡交易信息，某置业公司发现樊某已向倪某还款2535万多元。安徽省高级人民法院最终就该案作出（2017）皖民终521号民事判决，判令某置业公司对樊某70多万元的借款本金和利息承担连带清偿责任。随后某置业公司提起本案申请诉中财产保全损害责任纠纷之诉，但原审判决认为"樊某涉嫌虚假诉讼案件，公安机关立案后，已予以撤销"，并以此认定本案虚假诉讼不成立。某置业公司在原审判决作出后，又发现以下两项新的证据：1. 倪某的某银行芜湖市芜湖县支行62×××12银行卡流水明细表，含倪某向芜湖县公安局工作人员的汇款记录；2. 某置业公司法定代表人阚某事后与安徽省某置业有限公司实际负责人卜某的通话录音，发现倪某以该公司名义提供的一切担保资料都是伪造的,构成了伪造公司印章罪。综上所述,倪某的诉中财产保全申请有错误,应当赔偿某置业公司因错误保全而遭受的被保全房产价值损失、受税务机关滞纳金处罚的损失和企业融资成本达1100万元以上的经济损失。

倪某、某保险公司芜湖市分公司分别向本院提交书面意见,均称某置业公司的再审申请不符合《中华人民共和国民事诉讼法》第二百条规定,其提交的所谓"新证据"不符合民事诉讼法的规定,且与本案没有关联性,应驳回其再审申请。

本院经审查认为,本案的争议焦点为:某置业公司要求倪某赔偿因保全错误而遭受的损失是否具有相应的事实和法律依据。

财产保全作为一项重要诉讼制度,旨在保障申请人将来生效判决得以实际执行的同时,维护被申请人的正当财产权益,一旦申请人滥用权利,申请错误,对被申请人造成财产损失的,必须承担相应的赔偿责任。《中华人民共和国民事诉讼法》第一百零五条规定:"申请有错误的,申请人应当赔偿被申请人因保全所遭受的损失。"申请财产保全错误的赔偿在性质上属于侵权责任,鉴于《中华人民共和国侵权责任法》所规定的无过错责任中并不包含申请保全错误损害赔偿责任,因此判断申请财产保全是否错误,不仅要看申请保全人的诉讼请求最终是否得到支持,还要看其是否存在故意或重大过失。判断申请保全人是否存在故意或重大过失,则要根据其诉讼请求及所依据的事实审查其提起的诉讼是否合理,不能仅以申请保全标的额超出生效裁判支持结果作为判断标准。

关于倪某申请保全是否存在主观过错的问题。倪某依据樊某向其出具的《借条》金额2780万元及樊某提供的加盖某置业公司公章的《担保合同》,申请对樊某、某置业公司的财产在3000万元范围内进行保全,有一定的合理依据。该案经实体审理,安徽省高级人民法院作出(2017)皖民终521号终审判决,认定案涉借款本金为27311950元,樊某已偿还25353225元,樊某尚欠借款本金5092776.09元及相应利息;其中某置业公司对樊某的上述债务中的701750元及相应利息承担连带清偿责任。由于当事人的法律知识、对案件事实的举证证明能力、对法律关系的分析判断能力各不相同,通常达不到司法裁判所要求的专业水平,因此对当事人申请保全所应尽到的注意义务的要求不应过于苛责,不宜简单地以判决支持的请求额与保全财产数额的差异判断申请人是否有错误;某置业公司主张倪某与樊某串通夸大诉讼标的,恶意申请诉讼保全,但倪某、樊某涉嫌虚假诉讼案件经公安机关立案后,现已予以撤销;某置业公司主张倪某与樊某之间伪造 2780 万元《借条》和《担保合同》,证据不足,且安徽省高级人民法院(2017)皖民终 521 号终审判决对案涉借款法律关系、担保法律关系的真实性均予以认定,并判令某置业公司对樊某的上述债务中的 701750 元及相应利息承担连带清偿责任。就在樊某已偿还 25353225 元后,倪某起诉要求樊某清偿其借款本金 2780 万元及相应利息问题,倪某方对此进行了解释,即双方是"借了还,还了借",两者是交织在一起的,且有倪某主张部分借款本金原审没有认定;生效判决对于樊某已支付的利息是按照基准利率的四倍计算,而案涉《借条》是按约定 3% 月利率计算,以上共导致最终认定的借款本息差额为 2367 万元。另外,一审法院对某置业公司所有的共计 57 套、面积为 6304.7 平方米的房产查封后,某置业公司数次因被保全房屋出售等原因,请求一审法院置换被保全房产及账户,一审法院均予以准许,倪某也未拒绝配合法院对保全财产的数次置换行为。综上所述,本案在案证据不足以认定倪某在申请保全中存在主观过错,原审法院对某置业公司要求倪某赔偿因保全错误而遭受的损失的主张未予支持并无不当。

此外,关于某置业公司再审申请过程中提交的两份新证据,与原审认定的基本事实缺乏关联性,对其中涉及的违法线索,某置业公司可向有关部门反映并要求处理。

综上所述,某置业公司的再审申请不符合《中华人民共和国民事诉讼法》第二百条第一项、第二项、第三项的规定。依照《中华人民共和国民事诉讼法》第二百零四条第一款,《最高人民法院关于适用〈中华人民共和国民事诉讼法〉的解释》第三百九十五条第二款之规定,裁定如下:

驳回某置业公司的再审申请。

审判长　孔　某
审判员　宁　某
审判员　关某某
二〇二〇年九月二十七日
法官助理　刘某某
书记员　袁某某

评·析

一、法律焦点

双方在诉讼过程中的争议焦点主要集中在以下几个方面：1. 申请人向法院提出的财产保全是否属于申请错误而其应承担赔偿责任？2. 在案证据是否能证明申请人申请诉讼保全存在恶意？3. 被申请人主张的实际损失能否认定以及如何认定？

二、法律分析

（一）申请人向法院提出的财产保全是否属于申请错误而其应承担赔偿责任？

《中华人民共和国民事诉讼法》第一百零五条规定："申请有错误的，申请人应当赔偿被申请人因保全所遭受的损失。"《中华人民共和国侵权责任法》第六条第一款规定："行为人因过错侵害他人民事权益，应当承担侵权责任。"据此，错误申请保全的损害赔偿责任性质是以过错责任为归责原则的侵权责任，保全申请人仅在具有故意或者重大过失的主观过错时，才承担错误申请保全的损害赔偿责任。

以下拟从两个方面讨论申请人提出的财产保全是否属于申请错误：

1. 申请保全错误能否仅以申请人倪某诉讼请求未得到支持为充分条件？

《最高人民法院公报》案例（2018）最高法民申2027号宜兴市某建筑安装有限责任公司、张某因申请诉中财产保全损害责任纠纷案的裁判要旨："由于当事人的法律知识、对案件事实的举证证明能力、对法律关系的分析判断能力各不相同，通常达不到司法裁判所要求的专业水平，因此当事人对诉争事实和权利义务的判断未必与人民法院的裁判结果一致。对当事人申请保全所应尽到的注意义务不应过于苛责。如果仅以保全申请人的诉讼请求是否得到支持作为申请保全是否错误的依据，必然会对善意当事人依法通过诉讼保全程序维护自己权利造成妨碍，影响诉讼保全制度功能的发挥。而且，《中华人民共和国侵权责任法》第六条和第七条规定，侵权行为以过错责任为原则，无过错责任必须要有法律依据，但《中华人民共和国侵权责任法》所规定的无过错责任中并不包含申请保全错误损害赔偿责任。综上所述，申请保全错误，须以申请人主观存在过错为要件，不能仅以申请人的诉讼请求未得到支持为充分条件。"

本案中,申请人诉讼请求虽未得到充分支持,不能因此直接认定申请保全错误。"申请有错误"作为财产保全损害赔偿成立的条件之一,申请人是否承担责任,错误判定成为责任认定的关键。

2. 本案中申请人是否存在故意或重大过失过错?

在基础案件中,申请人依据初步证据提出的诉讼标的为 4700 多万元,申请保全金额为 3000 万元。诉讼标的较大,且采取保全的财产价值并未远高于其请求;在保全过程中,申请人同意被申请人对银行账户和房产进行置换和解封。置换后的房产由被申请人自己提供,即保全的财产和方式得到了被申请人的认可。保全申请人是在慎重行使自己的权利,尽到了自己的注意义务,并无故意或重大过错。

(二)在案证据是否能证明申请人申请诉讼保全存在主观恶意?

在因申请诉中财产保全损害责任纠纷中申请人诉讼保全是否存在恶意以及如何证明恶意是一个热点问题。在诉讼中申请财产保全已具备基本的事实与法律依据,能够提供相应证据材料支持其主张的诉讼请求,应认定为无明显恶意诉讼等不法事由。

本案中被申请人主张申请人存在恶意,公安机关对申请人涉嫌虚假诉讼案件予以撤销,安徽省高级人民法院生效民事判决亦未支持被申请人关于保全为恶意的主张。

(三)如何计算保全错误导致的损失?

财产保全制度的基本功能在于事先采取措施预防生效裁判的不能执行。若生效裁判未支持申请人的诉求,则保全事由缺乏实体权利的支撑,保全申请就失去了正当的基础。保全行为的正当性从结果上被生效判决否定,构成侵权。错误财产保全赔偿的是被保全人的实际损失,且该损失的发生与申请保全人的行为有直接的因果关系。

《中华人民共和国侵权责任法》第六条第一款规定:"行为人因过错侵害他人民事权益,应当承担侵权责任。"第十九条规定:"侵害他人财产的,财产损失按照损失发生时的市场价格或者其他方式计算。"

据此,被保全人的实际损失,应为被保全财产在构成保全错误时与保全结束时两个时点的价差,且对于利息的主张应由权利人予以举证证明,由人民法院对其必要性、正当性、合理性等进行审查。

本案被申请人主张的损失即欠缴税款产生的滞纳金、为维持生产借贷的利息显然非因保全造成的实际损失,且该损失的发生与申请保全人的行为缺乏直接的因果关系。以本案为例,房地产企业被保全的房产在保全期间价值往往很难大幅下跌,且保全房产并非禁止销售而是限制销售。被申请人可以向法院提出申请要求进行处置,由法院裁定。故被申请人为房企的房产时,其保全错误造成的损失较难证明。

三、实务启示

申请诉讼财产保全,一旦败诉被索赔风险很大。财产保全申请人,在评估案件诉讼的正当性及胜诉概率后,应尽到合理的注意义务,评估采取诉讼保全的必要性,谨慎地行使自己的权利。财产保全担保人,包括承保诉讼财产保全责任保险的保险公司,更应当认真评估案件诉讼的正当性及胜诉概率,更加谨慎地决定是否承保。

诉讼保全责任险中保全行为错误的认定

海南省高级人民法院

（2020）琼民终149号民事判决书

（2020年9月21日）

案·情

A公司与B公司等主体签订《拆迁补偿安置协议书》，由A公司作为改造主体开发深圳市龙岗区某项目。后因履约过程中各方发生争议，A公司失去该项目的改造主体资格。

2016年，A公司向广东省高级人民法院提起诉讼，要求B公司支付违约金、赔偿项目支出费用、项目土地价值损失5.19亿元。诉讼中，A公司申请财产保全，查封B公司位于深圳市龙岗区24处土地及房产，并提交某保险公司广东分公司出具的保单保函，担保金额为5.19亿元。B公司后提供3亿元借款及案外人60套房地产置换被查封的罗岗工业区13处土地及房产。之后，A公司就该项目纠纷提起多起诉讼，并就前述财产申请多轮查封。

广东省高级人民法院审理后判决B公司赔偿违约金及损失27095075元。A公司不服提起上诉，最高人民法院维持原判。之后，A公司就该项目纠纷提起的多起诉讼均被法院陆续驳回。

2019年5月23日，B公司向法院起诉主张A公司应赔偿因财产保全错误所造成损失共计1.86亿元，并主张某保险公司广东分公司在5.19亿元范围内共同承担赔偿责任。海南省第一中级人民法院判决驳回B公司的全部诉讼请求，B公司不服提起上诉，最终海南省高级人民法院判决维持原判。

判决书正文

上诉人（原审原告）：深圳市 B 公司，住所地广东省深圳市龙岗区。

被上诉人（原审被告）：深圳市 A 公司，住所地广东省深圳市龙岗区。

被上诉人（原审被告）：某财产保险股份有限公司广东分公司，住所地广东省广州市。

上诉人深圳市 B 公司（以下简称 B 公司）与被上诉人深圳市 A 公司（以下简称 A 公司）、某财产保险股份有限公司广东分公司（以下简称某保险公司广东分公司）因申请诉中财产保全损害责任纠纷一案，不服海南省第一中级人民法院作出的（2019）琼 96 民初 315 号民事判决，向本院提起上诉。本院于 2020 年 3 月 30 日立案后，依法组成合议庭，公开开庭进行了审理。B 公司的委托诉讼代理人，A 公司的委托诉讼代理人，某保险公司广东分公司的委托诉讼代理人到庭参加诉讼。本案现已审理终结。

B 公司上诉请求：一、撤销原审判决；二、改判支持 B 公司的原审诉讼请求；三、本案全部诉讼费用由 A 公司、某保险公司广东分公司负担。事实和理由：原审判决认定事实错误，A 公司的保全申请行为错误，应承担赔偿责任。某保险公司广东分公司应按照保单保函载明的责任对 B 公司的损失共同承担赔偿责任。一、A 公司的保全申请没有事实依据，原审法院认定事实错误。最高人民法院（以下简称最高院）在（2019）最高法民申 4127 号［A 公司与 B 公司、深圳市 C 公司（以下简称 C 公司）、深圳市 G 村股份合作公司（以下简称 G 村）合同纠纷一案，一审法院：广东省高级人民法院（以下简称广东省高院）；一审案号：（2016）粤民初 19 号；二审法院：最高院；二审案号：（2018）最高法民终 124 号，以下简称基础诉讼］民事裁定作出了以下认定：（一）A 公司主张土地增值损失缺乏事实与法律依据；（二）A 公司主张股权收购损失 4500 万元没有事实依据；（三）A 公司未能证明设计费等 3303000 元已经支付。上述事实经生效裁判认定，系本案基础事实，但原审法院仅以 A 公司申请保全未超出诉讼请求范围来认定其申请保全行为合理，属于认定事实错误。二、A 公司在基础诉讼中对 B 公司的诉讼保全行为主观目的不是保障判决执行，主观上具有严重过错。（一）A 公司对自认为不可执行的房产申请保全。A 公司在组织的听证中明确提出罗岗工业区房产是不可执行的房产，那么就不应申请保全其认为无法执行的房产。(二) A 公司申请保全的目的是调查取证。2016 年 8 月 26—28 日 A 公司向广东省高院表示其申请保全是为了查明本案事实及调查取证。(三) A 公司申请保全的真实目的是迫使 B 公司妥协从而获得高额赔偿。2016 年 8 月 28 日 A 公司向广东省高院明确表示其保全的目的是避免 B 公司与其开展和谈的动力严重不足。(四) A 公司及其关联公司对罗岗工业区房产提起 7 轮查封, 目的是阻止该项目开发。(五) 该项目开发将极大增长 B 公司履行基础诉讼判决的能力, A 公司没有申请保全的必要。A 公司在申请保全时, 该项目正申请城市更新主体确认, 项目开发成功后将极大增值, B 公司的履约能力也得以提高, A 公司没有申请保全的必要。(六) 在法院多次告知保全风险且 A 公司一审败诉的情况下, A 公司仍申请保全, 其未尽到谨慎义务。(七) 在基础诉讼判决生效后, B 公司多次致函给 A 公司要主动履行判决支付款项, 其拒不提供账户导致被保全财产至本案一审开庭时尚未能解封。三、A 公司的错误保全行为造成 B 公司发生 191314643.14 元损失, 应予赔偿。(一) 3 亿元存款的损失 116252541.67 元。B 公司向深圳市 D 工程有限公司 (以下简称 D 公司) 借款 3 亿元用于置换被查封的房产, 每月需向 D 公司支付 2 分利息, 对该损失 A 公司应予以赔偿。(二) 灯芯坑 11 处房产及所在地块的损失 51321350.1 元。A 公司的保全行为导致 B 公司所有的灯芯坑 11 处房产及所在地块不能出售, 也不能抵押借款, 导致 B 公司无法行使房产处分权, 必然发生相应收益减少的后果, A 公司对此应予赔偿。(三) 深圳市 F 房地产开发有限公司 (以下简称 F 公司) 60 套房产无法销售导致的资金利息损失 23740751.37 元。F 公司为 B 公司在基础诉讼中提供担保以置换解封。A 公司申请保全的行为造成 F 公司无法使用销售回流资金或者抵押借款的收益损失为 23740751.37 元。四、B 公司的损失与 A 公司的错误保全申请之间具有因果关系。根据深圳市龙岗区城市更新办公室 373 号函规定, B 公司只能在罗岗工业区房产解封后才能申请该项目城市更新单元实施主体资格确认。B 公司为了避免损失申请置换解封, 涉案该项目得以获得更新单元实施主体资格确认。五、原审判决以保全行为违法性作为诉讼保全损害责任的要件不符合法律规定。保全申请人行使诉权的行为本身不可能具有违法性。六、某保险公司广东分公司作为 A 公司的诉讼保全担保人, 应当按照保单保函载明的责任共同承担赔偿责任。七、B 公司当庭补充意见如下: A 公司在基础诉讼中提出 5.19

亿余元的诉求，但法院最终仅支持其 2000 余万元的诉求，A 公司 4.9 亿元的诉求没有事实依据，应当认定其申请保全有误。其 4.9 亿元由土地增值损失、收购股权损失及设计费等损失三部分组成。根据相关细则的规定，只有形成单一主体才能获得项目的实施资格，A 公司并未成为单一主体，未获得资格，其关于土地增值的损失没有事实依据。关于股权收购，在基础诉讼中 A 公司自认深圳市 H 物流发展有限公司（以下简称 H 公司）是该项目的监督人，其购买股权还是可以获得 H 公司的流动资产，其诉求股权收购损失没有事实依据。A 公司未举证证明设计等合同实际履行或其已支付价款，其主张的设计费等损失无事实依据。因此，A 公司诉求的土地增值、股权转让款及设计费等损失并非证据不足而是其损失并未实际发生，A 公司应对其保全行为承担赔偿责任。

A 公司辩称，一、原审判决认定事实清楚。A 公司系经行政许可取得该项目实施主体资格的项目公司，2009 年 7 月 B 公司与 A 公司签订了《拆迁补偿安置协议》，同意将项目范围内约 6 万平方米土地开发权交由 A 公司开发。至 2011 年 12 月，广州某置业公司通过 A 公司已取得涉案项目范围内约 80% 土地的开发权。但 B 公司的实际控制人凌某及其旗下的百合系公司随后实施了一系列的恶意侵权与毁约行为，最后导致 A 公司失去该项目开发权。A 公司才提起包括基础诉讼在内的一系列诉讼以维护自身的合法权益，A 公司申请保全的财产价值也在诉讼请求的范围之内。虽然基础诉讼中 A 公司因对法律认知、诉讼方向及证据缺失等原因导致诉求未得到全部支持，但法院判令 B 公司赔偿 2000 万元违约金及 700 万元的实际损失已经可以证明 B 公司是违约方。二、A 公司申请保全，有充分的事实根据。B 公司对某公司的评估意见予以认可，双方均认为该项目开发后能获取高额利润。A 公司基于评估意见主张 B 公司承担违约责任有充分的事实根据。三、A 公司申请保全有充分的法律依据。根据《中华人民共和国民事诉讼法》（以下简称民诉法）第一百条的规定，A 公司有充分的证据证明 B 公司的行为造成 A 公司的损失，遂依法申请查封 B 公司名下土地房产，并提供担保，属依法行使诉讼权利，并无不当。且 B 公司提出置换保全财产的申请后，法院在 A 公司不同意的情况下仍然予以置换，充分说明保全财产的数额和类型均由法院决定并实施，A 公司仅有申请权。四、B 公司所举证据均不能证明 A 公司的申请错误。（一）A 公司向原审法院提交的《财产保全申请书》符合民诉法第一百零二条"保全限于请求的范围，或者与本案有关的财物"之规定。A公司申请对B公司采取查封、扣押相当于519965931元财产的保全措施,且提供的财产线索评估价远低于诉讼请求,提供的担保价值也远高于财产线索的评估价值,且线索财产与案件密切相关。(二)保全变更系在B公司申请、A公司反对的情况下由人民法院依职权作出,不能认为A公司申请保全错误。(三)如果B公司认为A公司的保全错误,依法可以申请复议,但其从未申请。五、没有证据证明B公司产生损失,且与A公司的行为无因果关系。3亿元与F公司60套房产系B公司主动申请置换,与A公司无关,无论其是否产生损失,均不应向A公司主张。保全灯芯坑房产系由法院依职权实施,也不应由A公司承担损失。六、A公司申请保全主观上没有错误,无论罗岗工业区的房产是否可执行,只要在B公司名下,A公司即有权申请保全。申请保全错误须以A公司主观存在过错为要件,不能仅以A公司的诉讼请求未得到支持为充分条件。在没有证据证明基础诉讼中A公司的保全申请有过错的情况下,要求A公司承担损害赔偿责任于法无据。七、A公司当庭补充答辩意见:(一)B公司没有举证证明其直接支付3亿元利息的证据,查封不动产也只是限制其权属转移,并不影响其开发建设。(二)双方合同明确约定B公司应赔偿A公司的一切损失,根据《中华人民共和国合同法》的规定,包括可预见的损失。(三)A公司收购××公司的股权系为解决一系列小租户租赁问题并推进项目拆迁安置工作。(四)基础诉讼置换担保物的听证过程中A公司的表述均是为了确保判决得以履行,B公司系断章取义。(五)A公司在基础诉讼判决生效后及时申请立案并提交账户,系B公司未支付。

某保险公司广东分公司辩称,B公司的上诉理由和请求没有事实和法律依据,应驳回B公司的全部上诉请求。一、原审判决认定事实清楚,适用法律正确。(一)原审判决认定A公司不构成申请保全错误,不承担财产保全损害赔偿责任有充分的事实和法律依据。1. A公司与B公司之间存在真实的房屋拆迁安置补偿合同关系,B公司单方解除合同已构成违约,B公司违约的事实在基础诉讼一审、二审及再审审查的裁判文书中均有表述及认定。2. A公司基于B公司的违约行为诉求其支付违约金并赔偿损失,诉求数额的依据是双方签订的合同所涉项目的价值,有相关的合同条款、交易记录、争讼项目价值评估报告等作为计算依据,请求查封的财产是B公司名下的房地产。诉讼中申请财产保全经法院审查后由法院裁定准许,且数额并未超出诉讼请求的范围。原审法院据此认定 A 公司不构成申请保全错误,有充分的事实依据。(二)在 A 公司不构成保全申请错误且不承担财产保全赔偿责任的情况下,原审法院认定某保险公司广东分公司无须承担连带责任有充分的事实和法律依据。二、(一)保全申请是否错误并非以生效裁判结果是否支持申请人的全部诉请为评判依据。B 公司以基础诉讼的再审审查裁定未支持 A 公司的部分损失为由,主张原审判决认定事实错误没有依据,不能仅依据诉讼请求没有得到法院的全部支持就认定 A 公司的诉讼请求没有合理性以及 A 公司申请财产保全的行为错误。A 公司根据双方签订拆迁补偿协议的约定,向 B 公司主张违约金、实际投入款项及可得利益损失,已尽到合理注意义务,符合法律规定及合同约定,诉请具有正当性和合理性。诉讼中申请保全的金额也未超过诉请金额,保全行为正当且合理。(二)A 公司申请财产保全的目的是保障判决的执行,没有主观恶意。1. 若基础诉讼中 A 公司未申请保全财产,项目改造后所获利益极有可能全部归于某房地产公司,B 公司名下无任何资金、动产或不动产,导致 B 公司名下无任何财产可执行。因此,A 公司申请查封 B 公司的财产目的是保障基础诉讼生效裁判的执行,而非 B 公司主张的"恶意阻碍该项目的实施主体确认"。2. 该项目系双方争议焦点及损失计算依据,A 公司为判决执行查封该项目房产,与该项目本身具备协助查明案件的具体情况之间不存在矛盾。3. B 公司以双方之间相互进行的多轮诉讼认定 A 公司的财产保全申请存在恶意,属逻辑错误。4. B 公司提交的《调解笔录》并非基础诉讼的调解笔录,与本案不存在关联性。5. A 公司在基础诉讼二审期间申请继续查封、冻结 B 公司的财产,不应视为 A 公司存在主观恶意。(三)B 公司主张的损失没有事实和法律依据。1. B 公司的违约行为在生效裁判文书中已予以认定,A 公司基于 B 公司的违约行为提起诉讼具有合理性。原审判决从 A 公司提起诉讼具有合理性,申请财产保全的数额系基于其诉讼请求的数额提出,并未超出诉讼请求的范围,查封的财产为 B 公司名下的房地产等多方面综合认定 A 公司不存在主观恶意,认定正确。2. B 公司主张的灯芯坑工业区 11 处房产及所在地块的损失、F 公司 60 套房产的损失没有事实和法律依据。B 公司既无证据证明被查封房产在被查封前正在交易或已有交易意向,也无证据证明被查封房产的价值因此有实际贬损,且 60 套房产是 F 公司主动提供担保置换的,由此产生的损失与 A 公司的保全行为无关。（四）A 公司的保全行为与 B 公司主张的损失之间没有因果关系。A 公司主观上没有故意或重大过失，其保全行为不构成保全过错。B 公司主动更换保全财产产生的损失与 A 公司的保全行为无必然的因果关系，A 公司对该部分财产产生的损失不承担赔偿责任。（五）原审法院从行为是否违法、是否有损害事实的存在、违法行为与损害后果之间是否有因果关系、行为人主观上是否有过错四个要件对 A 公司是否构成侵权进行了综合分析，原审判决适用法律无误。（六）某保险公司广东分公司不应按照《保单保函》载明的责任对 B 公司的损失与 A 公司一同承担赔偿责任。某保险公司广东分公司担保的是 A 公司申请保全错误导致 B 公司的损失，而非对 B 公司因置换查封财产扩大损失的行为进行担保。基础诉讼中 3 亿元及 60 套房产系 B 公司及 F 公司主动置换，由此产生的损失与 A 公司无关，某保险公司广东分公司不承担赔偿责任。

B 公司向原审法院起诉请求：一、判令 A 公司赔偿 B 公司因申请诉中财产保全错误导致 B 公司 3 亿元现金存款被冻结的损失 116252541.67 元；二、判令 A 公司赔偿 B 公司因申请诉中财产保全错误造成 B 公司灯芯坑工业区 11 处房产及其所在的 G036××-0079×× 号地块因被查封而不能出售的损失，以该 11 处房产及 G036××-00×× 号地块被查封时的对应评估价为本金，按照中国人民银行同期贷款利率，自查封之日起至解封之日止，暂计至 2019 年 5 月 15 日为 49506156.6 元；三、判令 A 公司赔偿 B 公司因申请诉中财产保全错误造成 F 公司名下 60 套房产被查封而不能出售的损失，以评估价 169224245 元为本金，按照中国人民银行同期贷款利率，自查封之日起至解封之日止，暂计至 2019 年 5 月 15 日为 20257552.33 元；四、判令 A 公司承担所有诉讼费用；五、判令某保险公司广东分公司对前述 4 项诉讼请求总金额在 519965931 元范围内与 A 公司共同承担赔偿责任。

原审法院认定事实：2016 年 5 月 4 日，广东省高院受理了基础诉讼的一审案件。该案中，A 公司作为原告的诉讼请求为：1. 判决 B 公司向 A 公司支付违约金 2000 万元；2. 判决 B 公司向 A 公司赔偿 A 公司因实施该项目而支出的实际成本与费用合计 55416300 元，其中项目搬迁补偿费用成本（拆迁补偿费、过渡期安置费、承租人补偿费等费用）共计 51550000 元，项目实施相关的其他费用（设计费、拆迁工程费、测绘费等）共计 3866300 元；3. 判决 B 公司向 A 公司赔偿因 B 公司违约而造成的该项目土地价值暂计至 2014 年 10 月

23 日的损失 444549631 元（土地价值暂时以 2014 年 10 月 23 日作为价值时点时评估价作为诉讼请求计算依据，应计算至实际清算该项目之日止）；4. B 公司承担本案的诉讼费；5. 判决 C 公司、某村对上述请求承担连带责任。前述第 1 项、第 2 项、第 3 项的诉讼请求金额合计为 519965931 元。2016 年 4 月 8 日，某保险公司广东分公司为 A 公司出具《保单保函》和《某财产保险股份有限公司诉讼财产保全保证保险保单》，担保金额 519965931 元，保全标的为查封或冻结 B 公司价值人民币 519965931 元的财产。2016 年 6 月 2 日，广东省高院依 A 公司的申请，作出（2016）粤民初 19 号民事裁定书及协助执行通知书，查封 B 公司名下龙岗区布吉镇罗岗工业区和深圳市××区的下列 24 处房地产。查封价值以不超过 519965931 元为限，查封期限自送达之日起三年。之后，B 公司提供其名下的 3 亿元银行存款以及 F 公司的 60 套房地产作为其等值担保财产，请求变更保全标的物，解除对深圳市龙岗区布吉镇罗岗工业区的 13 处房地产的查封措施。2016 年 10 月 13 日，广东省高院作出（2016）粤民初 19-1 号民事裁定书，裁定：1. 冻结 B 公司银行存款 3 亿元；2. 查封用于解封担保的 F 公司 60 套房地产；3. 解除对 B 公司名下位于深圳市××区房地产的查封措施。2017 年 10 月 10 日，广东省高院作出基础诉讼的一审判决：1. B 公司应在本判决发生法律效力之日起 10 日内赔偿 A 公司实际损失 7095075.03 元；2. B 公司应在本判决发生法律效力之日起 10 日内向 A 公司支付违约金 2000 万元；3. 驳回 A 公司的其他诉讼请求。A 公司不服该判决，提起上诉。2018 年 3 月 15 日，最高院依 A 公司申请作出（2018）最高法民终 124 号民事裁定书，裁定继续冻结 B 公司银行存款 3 亿元，期限一年。2018 年 10 月 23 日，最高院作出了基础诉讼的二审判决：驳回上诉，维持原判。A 公司申请再审，最高院于 2019 年 8 月 19 日作出基础诉讼的再审审查裁定：驳回 A 公司的再审申请。B 公司认为 A 公司在上述案件中提起诉中财产保全错误并造成其损失，遂提起本案诉讼。2019 年 8 月 26 日，原审法院依 B 公司申请，作出（2019）琼 96 民初 315 号民事裁定书，裁定冻结 A 公司银行存款 27787354.2 元，或查封、扣押 A 公司价值相当其他财产。2019 年 10 月 15 日，原审法院向广东省深圳市中级人民法院发送《协助执行函》，要求暂停向 A 公司支付执行案款 27787354.2 元，暂停支付期限为 1 年（自 2019 年 10 月 15 日至 2020 年 10 月 14 日）。

另查明，2007年1月1日，深圳市龙岗区城中村改造办公室向A公司发出《关于布吉街道该片区改造项目确定改造单位相关问题的函》。2009年7月20日，在深圳市××区办事处的见证下，A公司与B公司签订《布吉该拆迁补偿安置协议书》。2012年3月22日，B公司向A公司发出《关于暂停履行〈拆迁补偿安置协议书〉通知书》。2012年4月，B公司因与A公司房屋拆迁安置补偿合同纠纷，向深圳市龙岗区人民法院起诉，请求：1. 解除B公司与A公司签订的《布吉该拆迁补偿安置协议书》；2. A公司赔偿B公司违约保证金500万元；3. 本案诉讼费用由A公司承担。深圳市龙岗区人民法院作出（2012）深龙法民三初字第1739号民事判决书，判决驳回B公司的诉讼请求。B公司上诉后，深圳市中级人民法院于2014年10月24日作出（2012）深中法房终字第2798号民事判决书，认定B公司行使不安抗辩权不符合法律规定，无权单方解除合同，亦无权请求A公司赔偿违约保证金，但由于A公司未能成为涉案城市更新单元的单一权利主体，今后已不可能获得涉案项目的改造资格，涉案拆迁安置补偿协议事实上已经不具备继续履行的条件，遂判决撤销一审判决、2009年7月20日《布吉该拆迁补偿安置协议书》于该判决生效之日起终止履行、驳回B公司的其他诉讼请求。A公司对该案申请再审，广东省高院于2015年9月10日作出（2015）粤高法民一申字第478号民事裁定书，裁定驳回A公司的再审申请。

原审法院认为，本案争议的焦点问题为：B公司请求A公司、某保险公司广东分公司赔偿因诉中财产保全造成的损失是否有事实和法律依据。根据民诉法第一百零五条规定："申请有错误的，申请人应赔偿被申请人因财产保全所遭受的损失。"财产保全损害赔偿成立的条件是申请人申请有错误且被申请人因保全遭受了损失。从立法本意上看，该条法律规定系为防止当事人滥用诉讼权利，不当损害他人合法权益而作出的规定。诉讼中，财产保全的申请人对自身权利的衡量与人民法院最终认定之间存在差异，当事人认为合理的诉请不为人民法院认定支持的情况并不鲜见，将该条法律规定认定为《中华人民共和国侵权责任法》（以下简称侵权责任法）第七条规定的无过错责任，在申请人败诉的情况下，即认为构成"申请有错误"，并一概要求申请人承担申请财产保全错误的赔偿责任，不符合民诉法第一百零五条的立法本意。因此，该条法律规定的"申请有错误"，应当理解为不仅包括人民法院的裁判结果与申请人诉讼请求之间存在差异、申请人的诉讼请求未能全部得到人民法院支持的客观方面，亦应包括申请人主观上存在故意或重大过失等过错的主观方面。即法律规定的申请财产保全错误损害赔偿责任，应当适用一般侵权责任过错归责原则，而不能仅依据裁判结果来认定责任的成立与否。根据法律规定，构成一般侵权行为，应同时具备行为的违法性、有损害事实的存在、违法行为与损害后果之间有因果关系、行为人主观有过错四个要件。因此，A公司是否构成侵权，应结合上述构成要件来认定。首先，从行为的违法性和行为人主观过错方面分析。A公司与B公司之间存在真实的房屋拆迁安置补偿合同关系，因B公司单方解除合同，A公司向法院提起诉讼，请求支付违约金并赔偿损失，同时在诉讼中申请财产保全，该申请经法院依法审查后得到法院裁定准许，因此，A公司申请财产保全的行为没有违反法律的相关规定，不具有违法性。A公司在基础诉讼中申请财产保全的数额系基于其诉讼请求的数额提出，并未超出诉讼请求的范围。该诉讼请求数额，依据的是双方签订的合同所涉项目的价值计算得出的；请求查封的财产，为B公司名下的相关房地产，均存在合理基础。而且二审期间，一审判决尚未生效，A公司申请继续按一审诉讼标的额查封、冻结B公司的财产，不能视为A公司存在主观恶意。因此，B公司主张A公司存在主观恶意，缺乏充分的事实根据，不应予以采信。A公司系基于合同的约定及履行状况而提出的诉讼请求，其诉讼请求已尽到了合理的注意义务，A公司主观上并不存在过错。其次，从损害事实方面分析，B公司的3亿元借款是为置换其名下的已被查封的深圳市龙岗区布吉镇罗岗工业区13处房地产所借，系B公司自身行为，该3亿元被冻结后，只是不能自由支取，但仍会正常产生银行利息，B公司请求A公司赔偿3亿元存款损失，没有法律依据，不应予以支持。对于B公司主张的已被查封房地产的损失。虽然被查封的房地产不能进行销售，但查封并不必然影响其价值，B公司没有证据证明查封期间可能销售价值高于终审判决生效后实际销售处理的价值。因此，B公司主张已被查封房地产导致的资金利息损失，没有充分的事实根据和法律依据，不应予以支持。财产保全损害本质是一种侵权行为，A公司申请财产保全不具有主观上的故意或重大过失，不构成法律规定的申请错误，且未造成B公司实际损失，A公司不应承担财产保全损害赔偿责任。某保险公司广东分公司对该诉讼保全提供保函亦尽了合理的注意义务，不应承担连带赔偿责任。综上所述，B公司请求 A 公司赔偿因诉中财产保全损失，并请求某保险公司广东分公司承担连带赔偿责任，缺乏充分的事实根据和法律依据，不应予以支持。据此，原审法院依照《中华人民共和国侵权责任法》第六条第一款、《中华人民共和国民事诉讼法》第六十四条第一款、第一百零五条、《最高人民法院关于适用〈中华人民共和国民事诉讼法〉的解释》第九十条之规定，作出如下判决：驳回 B 公司的诉讼请求。案件受理费 971881.25 元，申请保全费 5000 元，由 B 公司负担。

二审期间，各方当事人均未提交新证据。对原审查明的案件事实，各方当事人均无异议，本院予以确认。

二审另查明，基础诉讼一、二审判决查明如下事实：2007 年 1 月 1 日，深圳市龙岗区城中村改造办公室向 A 公司发出《关于布吉街道该片区改造项目确定改造单位相关问题的函》，载明根据深龙府〔2003〕3 号文精神，确定 A 公司为该项目首期约 10 万平方米改造范围的改造单位。2009 年 7 月 20 日 A 公司与 B 公司签订的《布吉该拆迁补偿安置协议书》第四条约定：改造范围内房地产及附属设施全部腾空移交时间为 2012 年 10 月 31 日；第八条违约责任约定：B 公司未按照协议约定期限将改造房屋及附属设施移交给 A 公司……迟延移交超过三个月，A 公司有权选择解除本协议，B 公司须赔偿 A 公司投入本项目的全部款项并赔偿 A 公司一切损失外，另外向 A 公司支付违约金 2000 万元。2011 年 3 月 9 日 A 公司与深圳 E 实业有限公司（以下简称 E 公司）签订《拆迁安置补偿协议书》，约定了 E 公司在拆迁范围内的土地及房屋面积，以及产权及物业的置换数额、方式和位置。E 公司先后向 A 公司出具了 1000 万元的保证金收据。2011 年 3 月 25 日转让方林某、许某与受让方封某签订《股权转让协议书》，约定林某、许某将其持有的 H 物流公司 90%、10% 股权转让给封某，转让价分别为 4050 万元、450 万元。2011 年 4 月 26 日林某、许某与封某、A 公司签订《股权转让补充协议书》，约定封某为 A 公司指定受让林某、许某股权的第三方，封某的付款义务由 A 公司承担。2011 年 6 月 23 日 A 公司、深圳市某电缆公司与刘某签订《土地清理及物业拆迁协议》，约定刘某将其承租的改造范围内的临时建筑物自行拆除和清理，由 A 公司、深圳市某电缆有限公司向刘某支付拆迁补偿费。协议签订后，刘某先后向 A 公司出具了 655 万元的收据。A 公司在基础诉讼中为证明其积极推进项目进程以及存在项目实施其他费用还提供了《规划方案设计合同》《深圳布吉旧改项目拆除拆迁工程合同》《布吉旧改项目前期策划合同》《建设工程方案设计合同》《测绘合同》及部分合同相对方出具的发票。2011年9月25日，B公司召开2011年第二次临时股东大会，决议授权其全资子公司全权进行东光厂旧改项目工作。2012年4月25日，深圳市龙岗区城市更新办公室向A公司发出《关于布吉该片区更新项目三期改造期限问题的函》（深龙城改函〔2012〕74号），该函件载明：根据2009年12月1日实施的《深圳市城市更新办法》及2012年1月21日颁布实施的《深圳市城市更新办法实施细则》，布吉该片区更新项目也由城中村改造项目转结为2010年度实施计划的城市更新项目，该项目适用政策已变为城市更新相关政策。2011年3月30日，该项目单元规划批准实施，按照《深圳市城市更新办法实施细则》第七十一条规定，拆除重建类城市更新项目在城市更新单元规划批准两年后，仍因搬迁谈判未完成等原因未能确认项目实施主体，经综合判断确有实施的必要性和紧迫性的，政府可以纳入征收范围。

本院认为，根据各方当事人的诉辩意见，本案二审争议焦点为：A公司在基础诉讼中申请保全是否存在过错，应否承担赔偿责任，某保险公司广东分公司应否承担共同赔偿责任。

财产保全是法律赋予申请人防止对方当事人在裁判作出前处分用于执行的财产或者有争议标的物、保障生效裁判得以执行的合法权利。但为了防止保全措施被滥用，法律同时规定了申请错误的法律后果。民诉法第一百零五条规定："申请有错误的，申请人应当赔偿被申请人因保全所遭受的损失。"侵权责任法第六条第一款规定："行为人因过错侵害他人民事权益，应当承担侵权责任。"据此，申请保全损害赔偿责任是以过错责任为归责原则的侵权责任。申请人有故意或者重大过失的主观过错时，应承担错误申请保全的损害赔偿责任。对于申请人申请财产保全是否存在故意或者重大过失的主观过错的认定，应当根据申请人的诉讼请求及所依据的事实和理由着重审查其提起的诉讼是否具有正当的权利基础以及是否已尽到合理的注意义务。如具有正当的权利基础，已尽到合理的注意义务，则可认定申请人申请财产保全不存在主观过错。

本案中，A公司提起基础诉讼请求B公司赔偿股权收购及土地增值等损失，具有正当的权利基础，其申请保全 B 公司名下财产系正当行使其诉讼权利。第一，根据 2007 年 1 月 1 日深圳市龙岗区城中村改造办公室发出的《关于布吉街道该片区改造项目确定改造单位相关问题的函》，A 公司获取该项目首期改造资格。2009 年 7 月 20 日，A 公司与 B 公司签订的《拆迁补偿安置协议书》，双方对改造范围房产及附属设施的腾空时间及违约责任等进行了明确的约定。第二，从双方履行上述拆迁补偿安置协议的情况来看，协议签订后，A 公司与项目改造范围内的相关权利人 E 公司、刘某等签订了拆迁安置补偿协议、土地清理及物业拆迁协议且支付了相关款项，还对外签订了部分设计、测绘合同。第三，B 公司在双方协议约定的房产腾空移交时间即 2012 年 10 月 31 日之前，即召开股东大会决议授权其全资子公司进行旧改项目工作，并于 2012 年 3 月 22 日向 A 公司发出暂停履行拆迁补偿安置协议的通知，以 A 公司丧失继续履行合同的资格及能力为由，暂停《布吉该拆迁补偿安置协议书》的履行。第四，关于 A 公司是否已丧失改造资格的问题，基础诉讼生效判决认为，2007 年 1 月 1 日深圳市龙岗区城中村（旧村）改造办公室向 A 公司发出的《关于布吉街道该片区改造项目确定改造单位相关问题的函》已经明确了 A 公司具有该项目首期改造资格。从 2012 年 4 月 25 日深圳市龙岗区城市更新办公室向 A 公司发出《关于布吉该片区更新项目三期改造期限问题的函》来看，虽然相关政策发生变化后需适用《深圳市城市更新办法》及其实施细则确定该项目改造主体，但是，在 B 公司发出暂停履行合同通知之前，A 公司并未丧失基于旧办法取得的合法改造资格。第五，基础诉讼生效判决明确认定，B 公司在履行《布吉该拆迁补偿安置协议书》过程中存在违约行为，A 公司积极履行合同义务，对合同被终止履行不存在过错。综上所述，A 公司以其与 B 公司的合同约定、自身履行协议的实际情况、B 公司的违约行为等事实提起基础诉讼请求 B 公司承担违约责任并赔偿损失，有合同和事实依据，能否被法院全部支持属于需经实体审理查明相关事实并依法裁决的争议事项。诉讼行为本身就不具有确定性，A 公司在基础诉讼中主张 B 公司赔偿损失的数额与裁判结果存在差距，与当事人的举证能力及对裁判结果的分析判断能力有关，不能以 A 公司的诉求最终未得到法院的全部支持来倒推 A 公司提起基础诉讼时没有事实依据、恶意诉讼或未尽到合理注意义务。A 公司申请保全的财产数额未超出诉讼请求的范围，且提供了保险公司出具的相应数额的保单保函。申请保全程序合法。B 公司上诉主张 A 公司的保全申请存在过错没有事实依据，本院不予支持。

如前所述，A 公司提起基础诉讼具有正当的权利基础，已尽到合理的注意义务，没有故意或重大过失的主观过错。A 公司为防止 B 公司在裁判作出前处分其名下财产，致使其依据生效裁判取得的合法权利难以执行，其申请保全 B 公司名下财产于法有据。B 公司主张 A 公司保全的目的是调查取证、迫使 B 公司妥协而获得高额赔偿、阻止该项目开发，但其并未提供证据予以证明，且客观上 A 公司申请保全与该项目相关的罗岗工业区的房产已被 B 公司申请置换，其保全行为也未能阻止该项目开发，故本院对 B 公司该主张不予支持。因本案不能认定 A 公司申请保全存在过错，B 公司主张损失赔偿缺乏 A 公司申请有错误侵害其合法民事权益的前提条件，原审判决驳回其主张损失赔偿的请求并无不当，本院予以维持。因 B 公司提出 A 公司申请保全有错误应承担赔偿责任的诉请不成立，其请求某保险公司广东分公司对 A 公司造成 B 公司的损失承担共同赔偿责任则缺乏事实和法律依据，对其该上诉主张本院不予支持。

综上所述，B 公司的上诉请求不能成立。原审判决认定事实清楚，适用法律正确，应予维持。依照《中华人民共和国民事诉讼法》第一百七十条第一款第一项之规定，判决如下：

驳回上诉，维持原判。

二审案件受理费 971881.25 元，由原告负担。

本判决为终审判决。

审判长　邢　某
审判员　夏某某
审判员　詹某某
二〇二〇年九月二十一日
法官助理　王某某
书记员　符某某

评·析

本案的争议焦点在于：1. 本案财产保全申请人在基础诉讼中的申请保全行为是否存在过错；2. 被申请人是否因申请人的行为遭受损失；3. 申请人与保险公司是否应承担共同赔偿责任。

《中华人民共和国民事诉讼法》第一百零五条规定："申请有错误的，申请人应当赔偿被申请人因保全所遭受的损失。"据此可见，申请财产保全损害赔偿责任是以过错责任为归责原则的侵权责任。依据侵权行为的构成要件分析，申请财产保全损害赔偿责任要从申请保全行为是否有违法性是否有损害事实的存在、违法行为与损害后果之间是否有因果关系、申请人主观上是否有过错四个要件分析判断。结合本案，A公司在基础诉讼中提出5.19亿余元的诉求，但法院最终仅支持其2000余万元的诉求，B公司主张A公司4.9亿元的诉求没有事实依据应当认定其申请保全有误。该观点看似具备普遍性、代表性，也看似有说服力，但恰恰忽略了财产保全损害赔偿责任仅依据基础诉讼的裁判结果判定申请财产保全损害赔偿责任存在片面性，而忽略了财产保全损害赔偿责任作为过错侵权责任的构成要件。

首先，申请保全行为是否有违法性的判定。如申请人诉请正当且存在合理依据，查封金额未超出诉请金额，不具有主观上的故意或重大过失，则其行为不具备违法行为，不构成法律规定的申请错误，对于被申请人主张的损失申请人不承担财产保全损害赔偿责任，保险公司作为担保人亦不承担共同赔偿责任。本案中，申请人与被申请人之间存在真实的合同关系，即A公司与B公司签订的《拆迁补偿安置协议书》真实有效，在基础诉讼中，法院也认可了该协议书的效力。因被申请人在不具备解约条件的前提下单方解除合同，明显违约在先。据此，申请人向法院提起基础案件的诉讼，请求支付违约金并赔偿巨额损失，同时在诉讼中申请在诉请金额范围内的财产保全，经法院依法审查后得到法院裁定准许，因此，申请人申请财产保全的行为没有违反法律的相关规定，不具有违法性。

在排除了申请人财产保全行为的违法性之后，即可判断申请人是否具有主观过错。对于申请人申请财产保全是否存在故意或者重大过失的主观过错的认定，应当根据申请人的诉讼请求及所依据的事实和理由着重审查其提起的诉讼是否已尽到合理的注意义务。如已尽到合理的注意义务，则可认定申请人申请财产保全不存在主观过错。本案中，《拆迁补偿安置协议书》明确约定了违约责任，即 A 公司有权要求 B 公司支付违约金、赔偿已经支出的款项及一切损失。结合 A 公司在本案中的诉讼请求，亦为要求赔偿已经支付的款项、要求支付合同约定的违约金及要求赔偿因项目未能开发的预期可得利益损失。结合《拆迁补偿安置协议书》可见，"一切损失"明显包含项目未能开发的"预期可得利益损失"。据此可见，申请人提起基础诉讼的诉讼请求具有正当的权利基础，按照《民事诉讼法》规定其申请保全被申请人名下财产系正当行使其诉讼权利。更何况，申请人在基础诉讼中申请财产保全的数额，虽然巨大，但仍系基于其诉讼请求的数额提出，并未超出诉讼请求的范围。基础诉讼中，法院依据申请人的财产保全申请，审查该诉讼请求金额依据后查封被申请人名下财产，均存在合理基础。申请人主观上并不存在过错。

其次，从是否有损害事实的存在、违法行为与损害后果之间是否有因果关系看。本案中，B 公司主张的 A 公司赔偿 B 公司 3 亿元现金存款被冻结的损失、地块因被查封而不能出售的利息损失、F 公司名下 60 套房产被查封而不能出售的利息损失。该三项损失具体拆分分析：冻结的现金存款损失，因本案中被申请人被冻结的现金存款是为置换其名下已被查封的房地产所借，非因申请人主动申请冻结，因此，被申请人被冻结的现金存款损失与申请人的申请查封行为无因果关系；对于被查封房地产因不能出售的损失，被申请人被查封的房地产虽然不能进行销售，但查封并不必然影响房地产的价值，且在无证据证明被查封的房地产查封期间可能销售价值高于终审判决生效后实际销售处理的价值下，被申请人主张已被查封房地产导致的利息损失不应予以支持。另外，根据"谁主张、谁举证"的证据规则，在基础案件处理过程中，B 公司没有证据证明涉案的土地、房产存在交易机会，更没有证据证明 B 公司申请处置土地、房产并将处置所得款项作为被保全财产。因此，法院认定 B 公司不存在实际损失符合客观事实和法律规定。

基于以上分析，从本案延伸开讲，有必要清楚财产保全及财产保全责任保险的制度层面上的意义。财产保全制度作为民事诉讼的基本制度，其重要性和科学性不言而喻。财产保全责任保险制度的设计，在该保险作为财产保全的担保措施，无疑极大地降低了诉讼财产保全的门槛，既激发了财产保全制度的活力,又对化解人民法院执行难工作具有积极意义。《中华人民共和国民事诉讼法》第一百条规定:"人民法院对于可能因当事人一方的行为或者其他原因,使判决难以执行或者造成当事人其他损害的案件,根据对方当事人的申请,可以裁定对其财产进行保全、责令其作出一定行为或者禁止其作出一定行为;当事人没有提出申请的,人民法院在必要时也可以裁定采取保全措施。"该条明确了财产保全的法律依据和目的,防止当事人一方的行为导致判决的无法执行。

那么,是否就此无条件地鼓励诉讼的当事人积极申请财产保全呢?答案显而易见,不是。"权利不得滥用"是基本的民法原则。为了防止当事人滥用财产保全措施,平衡当事人利益,《中华人民共和国民事诉讼法》第一百条还规定"人民法院采取保全措施,可以责令申请人提供担保,申请人不提供担保的,裁定驳回申请。"要求申请人提供担保,以此限制当事人滥用权利。在司法实践中,又出现新的问题,许多当事人因无力、无法提供财产作为财产保全担保,不得不放弃申请财产保全,再次弱化了财产保全制度的设立初衷。

为化解该矛盾,人民法院陆续出台各类措施,如将担保财产比例降至保全财产价值的30%、引入担保公司承担财产保全担保的职能等。2012年8月,诉讼财产保全责任保险横空出世,由保险公司向法院出具保函,担保被保险人申请财产保全错误的损害赔偿。诉讼财产保全责任保险的制度优势得到充分的展示:保险公司的监管严格,资本充足;出具保函快速便捷,效率高;市场充分竞争后保费占比小等。经探索实践后,诉讼财产保全责任保险得到广大当事人的欢迎,获得法院大规模的推广应用,有效地化解了执行难工作。近年,财产保全损害责任纠纷案件大规模地爆发,高级别法院对此类案件作出的裁判,为该类案件提供了极具价值的审判指引。

交强险中赔偿是否以交通事故责任认定书中认定的事故责任为前提的认定

福建省厦门市思明区人民法院
（2020）闽0203民初1751号民事判决书

（2020年6月24日）

案·情

2019年4月13日16时，原告方某从闽DZ1号公交车下车后（某甲保险公司承保交强险），沿道路右侧路旁由南往北步行至事故地点跨上人行道时滑倒，遇谢某驾驶闽DZ7号公交车从公交站点由南往北起步行驶，闽DZ7号大型普通客车右后轮碾轧方某的左脚，造成方某受伤的后果。交警认定双方均无导致道路交通事故的过错，属于意外事故，谢某、方某均无责任。现原告方某诉至法院要求闽DZ1号及闽DZ7号公交车车主、两车承保保险公司厦门某甲保险公司、厦门某乙保险公司赔偿损失合计138666元。

判决书正文

原告：方某，男，2001年10月27日出生，汉族，住厦门市思明区。
被告：厦门某巴士集团有限公司。住所地：厦门市思明区。
被告：某乙财产保险股份有限公司厦门分公司，住所地厦门市思明区。
被告：厦门某公交集团海沧公共交通有限公司，住所地厦门市海沧区。
被告：某甲保险股份有限公司厦门分公司，住所地厦门市思明区。
原告方某与被告厦门某巴士集团有限公司（以下简称某巴士公司）、被告某乙财产保险股份有限公司厦门分公司（以下简称某乙保险公司）机动车交通事故责任纠纷一案，本院于2020年1月13日立案，经原告方某申请，本院依法追加厦门某公交集团海沧公共交通有限公司（以下简称某公交公司）和某甲财产保险股份有限公司厦门分公司（以下简称某甲保险公司）为被告后，依法适用简易程序，公开开庭进行了审理。原告方某，被告某巴士公司、某乙保险公司、某公交公司、某甲保险公司到庭参加诉讼，本案现已审理终结。

诉讼请求：

方某请求判令：1. 某公交公司、某巴士公司赔偿方某因此次交通事故造成的各项损失共计174684.07元；2. 某甲保险公司、某乙保险公司在各自承保的保险责任限额内对上述损失先行赔偿，其中精神损失费在交强险项下优先赔偿；3. 本案诉讼费用由四被告承担。

案件事实：

一、事故发生概况：2019年4月13日16时许，闽DZ1号858路公交车沿东渡路由南往北行驶至狐尾山公交站，遇前方闽DZ7号84路公交车及另两辆公交车依次进站，闽DZ7号84路公交车和闽DZ1号858路公交车分别排在进站及等候进站公交车队列的第三及第四位。闽DZ1号858路公交车在等候进站过程中，未通知乘客将在进站后继续上下客，在站台停车标识线外打开车门让车上乘客下车，乘客方某随即下车，受到机动车道人行道隔离护栏阻碍无法进入人行道，故在机动车道上沿着进站公交车队列右侧与隔离护栏左侧之间不超过80厘米的通道向狐尾山公交站台行进。方某在行进过程中，闽DZ7号84路公交车上下客完毕，缓慢起步驶离站台并与方某同向行进。方某行走至公交站台踏步上路沿时，因脚底打滑致左脚伸入向前行进过程中的闽DZ7号84路公交车右后轮，被碾轧导致受伤。

二、交警部门的责任认定结果：方某与闽DZ7号车辆驾驶人均无导致道路交通事故的过错，属于交通意外事故，方某与闽DZ7号车辆驾驶人均无道路交通事故责任。

三、受害人伤情概况：左足碾轧伤、左内踝骨折、左外踝撕脱骨折。后遗症构成人体损伤十级伤残。

四、机动车相关情况：闽DZ7号大型普通客车在某乙保险公司投保交强险，事故发生在保险期间；车辆所有人为某巴士公司，发生事故时驾驶人系履行职务行为。闽DZ1号大型普通客车在某甲保险公司投保交强险，事故发生在保险期间；车辆所有人为某公交公司，发生事故时驾驶人系履行职务行为。

五、人身伤害损失构成：

1. 医疗费：29380.07元，各方均无异议，本院予以确认。

2. 住院伙食补助费：1700元，各方均无异议，本院予以确认。

3. 营养费：当庭酌定2938元，各方均无异议，本院据此确认。

4. 护理费：方某主张住院期间17天×200元/天+出院后80天×200元/天×50%=11400元；四被告对出院后护理天数提出异议，某巴士公司及某乙保险公司认为出院后护理期应以60日为宜，某公交公司及某甲保险公司认为出院后护理期应以30日为宜；本院认定：因方某出院医嘱为"禁下地、负重，每个月复查X线，根据骨折愈合情况决定下地、负重时间及拆除石膏时间"，而2019年6月20日复查时医嘱建议"生活需部分护理，休息一个月"，故方某主张自事故发生之日起至2019年7月20日止共计87天的护理期（其中住院期间护理期17天）并无不当，本院予以支持。

5. 交通费：230元，各方均无异议，本院予以确认。

6. 残疾赔偿金：当庭认定118036元，各方均无异议，本院据此确认。

7. 精神损害抚慰金：酌定8000元。

8. 鉴定费：1000元，各方均无异议，本院予以确认，上述损失合计172684.07元，其中属于医疗相关赔偿项目的费用34018.07元，属于伤残相关赔偿项目的费用138666元。

六、受害方已获得赔偿情况：某巴士公司已付10000元，方某同意在该公司赔偿额度内扣除。

争点分析

一、关于本案民事赔偿责任的认定

方某主张：某公交公司车辆违反《道路交通安全法实施条例》第六十三条关于城市公共汽车不得在站点以外的路段停车上下乘客的规定，迫使方某在机动车道行走以致发生本案事故，应当承担侵权赔偿责任；某巴士公司车辆未观察注意起步行进时车辆周边情况，未尽安全注意义务，亦应承担相应侵权赔偿责任；某公交公司和某巴士公司车辆驾驶员在发现事故发生后均未对方某实施救助，亦负过错；某甲保险公司和某乙保险公司和分别作为某公交公司和某巴士公司车辆的承保公司，应当承担保险理赔责任。

某巴士公司及某乙保险公司主张：某公交公司车辆在明知停车区域有机动车及人行道隔离护栏的情况下，仍然在公交站点以外区域停车下客，迫使方某在机动车道行走以致发生本案事故，应当承担侵权赔偿责任；某巴士公司车辆正常离站缓慢起步在先，方某不慎滑倒将脚伸进某巴士公司车辆右后轮在后，某巴士公司车辆驾驶员在正常情况下无法预测事故发生、没有足够时间应急处置，对事故发生不负责任；方某未选择进站后再下车，没有谨慎观察行走环境，自身亦负有一定过错。

某公交公司及某甲保险公司主张：某巴士公司车辆起步行驶时未观察车辆右后方行人状况，应当承担侵权赔偿责任；某公交公司驾驶员未被交警部门列为事故当事人，闽DZ1号车辆与方某并未接触，与方某人身损失没有因果关系，某公交公司车辆在等候进站时下客符合公交车进出站停靠规范和公交车进出站上下客规范要求，故某公交公司不应承担民事赔偿责任；方某没有谨慎观察行走环境，自身亦负有一定过错。

法院认定及理由：某乙保险公司和某甲保险公司各自在交强险责任限额内承担赔偿责任，超出部分由某公交公司承担赔偿责任。理由如下：1.《中华人民共和国道路交通安全法》（以下简称道交法）第一百一十九条第五项明确：交通事故是指车辆在道路上因过错或者意外造成的人身伤亡或者财产损失的事件，本案事故系因闽DZ1号大型客车在公路机动车道下客导致方某被闽DZ7号大型客车碾轧而致人身受伤的事件，属于交通事故。2.交警部门认定的交通事故责任是基于交通事故调查过程中确认的涉事各方在道路交通违法过错方面的相对责任，是人民法院认定交通事故民事赔偿责任的重要参考依据，但并不是民事赔偿责任承担的直接和唯一依据，交通事故民事赔偿责任的认定还应当依据法律规定的相关侵权责任构成要件进行审查确定。3.道交法第七十六条规定："机动车发生交通事故造成人身伤亡、财产损失的，由保险公司在机动车第三者责任强制保险责任限额范围内予以赔偿；不足的部分，按照下列规定承担赔偿责任：（一）机动车之间发生交通事故的，由有过错的一方承担赔偿责任；双方都有过错的，按照各自过错的比例分担责任。（二）机动车与非机动车驾驶人、行人之间发生交通事故，非机动车驾驶人、行人没有过错的，由机动车一方承担赔偿责任；有证据证明非机动车驾驶人、行人有过错的，根据过错程度适当减轻机动车一方的赔偿责任；机动车一方没有过错的，承担不超过百分之十的赔偿责任。交通事故的损失是由非机动车驾驶人、行人故意碰撞机动车造成的，机动车一方不承担赔偿责任"。依据上述法律规定，保险公司在交强险责任范围内承担被保险车辆在交通事故中造成他人人身损失的，不以被保险车辆是否负有事故责任为前提，故某乙保险公司作为闽DZ7号车辆交强险的承保公司、某甲保险公司作为闽DZ1号车辆交强险的承保公司，均应各自在交强险责任限额内承担对方某的赔偿责任。4. 同样依据道交法第七十六条规定，机动车与行人之间发生交通事故，对交强险赔偿不足部分，由机动车一方承担无过错责任，闽DZ7号车辆和闽DZ1号车辆与方某受伤结果均有因果关系，某巴士公司、某公交公司作为上述车辆驾驶员履行职务期间的用人单位，均应对交强险赔偿方某损失不足部分承担补充赔偿责任。5.《最高人民法院关于审理人身损害赔偿案件适用法律若干问题的解释》第三条第二款规定："二人以上没有共同故意或者共同过失，但其分别实施的数个行为间接结合发生同一损害后果的，应当根据过失大小或者原因力比例各自承担相应的赔偿责任"。本案闽DZ7号车辆和闽DZ1号车辆两车驾驶员没有共同意思联络，分别实施令方某下车在机动车道上行走和碾轧方某左脚两个偶然结合的行为，共同作用导致方某受伤的同一后果，故应当按照两车对方某受伤的过失大小和原因力比例确定两车各自承担的补充赔偿责任。其中，闽DZ7号84路公交车碾轧方某左脚是导致方某受伤的直接原因，但该车于事故发生时正处于缓慢启动、向行进方向前方及左侧正常驶离站台过程中，并未挤压、剐蹭处于该车右后方的行人方某，对方某因脚底打滑而将足部伸向该车右后轮的事件无法预测、难以避免，对本案事故的发生不具有过错；而闽DZ1号858路公交车未至站台停靠区域令乘客下车，虽然不违反《厦门公交集团有限公司关于进一步强化公交车进出站停靠规范的通知》关于"二次进站，方便乘客：排在第四辆及以后的公交车应二次进站上下客"的规定，但该车驾驶员明知停车地点设置有长距离机动车道人行道隔离护栏且并无其他路面人行横道，乘客下车后在较长距离内无法进入站台或人行道等安全区域，势必在机动车道上冒险行进，既不安全也无方便可言，该车驾驶员未考虑上述常理也未提示乘客注意安全而仍然在站台安全区域之外的机动车道上即让方某下车，属于机械执行便民规定，致使方某别无选择地在机动车与隔离护栏之间的狭窄通道上行进，迫使方某置于危险境遇，对本案事故的发生负有过错且为根本原因。综合考虑直接原因行为的无过错性和根本原因行为的过错性，本院认定某公交公司作为闽 DZ1 号车辆驾驶员履行职务时的用人单位，应当承担本案事故交强险赔付不足部分的全部补充赔偿责任。6. 受害人对损害的发生也有过错的，可以减轻赔偿义务人的赔偿责任。但方某在下车前，并未收到闽 DZ1 号 858 路公交车将进站二次上下客的通知或提示，在下客车门打开后即下车当属人之常情，且在行进过程中未见诸如观察涣散、滞留窜行等过错行为，对本案事故发生并无主观过错，不能减轻某公交集团海沧公交公司的民事赔偿责任。

二、关于交强险责任限额的适用

方某主张：本案中行人一方不负事故责任，则应适用一般交强险责任赔偿限额，即死亡伤残赔偿限额 110000 元、医疗费用赔偿限额 10000 元。

某乙保险公司主张：闽 DZ7 号机动车一方不负事故责任，则该车交强险应适用无责任赔偿限额，即死亡伤残赔偿限额 11000 元、医疗费用赔偿限额 1000 元。

某甲保险公司主张：闽 DZ1 号机动车与方某并未接触，本案事故亦经交警认定为意外事故，故该车交强险应适用无责任赔偿限额，即死亡伤残赔偿限额 11000 元、医疗费用赔偿限额 1000 元。

法院认定及理由：《机动车交通事故责任强制保险条例》第一条开宗明义明确了设立交强险制度的主要目的是保障机动车道路交通事故受害人依法得到赔偿，故交强险是法定险、强制险、责任险，其主要功能是防损避灾和社会保障。所以对《机动车交通事故责任强制保险条例》"无责任的赔偿限额"中的"无责任"应当作严格解释，将其限制在道交法第七十六条中被保险机动车辆无责任且受害人有责任的情形。依前文分析，本案受害人方某并无过错，在交通事故中不负责任，故某甲保险公司、某乙保险公司应当在交强险一般赔偿限额内予以赔偿。

三、裁判结果

本院认为，综上争点分析，对方某因本案事故造成的医疗相关费用损失 34018.07 元，应由某乙保险公司和某甲保险公司分别在交强险医疗费用赔偿限额内各自赔偿 10000 元,超出部分 14018.07 元由某公交公司赔偿;对方某因本案事故造成的伤残相关损失 138666 元,因未超过某乙保险公司和某甲保险公司应承担的伤残赔偿限额总和,故由某乙保险公司和某甲保险公司各自承担一半为 69333 元。综上所述,某乙保险公司总计应向方某赔偿 79333 元,其中某巴士公司已垫付 10000 元,由某乙保险公司直接向某巴士公司支付,剩余 69333 元再向方某支付;某甲保险公司总计应向方某赔偿 79333 元;剩余损失 14018.07 元由某公交公司向方某赔偿。依照《中华人民共和国侵权责任法》第十三条、第十六条、第四十八条,《中华人民共和国道路交通安全法》第七十六条、第一百一十九条第五项,《机动车交通事故责任强制保险条例》第一条、第二十三条,《最高人民法院关于审理道路交通事故损害赔偿案件适用法律若干问题的解释》第十六条、第二十一条第一款、第二十七条,《最高人民法院关于审理人身损害赔偿案件适用法律若干问题的解释》第三条第二款,《中华人民共和国民事诉讼法》第六十四条第一款的规定,判决如下:

某乙财产保险股份有限公司厦门分公司应于本判决生效之日起七日内向方某赔偿 69333 元,并向厦门某巴士集团有限公司支付 10000 元;

某甲财产保险股份有限公司厦门分公司应于本判决生效之日起七日内向方某赔偿 79333 元;

厦门某公交集团海沧公共交通有限公司应于本判决生效之日起七日内向方某赔偿 14018.07 元。

四、驳回方某的其他诉讼请求

如果未按指定的期间履行给付金钱义务,应当依照《中华人民共和国民事诉讼法》第二百五十三条之规定,加倍支付迟延履行期间的债务利息。

案件受理费 1213 元,减半收取计为 607 元,由厦门某公交集团海沧公共交通有限公司负担,并应于本判决生效之日起七日内向本院缴纳。

如不服本判决,可在本判决书送达之日起十五日内,向本院递交上诉状,并按对方当事人的人数提出副本,上诉于福建省厦门市中级人民法院。

本案生效后,负有履行义务的当事人须依法按期履行。逾期未履行的,应向本院主动报告财产情况,并不得有隐匿,转移财产或高消费行为,本条款即为执行通知,本案进入执行后,人民法院不再另行发出执行通知。违反本条规定的，人民法院可以依法对相关当事人采取列入失信名单、罚款、拘留等措施；构成犯罪的，依法追究刑事责任。

审判员　张某某
二〇二〇年六月二十四日
书记员　洪某某

评·析

一、《交通事故责任认定书》并非确定事故责任的唯一证据

通常，交警部门出具的《交通事故责任认定书》是人民法院审理交通事故侵权案件时，进行责任认定的主要依据。但是，此类责任认定书一般只涉及造成事故的直接责任方之间的责任划分，而对于其他引发事故的当事人和因素，往往不会提及和考虑，从而在少数案件中会遗漏一些案件责任当事方。因此，交警部门出具的《交通事故责任认定书》只是人民法院认定交通事故民事赔偿责任的重要参考依据，却并不是民事赔偿责任承担的唯一依据。

本案中，当地交警认定闽DZ7号机动车与原告对此次事故都不具有过错，纯属一场意外事故。同时，也未将对造成原告伤害具有根本动因的闽DZ1号机动车作为该认定书中的一方当事人。但是，审理该案的法官在分析此次事故的责任时，并未局限于该事故认定书所确定的责任人范围，而是从此次事故的全过程分析，得出闽DZ1号机动车驾驶员的行为才是造成此次事故的根本原因的结论。相反，闽DZ7号机动车和原告虽然是事故责任认定书中确定的肇事双方，且闽DZ7号机动车还直接造成了原告的伤害，但认定其并无主观过错。在此基础上，主审法官没有机械地套用事故责任认定书的结论，进而简单在当事人之间分配赔偿责任，而是在交警事故责任认定书确定的相关事实的基础上，深入调查了解事实，分析事故成因，科学合理确定责任，值得肯定。

二、交强险无过错责任限额的应用场景

道交法第七十六条规定："机动车发生交通事故造成人身伤亡、财产损失的，由保险公司在机动车第三者责任强制保险责任限额范围内予以赔偿；不足的部分，按照下列规定承担赔偿责任：（一）机动车之间发生交通事故的，由有过错的一方承担赔偿责任；双方都有过错的，按照各自过错的比例分担责任。（二）机动车与非机动车驾驶人、行人之间发生交通事故，非机动车驾驶人、行人没有过错的，由机动车一方承担赔偿责任；有证据证明非机动车驾驶人、行人有过错的，根据过错程度适当减轻机动车一方的赔偿责任；机动车一方没有过错的，承担不超过百分之十的赔偿责任。交通事故的损失是由非机动车驾驶人、行人故意碰撞机动车造成的，机动车一方不承担赔偿责任"。

本案中，闽DZ7号机动车经交警认定，对于事故的发生不具有过错。那么是否承保其交强险的保险公司就可以主张适用交强险无过错责任的保险限额呢？虽然该条第二款当中有"机动车一方没有过错的，承担不超过百分之十的赔偿责任"的规定，但是结合该条中"非机动车驾驶人、行人没有过错的，由机动车一方承担赔偿责任"的规定，以及设立交强险的目的是保障机动车道路交通事故受害人依法得到赔偿的宗旨，主审法官认定对于机动车和行人均无过错的情形下，如果适用交强险无过错责任限额，将对受损害行人显失公平，认定在此种情形下，不应适用交强险无过错责任限额，充分体现了其对相关法律规范和原则的深刻理解。

三、过错，原因力的具体情形如何与责任匹配

《最高人民法院关于审理人身损害赔偿案件适用法律若干问题的解释》第三条第二款规定："二人以上没有共同故意或者共同过失，但其分别实施的数个行为间接结合发生同一损害后果的，应当根据过失大小或者原因力比例各自承担相应的赔偿责任"。

本案中，经法院结合具体事实认定，闽DZ1号机动车驾驶员虽然没有直接碾轧原告，但是其对于事故的发生具有过错，是事故发生的根本原因。而闽DZ7号机动车驾驶员虽然直接碾轧了原告，但双方都没有过错，纯属意外且无法避免。那么，对于造成的损害究竟该如何在这三个当事人中进行划分呢？很多情况下，会在这三者中按照过错的轻重以及原因力的大小进行分配，这也属于法律没有明确规定，而需要主审法官自由心证的裁判范围。但是此案主审法官根据即将实行的《民法典》中所确定的一般侵权行为适用过错责任原则的规定，按照有过错则承担责任，无过错则不承担责任，以及无过错则按照造成损害的原因力大小分摊责任的法律原则，将此案交强险赔付不足的部分，全部责成闽DZ1号机动车承担，充分体现了法官自由心证的法

律严谨性。

  本案也提示我们,在交通事故保险诉讼案件的处理中,每一方参与人都需要充分掌握事故发生的全流程轨迹,综合分析事故发生的各方因素,深入研究按照法律的相关规定,在此基础上收集有力的证据,有理有据的主张,才能获得一个体现公平正义的裁判结果。

交通事故中保险公司是否对车辆贬值损失承担赔偿责任

湖北省荆门市中级人民法院
(2020) 鄂 08 民终 905 号民事判决书

(2020 年 10 月 27 日)

案·情

2019 年 11 月 30 日,伍某驾驶标的车豫 RA1 号追尾赵某驾驶的车辆鄂 F72 号,造成赵某车辆受损的交通事故。经交警认定,伍某全责;标的车辆在某甲保险公司河南分公司投保了交强险及限额 100 万元的商业三者险,事故发生在保险期限内。原告赵某诉请车辆鄂 F72 号贬值费 55413.75 元及其他费用。一审法院认为车辆后备箱无法修复,车辆后部严重受损、后部纵梁需矫正等,考虑贬值损失一般在交易过程中体现,属间接损失,结合评估酌情认定车辆贬值费 20000 元。

某甲保险公司河南分公司不服提起上诉,提出了赵某的车辆贬值损失不应支持等上诉请求。依据《最高人民法院〈关于交通事故车辆贬值损失赔偿问题的建议〉的答复》精神,结合车辆现场勘验情况,综合考虑受损车辆事发前的使用年限、事发后修理费用、车辆修理部件和性能恢复情况及当地司法实践后,二审法院从法律适用角度,依据法律的规定阐述了车辆贬值费的适用条件,认为某甲保险公司河南分公司的该项上诉理由成立,一审判决支持鄂 F72 号车辆贬值损失 20000 元缺乏法律依据,予以纠正,改判某甲保险公司河南分公司不承担车辆贬值费,并对某甲保险公司河南分公司对赵某的经济损失赔偿额进行了相应的判决。

判决书正文

上诉人（原审被告）：某甲保险公司河南分公司，住所地河南省郑州市郑东新区。

上诉人（原审被告）：某乙保险公司宜昌中心支公司，住所地湖北省宜昌市西陵区。

被上诉人（原审原告）：赵某，男，1961年8月25日出生，汉族，住湖北省宜城市。

被上诉人（原审被告）：伍某，男，1972年8月11日出生，汉族，住河南省南阳市镇平县。

被上诉人（原审被告）：方某，男，1966年12月19日出生，汉族，住湖北省宜昌市伍家岗区。

上诉人某甲保险公司河南分公司（以下简称某甲保险河南分公司）、某乙保险公司宜昌中心支公司（以下简称某乙保险宜昌支公司）因与被上诉人赵某、伍某、方某机动车交通事故责任纠纷一案，不服湖北省荆门市东宝区人民法院（2020）鄂0802民初12号民事判决，向本院提起上诉。本院受理后，依法组成合议庭公开开庭审理了本案。上诉人某甲保险河南分公司的委托诉讼代理人，上诉人某乙保险宜昌支公司的委托诉讼代理人，被上诉人赵某到庭参加诉讼。被上诉人伍某、方某经本院传票传唤未到庭，本院依法缺席审理。本案现已审理终结。

某甲保险河南分公司上诉请求：1.撤销湖北省荆门市东宝区人民法院（2020）鄂0802民初12号民事判决书，依法改判；2.赵某、伍某、方某、某乙保险宜昌支公司承担本案一、二审诉讼费用。事实与理由：1.赵某的车辆贬值损失不应支持，《中华人民共和国侵权责任法》及《最高人民法院关于审理道路交通事故损害赔偿案件适用法律若干问题的解释》均未确定车辆贬值损失系法定赔偿项目；且该车已使用接近一年，维修金额占车辆总价值的占比并不大，主要受损部位为车辆的前杠与尾部，并不涉及车辆的动力系统、安全系统，受损车辆并不存在严重受损及安全性能下降的情形，车辆贬值损失依据不足；另外，我国目前鉴定市场尚不规范，鉴定贬值损失具有较大任意性，支持贬值损失会加重道路交通参与人的负担，不利于社会经济发展。2.一审法院支持赵某误工费没有事实和法律依据，赵某并未举证证明其工作情况及收入减少情况，应承担举证不能的法律后果。3. 交通费系受害人及其必要的陪护人员因就医或转院治疗而实际发生的费用，赵某仅住院 5 天，且其提供的交通费发票均系连号发票，存在明显瑕疵，一审法院酌定 2000 元交通费明显过高。4. 某甲保险河南分公司非实际侵权人，不应承担诉讼费。

赵某针对某甲保险河南分公司辩称，一审人民法院认定事实清楚、适用法律正确，请求驳回上诉、维持原判。1. 受损车辆系新车且严重受损，根据《最高人民法院〈关于交通事故车辆贬值损失赔偿问题的建议〉的答复》精神，车辆损失应予赔偿。2. 应赔偿误工费、交通费、诉讼费。《侵权责任法》及《最高人民法院关于审理人身损害赔偿案件适用法律若干问题的解释》均对受害人的误工费、交通费这些必然发生的损失作出明确赔偿规定，一审法院判决合法、适当。诉讼费应由败诉方承担，一审判决并无不当。

某乙保险宜昌支公司针对某甲保险河南分公司辩称，其上诉请求与某乙保险宜昌支公司无关，对其上诉请求无异议。

某乙保险宜昌支公司上诉请求：1. 撤销湖北省荆门市东宝区人民法院（2020）鄂 0802 民初 12 号民事判决书第二项，依法改判某乙保险宜昌支公司在交强险无责项下赔付金额（异议金额 732.85 元）；2. 一审诉讼费不应由某乙保险宜昌支公司承担（异议金额 24 元）；3. 二审诉讼费用由赵某、伍某、方某、某甲保险河南分公司承担。事实与理由：《最高人民法院关于审理道路交通事故损害赔偿案件适用法律若干问题的解释》第二十一条规定，多辆机动车发生交通事故造成第三人损害，当事人请求由各保险公司按照其责任限额与责任限额之和的比例承担赔偿责任的，人民法院应予支持。一审法院直接按无责任医疗限额 1000 元判决某乙保险宜昌支公司承担责任，未进行分摊计算错误。赵某医疗费共计 2968.32 元，进行分摊后，某乙保险宜昌支公司应仅赔付 267.14 元，多判决 732.85 元。

赵某针对某乙保险宜昌支公司辩称，该上诉请求与赵某无关，由人民法院依法判决。

某甲保险河南分公司针对某乙保险宜昌支公司辩称，一审法院认定事实清楚、适用法律正确，请求依法维持。本案系三车连环相撞的交通事故，鄂 EP3 号小型客车在某乙保险宜昌支公司投保了交强险，某乙保险宜昌支公司应在交强险无责任范围内承担相应赔偿责任。

伍某、方某未答辩。

赵某向一审法院起诉请求：1. 判令伍某、方某、某甲保险河南分公司、某乙保险宜昌支公司赔偿医疗费、护理费、住院伙食补助费、车损等共计132185元，某甲保险河南分公司在交强险限额内先行赔偿，剩余部分由某甲保险河南分公司在商业三者险内赔偿，拒赔或免赔部分由伍某承担赔偿责任；2. 判令方某与某乙保险宜昌支公司在交强险无责赔付限额内赔偿12100元；3. 本案诉讼费由被告共同承担。

一审法院认定事实：2018年12月28日，赵某购买鄂F72号小型普通客车。2019年11月30日，伍某驾驶豫RA1号小型普通客车行驶至二广高速湖北襄荆段宜城服务区入口匝道时，追尾撞上因交通堵塞排队等候的赵某驾驶的鄂F72号轿车，致赵某又撞上前方周某驾驶的鄂EP3号轿车，造成赵某及鄂F72号轿车车上人员受伤，鄂EP3号轿车车上人员方某轻微受伤，车辆受损的交通事故。经湖北省公安厅高速公路警察总队三支队荆门大队现场勘验，认定伍某负事故全部责任。赵某受伤后被送往宜城市某医院住院治疗5天，出院医嘱为"注意休息一周，定期复查"。

另查明伍某驾驶的豫RA1号小型普通客车，在某甲保险河南分公司投保了交强险及限额为100万元的商业三者险（不计免赔）。周某驾驶的鄂EP3号轿车所有人为方某，在某乙保险宜昌支公司投保了交强险。

在查明事故发生后，赵某与某甲保险河南分公司签订定损单、维修协议及实物赔付确认书，约定定损金额37300元，赵某将案涉车辆交由襄阳某汽车销售服务有限公司进行维修，由某甲保险河南分公司向维修单位支付维修费。后赵某将案涉车辆交由指定维修单位襄阳某汽车销售服务有限公司进行维修，现维修完毕。某甲保险河南分公司未支付维修费用，赵某向襄阳某汽车销售服务有限公司支付维修费37300元。赵某就车辆损失委托荆门市某价格鉴定评估有限公司对案涉车辆进行两方面鉴定，荆门市某价格鉴定评估有限公司鉴定案涉车辆贬损价值损失金额55413.75元、案涉车辆事故损失金额60005元，赵某支出鉴定费合计7433元。在审理过程中，一审法院对案涉车辆进行了现场查验，发现案涉车辆后备箱已无法恢复原状，左后部纵梁变形。

根据赵某举证并经当事人相互质证，确定赵某的经济损失为：1. 医疗费

2718.32 元；2. 护理费 532.84 元（38897 元÷365×5 天）；3. 住院伙食费 250 元（50 元×5 天）；4. 误工费 1942.08 元（59072÷365×12 天）；5. 交通费酌定 2000 元；6. 施救费 1000 元；7. 车辆维修费 37300 元。关于车辆贬值损失、鉴定费等认定问题，将在下面具体阐述。

  一审法院认为，公民的人身权、财产权受法律保护，侵害他人人身权、财产权的，应当依法承担侵权责任。伍某违反《中华人民共和国道路交通安全法》的规定，造成交通事故，负事故的全部责任，应赔偿赵某的全部经济损失。因伍某所驾驶的豫 RA1 号小型普通客车在某甲保险河南分公司投保了交强险及商业三者险，根据《中华人民共和国道路交通安全法》第七十六条第一款第一项关于"机动车发生交通事故造成人身伤亡、财产损失的，由保险公司在机动车第三者责任强制保险责任限额范围内予以赔偿；不足部分，机动车之间发生交通事故的，由过错一方承担赔偿责任；双方都有过错的，按照各自过错比例分担责任"的规定。因此赵某因该事故造成的损失应先由某甲保险河南分公司向赵某赔偿。赵某的各项损失合计 70176.24 元。关于赵某主张的某乙保险宜昌支公司承担无责赔付责任的问题。根据《机动车交通事故责任强制保险条例》第二十三条第一款之规定"责任限额分为死亡伤残赔偿限额、医疗费用赔偿限额、财产损失赔偿限额以及被保险人在道路交通事故中无责任的赔付限额"，无责任的赔偿限额：医疗费用赔偿限额为 1000 元、财产损失赔偿限额为 100 元。故某乙保险宜昌支公司承担无责赔付责任，向赵某赔偿 1100 元。因此，赵某的各项损失合计 70176.24 元，由某乙保险宜昌支公司在无责赔付的范围内向赵某赔偿 1100 元，其余 69076.24 元由被告某甲保险河南分公司向赵某赔偿。根据《中华人民共和国侵权责任法》第六条第一款、《最高人民法院关于审理道路交通事故损害赔偿案件适用法律若干问题的解释》第十六条、《最高人民法院〈关于审理人身损害赔偿案件适用法律若干问题的解释〉》第十九条、第二十条、第二十一条、第二十二条、第二十三条第一款、《机动车交通事故责任强制保险条例》第二十三条第一款，《中华人民共和国民事诉讼法》第六十四条第一款、第一百四十四条之规定，判决如下：一、某甲保险公司河南分公司于判决生效之日起十日内赔偿赵某经济损失 69076.24 元；二、某乙保险公司宜昌中心支公司于判决生效之日起十日内赔偿赵某经济损失 1100 元；三、驳回赵某对伍某、方某的诉讼请求；四、驳回赵某的其他诉讼请求。案件受理费2944元，由赵某负担1398元，某甲保险公司河南分公司负担1522元，某乙保险公司宜昌中心支公司负担24元。

二审中，赵某提交宜城市某节能环保有限公司营业执照、开户许可证、赵某沼气生产工二级职业资格证书各一份，拟证明赵某误工费应参照湖北省水利、环境和公共设施管理业在岗职工年工资收入标准计算。某甲保险河南分公司质证认为，对真实性无异议，但对关联性及证明目的有异议，仅营业执照并不能证明实际收入减少情况。某乙保险宜昌支公司对该组证据无异议。本院经审核认为，该组证据均系职能部门依法出具的公文书证，具有真实性、合法性、关联性，且能相互印证，应予采信。

经审理查明，赵某系宜城市某节能环保有限公司法定代表人，具有沼气生产工二级职业资格。二审查明的其他事实与一审认定的事实一致。

本院认为，本案二审争议焦点为：一、一审判决支持鄂F72号小型轿车贬值损失20000元是否正确；二、一审判决支持赵某误工费1942.08元是否正确；三、一审判决酌定赵某交通费2000元是否正确；四、一审判决某甲保险河南分公司、某乙保险宜昌支公司承担诉讼费是否正确；五、一审判决某乙保险宜昌支公司在交强险无责任医疗费用赔偿限额下赔偿赵某1000元是否正确。

关于贬值损失。根据《最高人民法院〈关于交通事故车辆贬值损失赔偿问题的建议〉的答复》精神，考虑到社会经济发展情况，目前尚不具备完全支持贬值损失的客观条件。对该项损失的赔偿持谨慎态度，倾向于原则上不予支持。在少数特殊、极端情形下，也可以考虑予以适当赔偿，但必须慎重考量，严格把握。本案中，鄂F72号小型轿车因交通事故受损，据赵某庭审陈述及鄂F72号小型轿车维修定损单显示，该车受损主要集中在保险杠、水箱、发动机盖、灯、后舱盖等零部件，且上述部位均已更换和维修完毕。结合鄂F72号车现场勘验情况，本院综合考虑受损车辆事发前的使用年限、事发后修理费用、车辆修理部件和性能恢复情况及本地司法实践后认为，鄂F72号车的车辆贬值损失不属于少数特殊、极端情形下，可以考虑予以适当赔偿的范围，对其贬值损失不予支持为宜。一审判决支持鄂F72号车贬值损失20000元缺乏法律依据，本院予以纠正。某甲保险河南分公司的该项上诉理由成立，本院予以支持。

关于赵某误工费。根据《最高人民法院关于审理人身损害赔偿案件适用法律若干问题的解释》第二十条第三款规定，受害人有固定收入的，误工费按照实际减少的收入计算。受害人无固定收入的，按照其最近三年的平均收入计算；受害人不能举证证明其近三年的平均收入状况的，可以参照受诉法院所在地相同或者相近行业上一年度职工的平均工资计算。赵某因本案交通事故遭受人身损害，住院5天，出院医嘱载明休息一周。本案交通事故发生时，受害人赵某57周岁，系宜城市某节能环保有限公司法定代表人，具有沼气生产工二级职业资格，该公司经营范围为沼气池建设、太阳能热水器、太阳能路灯销售等。赵某因人身损害误工而丧失的预期劳动利益，应得到赔偿。因赵某未能举证证明其固定收入状况及最近三年的平均收入状况，故一审判决参照2019年湖北省水利、环境和公共设施管理业在岗职工年工资收入标准每年59072元计算赵某12天误工费共计1942.08元并无不当。某甲保险河南分公司的该项上诉理由不能成立，本院不予支持。

关于赵某交通费。赵某因本案交通事故遭受人身损害，并导致车辆受损，事故发生后，赵某在宜城市住院，其所有的鄂F72号车在襄阳维修，并由高速交警荆门大队处理交通事故。一审中，赵某已提交2640元交通费发票，虽部分发票系连号定额发票，但考虑到赵某本次事故需往返宜城、荆门、襄阳三地，必然产生交通费用，一审法院酌定交通费2000元并无明显不当。某甲保险河南分公司的该项上诉理由不能成立，本院不予支持。

关于诉讼费的承担。一审法院已依法判决某甲保险河南分公司、某乙保险宜昌支公司承担赔偿责任，根据《诉讼费交纳办法》第二十九条的规定，诉讼费由败诉方承担，胜诉方自愿负担除外。一审法院据此规定，判定认定由某甲保险河南分公司、某乙保险宜昌支公司承担相应诉讼费并无不当。某甲保险河南分公司、某乙保险宜昌支公司的该项上诉请求，本院不予支持。

关于某乙保险宜昌支公司交强险无责任医疗费用赔偿数额。《最高人民法院关于审理道路交通事故损害赔偿案件适用法律若干问题的解释》第二十一条第一款规定，多辆机动车发生交通事故造成第三人损害，损失超出各机动车交强险责任限额之和的，由各保险公司在各自责任限额范围内承担赔偿责任；损失未超出各机动车交强险责任限额之和，当事人请求由各保险公司按照其责任限额与责任限额之和的比例承担赔偿责任的，人民法院应予支持。本案中，伍某、周某、赵某分别驾驶的三辆机动车发生交通事故造成受害人赵某人身损害、车辆受损,故承保伍某、周某车辆交强险的某甲保险河南分公司、某乙保险宜昌支公司应在交强险范围内承担相应责任,因受害人赵某在交强险医疗费用项下的损失为2968.32元,未超出伍某、周某机动车交强险责任限额之和,故应由某甲保险河南分公司、某乙保险宜昌支公司按照其责任限额与责任限额之和的比例承担赔偿责任。因此,某乙保险宜昌支公司应在交强险无责任医疗费用赔偿项下承担267.15元〔2968.32×1000/(10000+1000)〕。一审判决某乙保险宜昌支公司在交强险无责任医疗费用赔偿项下承担1000元错误,本院予以纠正。某乙保险宜昌支公司的该项上诉理由成立,本院予以支持。

赵某各项损失认定如下:1. 医疗费2718.32元;2. 护理费532.84元;3. 住院伙食费250元;4. 误工费1942.08元(59072÷365×12天);5. 交通费2000元;6. 施救费1000元;7. 车辆维修费37300元;8. 一审已判决支持赵某车辆贬值损失鉴定费4433元,上诉人未对此费用提出上诉,应予认定。以上各项损失合计50176.24元。由某乙保险宜昌支公司在交强险无责任医疗费用赔偿项下赔偿267.15元,在交强险无责任财产损失项下赔偿100元;剩余损失49809.09元(50176.24元-267.15元-100元)由某甲保险河南分公司承担。

综上所述,某乙保险宜昌支公司的上诉请求成立,某甲保险河南分公司的上诉请求部分成立。依照《中华人民共和国侵权责任法》第六条第一款,《最高人民法院关于审理道路交通事故损害赔偿案件适用法律若干问题的解释》第十六条,《最高人民法院关于审理人身损害赔偿案件适用法律若干问题的解释》第十九条、第二十条、第二十一条、第二十二条、第二十三条第一款,《机动车交通事故责任强制保险条例》第二十三条第一款,《中华人民共和国民事诉讼法》第六十四条第一款、第一百四十四条、第一百七十条第一款第二项规定,判决如下:

一、维持湖北省荆门市东宝区人民法院(2020)鄂0802民初12号民事判决第三项,即"三、驳回赵某对伍某、方某的诉讼请求"。

二、撤销湖北省荆门市东宝区人民法院(2020)鄂0802民初12号民事判决第一、第二、第四项,即"一、某甲保险公司河南分公司于判决生效之日起十日内赔偿赵某经济损失69076.24元";"二、某乙保险公司宜昌中心支公司于判决生效之日起十日内赔偿赵某经济损失1100元";"三、驳回赵某的其他诉讼请求"。

三、某甲保险公司河南分公司于本判决生效之日起十日内赔偿赵某经济损失 49809.09 元。

四、某乙保险公司宜昌中心支公司于判决生效之日起十日内赔偿赵某经济损失 367.15 元。

五、驳回赵某的其他诉讼请求。

如果未按本判决指定的期间内履行给付义务，应当依照《中华人民共和国民事诉讼法》第二百五十三条之规定，加倍支付迟延履行期间的债务利息。

一审案件受理费 2944 元，由赵某负担 1827 元，某甲保险公司河南分公司负担 1109 元，某乙保险公司宜昌中心支公司负担 8 元。二审案件受理费 486 元，由某甲保险公司河南分公司负担 144 元，由赵某负担 342 元。

本判决为终审判决。

审判长　姜　某

审判员　万　某

审判员　邓某某

二〇二〇年十月二十七日

法官助理　胡　某

书记员　赵某某

评·析

本案争议焦点之一为车辆贬值费是否赔偿。在机动车交通事故责任纠纷涉及车损案件中，当事人往往主张车辆的贬值费，特别是新车的贬值费，而保险公司通常主张车辆贬值费为间接损失，不属于保险合同约定的保险责任，从而产生争议导致诉讼；但保险公司很少从贬值费缺乏法律依据方面主张不承担车辆贬值费。本案二审法院，从最高人民法院的相关问题答复精神、证据分析、司法实践角度，以事实为依据，以法律为准绳，认可上诉人某甲保险公司河南分公司对贬值费缺乏法律依据的主张，就上述争议焦点做出依法合理认定，对理赔及司法实践中车辆保险合同中车辆贬值费的赔偿争议问题及保险人依法维

护自身权益具有指导意义。分析如下:

一、车辆贬值损失法律未作明确规定

依据《中华人民共和国侵权责任法》第十九条的规定,"侵害他人财产的,财产损失按照损失发生时的市场价格或者其他方式计算",该条规定了财产损失的计算依据、方式,但未明确财产损失的范围。车辆保险纠纷往往由道路交通事故所导致的损害赔偿问题引发,车辆贬值损失是否属于侵权人的赔偿范围,应根据《最高人民法院关于审理道路交通事故损害赔偿案件适用法律若干问题的解释》的相关规定。从该司法解释第十五条的规定来看,"因道路交通事故造成下列财产损失,当事人请求侵权人赔偿的,人民法院应予支持:(一)维修被损坏车辆所支出的费用、车辆所载物品的损失、车辆施救费用;(二)因车辆灭失或者无法修复,为购买交通事故发生时与被损坏车辆价值相当的车辆重置费用;(三)依法从事货物运输、旅客运输等经营性活动的车辆,因无法从事相应经营活动所产生的合理停运损失;(四)非经营性车辆因无法继续使用,所产生的通常替代性交通工具的合理费用",亦未确定车辆贬值损失系法定赔偿项目。

虽然法律及司法解释未明确界定车辆贬值损失为法定的损害赔偿范围,但实践中,贬值损失几乎在每辆发生事故的机动车上都会存在。因此,关于车辆贬值损失是否应当赔偿的问题,理论和审判实务中一直存在较大的争议。主张应当赔偿的观点认为,车辆贬值损失是现有财产价值的减少,属于直接损失,损害赔偿范围应当以完全赔偿为原则,要求将受损物品恢复到原有功能、价值,无法恢复的,则应对相关损失予以折价赔偿。而另一种观点则认为,车辆贬值损失原则上不应当获得赔偿,车辆贬值损失难以认定,受鉴定人员认知、主观判断因素影响较大,损失赔偿应当只针对车辆本身的损失,针对保险人而言,结合原中国保险监督管理委员会《关于机动车辆保险第三者财产贬值损失问题的批复》(保监函〔2002〕8号)中车辆贬值是"间接损失,不属于保险责任"的相关表述内容,保险公司亦不应当赔偿车辆贬值损失。

对上述原则上不应当赔偿车辆贬值损失的观点,在《最高人民法院关于〈关于交通事故车辆贬值损失赔偿问题的建议〉的答复》中也予以部分认可和体现。依据该文件的精神,从车辆贬值损失是否具有可赔偿性、我国当前道路交通状况、鉴定市场规范程度对车辆贬值损失认定的影响、减少纠纷等角度进行分析考虑，对车辆贬值损失的赔偿持谨慎态度，倾向于原则上不予支持。

依据现有法律及相关司法解释、规范性文件规定，保险公司承担相关车辆的贬值损失缺乏明确、合理的法律依据。

二、慎重考量，严格把握车辆贬值损失的赔偿

依据《最高人民法院关于〈关于交通事故车辆贬值损失赔偿问题的建议〉的答复》精神，车辆贬值费"在少数特殊、极端情形下，也可以考虑予以适当赔偿，但必须慎重考量，严格把握"。因此，车辆贬值费的支持需要有极严格的适用条件，只在少数特殊、极端情形下才适当考虑，一般情况下不应得到支持。某甲保险公司河南分公司在上诉中主张，该车已使用接近一年，维修金额占车辆总价值的占比并不大，主要受损部位为车辆的前杠与尾部，并不涉及车辆的动力系统、安全系统，受损车辆并不存在严重受损及安全性能下降的情形，车辆贬值损失依据不足。我国目前鉴定市场尚不规范，鉴定贬值损失具有较大任意性，支持贬值损失会加重道路交通参与人的负担，不利于社会经济发展。某甲保险公司河南分公司关于车辆贬值损失的相关上诉事实和部分理由，得到了二审法院的支持和认可。综合在案证据、双方诉争主张，二审法院判决书认定，据一审中赵某庭审陈述及受损车辆维修定损单显示，该车受损主要集中在保险杠、水箱、发动机盖、灯、后舱盖等零部件，且上述部位均已更换和维修完毕。结合该车现场勘验情况，综合考虑受损车辆事发前的使用年限、事发后修理费用、车辆修理部件和性能恢复情况及本地司法实践后认为，受损车辆贬值损失不属于少数特殊、极端情形下，可以考虑予以适当赔偿的范围，对其贬值损失不予支持为宜。

实务中，涉案标的车辆的修复情况及是否已进行交易，往往对车辆贬值损失的认定具有重要的影响。本案中涉案标的车辆的主要受损部件均已更换和修理完毕，并有相应的维修单作为维修费用依据，且涉案标的车辆亦未发生二手车交易，仅凭价格认定公司鉴定的车辆贬值损失数额，难以对是否发生车辆贬值损失、车辆贬值损失的数额进行客观、公正的判断。二审法院对涉案车辆贬值损失不予支持为宜的判决，充分体现和运用了慎重考量，严格把握车辆贬值损失的赔偿原则。

综上所述，本案二审法院的判决以现有法律、司法解释及规范性文件为依据，结合现场勘验情况、维修定损单等证据，充分考虑了车辆贬值损失的特殊

性、受损车辆的修理及性能恢复情况、司法实践及慎重考量、严格把握的赔偿原则，对车辆贬值费的赔偿适用条件做了比较详细、具体的分析，为理赔实务和司法实践提供了参考依据，对保险公司依法维护自身权益具有重要的指导意义。

后　　记

《2021年度保险诉讼典型案例报告》如期与读者见面了。

人保财险、太保产险、天安财险、平安产险、华安保险、阳光产险、华泰财险、永安保险、中银保险、紫金保险、浙商保险、国任保险、京东安联财险、凯本产险（中国）、泰康在线、安心财险、东海航运等财产保险公司和平安人寿、太保寿险、新华保险、阳光人寿、友邦人寿、泰康人寿、平安养老、天安人寿、国华人寿、工银安盛人寿、同方全球人寿、华泰人寿等人身保险公司提供了大力支持，各位编委在繁忙的工作之余付出艰辛的劳动，金融出版社编辑王雪珂女士为本书付诸了大量心血，在此，谨表感谢。2020年，我国保险业原保险保费收入达45257亿元，其中，产险业务原保险保费收入11929亿元；寿险业务原保险保费收入23982亿元；健康险业务原保险保费收入8173亿元；意外险业务原保险保费收入1174亿元。

2020年，我国保险业赔款和给付支出达13907亿元，其中，产险业务赔款6955亿元；寿险业务给付3715亿元；健康险业务赔款和给付2921亿元；意外险业务赔款316亿元。我国保险业总资产达232984亿元，资金运用余额为216801亿元。我国保险业在现代金融、社会保障、农业保障、防灾减灾、社会管理等五大体系中发挥着越来越重要的作用。

我们真诚地希望，本书的出版能为保险业的持续健康发展贡献力量。

由于时间仓促，水平有限，本书不足之处，敬请批评指正。